CONNECTED

The Surprising Power of Our Social Networks and How They Shape Our Lives

つながり

社会的ネットワークの驚くべき力

ニコラス・A・クリスタキス Nicholas A. Christakis, MD, PhD
ジェイムズ・H・ファウラー James H. Fowler, PhD
鬼澤 忍＝訳

講談社

CONNECTED

by Nicholas A. Christakis and James H. Fowler

私たちはみんなつながっている

社会的ネットワークとは、複雑で美しいものだ。実に精巧で、入り組んでおり、何と言っても至るところに存在するため、いったい何の役に立っているのだろうかと考えてしまう。私たちがそこに組み込まれているのはなぜか。それはどうやって形成されるのか。どんな働きをしているのか。私たちにどんな影響を及ぼすのか。

私（ニコラス）はこれらの疑問に駆り立てられつつ、この一〇年間の大半を過ごしてきた。まず興味を抱いたのは、最も単純な社会的ネットワークだった。つまり、人のペア、二者関係である。最初に、夫と妻という二者関係を研究した。末期患者とその家族をケアする医師として、私は愛する者の死が配偶者に深刻な打撃を与えることに気づいた。そして、ある人の病気は別の人の病気を引き起こすのではないかという点に興味を持つようになった。人びとが相互につながっていれば、彼らの健康状態もつながっているに違いないと思えたからだ。妻が病気になったり死んだりすれば、夫の死のリスクは確実に高まる。やがて、研究対象となりうるさまざまな二者関係が存在することがわかってきた。たとえば、兄弟、友人、隣人などのペアである。彼らは裏庭のフェンスで（隔てられているのではなく）つながっているのだ。

だが、問題の知的核心は、こうした単純な組み合わせにあったわけではない。むしろ基本的な認識は、これらの二者関係が集結して巨大な織物を形成し、それがはるか彼方にまで広がっているというものだった。一人の男の妻には親友がいて、その親友には夫がいて、その夫には同僚がいて、その同僚には兄弟がいて、その兄弟には友人がいてというように、ずっとつながっていくのだ。こうした連鎖は稲妻のように枝分かれしており、人間社会のすみずみにまで入り組んだ模様を描いている。事態はさらにずっと複雑に思えた。私たちが取り上げる社会的ネットワークにおいて、個人から一歩遠ざかるごとに、他人との絆の数や枝分かれの複雑さは、あっというまに増していく。この問題について考えながら、私はほかの社会科学者たち、つまり二〇世紀初めの孤立したドイツ人学者から、一九七〇年代の観念的な社会学者に至る人びとの著作を読みはじめた。彼らが研究していたのは、三人から三〇人ほどの規模の社会的ネットワークだった。しかし、私が興味を抱いていたのは、三〇〇〇人、三万人、それどころか三〇〇万人からなる社会的ネットワークだった。

これほど複雑な問題に取り組むのだから、ほかの研究者と協力したほうが成果が上がるはずだと思っていた。すると、やはりハーヴァード大学に所属しているジェイムズ・ファウラーが、まるで異なる観点からネットワークを研究していることがわかった。ジェイムズと私は、同じキャンパスの隣り合ったビルで何年も働いていたというのに、顔見知りではなかった。二〇〇二年に、共通の仕事仲間で政治学者のゲイリー・キングが引き合わせてくれたのだ。言い換えれば、私たちは友人の友人としてつきあいを始めたことになる。ゲイリーは私たちが共通の知的関心を持っているのではないかと思ったわけだが、まったくその通りだった。そればかりか、私たちが社会的ネットワークを通じて出会ったという事実がまさに、社会的ネットワークがなぜ、どのように機能し、どのように利益をもたらすかについて、私たちが言いたかった肝心な点を明らかにしているのだ。

ジェイムズは何年にもわたり、人びとの政治的信念の起源を研究し、社会的あるいは政治的問題を解決しようとする一人の人物の試みが、他人にどう影響するかを調べていた。自力ではできないことをなしとげるために、人間はどのように協力したのだろうか。ジェイムズは、物語の中核をなすほかのテーマへの関心も共有していた。つまり、利他主義と善良さである。社会的ネットワークが拡大し、持続するには、この両方が不可欠なのだ。

ジェイムズと共同で、人びとが広大な社会的ネットワークでつながっているというアイデアについて考えはじめると、次のことがはっきりした。社会的影響は知っている人のところで止まるわけではないのだ。私たちが友人に影響を与え、その友人が自分の友人に影響を与えるとすれば、私たちの行動は一度も会ったことのない人に影響する可能性がある。ジェイムズと私はまず、健康に関するさまざまな影響を調べてみた。すると、こんなことがわかってきた。友人の友人の友人の体重が増えると、自分の体重も増える。友人の友人の友人がタバコをやめると、自分もタバコをやめる。友人の友人の友人が幸福になると、自分も幸福になる。

最終的にわかったのは、社会的ネットワークの形成と働きをともに律するいくつかの原理があるということだった。私たちはこう結論した。ネットワークがどう機能するかを研究しようとすれば、それがどう組み立てられているかも理解する必要があると。たとえば、無条件にどんな人とも友人になることはできない。地理、社会経済的な地位、テクノロジー、さらには遺伝子によってさえ、人は一定の種類の社会関係を一定の数だけ持つよう制約されている。人びとを理解するためのカギは、彼らのあいだの絆を理解することである。したがって、私たちはこの絆に焦点を合わせたのだ。

これらのテーマに対する私たちの関心は、ほかの多くの学者の関心と軌を一にするものだった。過去一〇年にわたり、ネットワークを扱う理数系の学問を発展させてきた人たちがいるのだ。人間のつながりを研究しはじめると、発電所のネットワークを研究するエンジニア、神経のネットワークを研究する神経科学者、遺伝子のネットワークを研究する遺伝学者、ほとんどあらゆるもののネットワークを研究する物理学者などに出会うようになった。彼らが扱うネットワークも確かに面白い。だが、私たちの研究対象はいっそう興味深いものに思えた。というのも、はるかに複雑ではるかに重要だからだ。何しろ、私たちの扱うネットワークの節点は考える人間なのである。人間はみずから決定を下せるため、ネットワークに埋め込まれ、その影響を受ける一方で、ネットワークを変化させる可能性を秘めている。人間のネットワークは、それ自体が命を持つ特別な存在なのだ。

科学者がネットワークに内在する美しさやその説明能力に関心を抱くようになったのと同じく、ふつうの人もネットワークについて考えている。こうした事態の原因の大部分は、家庭にインターネットが登場したことにある。それによって、いかに多くのものが相互につながっているかを誰もが認識するようになったのだ。人びとは「ネット」について、やがて「ワールド・ワイド・ウェブ」について（大ヒットした映画『マトリックス』については言うまでもなく）、くだけた調子で語りはじめた。そして、コンピュータと同じように自分たちも相互につながっていることを理解するようになった。こうしたつながりが社会に広がっていることは明白であり、現在では、ほぼあらゆる人がフェイスブックやマイスペースといったソーシャル・ネットワーキング・サイト（SNS）に親しむまでになっている。

社会的ネットワークをさらに深く研究するにつれて、私たちはそれを人間のつくる一種の超個体[訳注　複数の個体から形成されながら、一つの個体であるかのように機能する集団]とみなすようになった。それは成長し、進化する。あらゆる種類の事物がそのなかを流れ、動いている。この超個体はそれ自体の構造と機能を有しており、私たちはその両方を理解しようと夢中になった。

自分自身が一つの超個体の一部なのだと考えれば、自分の行動、選択、経験を新たな観点から理解できる。自分が社会的ネットワークに埋め込まれていることから影響を受け、自分とつながっている近くの、あるいは遠くの他人に左右されるとすれば、自分自身の決定権の一部が失われることは避けられない。こうした自己コントロールの喪失が特に強い反発を呼ぶのは、自分の隣人、あるいは見知らぬ人でさえ、道徳的意味や社会的影響を伴う行為や決断に影響を与えられると知るときである。しかし、こうした見方を裏返せば、人間は自分自身や自分自身の限界を超えられるということだ。本書において、私たちは次のように主張する。私たち相互のつながりは、私たちの生活にとって自然で必要な一部であるばかりか、善きものを実現する力でもあるのだと。脳が一つのニューロンではできないことをできるように、社会的ネットワークは一人の人間ではできないことをやってのけるのである。

数十年、それどころか数世紀のあいだ、人間の重大な関心事——たとえば、ある人が生きるか死ぬか、金持ちになるか貧乏になるか、正しいことをするか間違ったことをするか——は、個人の責任か集団の責任かという議論に集約されてきた。科学者、哲学者、社会を研究するその他の人びとは、一般に二つの陣営に分かれている。個人が自分の運命をコントロールすると考える人びとと、社会的な力（良質な公教育の欠如から政府の腐敗まで）が、私たちに起こることの原因だと信じる人びとである。

しかしながら、この議論からは第三の要因が抜け落ちていると思う。私たち二人の研究やさまざまな人生経験――配偶者との出会いからジェイムズ（あるいはニコラス）との出会いまで、末期患者のケアから寒村へのトイレの設置まで――に鑑《かんが》み、こう信じているからだ。私たちと他人とのつながりが最も重要であり、個人に関する研究と集団に関する研究を結びつけることによって、社会的ネットワークの科学は人間の経験について多くのことを説明できると。本書が焦点を合わせるのは、私たちと他人との絆であり、それが、感情、性、健康、政治、お金、進化、テクノロジーにどう影響するかである。だが何よりの問題は、私たち人間を比類なき存在としているものは何かということだ。私たちが何者であるかを知るには、私たちがどうつながっているかを理解する必要があるのだ。

つながり◎目次

第1章 真っ只中で

一八四〇年代、コルシカ島のレヴィという山村でのこと。アントン‐クラウディオ・ペレッティはこう確信するに至った。妻のマリア‐アンジェリーナがほかの男と浮気をしており、あまつさえ、娘は自分の子ではないと。マリアはアントンに家を出て行くと告げ、兄のコルトとともにその準備をしていたのだ。まさにその晩、アントンは妻と娘を射殺すると、山へ逃げ込んだ。残されたコルトは何としてもアントンを殺したかったが、仇《かたき》を見つけることはできなかった。やられた分を少しでもやり返そうと——その地域の住人にとっては当然の判断らしい——コルトはアントンの代わりに弟のフランチェスコとその息子のアリストテロを殺した。

それで終わったわけではなかった。五年後、亡きアリストテロの弟のジャコモが、兄と父の仇討ちに、コルトの弟を殺した。ジャコモはコルトの父も殺したかったが、すでに天寿をまっとうしていたため、望みはかなわなかった。[1] この死のカスケード（段階的伝達）において、ジャコモとコルトの弟をつないでいた経路は途方もなくややこしい。ジャコモはフランチェスコの息子で、フランチェスコはアントンの弟で、アントンはマリアの夫で、マリアはコルトの妹で、コルトの弟がジャコモの仇だったのだ。

こうした行為は、歴史の彼方や地の果ての出来事とはかぎらない。もっと身近な例もあるのだ。二〇〇二年も夏を迎えようとする頃、ミズーリ州セントルイスでのこと。ヌードダンサーのキミーは、用事をすませるあいだ、稼いだ九〇〇ドルの入った財布をある友人に預かってもらった。ところが、財布を返してもらおうと戻ってみると、友人は財布ごと消えていた。一週間後、キミーのいとこが近所の店で財布泥棒の仲間を見つけ、キミーに電話してきた。キミーは鉄パイプを手に大急ぎで駆けつけると、かつての友人の友人に怒り狂って殴りかかった。のちに、彼女は誇らしげに語っている。「(友人の)仲間のケツをひっぱたいてやったのよ……。自分でもよくやったと思うわ……。(仕返しのために)できるだけのことをしたんだから[2]」

これらの事例は実に不可解である。いったいぜんたい、アントンの弟や甥、キミーの友人の友人に何の関係があったのだろうか。罪のない人を傷つけたり殺したりすることに、どんな意味があるのだろうか。殺人的な暴力の基準は理解不能であるとしても、一週間後や五年後にこんなことをして、何になるというのだろうか。どう説明すればいいのだろうか。

私たちはこうした事例を、アパラチアの争い〔訳注　一九世紀後半にアパラチア地方のマッコイ家とハットフィールド家のあいだで起こった抗争〕のような奇妙な事件か、イスラム教シーア派とスンニ派の内輪もめ、北アイルランドにおける殺人の連鎖、アメリカの都市のギャングによる報復といった、時代遅れの行為と考えがちだ。だが、この恐るべき論理には古い起源がある。復讐の衝動は古くからあるとか、この種の暴力によって集団の連帯意識を表現できる(「私たちはハットフィールド家の一員であり、マッコイ家を憎んでいる」）といったことだけではない。アフリカのサバンナから人間が現れて以来、暴力は――些細《ささい》なものも過激なものも――社会的な絆を通じて広がる恐れがあり、実際に広がってきたのである。暴力は一定の方向に広がることもあれば（犯人への報復）、一面に広がることもある（敵ではない近隣の人びとへの危害）。だが、いずれにしても、たった一つの殺人によって殺しのカスケードがスタートすることがあるのだ。攻撃的な行為は出発点から外へ向かって拡散するのがふつうである。たとえば飲み屋の喧嘩は、一人の男が別の男に殴りかかるときに始まり、かわされた拳が結果として第三の男に当たると、あっというまにあちこちでパンチが乱れ飛ぶことになる（これがお決まりの描写となっているのは、攻撃性の解放という根強い観念を呼び起こすからにほかならない）。ときに、こうした暴力の蔓延《まんえん》は、地中海の村であれ都会のギャング社会であれ数十年もつづくことがある。[3]

責任は個人に属すとみなすかぎり、暴力のカスケードの根底にある集団としての罪や集団としての復讐という考え方は奇妙に思える。しかし、たいていの場合、道徳とは個人ではなく集団に備わっているものである。暴力の持つ集団的特性を理解するもう一つの手がかりは、それが私的ではなく公的な現象となりやすいところにある。アメリカにおける対人暴力行為の三分の二は第三者に目撃されており、若者のあいだではこの比率が四分の三に近くなる。[4]

こうした観点を考慮すれば、暴力が個人から個人へと広がっていくことは驚くに当たらないだろう。「友の友は友」とか「敵の敵は友」などとよく言われるが、これと同じように、敵の友は敵なのである。これらの格言は、敵意と愛情にまつわるいくつかの真理を含む一方で、人間性の基本的側面を表してもいる。つまり、人間はつながっているということだ。ジャコモやキミーは一人で行動した。だが、二人の行いから明らかなのは、社会的な絆を通じ、責任や報復がいかに簡単に人から人へ広がっていくかということである。

実のところ、暴力が広がる複雑な経路を探す必要すらない。暴力を振るう最初の人物から次の人物への第一ステップが、社会における暴力の大半を占めているからだ。暴力を説明しようとするとき、加害者の気持ちや引き金にかけた指だけについて考えるのでは視野が狭い。殺人が見知らぬ者同士の行き当たりばったりの行為であることは、めったにないからだ。アメリカでは、すべての殺人事件の七五％に以前からの知り合いが、しかも往々にして親しい知り合いがかかわっているのだ。自分の命を奪うのは誰かを知りたければ、周囲を見渡してみるといい。

だが、社会的ネットワーク上には命を救ってくれる人もいる。「二〇〇二年三月一四日、私は右の腎臓を親友のご主人に差し上げました」。キャシーはのちに、臓器の「生体ドナー」となる人の経験談を記すインターネット上のフォーラムに、そう書き込むことになった。その前年の夏、打ち解けたおしゃべりの最中に、友人の夫の腎不全が悪化し、腎臓移植を受けないと生き延びられないことを知ったのだ。助けてあげたいとの思いに駆られ、キャシーは一連の医学的・心理学的な検査を受けた。検査を一つずつパスし、片方の腎臓を提供するという目的に近づくにつれ、ますます胸が高鳴った。「この経験は人生で最も実りあるものでした」と彼女は書いている。「私は、親友のご主人を助けられたことをとてもうれしく思っています。妻は夫を取り戻しました。息子たちは父を取り戻しました。……みんなにとって満足できる状況です。全員が勝者なのです。私は命の贈り物をしたのです」[5]

同じような話はたくさんある。こうした「特定の人物への臓器提供」が、わずかなつながりしか持たない人びとのあいだで行われることもある。たとえば、スターバックスの店員となじみ客といった程度のつながりだ。臓器提供のカスケードのなかには、ペレッティが引き起こした殺人のカスケードにどことなく似ているものさえある。一九九五年のこと、オンタリオ州ミシソーガ在住で四人の子と三人の孫を持つジョン・ラヴィス（六二歳）は、心不全で死にかけていた。心臓バイパス手術の途中で心臓が止まってしまい、人工心臓で急場をしのいでいたのだ。だが、ラヴィスは信じられないほど幸運だった。死の瀬戸際に立たされてからわずか八日後、あるドナーから心臓を移植してもらったのである。彼の娘は当時を振り返ってこう語る。「私たち家族はいくら感謝してもしきれません……（父は）生涯で最大のプレゼントをいただいたのです。何しろ、命を返してもらったのですから」。この経験に触発され、ラヴィスの子供たち全員がドナーカードに署名した。自分たちにできるのは、こうした形でお返しをすることくらいだと思ったからだ。その後、二〇〇七年にラヴィスの息子のダンが仕事上の事故で亡くなった。臓器を提供するという彼の決断のおかげで、八人が恩恵を被った。心臓を譲り受けた女性は、のちにラヴィス一家に手紙を送り、「新たな命を与えてくれた」ことに感謝した。[6]この年アメリカで、無関係な生体腎臓ドナーのあいだで、同じような臓器のカスケードが一〇も連鎖するという驚くべき事態が起こり（もちろん明確な医学的コーディネートがあってのことなのだが）、その過程で多くの命が救われた。[7]

　社会的ネットワークの絆は、暴力とは正反対の恩恵を伝えられるし、これから見ていくように、伝えているのがふつうだ。こうした絆は、利他的行為のパイプとなりうる。つまり、個々人が自分の受けた恩義を未来へ向かって返すのである。善行や悪行の拡大に社会的つながりが果たす役割を利用して、社会問題に対処する新たな戦略すら生み出されてきた。たとえば、アメリカの一部の大都市圏における社会貢献プログラムの一つに「暴力分断員」なるチームの活動がある。このチームを構成するのは都会生活に通じた人びとで、ギャングの元メンバーであることも多い。彼らは、暴力が広がるサイクルを断つことで殺人を止めようとする。被害者が出ると、その人物の枕元や家族・友人の家へ飛んでいき、復讐を思いとどまるよう勧めるのだ。たった一人でも暴力に走らないよう説得できれば、少なからぬ命が救われる可能性がある。

私たちを結ぶつながりは、日々の生活のあらゆる面に影響を及ぼしている。殺人や臓器提供といっためったにない出来事は、氷山の一角にすぎないのだ。私たちがどう感じ、何を知り、誰と結婚し、どんな病気にかかり、いくら稼ぎ、誰に投票するかといったことのすべてが、私たちを結ぶ絆に左右される。社会的ネットワークを通じて、幸福、寛容、愛が広がっていく。それはいつでも身近にあり、私たちの選択、行動、考え方、感情、さらには欲望にさえ、微妙な、また劇的な影響を及ぼす。そのうえ、こうしたつながりは知っている人同士を結びつけるだけではない。自分自身の社会的地平を越えたところで、友人の友人の友人が引き起こした連鎖反応が、やがて私たちに届くこともあるのだ。ちょうど、遠い土地から波が打ち寄せ、足下の海岸を洗うように。

バケツリレーと電話連絡網

自宅が燃えていると想像してほしい。幸い、近くに冷たい水の流れる川がある。だが、あなたは一人きりだ。バケツを手に川とのあいだを往復しながら、水を一ガロン（約三・八リットル）ずつ運んでは、燃えさかる家にかける。残念ながら、あなたの奮闘は無駄である。誰かの手を借りなければ、この猛火を消し止められるペースで水を運ぶことはできないのだ。

そこで、あなたは一人ではないとしよう。近所の人たちが一〇〇人おり、ありがたいことに全員があなたを助けようという気になっている。そのうえ、たまたま各人がバケツを持っている。近所の人たちに十分な体力があれば、川とのあいだを往復し、てんでにバケツの水をかけることはできる。燃えさかる家に一〇〇人が水をかけるのだから、自分一人でやるよりもマシなことは明らかだ。問題は、近所の人たちが作業を開始するや、川と家との往復で多くの時間が無駄になってしまうことである。すぐに疲れてしまう人もいれば、運び方が下手でたくさんの水をこぼしてしまう人もいる。なかには、川から戻る途中で道に迷ってしまう人もいる。各人がばらばらに行動していては、家が燃え尽きてしまうのは間違いない。

幸運にも、そうはならずにすむ。一風変わった社会的協力体制が敷かれるからだ。バケツリレーである。近所の人たち一〇〇人が川から家まで一列に並び、水を満たしたバケツを家に向かって、空のバケツを川に向かって手渡していくのだ。バケツリレーをきちんとやれば、川と家の往復で時間やエネルギーを浪費せずにすむばかりではない。体力がないため遠くまで歩けなかったり、重いバケツを運べなかったりする人にも、何かしら手伝ってもらえるのだ。バケツリレーに加わる一〇〇人がなしとげる仕事は、やみくもに走り回る二〇〇人の仕事に匹敵するかもしれない。

だが、こうして組織されたグループのほうが、ばらばらに行動する同じグループ——それどころかさらに大きなグループ——より作業効率が高いのはなぜだろうか。全体が部分の合計より大きいとすれば、そこにはどういう仕組みがあるのだろうか。この「より大きな」部分はどこからやってくるのだろうか。グループの編成を変えるだけで人間の作業効率を大幅に高められるのは、驚くべきことだ。しかし、人びとを特定の構造のグループへ組み込むことで、各人それぞれがやるよりも多くのこと、さまざまなことができるようになるのはどうしてなのか。

これらの疑問に答えるため、面白い話に取りかかる前に、ネットワーク理論の基本的な用語や考え方をいくつか説明しておく必要がある。これらの基本概念は、この先で検討する個々の物語やいっそう複雑な考え方の土台となるからだ。こうした検討を進めつつ、人間のあらゆる経験に影響を及ぼす社会的ネットワークの驚くべき力を探求していくことにしたい。

まず、人びとのグループという言葉の意味をはっきりさせねばならない。グループとは属性によって（たとえば、女性、民主党員、弁護士、長距離走者）、あるいは文字通り指差せる人びとの特定の集団（「すぐそこでコンサートへの入場を待っているあの人たち」）として定義できる。社会的ネットワークはまったく違う。ネットワークとは、グループと同じく人びとの集まりだが、それ以上の何かを含んでいるのだ。つまり、グループ内の人びとを結ぶ特定のつながりである。こうした絆、またそれらが持つ特有のパターンは、個々の人びと自身よりも重要である場合が多い。それらのおかげで、つながりを持たない個人の集団にはできないことができるからだ。こうした絆こそ、全体が部分の合計よりも大きくなる理由を説明してくれるものだ。さらに、絆の特定のパターンは、ネットワークがどのように機能するかを理解するのに欠かせないものである。

家を救ってくれるバケツリレーは、非常に単純な社会的ネットワークである。直線状で分岐はない。各人は（先頭と最後尾を除き）別の二人とつながっている。自分の前の人と後ろの人だ。水などを遠くまで運ぶには、人びとを組織する良い方法である。だが、一〇〇人のネットワークを組織する最適の方法は、目の前の課題次第で大きく異なる。消火のために一〇〇人をつなぐ最善のパターンは、たとえば、軍事的目的を達成するための最善のパターンとは別である。一般に、一〇〇人の歩兵中隊は、緊密に連携する一〇人のメンバーからなる一〇の分隊で構成される。こうすれば、各兵士は所属する分隊のメンバーを全員知ることができる。自分の前を歩く兵士と後ろにつづく兵士だけではないのだ。軍隊は手を尽くして、分隊員同士がたがいに親交を深める後押しをする。そのおかげで、兵士たちはたがいのために進んで命を犠牲にするまでになるのだ。

もう一つ別の社会的ネットワークについて考えてみよう。電話連絡網である。いますぐ一〇〇人に連絡し、学校が休みになったことを知らせる必要があるとしよう。現代的な通信手段やインターネットが登場する以前、これは大変なことだった。自宅に居ながらにして最新情報を入手できる公の手段がなかったからだ（思い浮かぶとすれば、街の広場にある教会の鐘の音くらいだ）。そのため、各人に直《じか》に連絡する必要があった。電話のおかげでこうした仕事がずっと楽になったとはいえ、一〇〇本の電話を一人ですべてかけるのは依然として骨だった。たとえ電話をかけはじめても、名簿の最後の人にたどり着くまでには相当な時間がかかる。その頃には、その人はすでに家を出て学校へ向かっているかもしれない。たった一人ですべての電話をかけるのは、効率が悪いうえに負担も重すぎる。

理想を言えば、一人が連鎖反応の起点となり、全員ができるかぎりすばやく反応し、特定の個人の負担は最小限に抑えるというやり方が望ましい。一つの選択肢として考えられるのは、リストをつくり、リストの先頭の人が二番目の人に、二番目の人が三番目の人にと電話をかけていき、全員がメッセージを受け取るまでつづけるという方法だ。要するに、バケツリレーのようなものである。こうすれば負担は均等になるが、一〇〇人目の人にたどり着くまでには実に長い時間がかかるという点は変わらない。そのうえ、電話があったとき留守にしている人がいれば、その人以降にリストされている全員が連絡をもらえないままになってしまう。

これに代わる仕組みが、電話連絡網である。一人目が二人に電話し、その二人がそれぞれ二人に電話し、さらにそれをつづけて、全員に連絡が行き渡るようにするのだ。バケツリレーとは異なり、電話連絡網は情報を多くの人にいっせいに広めるためのカスケードをつくりだす。負担はグループの全メンバーのあいだで均等だし、一人の留守によって生じる問題も限られている。そのうえ、一人が一度電話をかけるだけで出来事の連鎖を起こし、数百、数千という人びとに影響を与えることもできる――ジョン・ラヴィスに心臓を提供した人物が、次の臓器提供を促し、八人の命を救うことになったように。電話連絡網はまた、情報がグループのメンバー間を伝わる際に経るステップの数を大幅に減らすため、メッセージの内容が損なわれる危険を最小限に抑える。したがって、このネットワーク構造そのものが、メッセージの拡大と保存の双方に役立つわけだ。実際、アメリカの家庭に広く電話が普及してから数十年足らずのうちに、電話連絡網はありとあらゆる目的に利用されるようになった。たとえば、一九五七年の『ロサンゼルス・タイムズ』紙の記事によれば、アマチュア天文家の協力を得るのに電話連絡網が利用されたことがあったという。アメリカとソ連の人工衛星を追跡するため、スミソニアン天体物理観測所による「ムーンウォッチ・システム」の一翼を担ってもらったのだそうだ。[8]

悲しいかな、これと同じネットワーク組織を悪用すれば、たった一人の詐欺師が数千人をだますことも可能となる。ネズミ講の場合なら、電話連絡網に似た組織をお金が「上昇」していく。ネットワークに加わる新メンバーは、「上流」の人にお金を差し出す。それから、彼らの「下流」に次の新メンバーが補充され、またお金を徴収される。時が経つにつれ、ますます多くの人びとからお金が集まってくるようになる。二〇〇八年、史上最大のネズミ講と思われる事件が起きた。連邦捜査官の手によって、バーニー・マドフが過去三〇年間に数千人の投資家から五〇〇億ドルをだまし取った事実が明らかにされたのだ。すでに述べたコルシカ島の復讐ネットワークと同じく、大半の人はマドフの投資ネットワークに近づきたいとは思わないだろう。

　これまで検討してきた四つのタイプのネットワークを図にしてみよう（24ページ参照）。一つ目は、絆を持たない一〇〇人のグループである（各メンバーは円、すなわち節点によって表されている）。次がバケツリレー。一〇〇人のメンバーがいるだけでなく、メンバー間に全部で九九の絆があり、全員が（先頭と最後尾を除き）ほかの二人と相互的な絆で結びついている（相互的とは、水を満たしたバケツと空のバケツが双方向に受け渡されることを意味する）。電話連絡網の場合も、一〇〇人のメンバーに加えて九九の絆がある点は同じだ。だがこちらは、連絡網の起点と終点に当たる人物を除く全員が、三人とつながっている。自分へ向かってくる絆（電話をかけてくる人）が一つ、自分から外へ向かう絆（電話をかける相手）が二つである。相互的な絆は存在しない。情報の流れも人びとの関係も一定の方向を向いているのだ。一〇〇人の歩兵中隊の場合、各分隊のメンバーは分隊内のほかのメンバー全員をよく知っている。各メンバーはちょうど九つの絆を持っている。すると、一〇〇人のメンバーと彼らをつなぐ四五〇の絆が存在することになる（九〇〇の絆が存在しないのは、二人をつなぐ絆を一つと数えるからだ）。この図では、分隊間の絆は存在しないか、少なくとも、分隊内の絆のほうがはるかに強いと想定されている。これはあまりにも単純化しすぎだが、それでも社会的ネットワーク内のコミュニティーに関するもう一つのポイントを明らかにしている。ネットワーク・コミュニティーとは、ネットワーク上のほかのグループとのつながりよりも、メンバー間のつながりのほうがはるかに強固なグループであると定義できるからだ。コミュニティーを定義するのはつながりの構造であり、必ずしもメンバーに共通する特徴ではない。

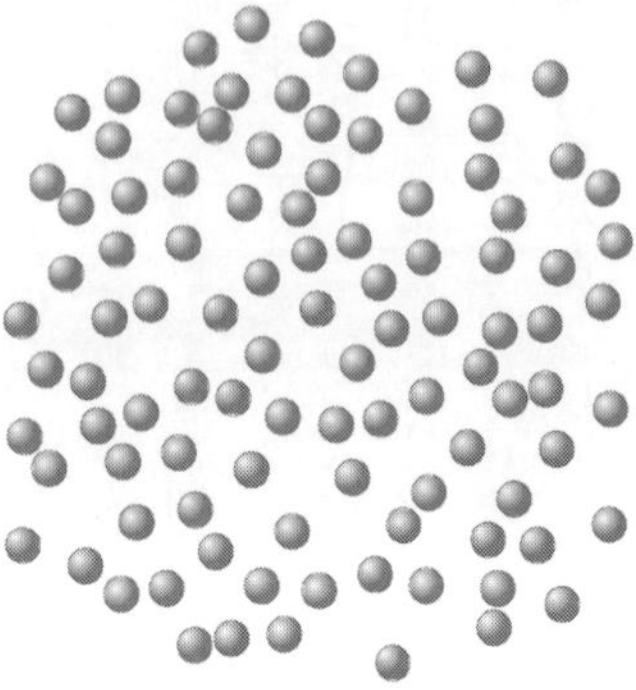

絆を持たないグループ

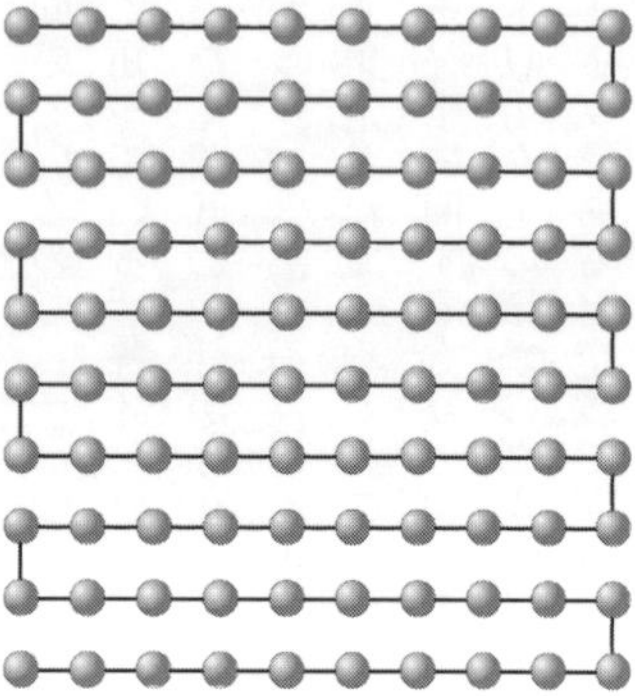

バケツリレー

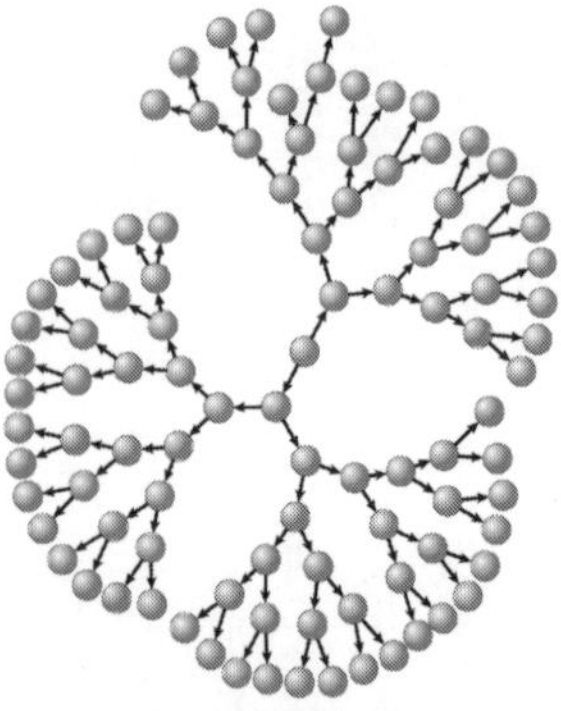

電話連絡網

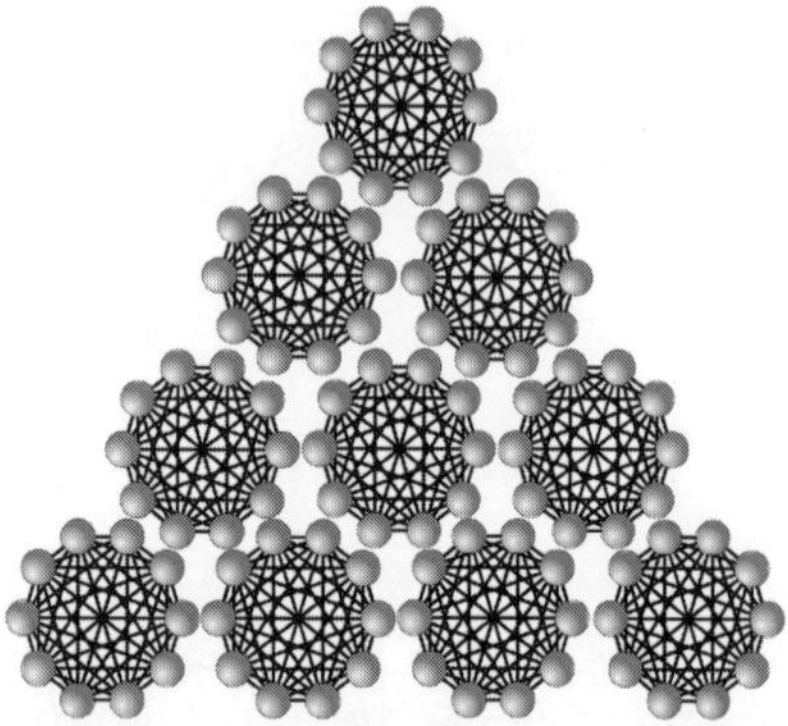

軍の分隊

100人をつなぐ4つの方法。それぞれの円（「節点」）が人を、それぞれの線（「絆」）が2人のあいだの関係を表している。矢印のついた線は方向のある関係を示している。電話連絡網では、ある人が次の人に電話をする。それ以外の場合、絆は相互的なものだ。バケツリレーでは、水を満たしたバケツと空のバケツが双方向に受け渡される。軍の分隊では、兵士同士のつながりは全面的に協力し合う関係である。

こうしてみると、きわめて基本的な意味で、社会的ネットワークは組織化された人びとの集合であると言える。この集合を構成する二種類の要素が、人間と彼らを結ぶつながりなのだ。とはいえ、バケツリレー、電話連絡網、歩兵中隊とは異なり、自然な社会的ネットワークの組織は通常、上から押しつけられるものではない。現実の日常的な社会的ネットワークは、各人の持つ自然な傾向から有機的に発展するのだ。たくさんの、あるいは少数の友人を探してつきあおうとする傾向、大きな、あるいは小さな家族を持とうとする傾向、魅力的な、あるいは平凡な職場で働こうとする傾向など。

たとえば、26ページの図では、アメリカのある大学の独身寮に住む学生一〇五人のネットワークと、彼らの交友関係の絆が示してある。平均すると、一人の学生が六人の親しい友人を持っている。だが、一人しか友人のいない学生もいれば、たくさんの友人を持つ学生もいる。加えて、ほかの人とくらべてネットワーク内に深く組み込まれた学生もいる。それが意味するのは、友人あるいは友人の友人を通じて、ネットワーク内のほかのメンバーとより多くのつながりを持っているということだ。実は、ネットワークの視覚化ソフトの設計により、相互のつながりの多い人はネットワークの中心に、少ない人は周縁に配置されるようになっている。ネットワーク内の各人の位置づけを理解しやすくするためだ。自分の友人や家族の持つつながりが増えれば、社会的ネットワーク全体に対するあなたのつながりのレベルは上昇する。それによって、あなたはより中心的になると言うことにしよう。より多くのつながりを持つ友人とつきあうことによって、文字通り、社会的ネットワークのへりから中心へと移動するからだ。自分がどのくらい中心的かを測るには、友人をはじめとする交際相手だけでなく、友人の友人、またその友人というように、数を数えていけばいい。バケツリレーでは、メンバー全員が自分の位置づけを他人と同じだと感じるが（「左側にはバケツを手渡してくれる人が、右側に

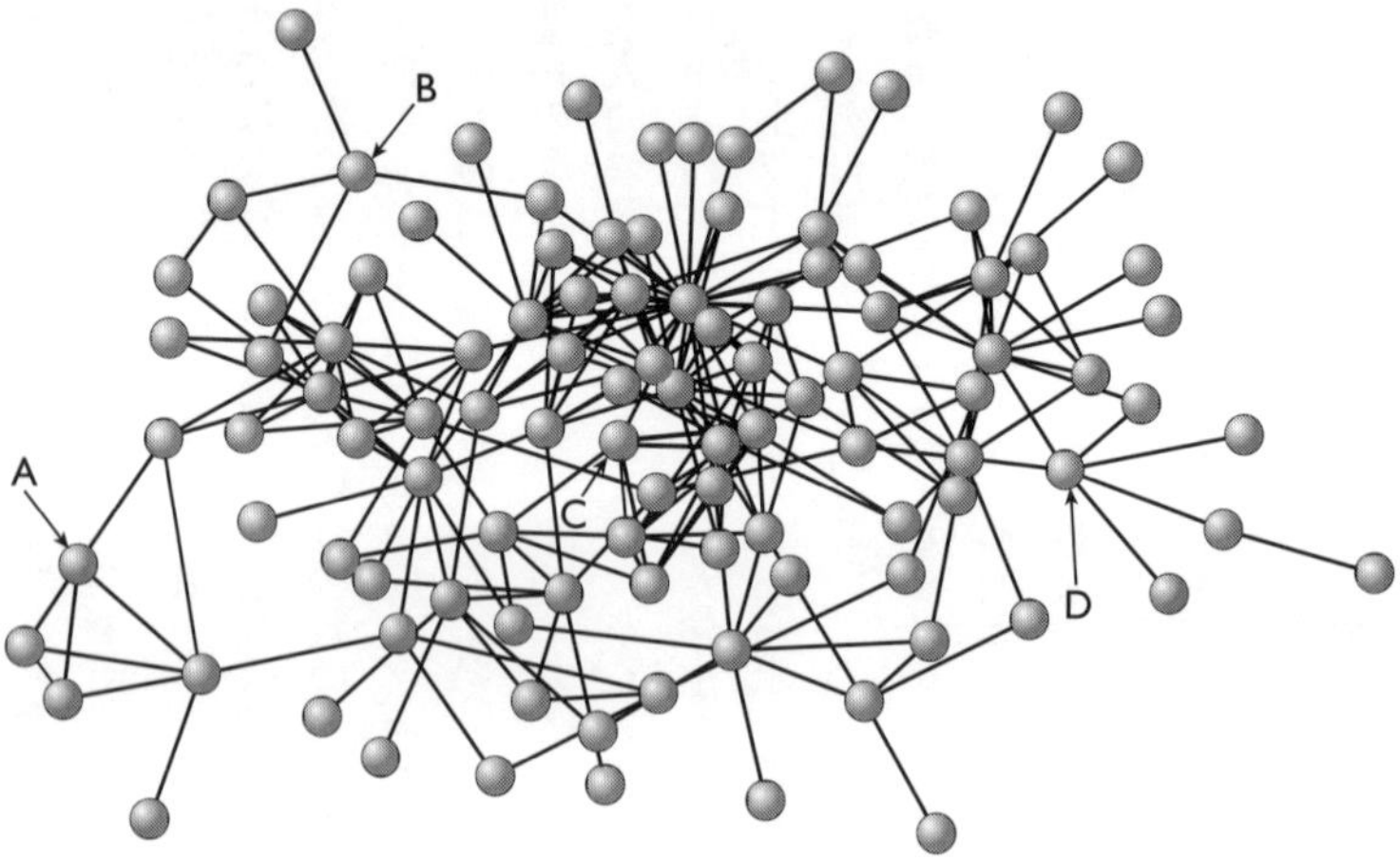

同じ寮で暮らす105人の大学生の自然な親交のネットワーク。それぞれの円が学生を、線が相互の交友関係を示している。AとBにはともに4人の友人がいるが、Aの4人の友人はたがいに知り合いのようだ（彼らのあいだに絆がある）。一方、Bの友人にたがいの交友関係はない。Aの推移性はBよりも高い。また、CとDにはともに6人の友人がいるが、社会的ネットワークにおける2人の位置づけはだいぶ異なっている。Cのほうがずっと中心的であり、Dはより周縁的である。Cの友人には多くの友人がいるのに対し、Dの友人には友人が少ないか、まったくいないからだ。

はバケツを手渡す相手がいる――自分が列のどこにいるかに意味はない」)、この図のような例では、ネットワーク内の人びとはまるで異なる場所に位置している。

ネットワークの形状は、構造あるいはトポロジーとしても知られており、ネットワークの基本的な特性である。この形状はさまざまに視覚化、つまり表現できる。だが、ネットワークがどう視覚化されようと、形状を決めるつながりの実際のパターンは変化しない。そこで、床にばらまかれた五〇〇個一揃いのボタンを想像してみよう。ボタンをつなぎ合わせるのに使う二〇〇〇本の糸があるとする。次に、二つのボタンを適当に選び、糸の両端に結びつけるものと想像してほしい。その後この作業を繰り返し、糸を使い切るまで行き当たりばったりにボタンのペアをつなげていく。最終的に、何本もの糸に結ばれたボタンもできれば、たまたま一度も選ばれず、ほかのボタンとはつながっていないボタンもできるだろう。ことによると、いくつかのグループ同士がつながっているものの、ほかのグループからは独立しているという場合もあるだろう。これらのグループは――つながりを持たない一つのボタンだけからなるものを含め――ネットワークの構成要素と呼ばれる。私たちがネットワークを説明する際、最大の構成要素だけを意味していることが多い（この例で言うと、最も多くのボタンからなる構成要素）。

一つの構成要素のなかから一つのボタンを選び、床からつまみ上げれば、直接・間接にそれとつながっているほかのボタンもすべて空中に持ち上がることになる。このボタンの塊を床の別の場所に落とせば、最初につまみ上げたときとは違って見えることだろう。だが、つながったボタンの塊を何度つまみ上げて落としても、トポロジー――ボタンのネットワークの根本的で本質的な特性――はまったく変わらない。各ボタンはほかの特定のボタンに対し、以前と同じ位置関係にある。ネットワークにおける位置は変わっていないのだ。視覚化ソフトはこれを二次元で表し、基本的なトポロジーを明らかにしようとする。そのために、最も複雑なつながりを持つボタンを中心に、最もつながりの少ないボタンを端に配置するわけだ。まるで、こんがらがったクリスマスツリー用の豆電球をほどこうとしているようなものである。からまりあった巻きひげのように引き伸ばせる部分もあれば、床の上で何度ひっくり返しても中心にありつづける、つながり合った豆電球の束もあるからだ。

これから探っていく数多くの理由から、人びとは自然に発生して成長をつづける社会的ネットワークのなかに特定の位置を占めるようになる。私たちはこうしたネットワークに取り囲まれているのだ。有機的なネットワークの持つ構造、複雑性、機能、自発性、完全な美は、組織化されたネットワークには見られない。こうしたものの存在に気づくと、次のような疑問が湧いてくる。それらはどのように生じ、どんなルールに従い、どんな目的に役立つのだろうか。

ネットワークにおける生活のルール

社会的ネットワークには二つの基本的性格がある。バケツリレーのように単純なものであれ、数世代にわたる大家族、大学の独身寮、地域社会全体、あらゆる人をつなぐ世界的ネットワークといった複雑なものであれ、それは変わらない。基本的性格の一つ目は、つながりである。誰と誰がつながっているかにかかわる事柄だ。一つのグループがネットワークを構成するとき、そこに含まれる人びとをつなぐ絆には特定のパターン、つまりトポロジーが存在する。そのうえ、絆とは複雑なものだ。短命だったり一生つづいたり、気楽だったり真剣だったり、個人的だったり匿名だったり、といった具合である。ネットワークをどう構成するか、あるいは視覚化するかは、関係者の絆をどう定義するかによって決まる。大半の分析で重視されるのは、家族、友人、仕事仲間、近所の人などとの絆である。とはいえ、あらゆる種類の社会的絆が存在する以上、あらゆる種類の社会的ネットワークが存在する。実際、性感染症やドル紙幣といったものがネットワークを通じて流れるなら、この流れ自体が絆を定義し、したがって特定のネットワークのつながりの構造を定義するのである。

基本的性格の二つ目には、伝染が挙げられる。絆を経て流れていくもの――それがあればの話だが――にかかわる事柄だ。それはもちろん、バケツの水かもしれない。だがほかにも、細菌、お金、暴力、ファッション、腎臓、幸福、肥満などが考えられる。こうした流れはそれぞれ、独自のルールに従った動きをすることがある。たとえば、火がバケツで川へ運ばれることはありえない。細菌は免疫を持つ人には移らない。第4章で論じる肥満は、同性間のほうが速く広まる傾向がある。

社会的ネットワークがなぜ存在し、どう機能するかを理解するには、社会的ネットワークのつながりと伝染――構造と機能――に関するいくつかのルールを理解する必要がある。これらの原理が、人びとをつなぐ絆のおかげで全体が部分の合計よりも大きくなる仕組みを説明してくれるのだ。

ルール1　私たちはネットワークを形づくる

人間は絶え間なく、社会的ネットワークを念入りにつくったりつくり直したりしている。その例として真っ先に挙げられるのが、ホモフィリーだ。自分と似ている人びとと仲間になろうとする意識的・無意識的傾向のことである（ホモフィリーという言葉は文字通り「似ているものへの愛」を意味する）。オートバイクラブのヘルズエンジェルスであれ宗教団体のエホバの証人であれ、麻薬常用者であれコーヒー党であれ、民主党員であれ共和党員であれ、切手収集家であれバンジージャンプ愛好家であれ、要するに私たちは自分の興味、経歴、夢を共有する人びとを探し出すのだ。まさに「類は友を呼ぶ」のである。

　だが一方で、私たちは三つの重要な点でネットワークの構造を選んでもいる。第一に、何人とつきあうかを決める。チェッカー（西洋碁）の相手が一人いればいいのか、それともかくれんぼをするために多くのメンバーが必要なのか。変わり者のおじさんと連絡を取りつづけたいのか。結婚したいのか、それとも多くの異性と交際するほうがいいのか。第二に、友人や家族同士の交流の深さを左右する。自分の結婚式で、付き添いの女の子の隣に新郎の大学のルームメイトを座らせるべきだろうか。すべての友人がたがいに知り合えるようパーティーを開くべきだろうか。ビジネスパートナーを引き合わせるべきだろうか。第三に、社会的ネットワークのなかで自分がどこまで中心的な存在となるかをコントロールする。パーティーでは主役となって部屋の中央でみんなと歓談するか、それとも隅のほうでおとなしくしているか。

　こうした選択の多様性によって、私たちが組み込まれるネットワーク全体に、驚くべき構造の相違が生み出される。第7章で見るように、この多様性には社会的な起源と遺伝的な起源の両方がある。社会的ネットワークのなかに各人が占める独自の位置は、こうした選択の多様性によって決まる。もちろん、これらの構造的特徴に選択の余地がない場合もある。私たちは友情を育《はぐく》むのに適した場所に住んでいるかもしれないし、適さない場所に住んでいるかもしれない。あるいは、大家族に生まれるかもしれないし、小家族に生まれるかもしれない。だが、こうした社会的ネットワークの構造が押しつけられたものであったとしても、私たちの生活を支配することに変わりはない。

私たちは実のところ、人びとが友人や社会的な交際相手をどれくらい持っており、その相互のつながりがどの程度であるかは、人によってさまざまであることをよく知っている。だが、ある人の社会的な交際相手が誰なのかを特定するのは、なかなか難しい仕事だ。人は、あらゆる種類の人びととさまざまな深さで交流しているからだ。ある人が数百人もの顔や名前を知っていたとしても、たいていの場合、本当に親しい相手は数人にすぎないものである。社会科学者がこの種の親しい個人を見きわめるには、次のように質問するのが一つの方法だ。重要な問題について誰と話し合いますか、あるいは、暇な時間を誰と過ごしますか、と。こうした質問に答えるとき、人びとは、友人、親戚、仕事仲間、学友、近所の人といった多様な面々を挙げるだろう。

最近、無作為に選んだ三〇〇〇人を超えるアメリカ人を調査対象に、これらの質問をぶつけてみた。すると、平均的なアメリカ人には親しい社会的な交際相手が四人おり、大半は二人から六人であることがわかった。残念ながら一二%が、重要な問題を話し合ったり、暇な時間をともに過ごす相手を一人も挙げなかった。対照的に、五%にはそうした相手が八人いた。親しいグループのメンバーに挙げられた人の約半分が友人とされていたが、残りの半分の人たちとの関係は実にさまざまだった。たとえば、配偶者、パートナー、親、兄弟、子供、職場の同僚、クラブ活動の仲間、近所の人、プロのアドバイザーやコンサルタントなどである。社会学者のピーター・マーズデンは、私たちが持つこうしたグループを「コア・ディスカッション・ネットワーク」と名づけた。一九八〇年、マーズデンは一五三一人のアメリカ人を対象に全国的な調査を実施し、以下のような結果を得た。コア・ディスカッション・ネットワークの規模は、人が歳を取るにつれて縮小する。男女のあいだでコア・ネットワーク全体の規模に違いはない。大学を出ている人は、高校を卒業していない人の二倍近い規模のネットワークを持っている[9]。

次に私たちの調査において、回答者の社会的な交際相手が相互にどの程度つながっているかを教えてもらった。たとえばある人物が、トム、ディック、ハリー、スーが友人だと言ったとしたら、こうたずねていく。トムはディックを知っているか、トムはハリーを知っているか、トムはスーを知っているか、ディックはハリーを知っているか、というように。つづいて、こうして集めた答えを使い、ある人物の友人の二人がたがいに友人である確率を計算した。この確率は、あるネットワークがどれくらいしっかり絡み合っているかを測る重要な特性である。

あなたがアレクシを知っており、アレクシがルーカスを知っており、ルーカスがあなたを知っていれば、この関係を推移的だという。三人の当事者が三角形を形成している状態だ。いくつもの推移的な関係の真っ只中で暮らす人(26ページの図におけるAのような人物)もいれば、たがいに面識のない友人を持つ人(Bのような人物)もいる。推移性の高い人は一つのグループに深く組み込まれているのがふつうだ。一方、推移性の低い人はいくつかの異なるグループに属する相互に面識のない人たちとつきあう傾向がある。このため彼らは、異なるグループをつなぐ橋のような役割を果たすことが多い。全体として見ると、典型的なアメリカ人の場合、社会的な交際相手の二人がおたがいを知っている確率は約五二%であることがわかった。

こうした尺度は、私たちの目に見えるネットワークの特徴を示す一方で、目に見えないネットワークについても教えてくれる。人類が形成する広大な織物のなかで、各人は友人、家族、仕事仲間、近所の人とつながっている。だが、これらの人びともまた、友人、家族、仕事仲間、近所の人とつながっているのだ。このつながりははるか彼方まで延々とつづき、ついには、地球上の全員が何らかの形でほかの（ほぼ）全員とつながることになる。私たちは自分が属すネットワークをもっと限られた社会的・地理的範囲にあるとみなしているが、実際には各人を取り囲むネットワークはきわめて広い範囲で相互につながっているのである。

「世間は狭いものだ（it's a small world）」というよく使われる表現の根底には、ネットワークのこうした構造的特徴がある。人と人のつながりをいくつか経ることで、ほかの誰かとのつながりに気づくのは珍しいことではない。一九五〇年代に最初の草稿が書かれたある論文で、一つの有名な事例（少なくとも社会科学者のあいだではの話だが）が紹介された。筆者は社会的ネットワーク研究の初期に活躍した二人の人物、イシエル・デ・ソラ・プールとマンフレッド・コーヘンである。このうちの一人が、イリノイ州の小さな町のある病院で、ある患者が隣のベッドの中国人患者にこう言うのをたままま耳にしたという。「いままで生きてきて、中国人の知人は一人しかいません。上海出身の××という人です」。すると、こんな答えが返ってきた。「何ですって、それは私のおじさんですよ」[10]。実は、筆者たちはその人物の名前を明かしていない。ことによると、またしても「スモールワールド効果」のせいで、読者がその人を知っているのではないかと心配したのかもしれない。

ルール2　ネットワークは私たちを形づくる

一方で私たちは、ネットワーク上でどんな位置を占めるかによって影響を受ける。友人が一人もいない人物の生活は、たくさんの友人がいる人物のそれとは大きく異なる。たとえば第4章で見るように、新しい友人ができると、その人が実際には特に何もしてくれなくても、ありとあらゆる健康上の利益を得られる可能性がある。

ノルウェー軍の数十万人の徴集兵を対象とする調査が示す単純な事例から、社会的な交際相手(この場合は兄弟)の数が人にどんな影響を及ぼすかがわかる。[11] しばらく前から知られているように、最初に生まれた子供は二人目よりもIQのスコアが数ポイント高く、同じように二人目は三人目よりも少し高い。だが、こうした違いをもたらすのは、生まれつき決まっている生物学的な要因なのだろうか、それとも、あとから生じる社会的要因なのだろうか。これが、この研究領域における未解決の問題の一つだった。ノルウェー兵の調査からわかったのは、家族の規模や構成といった社会的ネットワークの単純な特徴が、こうした違いの原因だということだった。第二子の幼少時に上の子供が亡くなると、第二子のIQは上昇し、第一子と同じくらいになる。第三子の幼少時に上の子供のどちらかが亡くなると、第三子のIQは第二子と同じくらいになる。上の子供がともに亡くなると、第三子のIQは第一子と同じくらいになるのだ。

友人をはじめとする社会的な交際相手がたがいに友人であるかどうかは、自分の生活の内容にもきわめて重要な意味を持つ。セックスの相手が見つかるかどうかから、自殺するかどうかに至るまでのあらゆることが、推移性の影響を受ける可能性がある。推移性の効力を簡単に知りたければ、離婚が子供に及ぼす影響を例に考えてみるといい。ある子供の両親が結婚していれば(つながっていれば)、二人はたがいに話をするはずだが、離婚すれば(つながりを断てば)おそらく話をしないだろう。離婚が意味するのは、子供を介してコミュニケーションせざるをえない機会が増えるということだ(「お父さんに、次の土曜日はわざわざあなたを迎えに来なくていいと言っておいて!」)。そうなると、連携して子育てをするのはずっと難しくなる（「お母さんもアイスを買ってくれたっていうのかい？」）。注目すべきなのは、子供が依然として両親と深くつながっていても、それぞれの親と子供との関係は、離婚のせいで変わってしまうということだ。だが、こうした変化の原因は、両親のつながり――子供とはほぼ無関係なつながり――が切れることなのだ。子供には相変わらず両親がいるのに、二人がつながっているかどうかによって、子供の生活は違ってしまうのである。

また、友人や家族がつながりをいくつ持っているかも重要だ。あなたとつながりのある人びとがさらにつながりを増やせば、ネットワーク内の全メンバーと接するためにあなたが踏むべきステップは減る。こうして、あなたはネットワークの中心に近づくのだ。そうなると、ネットワーク内を流れるあらゆるものからますます影響を受けやすくなる。たとえば、26ページの図における人物Cは、ネットワーク内で人物Dよりも中心に近い存在である。センセーショナルなうわさ話が広まっているとき、自分はどちらの人物でありたいかと自問してみよう。Cでありたいはずだ。次に、致死性の病原菌がネットワーク内を広がっているとき、どちらの人物でありたいかと自問してみよう。Dでありたいはずだ。こうした状況は、CとDが同じ数の社会的絆を持っていたとしても変わらない。二人はそれぞれ、ちょうど六人の人と直接つながっている。これから先の各章で、ネットワーク内でどの程度中心的な位置を占めるかによって、いくら稼げるのか、幸せになれるのか否かといったあらゆることが、どこまで左右されるかを示したい。

ルール3　友人は私たちに影響を及ぼす

言うまでもなく、問題は私たちを取り囲むネットワークの形状だけではない。つながりを通じて実際に何が流れるかもきわめて重要だ。バケツリレーが形成されるのは、みごとな人の列をつくってそれを眺めるためではない。人びとが相互に水を受け渡して火を消すことが目的なのだ。そして、社会的ネットワークが運ぶのは水だけではない。ありとあらゆるものを人から人へ運ぶのである。

第2章で論じるように、流れを決定する基本的要素の一つは、相互に影響し合い、真似し合う人間の傾向である。人はたいてい、実にさまざまな人びとと直接絆を結んでいる。たとえば、両親や子供、兄弟姉妹、配偶者（または良好な関係にある元配偶者）、上司や同僚、近所の人や友人などである。こうした絆のどれもこれもが、影響を与え、与えられる機会をもたらすのだ。勉強熱心なルームメイトと同室の学生は、よく勉強するようになる。大食漢の隣で食事をする人は、食べる量が増える。隣人が庭いじりをする人だと、自分も芝生を手入れするようになる。人が人に影響を与えるこの単純な傾向は、直接のつながりの先を考える際に驚くべき帰結をもたらす。

ルール4　友人の友人の友人が私たちに影響を及ぼす

人は友人だけを真似るわけではないことがわかっている。友人の友人や、友人の友人の友人をも真似るのだ。子供たちのやる伝言ゲームでは、一人の子が次の子に耳打ちすることで、あるメッセージが列を伝わっていく。それぞれの子が受け取るメッセージには、耳打ちしてくれた子が犯した誤りはもちろん、直接にはつながりのないそれ以前の子が犯した誤りも含まれている。こうして、直接の絆を持たない子を真似てしまう可能性があるわけだ。似たような理屈から、どんな親も子供にはお金を口に入れないよう言いつける。お金にはそれに触った多くの人びと――最後に触った人だけではない――の手からばい菌《きん》が付着していると考えられているからである。同じように、私たちは友人や家族の影響で、太ったり投票所へ足を運んだりすることがある。だが、友人や家族のそのまた友人や家族から影響を受ける場合もあるのだ。これは二者関係を超えた拡大、つまり、直接の社会的絆を超えて、人から人へと影響が広がっていく傾向の一例である。コルトの弟が命を落としたのは、こうした拡大のせいだったのだ。

ネットワークが直線なら、二者関係を超えた影響について考えるのは簡単である（「三人後ろのあの人がバケツを回してくれないと、作業全体に大きな支障が出る」）。だが、26ページ図に描かれた大学生の自然な社会的ネットワークや、数千人からなる複雑なネットワーク――その経路はあらゆる領域を横断して社会的地平の彼方まで延びている（この点についてはのちほど検討する）――などの場合、いったいどうすれば二者関係を超えた影響を理解できるのだろうか。何が起きているかを読み解くには、二種類の情報が必要になる。第一に、単純で連続的な二者関係の先を見なければならない。つまり、個人とその友人、友人の友人、友人の友人の友人、さらにその先、という具合に知る必要がある。こうした情報を手に入れるには、ネットワーク全体を同時に観察するしかない。ようやく最近になって、それが大がかりにできるようになった。第二に、人から人への物事の流れ方を観察したければ、人びとをつなぐ絆と、それらの絆でつながっている人びとについて、複数の時点における情報が必要となる。さもないと、ネットワークの動的性質を理解することはできない。なじみのないスポーツのルールを、試合の様子を写した一枚のスナップ写真を見て知ろうとするようなものだからだ。

二者関係を超えた拡大の多くの事例やタイプについては追って検討していくが、一つの簡単な例を使って少し説明しておこう。伝染と言われて私たちがふつうに考えるのは、ある人が何かを持っていて別の人に接触すれば、それだけで二人目の人にその何かが移るということだ。病原菌に感染する場合もあれば（最もわかりやすい例）、うわさ話や情報を耳にする場合もある（あまり明白でない例）。いったん一人の人物から何かが移れば、ほかの人とさらに接触する必要はないのがふつうだ。たとえば、XYZという銘柄の株が五〇ドルで取引を終えたことを正確に教えてもらっていれば、別の人が同じことを教えてくれてもあまり意味はない。この情報をほかの人に伝えるのも、自分一人でできる。

だが一部の物事、たとえば規範や行為といったものは、こうした方法では広まらないこともある。それを広めるには、多くの社会的な交際相手による「強化」を含め、より複雑なプロセスが必要になる。だとすれば、バケツリレーのような単純な線状のネットワークは、複雑な事象の伝達には役に立たないかもしれない。人にタバコをやめさせたいときに、彼らを一列に並ばせ、先頭の人にタバコをやめてもらい、それを次の人に伝えるように告げる、などということはしないはずだ。むしろ、一人の喫煙者を多数の非喫煙者で――場合によってはチームを組んだ多数の非喫煙者で――取り囲むほうがいいだろう。

心理学者のスタンリー・ミルグラムによる有名な歩道実験は、多くの人による強化がいかに重要かを示すものだ。[12] 一九六八年、ニューヨーク・シティーの寒い冬の午後、ミルグラムは二日間にわたり、一五メートルほどの通りを歩く一四二四人の歩行者の行動を観察した。ミルグラムは、一人から一五人の研究助手を「刺激群集」として歩道に配置した。この人工的な群集は、合図があると立ち止まり、近くのビルの六階の窓を正確に一分間見上げるのだ。窓の向こうに興味を引くものはなく、ミルグラムの助手の男が一人いるだけだった。実験の結果はフィルムに収められ、のちに助手たちが、刺激群集が見上げている場所で立ち止まったり窓を見上げたりした歩行者を数えた。たった一人で見上げている「群集」とともに立ち止まった人は四%だった。一方、一五人の刺激群集がいる場合に立ち止まった人は四〇%だった。通行人がある行動を真似る決定をするのに、その行動をとる群集の規模が影響することは明らかだった。

中途半端に真似をした歩行者の割合は、もっと高かった。つまり、彼らは刺激群集が見つめる方向を見上げたが、立ち止まりはしなかったのだ。刺激群集が一人のときは四二%の通行人が窓を見上げたのに対し、一五人の群集が見上げているときは八六%の通行人がそれにならった。だが、この違いよりも興味深いのは、刺激群集が五人のときに窓を見上げる通行人の数が、刺激群集が一五人のときとほぼ同じだったことだ。この実験で設定された状況においては、群集の数が五人を超えても、道行く人びとの行動に大した影響はなかったのである。

ルール5　ネットワークはそれ自身の命を持っている

社会的ネットワークには、その内部の人びとにはコントロールも認識もされない特性や機能が備わっている。こうした特性を理解するには、グループ全体とその構造を研究するしかなく、単独の個人を調べても意味はない。単純な例としては、交通渋滞や群集の熱狂的行動が挙げられる。運転席でイライラしている一人の人物を問い詰めたところで、彼の動かない車が問題の一因であるにせよ、交通渋滞を理解できるはずはない。複雑な例としては、文化という概念が挙げられる。のちに検討するように、文化とは相互につながった人びとのグループが、事前の調整も明確な意識もなしに、共有された複雑な行動を示す事実をいうのだ。

単純な例の多くは、関係する個人の意思や認識を完全に無視し、人びとを「知性なき主体」として扱うと最も理解しやすい。スポーツイベントで見られるウェーブについて考えてみよう。この現象が初めて世界の注目を浴びたのは、一九八六年にメキシコで開催されたサッカーのワールドカップでのことだった。そもそもはラ・オーラ（スペイン語で「波」の意）と呼ばれていたこの現象は、一群の観客が次々に立ち上がっては腕を上げ、すばやく着席するというものだ。その効果は実に劇的である。普段は液体の表面に起こる波を研究している物理学者のグループがこの現象に興味を抱き、巨大なサッカー場で起こったラ・オーラのフィルムを集めて研究してみた。すると、こうした波は時計回りに伝わっていくのがふつうで、つねに「秒速二〇席」で進むことがわかった[13]。

こうした人間の波がどうやって始まり、伝わっていくかを理解するために物理学者たちが利用したのは、興奮性媒質の数学的モデルだった。このモデルは通常、非生命現象を理解するために用いられる。たとえば、森を燃やす火の広がりや心筋を伝わる電気信号の広がりなどだ。興奮性媒質とは、ある状態から別の状態へ切り替わる媒質のことで（木は燃えているかいないかのどちらかである）、それを決めるのは周囲にあるほかの媒質の状態だ（近くの木は燃えているか）。このモデルを使うと社会現象が正確に予測できたため、人間の生態や心理について知らなくても、ラ・オーラを理解できるのではないかと思われたのだ。実のところ、立ったり座ったりする一個人の行動を研究しても、その波は理解できない。クーラーボックスの上でメガホンを手にした誰かが音頭を取っているわけではないのだ。波はそれ自身の命を持っているのである。

鳥、魚、昆虫などの群れは調和した動きを示す。こうした群れの数学的モデルによって、同じ論点を説明することもできる。この種のグループの動きは中央でコントロールされているわけではないが、そこには一種の集団的知性がはっきりと見てとれる。この知性のおかげで、グループ内のすべての個体が捕食者を逃れたり怯《ひる》ませたりできるのだ。こうした行動は個々の生物の内側から出てくるものではなく、むしろグループの特性によっている。どちらへ飛ぶべきかを「決意」する鳥の群れの調査から、次のことがわかる。群れはすべての鳥の意図を反映して動くが、さらに重要なのは、群れが動く方向はたいてい最善の選択だということだ。一羽一羽の鳥が群れの動きに少しずつ影響を及ぼすが、群れの集団的選択は個々の鳥の選択よりも優れているのである。[14] ラ・オーラや鳥の群れと同じように、社会的ネットワークはそれ自体のルールに従う。それは、ネットワークを形成する人びとのルールとは異なるものだ。だがこの場合、人びとはスタジアムでスポーツ観戦に興じているわけではない。臓器を提供したり、太ったり、幸せを感じたりしているのである。

この点について、私たちは、社会的ネットワークには創発性があるという言い方をしている。創発性とは、部分が相互に作用し合いつながり合うことによって、全体が獲得する新しい特質のことである。創発という考え方を理解するには、次のようなアナロジーが役に立つ。ケーキは、その材料のいずれとも違う味がする。また、それぞれの材料の味を平均しただけの味でもない。たとえば、小麦粉とタマゴの中間の味がするわけではない。そんなものよりもずっとおいしいのだ。ケーキの味は、その材料の味の単なる合計を超えたものである。人間の場合も同じように、社会的ネットワークを理解すれば、いかにして全体が部分の合計よりも大きくなるかが理解できるのだ。

六次の隔《へだ》たりと三次の影響

スタンリー・ミルグラムは、先述したものよりはるかに有名な実験を巧みにやってのけた。その実験によって、あらゆる人が平均して「六次の隔たり」によって相互につながっていることが示されたのである（自分の友人は一次、友人の友人は二次、というように数える）。一九六〇年代に行われたこの実験では、ネブラスカ州に住む数百人の人びとに、一〇〇〇マイル（約一六〇〇キロメートル）以上離れたボストンのあるビジネスマン宛の手紙が渡された。[15] 実験への参加者は、直接の知人にその手紙を送るよう指示を受けた。ただし、ボストンのビジネスマンとの個人的関係が自分よりも深そうな人に手紙が渡るようにしてほしいということだった。こうして、手紙が目標の人物に達するまでに、人から人へのステップがどれくらい必要かが調査された。すると、平均して六つのステップがいるとわかったのだ。この驚くべき事実が判明すると、そもそもはデ・ソラ・プールとコーヘンのアイデアであるスモールワールド効果をめぐり、ありとあらゆる研究が始まった。また、大衆文化へも影響が及び、ジョン・グアーレが『私に近い六人の他人』という芝居を書いたり、「ケヴィン・ベーコンの六次」というちょっとしたゲームまでが流行《はや》ったりした。

だが、この説に懐疑的な学者もいた。たとえば、ネブラスカ州とボストンが（地理的にも文化的にも）いくら離れているとはいえ、ともにアメリカ国内の一地域にすぎない。そこで二〇〇二年、物理学者から社会学者に転向したダンカン・ワッツ、同僚のピーター・ドッズ、ロビー・ムハマッドの三人は、コミュニケーションの手段にeメールを用い、ミルグラムの実験を地球規模で再現してみることにした。[16] 三人は九万八〇〇〇人を超える被験者（大半はアメリカ国内の人たち）を募り、世界中の「目標」に向かってメッセージを送るよう依頼した。各被験者に、目標の人物を知っていると思われる人にeメールを出してもらったのだ。目標の人物は一三の国々から選ばれた一八人の候補者リストに載っていて、そこから各被験者に無作為に一人が割り振られた。リストには、アイビーリーグのある大学の教授、エストニアの公文書記録官、インドのテクノロジーコンサルタント、オーストラリアの警官、ノルウェー軍所属の獣医などが含まれていた。まさに、さまざまな人びとの寄せ集めである。その結果、驚くべきことに、またしても（平均して）およそ六つのステップを経てeメールが目標の人物に届いたのである。世界がいかに小さいかについて、ミルグラムによる当初の見積もりが再確認されたことになる。

もっとも、六次の隔たりを経てあらゆる人とつながっているからといって、それらの人びとすべてに影響を及ぼせるわけではない。社会的な距離が問題となるのだ。私たち自身の研究から、社会的ネットワークにおける影響の広がりは、いわば「三次の影響のルール」に従うことがわかっている。私たちのあらゆる言動は、さざ波を立てるようにネットワークを進んでいき、友人（一次）、友人の友人（二次）、さらに友人の友人の友人（三次）にまで影響を及ぼすケースが多い。だが、その影響力は徐々に弱まり、三次の隔たりの位置に存在する社会的な限界を超えると、目立った効果はなくなってしまう。同じように、私たちは三次以内の関係にある友人からは影響を受けるが、その先に連なる人びとからは影響を受けないのがふつうである。

「三次ルール」は、さまざまな態度、感情、行動はもちろん、政治的意見、体重増加、幸福といった多様で幅広い事象に当てはまる。ほかの学者たちの記録によると、発明家のネットワークにおいて、革新的なアイデアは三次まで広まるらしい。一人の発明家の創造性は、その人物の仲間、仲間の仲間、仲間の仲間の仲間に影響を与えるわけだ。日常的な関心事にかかわる口コミ情報（良いピアノ教師やペットの家の見つけ方）もまた、三次まで広まる傾向にある。

私たちの影響力に限りがある理由として、三つの可能性が考えられる。一つ目は、静かな池に落ちた石が広げるさざ波のように、私たちが他人に与える影響は、次第に弱まってやがて消えてしまうというものだ。石が池に落ちると一定量の水が押し出されるが、波が広がるにつれてそのエネルギーは消散する。これを社会に当てはめて考えてみると、情報が伝わるときにその正確さが失われていくということになる。ちょうど、子供の伝言ゲームと同じようなものだ。そのため、あなたが禁煙したり特定の政党の候補者を推薦したりしても、その情報が友人の友人の友人の友人に伝わる頃には、その人はあなたが実際に何をしたかについて、もはや確かな情報を手にしていないかもしれない。私たちはこれを、本質の消失による説明と呼んでいる。

私たちの影響力が失われる二つ目の理由は、ネットワークの避けがたい発展のせいで、三次を超えるつながりが不安定になってしまうというものだ。ネットワーク上の絆は永遠ではない。友人は友人でなくなる。隣人は引っ越しをする。夫婦は離婚する。人は死ぬ。知人との直接のつながりを失うのは、二人のあいだの絆が消滅するときに限られる。ところが、自分から三次の隔たりのある人の場合、三つの絆のどれかが切断されると、二人を結ぶ経路の少なくとも一つが失われてしまう。それゆえ、途中の絆の絶え間ない変化を考えると、平均して四次の隔たりのある人とは安定したつながりを持てない可能性があるのだ。結果として私たちは、四次以上の隔たりのある人には影響を及ぼさないし、影響を受けることもない。私たちはこれを、ネットワークの不安定性による説明と呼んでいる。

三つ目の理由には、進化生物学が関係している。第7章で論じるように、人間は小さな集団で進化してきたらしい。この集団内では、すべてのメンバーがほかのメンバーと三次以下の隔たりでつながっていたはずだ。集団内のある人が自分を恨んでいるのか、それとも味方なのかを知ること、あるいは、ほかの人たちが助けを必要としているのか、それとも自分を助けてくれるのかを知ることは、きわめて有益である。また、集団内のほかのメンバーに働きかけて自分の仕事を手伝ってもらうのも大いにありがたいことだ。ところが、私たちが大きな集団で生活するようになってからあまり時間が経っていないため、私たちは三次の隔たりの先にまで影響を及ぼせるまでには進化していない。見方を変えると、私たちが四次以上の隔たりのある人に影響を与えられないのは、ヒト科の過去において、四次の隔たりを持つ人が存在しなかったからなのだ。私たちはこれを、進化の目的による説明と呼んでいる。

こうした要因のすべてが役割を果たしているはずである。だが、理由が何であれ、「三次ルール」は人間の社会的ネットワークが機能する際に大きな意味を持つものと思われる。テクノロジーのおかげでさらに多くの人びとと接することができるようになったとしても、このルールが他人とつながる能力の足かせとなりつづける可能性がある。

この本質的な限界は、そう、私たちの限界を示しているように思えるかもしれない（世界を支配したくない人がいるだろうか？）。だが、世界がいかに小さいかを忘れてはならない。六次の隔たりによってほかのあらゆる人びととつながっており、三次の隔たりまでの人びとに影響を与えられるとすれば、私たちのそれぞれが、地球上のあらゆる人びとに達する道のりの半分くらいまで進めると考えていいのだ。

そのうえ、三次の隔たりという制限があるとしても、私たちが他人に与える影響の広がりは大変なものだ。自然な社会的ネットワークの構造を考えてみると、ほとんどの人が数千人とつながっていることになる。たとえば、あなたの社会的な交際相手が二〇人だとしよう。友人が五人、仕事仲間が五人、家族が一〇人である。次に、これらの交際相手のそれぞれに同程度の友人や家族がいるとしよう（事態を単純化するため、この人たちはあなたの交際相手とは重ならないとしよう）。すると、あなたは二次の隔たりを経て四〇〇人の人びとと間接的につながっていることになる。しかも、あなたの影響力はここで止まるわけではない。さらにステップを一つ進み、この四〇〇人それぞれの友人や家族二〇人へと及ぶのだ。こうして、合計で二〇×二〇×二〇の人びと、つまりあなたと三次の隔たりでつながる八〇〇〇人に影響が及ぶことになる。ジェイムズが育ったオクラホマ州の小さな町の住人が一人残らず含まれてしまう人数である。

それゆえ、六次の隔たりを経ればどんな二人も結びつくという説は、私たちがどうつながっているかを示すのに対し、三次の隔たりまで影響が及ぶという説は、私たちがどれほど伝染しやすいかを示している。つながりと伝染というこの二つの特質は、社会的ネットワークの構造と機能である。これらは人間という超個体の解剖学と生理学なのだ。

私たちはつながっている

ほとんどの人は、自分の影響が友人や家族に直接及ぶことを知っている。自分の行動次第で、相手が幸せになったり悲しんだり、健康になったり病気になったり、場合によっては金持ちになったり貧乏になったりさえするのだ。だが、自分が考え、感じ、行い、口にするあらゆることが、自分の知っている人びとのはるか先にまで広がる可能性があろうとは、まず考えない。逆に言えば、友人や家族がパイプの役割を果たし、私たちは数百、あるいは数千にも及ぶ人びとから影響を受けることにもなる。一種の社会的連鎖反応を通じ、知らない人の身に起こる、目にすることのない出来事から重大な影響を被る可能性があるのだ。まるで、周囲の世界の脈をとり、その持続的なリズムに反応するかのように。善かれ悪しかれ、私たちは社会的ネットワークの一部として自分自身を超え、はるかに大きな何かの一部となる。私たちはつながっているのである。

私たちがつながっているということは、人間のありようの理解にとって根本的な意味を持っている。社会的ネットワークが価値を持つのは、何と言っても、そのおかげで自分一人ではできないことができるようになるからだ。この後の数章で、喜びの広がり、セックスの相手探し、健康の維持、市場の機能、民主主義のための戦いなどに、ネットワークがどう影響するかを示していく。だが、社会的ネットワークの影響は良い面ばかりではない。不景気、肥満、性感染症、金融恐慌、暴力、さらには自殺までも広がっていくのだ。社会的ネットワークには、取り込んだもののすべてを拡大する傾向があることがわかる。

こうした理由もあって、社会的ネットワークには創造性が備わっている。ネットワークから生み出されるものは、誰か一人の所有物とはならない。ネットワーク上の全員のものなのだ。この意味で、社会的ネットワークは共有林に似ている。私たち全員がそこから利益を得る立場にあるが、同時に、ネットワークの健全性と生産性を維持するために協力しなければならない。要するに、社会的ネットワークは、個人、グループ、機関などによる手入れを必要とするのだ。社会的ネットワークの基本的な特徴は、人間によって構成され、至るところに存在することだが、一方で、あって当然のものと考えてはならないのである。

あなたがほかの人より幸福だったり裕福だったり健康だったりするなら、ネットワーク上でたまたまきわめて有利な位置を占めているのかもしれない（たとえ自分自身の位置がわからなくても）。また、ネットワークの全体構造が大きな役割を果たしているとも考えられる（たとえ自分ではその構造をまったくコントロールできなくても）。さらに一部のケースでは、こうしたプロセスがネットワーク自体にフィードバックを返すこともある。多くの友人を持つ人は裕福になるかもしれず、そうなればさらに多くの友人を引き寄せる可能性があるのだ。こうした「豊かな者はますます豊かに」という力学が意味するのは、社会的ネットワークを通じて、私たちの社会に存在する二種類の不平等が劇的に拡大してもおかしくないということだ。つまり、状況的不平等（一部の人は社会経済的により良い状況にある）と位置的不平等（一部の人はネットワーク上でより良い位置を占めている）である。

いまのところ、立法者が位置的不平等のもたらす帰結を考慮することはない。それでも、私たちがどのようにつながっているかを理解することは、より公正な社会をつくるためにも、公衆衛生から経済に至るあらゆる問題を左右する公共政策の実施のためにも、必要不可欠な第一歩である。予防接種をするなら、体の弱い人たちよりも、ネットワークの中心に位置する人たちにするほうが効果があるかもしれない。喫煙をやめさせたいなら、喫煙者本人よりも、その友人たちに喫煙の危険性を納得させるほうが早道かもしれない。犯罪を減らしたければ、一つ一つの犯罪を防いだり罰したりするよりも、相互につながりのあるグループの人びとを犯罪行為に走らないよう支援するほうが有益かもしれない。

個人の行動や成果に社会的ネットワークが甚大な影響を及ぼす以上、人びとは自分自身の選択を完全にはコントロールしていないことになる。したがって、社会的ネットワークにおいて個人間の影響関係があるかぎり、道徳的な問題を考えざるをえない。私たちと他人とのつながりは、私たちの自由意思の力を左右するからだ。コルシカ島のジャコモの行為は、どの程度の非難に値するだろうか。オンタリオ州のダン・ラヴィスの行為は、どの程度の称賛に値するだろうか。彼らが単に鎖の環として行動しただけだとすれば、その行為を選択した彼らの自由をどう理解すればいいのだろうか。

個人の選択と行動の研究から、人間の集団行動を説明する学者もいる。一方、個人は問題とせず、もっぱら、社会階級、人種、所属する政党などによって形成されるグループに焦点を当てる学者もいる。この場合、それぞれのグループが集団としてのアイデンティティーを持ち、そのおかげでグループのメンバーは摩訶不思議にも一致協力して行動するとされる。社会的ネットワークの科学は、異なる視点から世界を見る。考察の対象となるのは個人およびグループであり、実際にいかにして前者が後者を形成するのかということだからである。

社会がどのように動いているかを理解したければ、個人と個人のあいだの空白を埋める必要がある。人びとが相互につながり、作用を及ぼし合うことによって、一人だけのときとは経験が一変することを理解する必要がある。社会的ネットワークを理解しなければ、私たち自身についても私たちが暮らす世界についても、十分に理解することは望めないのである。

第2章 あなたが笑えば世界も笑う

一九六二年、タンザニアで奇妙な出来事があった。ブコバ地区のヴィクトリア湖畔にある全寮制の女子ミッションスクールで、笑いの伝染が起こったのである。一部の生徒がジョークを言って笑い合っていたというわけではない。笑いたいという抑えきれない衝動が湧き起こって、人から人へ広がっていき、ついには一〇〇〇人以上に移ってしまったのだ。

この病気は突如として発症し、感染した人は最初の笑いの発作が数分から数時間つづいた。その後しばらく正常に戻ったあと、たいてい数人が再発し、最長で一六日ものあいだ治らなかった。この伝染病の正体を探る手がかりとなりそうなのは、犠牲者の多くが、笑っているにもかかわらず不安で怖かったと述べた点だった。

この突発的な病気の流行について最初に調査し、報告した医師たち――マケレレ大学に所属するランキン博士とブコバ地区の保健所長であるフィリップ博士――は、実に徹底していた。[1] 二人の調査から、新たな患者はいずれも、その病気にかかった人と近い過去に接触していたことがわかった。接触から発症までの潜伏期間は数時間から数日であることも観察された。ありがたいのは、二人の医師が皮肉なしに語ったように「死亡例は報告されていない」ことだった。感染した人たちも完全に回復していたのだ。

病気が流行しはじめたのは、一九六二年一月三〇日のことだった。一二歳から一八歳の三人の少女が笑い出して止まらなくなったのだ。流行は急速に広まり、まもなく校内の多くの人たちが重症の笑い病にかかってしまった。三月一八日には、一五九人の生徒のうち九五人が感染するまでになり、学校は閉鎖に追い込まれた。生徒たちは自宅のある村や町へと帰っていった。一〇日後、八八キロメートル離れたンシャンバの村人に、笑いが止まらなくなる症状が突如として現れた。その村は何人かの生徒の帰郷先だったのだ。笑い病に感染した人は全部で二一七人にのぼった。ラマンシェニェ女子中等学校の近くの村に帰郷した少女たちもいたため、六月半ばにはこの学校にも感染が広まっていた。一五四人の生徒のうち四八人が笑いを止められなくなり、この学校も閉鎖に追い込まれた。六月一八日には、カニャゲレカの村でも同じ症状が突如として発生した。この村も一人の少女の帰郷先だった。最初は肉親に症状が現れ、近所にある二つの少年学校へと広まっていった。この両校もまた閉鎖せざるをえなくなった。数ヵ月後、笑い病の流行は徐々に終息へ向かった。

ランキンとフィリップは、この伝染病の生物学的原因を懸命に探した。患者に対して健康診断や臨床検査を施し、腰椎穿刺《ようついせんし》［訳注　脊髄液の採取のために腰椎部に針を刺すこと］を行い、供給される食糧に毒が入っていないかどうかを調べ、その地域で似たような病気が流行った記録が以前に存在しないことを確かめた。村人自身、どう理解したらいいかわからなかった。この病気が大きな関心を集めたブコバでは、「原爆が爆発した結果、大気が汚染されてしまったと信じられていた」のだという。

だが一方で、この伝染病を一種の「蔓延する狂気」だと言う人もいた。

この突発的な現象を吟味した村人や医師にとって、笑い病の蔓延は笑い事ではなかった。現実の幸せや喜びの広がりとは何の関係もなかったからである――それらが広がることがあるにしても、様子はだいぶ違うはずだ。むしろ、この突発的な流行病は集団ヒステリーの実例だった。人間には感情の伝染を明示しようとする根深い傾向があるせいで、こうした病的状態が生じてしまうのだ。喜ばしいものであれ何であれ、あらゆる種類の感情が、人びとのペアやさらに大きなグループのあいだで広まっていくことがある。したがって、感情の起源は個人だけでなく集団にもあるわけだ。私たちがどう感じるかは、近くや遠くでつながっている人びとがどう感じるかに左右されるのである。

私たちの祖先は感情を持っていた

私たちは誰もが感情を持っているが、感情というものはいくつかの要素から成っている。第一に、私たちは感情を自覚している。幸せなときには自分でもそれがわかる。第二に、感情は体の状態に影響を与えるのがふつうだ。顔、声、さらには姿勢にさえ、自分がどのように感じているかが表れる。社会的ネットワークにおいて感情が演じる役割を考えると、こうした身体的表現はとりわけ重要である。第三に、感情は特定の神経生理学的活動と結びついている。気味の悪い絵を見せられれば、脳の深部の組織への血流が即座に変化するのだ。最後に、感情は、笑ったり、泣いたり、悲鳴を上げたりといった目に見えるふるまいと結びついている。[2]

いくつもの実験から次のことが明らかになっている。人びとは、数秒から数週間の時間枠で、他人が示す感情の状態に「感化」されるのだ。[3] 大学の新入生を無作為に選び、やや元気のないルームメイトと同室にすると、三ヵ月のあいだにどんどん元気をなくしていった。[4] 見知らぬ者同士がごく短い期間接触しただけでも、感情は伝染することがある。ウェイターが「笑顔でサービス」するよう教育されていると、顧客は満足度がアップしたと言い、チップをはずむ。[5] 人びとの感情や気分は、交流する相手の感情の状態に影響されるのである。なぜ、またいかにして、こうしたことが起こるのだろうか。

まずは、もう一つの疑問について考えてみるのがいいかもしれない。感情が単なる内面的な状態でないのはなぜだろうか。自分にしかわからない感情を持つだけでは足りないのはなぜだろうか。進化論的に考えれば、感情を持つことが私たちにとって有利なのは間違いない。たとえば、どきりとする能力は、生き残るためにすばやい反応が必要な環境で役立つはずだ。だが、私たちはどきりとするだけではなく、それを表に表す。飛び上がったり、悲鳴を上げたり、悪態をついたり、拳を握りしめたりする。とはいえ、こうしたふるまいが注目を集めるわけではない。それはほかの人たちにコピーされるのだ。

原始人による社会集団の組織化という面から考えると、感情の広がりは進化的な適応という目的にかなっていた。[6] 原始人はたがいに依存しなければ生き延びられなかった。物理的環境（天候、地形、肉食動物）との相互作用は、社会環境との相互作用に応じて変化したり、影響を受けたりした。人間が他人と絆を結んだのは、より効率的に世界と向き合うためであり、さまざまなメカニズムが進化したのは、この絆を支えるためだった。こうしたメカニズムとして最もわかりやすいのは言葉によるコミュニケーションだが、感情の模倣《もほう》もその一つだった。人間の感情の発達、感情の表出、他人の感情を読み取る能力は、集団活動の円滑化に一役買ったが、それには三つの方法があった。つまり、個人間の絆を築きやすくすること、行動を一致させること、情報を伝えること、の三つである。

感情および感情の伝染は、まず母親と幼児の絆を固めるために生じたはずだ。その後、進化とともに親族へ、最終的には親族以外の人びとへと拡大したのだろう。感情が伝染すると、人びとの交流は同調性を増す。母-子のペアの場合、感情の伝染によって、赤ん坊が注意を向けてもらう必要のあるときに母親はいっそう気を配り、面倒を見るようになったのではないだろうか。私たちは実際、見知らぬ人よりも家族が悲しんでいるときのほうが悲しくなる。血縁のある人たちと気持ちを一つにすることには利点があるからだ。

最終的に、気分や行動におけるこの種の同調性は、もっと大きなグループの活動に有利に働いたかもしれない。たとえば、敵を撃退したり獲物を追い詰めたりといった活動である。あなたが狩猟隊の協調を図ろうとしているなら、隊のメンバー全員が楽天的で張り切っていると助かるはずだ。反対に、あなたがあるグループの一員で、グループ内に怖がっている様子の人がいるとすれば、その人はもしかするとあなたが見ていない肉食動物を見たのかもしれない。その人の感情の状態をすぐさま取り込めば、あなたが生き延びられる可能性は高まる。実のところ、肯定的な感情はグループの団結を強めるのに特に役立ち（「私は幸せだ。一緒にいよう」）、また、否定的な感情はコミュニケーションの道具として役立つ（「煙のにおいがする。怖いな」）のではないかと考えられている。

環境に関する情報、その相対的な安全性や危険性を伝えるには、感情はほかの形のコミュニケーションよりも迅速な方法だと言えるし、感情が言葉に先行していたのは確かだろう。口から出る言葉とくらべると感情は具体的な内容に欠けるが、それをスピードが補っている。あなたは、妻が自分に腹を立てているかどうかを瞬時に言えるはずだ。しかし、妻にそれを説明してもらおうとすれば、はるかに長い時間がかかるかもしれない（特に、なぜ怒っているのかを言う前にそれを察するべきだと妻が言い張る場合には）。一日の終わりに自宅のドアを一歩入れば、あなたは状況が安全なのか危険なのかを即座に判断できる。これこそ、祖先が私たちに伝えてくれた離れ業にほかならないのだ。

もちろん、すぐに感情が伝わるからといって、いいことばかりではない。帰宅したときにあなたの機嫌が悪かったとしてみよう。たいていの場合、機嫌の悪い理由を説明するという骨の折れるプロセスに取りかかるかなり前に、妻はそれを察知するはずだ。説明するチャンスを手にする前に、すでにあなたの機嫌の悪さが妻に伝染しているかもしれない。こうなると言い争いが始まり、事態は悪化の一途をたどることにもなりかねないのだ。

感情の伝染

感情が人から人へ広がっていくのは、人間の交流にまつわる二つの特徴のためである。私たちは生物として他人の外見を真似るようにできており、他人の表面に表れるものを真似ることによって、その内面の状態を取り込むのである。あなたの友人が幸せな気分だとしよう。すると、彼女は笑い、あなたが笑い、笑うという行為を通じてあなたも幸せな気分になる。バーやベッドルーム、職場や通り、人びとが交流するあらゆる場所で、私たちは表情、発声、態度を無意識のうちにすぐさま同調させる傾向がある。その結果、感情の状態までが一つになるのだ。

感情が最もよく表れるのは、何といっても顔である。環境の刺激に反応して表情が変化するのはなぜだろうか。あるいは、進化の過程でこうした適応はいかにして起きたのだろうか。この点を説明するのは難しくない。たとえば最近の研究によって、恐怖と嫌悪という二つの表情が、外界からもたらされる感覚の受け入れを調整していることが明らかになってきた。[7] 恐怖に震えているとき、私たちの目は見開き、鼻孔は広がる。これは、周囲の状況をもっとよく見たり、においをかいだりするためだ。ちょうど、関心を引く物音を聞いた犬が、耳をぴんと立てるようなものである。同じように、たとえば悪臭のせいで胸が悪くなると、私たちの鼻には皺《しわ》が寄り、目は細くなる。悪臭の影響をなるべく防ごうとしているのだ。恐怖を感じているときには吸気量が増え、嫌悪を感じているときには減るのである。

だが表情が進化してきたのは、外界にまつわる経験を個人的に調整するためだけではなく、他人とコミュニケーションを図るためでもあったようだ。時とともにこの側面が重みを増し、そもそもの役割は影が薄くなっていったのだろう。進化においてこの手の変化は珍しくない。羽は有史以前の爬虫《はちゅう》類の体を覆うために生えてきたのかもしれないが、最後にはもっと重要な別の利点、つまり空を飛ぶ能力をもたらしたのである。

私たちは他人の表情を読む能力を発達させた。だからこそ、自分自身の顔が嫌悪に歪《ゆが》むときに限らず、他人の顔が嫌悪に歪むのに気づくことで利益を得るのだ。表情のちょっとした変化も見逃さない人間の才能は驚くべきものである。この能力は脳の特定の部位に由来しており、「相貌失認《そうぼうしつにん》」という難しい名称の病気によって失われてしまうこともある。他人の表情を読むことは、気持ちを通い合わせ、共感を育むための重要な一歩となるはずだ。感情が伝染するプロセスを支えているのは、こうした共感である。

早くも一七五九年には、経済学の創始者にして哲学者でもあったアダム・スミスにとって、次の点は明らかだった。他人に同情する、したがって他人と同じように感じる一つの方法は意識的な思考である。「自分の兄弟が苦しんでいるとしても……私たちは想像力を働かせて相手の身になってみる。自分がまったく同じ苦しみに耐えている様子を思い描いてみる。いわば相手の体に入り込んでみる。いくぶんなりとも相手に同化してみる。そうやって、相手がどのように感じているか見当をつけてみる。さらに、相手の感覚と似たものを多少なりとも感じさえする」[8]

とはいえ、顔色を読んだり、他人の経験について考えたりする以外にも、感情の広がる道筋はいくつかある。実際、もっと素朴で単純な感情伝染のプロセス、一種の本能的な共感が存在する。他人の表情を真似ると、それだけで他人と同じことを感じるようになるのだ。これは感情の求心性、あるいは顔面フィードバック理論と呼ばれている。信号が（顔の）筋肉から脳へという経路をたどり、脳から筋肉へという通常の遠心的な経路とは異なるからだ。この理論の根拠として、表情が人間の気分に有益な影響を及ぼすことが挙げられる。たとえば、電話交換手は電話の相手から見えないにもかかわらず、話すときに笑顔をつくるよう教育される。悲嘆に暮れているときに笑顔をつくるといい理由も、この理論で説明できる。

感情（および行動）を伝染させる生物学的メカニズムは、人間の脳に備わっているとされるミラーニューロンシステムかもしれない。[9] 私たちの脳は、他人の行動を見ただけで、まるで自分自身がその行動をしているかのように活動する。ゲームに熱中している人を見たことがあれば、何を言っているかおわかりだろう。ゲームに熱中している人は、ミスをするたびにぴくりとする。フィールド上のプレーヤーに自分自身の体の動きを伝えたくてたまらないのだ。プレーヤーが走り、跳び、蹴るのを目にするときに活性化するのは、脳の視覚野だけではないし、見ているものについて考える脳の部位だけでもない。私たち自身が走り、跳び、蹴っているときに働く脳の部位も活性化するのである。

感情の伝染に関するある実験で、被験者は非言語的な音声反応を録音したものを聞かされた。これらの音声は、二つの肯定的感情（たとえば楽しさと勝利の喜び）と二つの否定的感情（たとえば恐怖と嫌悪）を伝えるものだった。被験者は磁気共鳴画像装置（ＭＲＩ）にかけられ、実験者によって脳の反応が監視された[10]。何が聞こえても反応しないよう言われていたため、被験者は音に対して目立った反応を示さなかった。だが、ＭＲＩの結果から、音声が聞こえると、それに見合った表情をするよう命じる脳の部位が刺激されることがわかった。私たちは、他人が感じることを感じ、他人がすることをする準備をつねに整えているらしい。

感情の集団暴走

感情の伝染は誰もが経験するものだ。ジョークで友人と笑い合う、配偶者が泣いていると悲しくなる、近所の人たちと一緒に市役所に腹を立てる、子供が嫌な目にあった日にしっかりと抱きしめてやる。だが、こうしたあらゆる分かち合いには、しばしば見過ごされがちな一面がある。感情は友人だけでなく、友人の友人、そのまた友人にまで広がっていくのだ。しかも、その場に居合わせていない人たちにまで。私たちは、平原で静かに草をはむバッファローの群れに似ている。不意に近くにいる一人が走り出す。すると私たちも走り出す。ほかの人たちも走り出す。突如として、不思議なことに群れ全体が猛スピードで突進しているのだ。

感情の状態が広く伝染していく現象は、数世紀にわたって報告されてきた。ブコバで突如起こったような笑いの伝染だけではない。感情が人から人へ広がり、多くの人に影響が及ぶ現象を、現在では集団心因性疾患（MPI）と呼んでいる。集団ヒステリーという詩的で古めかしい表現はあまり使われない。MPIは明らかに社会的な現象であり、ほかの点では健康な人びとを心理的カスケードに巻き込んでしまう。群れのなかで一頭だけ驚くバッファローのように、一人が一つの感情的反応を示すと、ほかの大勢の人たちも同じことを感じて感情の集団暴走が起こるのだ。

MPIには主に二つのタイプがある。純粋不安型の場合、さまざまな身体症状が出る。たとえば、腹痛、頭痛、失神、息切れ、吐き気、めまいなど。運動型の場合、狂乱状態での踊り、偽発作、そしてもちろん、笑いなどといった行為に取りつかれる。とはいえ、こうした行為の底には恐怖や不安の実感が潜んでいる。つまり、MPIの二つのタイプはともに同じ心理作用を土台としているのだ。

遅くとも一三七四年には、こうした現象に関する歴史上の記録が現れている。その年、ヨーロッパでペスト（黒死病）が流行しはじめたばかりの頃、突如として「舞踏性躁病」が広まったのだ。この種の躁病が最初に発生したのは、現在のドイツのアーヘンにあたる地域だった。ドイツの医学史家J・F・C・ヘッカーは、一八四四年の著書『中世の伝染病』のなかでこう述べている。この病気にかかった人びとは「一つの妄想を共有することで結びついており、通りでも教会でも、公衆の面前で次のような奇妙な光景を展開した。手をつないで輪をつくると、感覚のコントロールをいっさい失っているらしく、見物人には目もくれず極度の錯乱状態で何時間も踊りつづけ、ついには疲れ切って地面に倒れてしまうのだ。それから、ひどい圧迫感を訴え、まるで死の苦しみを味わっているかのようにうめき声を上げた」[11]。こうした人たちが、踊っていても幸せでなかったのは明らかである。それはちょうど、アフリカの女子生徒が笑っていても幸せでなかったのと同じことだ。

遠い過去の時代には、悪魔や魔法がこうした症状の原因とみなされることが多かった。現在では、有毒な化学物質や環境汚染が発症の引き金だと、たいていの患者は考えている。だが、毒素が原因で体の病気になることはあっても、MPIが引き起こされることはない。伝染のメカニズムはもちろん、問題の根本は心理的なものなのだ。ところが、この突発的な病気に苦しむ人びとや、多くの観察者は、こうした症状の原因が心理的なものだとは認めたがらない場合が多い。

MPIの比較的最近の例としては、テネシー州マクミンヴィルにあるウォーレンカウンティー高校で起きた事件がある。当時、この学校には一八二五人の生徒と一四〇人の職員が在籍していた。一九九八年一一月一二日のこと、一人の女性教師がガソリンのにおいを感じ、頭痛、息切れ、めまい、吐き気を訴えた。その様子を見た何人かの生徒が、すぐに似たような症状を示した。教室から次々に人がいなくなるなか、事態のなりゆきを見守っていたほかの生徒も気分が悪いと言いだした。火災報知器が全校に鳴り響き、人びとは学校から避難した。表に出た教師と生徒に見送られ、件《くだん》の教師と数人の生徒が救急車で近くの病院へ運ばれていった。火災報知器の警報に応え、三つの郡から多くの警官、消防士、救急医療員が出動した。その日、病院へ向かった人は一〇〇人にのぼり、三八人が入院した。授業は休講になった。

学校は四日間にわたって閉鎖された。消防署、ガス会社、さらには労働安全衛生局（OSHA）の職員による入念な点検にもかかわらず、問題は見つからなかった。間違いなく安全との太鼓判が押されたあとで、教師と生徒は学校に戻ることを許された。残念ながら、多くの人が依然として悪臭を感じ、一一月一七日には七一人が体調を崩してしまった。またしても救急車が呼ばれ、人びとは避難し、学校は閉鎖された。

うんざりした校長は「もう手加減しないぞ」とばかりに、いくつもの政府機関に調査を依頼することにした。その一つが、有名な疾病対策センター（CDC）の疫学調査部門だった。さらに、連邦環境保護庁、有害物質・疾病登録局、国立労働安全衛生研究所、OSHA、テネシー州保健局、テネシー州農務局、その他多くの地元の緊急対策組織と調査員が出動を要請された。調査はきわめて徹底したものだった。空からの監視によって潜在的な環境汚染源が特定された。調査員は学校周辺の洞窟を探査した。学校の空調システム、配管設備、建築構造などがすみずみまで点検された。学校周辺の土地からコアサンプルが掘り出された。大気のサンプル（病気が発生した日に採取されたものも含まれていた）、水とゴミのサンプルが検査された。大気の分析にはびっくりするような一連のテクノロジーが用いられた。たとえば、比色管、水素炎イオン化検出器、光イオン化検出器、放射線測定器、可燃性ガス検知器などである。

二年後、『ニューイングランド・ジャーナル・オブ・メディシン』誌の記事で、この病気の原因となりうる環境因子が幅広く検証されたうえで、CDCによる調査結果が報じられた。結局、アフリカで笑いの伝染を調査したランキンとフィリップと同じように、研究者たちは精神的なものが原因だと結論づけた。彼らの発見によれば、この病気にかかる条件は、それが発生しているときに病人を直接目にすることと、女性であることだった。[12] 下された診断は集団ヒステリーだった。

この診断は地元では受け入れられず、病気にかかった人たちの多くを怒らせてしまった。たとえば、ある一二年生は記事のなかでこう漏らしている。「あの人たちは私たちの頭がおかしいと言ったのです。……私は気が狂ったことにされてしまいました。病気のときに、演技をしているなんて言ってもらいたくありません。病気でなければ、病院に連れていってもらえなかったはずだし、血圧が異常に高かったのもおかしいことになります」[13]。もちろん、MPIにかかった人の症状は、笑いであれ、踊りであれ、失神であれ、吐き気であれ、まぎれもなく本物である。患者はみずからの経験を意図的・計画的に「演じて」いるわけではない。この点で仮病を使う人とは違う。驚くべきことは、私たちは自分自身の不安によって病気になるばかりか、他人の不安によっても病気になるという事実である。

地元住民がそれほど多くの調査を要請してまで、精神的なものに思える病気の環境因子を見つけようとするのはなぜだろうか。CDCの調査員たちはこの点についても論じていた。問題は、公衆衛生の専門家たちが、精神的な理由で病気が発生しているのではないかと疑いつつも、不必要なほど徹底的に調査するしか方法がないと感じていることだ。地元住民が極度の不安に陥っているためである。毒物との不可解な接触を見逃している可能性はないと断定するのは、仮にできるとしてもきわめて難しい。CDCの調査員たちは、発症を心の問題とすれば地元住民に反発される可能性があると指摘し、こう述べている。「医師をはじめとする専門家は、当然ながら、病気の発生は精神的な理由によると発表するのを嫌がる。そうした診断を下せば、患者に恥をかかせたり怒りを買ったりする恐れがあるからだ[14]」

耐えがたい甘さ

集団ヒステリーは子供や学校に限って発生するわけではなく、大人がかかった記録もある。集団ヒステリーの症例に関するある系統的調査によると、一九七三年から九三年にかけて七〇件の発生が確認されており、その五〇%が学校、四〇%が小さな町や工場、わずか一〇%がそれ以外の場所での発生だったという。[15]これらの例では通常、少なくとも三〇人が発症し、数百人規模になることが多かった。発生後二週間もせずに終息する場合が大半だったが、一ヵ月以上つづいた例も二〇%あった。

信じがたい例の一つが、「マトゥーンの幽霊麻酔士」をめぐる事件である。一九四四年、第二次世界大戦が山場を迎えていた数週間のこと、イリノイ州マトゥーンに住む多くの大人たちが、人口一万五〇〇〇人のその町に「悪の化身」が解き放たれたと信じ込むようになった。誰も見たことのないその人物は、寝室の窓を開けて「甘い香りの」麻酔ガスを犠牲者に吹きかけるという。ガスは一時的に相手を麻痺させるが、奇妙なことに、同じ部屋にいるほかの人には影響がないのだそうだ。町の住人は武装パトロール隊を結成したが、麻酔士はけっして捕まらなかった。地元の保安官は無実の人が撃たれるのを恐れ、結局、パトロール隊に解散を命じた。この突発的な事件を調査したある人物は、素っ気なくこう述べている。「『麻酔士』仮説によれば、症状が起こるのは犠牲者に吹きかけられる麻酔ガスのせいだという。ガスを吹きかける狡猾《こうかつ》な悪魔は、警官の手を巧みに逃れているとされている。この説明は……現在でもマトゥーンで広く信じられている。代案は、症状はヒステリーのせいだという仮説だ[16]」

さらに最近、別の事例が起きている。ニューヨーク・シティーのトライボロブリッジ料金所で働く従業員が犠牲者だった。一九九〇年二月一六日、複数の従業員が、頭痛、腹部不快感、めまい、喉と胸の痛みを訴えはじめた。それから数日にわたり、同じ症状の従業員がどんどん増えていった。体調を崩した従業員のなかには、「甘い香り」が漂っていたと言う者が何人かいた。症状が報告されたのは従業員が料金所のなかや近くにいるときで、料金所を離れるとすぐに治まった。この突然の騒ぎは二月二二日に沈静化した。数人の上司が料金所で従業員の隣に座った日だった。すでに三四人の従業員が体調を崩して病院の世話になり、ほかの多くの従業員も似たような症状を訴えていた。症状の肉体的原因を究明すべく、数十万ドルを投じて数十の可能性が調査されたものの、成果は上がらなかった。多くの人にとって、病気は精神的なものであることが明らかとなった。この病気のせいで女性従業員の四四％が病院に行かざるをえなかった。この数字は、衰弱性の症状が出た男性従業員の割合のほぼ二倍だった。

これらの事例にはＭＰＩの多くの特徴が共通している。症状が突然現れて広がっていくのは、つながりの濃い（そしてネットワーク推移性の高い）コミュニティーであることが多い。これらのコミュニティーは孤立しており、ストレスが高い傾向がある。肉体的な原因はほとんど見つからない。大半の事例で、病気にかかる人の多くが女性である。女性の発生率が高い理由ははっきりしない。だが、女性は自分たちの症状を話し合う傾向があるので、共感による症状がほかの人に出やすくなる可能性がある。また、女性はにおいに敏感だという事実も一役買っているかもしれない。

理由はよくわからないのだが、においは――現実のものであれ想像されたものであれ――現代においてＭＰＩを発生させる引き金となることが多い。そこには、嗅覚と感情の強固なつながりが関係しているのかもしれない。過去の実験によって、においと感情はともに、眼窩《がんか》前頭皮質と呼ばれる脳の部位で統制されていることがわかっている。[17] また、においによって呼び起こされる記憶は、言葉での説明によるものより強い感情を引き起こすことも明らかになっている。[18] 言葉は強力である。しかし、なじみ深いかすかな香りには、激しい感情とともに心を過去へ引き戻す力がある。しかも、ほかの感覚的シグナルによって起こるどんな感情も及ばない激しさで。これはプルースト現象と呼ばれている。マドレーヌのにおいで呼びさまされた胸を打つ記憶について書いた作家にちなんでのことだ。幸せな記憶と結びついた香りをかぐと、小脳扁桃《へんとう》（感情や情動記憶にかかわる脳の部位）が活性化する。その活性化の程度は、香りを発するボトルを見る場合よりも大きいのだ[19]。

逆説的ながら、公的機関の職員——警官、救急隊員、科学捜査官、政府の役人など——がやってくると、伝染病はさらに悪化する場合が多い。何か深刻なことが起こっており、危険な事態が訪れるのではないかという懸念が強まってしまうからだ。こうした職員が不安を和らげようと、状況は安全であり、病気の原因は見つからなかったなどと言えば、感情的になっている民衆はかえって疑念を深めることが多い。きっと隠蔽工作が進んでいるのだと思ってしまうのだ。公的な対応が事前にしっかりなされた場合はなおさらである。妄想症の場合も、まさにこの手の症状を鎮《しず》めるのに必要な権威を否定することによって、同様の広がり方をする場合がある。

突発するＭＰＩに対して推奨される治療法は、社会的ネットワークに焦点を合わせており、社会的絆が症状の拡大を媒介しているという認識に立っている。救急隊員向けの心構えに関するガイドラインには、こうある。「不安を和らげるため……冷静かつ威厳のある態度で病人に接する」。そして「病気にかかっていない人を病人から引き離す[20]」。ある専門家の言葉を借りれば「こうした事態を終わらせるには正直になるしかない。……私でも、親としてであるいは一人の人間として、この種の事態に巻き込まれないとは限らない。その可能性は誰にでもあるのだ。こうした事態の持つ力は大変なものなので、十分に注意を払い、よく理解する必要がある。防疫官は率直に語ることを怖がってはいけない[21]」。

こうした伝染病が流行りはじめる正確な理由を明らかにするのは、往々にして難しい。聞き慣れない物音をきっかけにウシの群れが走り出すように、感情の集団暴走を引き起こすきっかけはたくさんあるからだ。だが、最初の患者を特定するのはかなり簡単な場合が多い。たとえば、アフリカにおける笑いの伝染の場合、調査員はそれが始まった理由を説明できなかったものの、最初に症状を呈した少女たちを難なく突き止めたものだ。

メキシコシティーのサッカー場でラ・オーラを起こすのにも、ニューヨーク・シティーで通行人を立ち止まらせ、窓を見上げさせるのにも、必要な人数はわずかなものだった。ＭＰＩの発生にも同じことが言える。人びとの小さなグループが一致した行動をとりはじめたり、目に見える似たような症状を呈しはじめたりすれば、社会的ネットワークの絆を通じて感情が伝わり、伝染病が広がる可能性がある。大きなグループがあっというまに同じ感情に染まってしまうこともありうる。

アメリカで現在見られるナッツアレルギーへの強迫観念は、格好の例かもしれない。完全な「ナッツフリー」を宣言している学校の数は、誰に聞いても増えているという。ナッツそのものやピーナッツバターなどの食品はもちろん、自家製の焼き菓子や原料の詳細が明示されていない食品も、校内への持ち込みが禁じられているのだ。校門には掲示が出され、汚染物質の危険から生徒を守るため、門を入る前に手を洗うよう来訪者に呼びかけている。

ナッツアレルギーのアメリカ人は推定で三三〇万人、シーフードアレルギーとなるとさらに多く、六九〇万人もいる。ところが、深刻な食物アレルギー反応で入院するのは、総計で年間二〇〇〇人にすぎない（全国の入院患者数は三〇〇〇万人以上にのぼるというのに）。さらに、食物アレルギーによる毎年の死亡者は、大人と子供を合わせてせいぜい一五〇人といったところだ。ハチに刺されて死ぬ人が年間五〇人、雷に打たれて死ぬ人が一〇〇人、自動車事故で死ぬ人が四万五〇〇〇人もいるのとくらべてほしい。あるいは、スポーツ中に負った外傷性脳損傷で入院する子供が毎年一万人、溺れ死ぬ子供が二〇〇〇人、銃による事故で死ぬ子供が一三〇〇人もいるのとくらべてほしい。それでも、スポーツをやめようという声は起きていない。食器棚のピーナッツバターは処分するのに、銃は処分しない親が数千人はいそうである。毎年、徒歩や自動車で学校へ向かう途中に死ぬ子供のほうが、ナッツアレルギーで死ぬ子供よりも多いのは間違いない。

　問題は、ナッツアレルギーは存在するのか、ときには重症化する場合もあるのか、重いアレルギーを持つと認定された子供には相応の便宜を図るべきか、といったことではない。ナッツアレルギーに対して社会が極端な反応を示すのはなぜかが問題なのだ。果たして、こうした反応にはＭＰＩの多くの特徴が見られる。一部の人たちは臨床的に確認された問題を抱えているのだが、そうではないほかの人たちは、問題を抱えている人の行動をあとから真似しているのだ。不安が人から人へ広がり、バランス感覚が失われ、安心できなくなってしまうのである。

　ナッツとの接触を減らそうとする善意の努力は、実際には事態をさらに悪化させてしまう。ナッツはいま目の前にある危機なのだと親たちに示すことになるからだ。これがさらに多くの親を不安に陥れ、伝染病は勢いを増す。子供に検査を受けさせる親も増えるため、意味のない軽いナッツアレルギーが見つかることが多くなる。最後に、ナッツを避けようとする傾向がますます強まるが、実はそれによって本当のナッツアレルギーが増えてしまう可能性がある。幼い頃にアレルギー抗原と接する機会がないと、成長してからアレルギーが発症しやすくなると考えられているからだ。[22]

　ＭＰＩは病的な現象だが、それを促進するのは人間に欠かせない非病的なプロセスである。つまり、他人の感情の状態を真似る傾向だ。本当の笑いも、また本当の幸福も伝染することがある。とはいえ、集団ヒステリーをこうした正常なプロセスになぞらえるのは、動物の群れの集団暴走を通常の秩序ある移動になぞらえるようなものなのだ。

感情の広がりを追跡する

感情の主観的経験を測定するには（可視的、生物学的、神経学的に表出される感情とは違い）、人びとにどう感じているかをたずねる必要がある。それを実行する体系的方法の一つが、経験標本抽出法として知られるものだ。これは、不意を衝《つ》く一連の警報（たとえばポケットベルや携帯電話に送られるシグナル）を利用して、被験者にそのとき経験している感情、思考、行動を記録してもらうという方法である。[23]こうして残された結果は、被験者の日常的な感情生活の浮き沈みをすみずみまで写しとったものとなる。

この方法の利点の一つは、相互に影響し合う人びとのグループをリアルタイムで同時に評価できることだ。たとえば、ある研究者チームは家族内での感情の広がりに興味を持ち、五五組の家族（母、父、若者一人からなるもの）にポケットベルを一週間のあいだ携帯してもらった。実験への協力者は午前七時半から午後九時半にかけて、だいたい九〇分から一二〇分ごとに着信音を受けた。全部で七一〇〇の時点でこの一六五人が観察されたことになる。幸福か不幸かといったさまざまな感情の状態が測定された。研究者たちは、家族全員を同時に悲しませたり幸せにしたりする一つの事態（こうした交絡効果については第4章でさらに詳しく論じる）が生じる可能性を排除できなかったものの、これらの家族の内部で感情がどのように広がるかを解明しようとした。

感情の経路として最も強力なのは、娘から両親へ向かうものだった。反対に、親の感情の状態は娘には影響を与えないようだった。父の感情は妻と息子に影響するが、娘には影響していなかった。父が仕事から帰ったときには特にそうだった。つまり、帰宅したお父さんの機嫌が悪いと、すぐに妻や息子に影響し、家庭全体が暗い雰囲気になってしまうのだ。[24]

同じような方法が、看護師、スポーツ選手、さらには会計士のチーム内で感情がどう伝わるかを検証するために用いられてきた。[25] こうしたプロフェッショナルな集団について考える場合、重要なのは、やる気満々の一人のメンバーによって雰囲気が良くなり、チームメイトのパフォーマンスが向上するかどうかという問題だった。当然ながら、前向きな雰囲気はチームのパフォーマンスを高めるさまざまな変化、たとえば、利他的行動の増加、創造性の拡大、意思決定の効率化などと関係している。優れた実証例の一つに、三三人のプロの男子クリケット選手に超小型コンピュータを携帯してもらう実験があった。この小型コンピュータが一日に四度、試合中の選手の気分を記録するのだ（クリケットの試合はあきれたことに五日もつづくことがある）。一人のプレーヤーの幸福とチームメイトの幸福は、試合の状況とは無関係に強く結びついていた。さらに、チームメイトたちの幸福度が増すと、チームのパフォーマンスは向上したのである。

幸福の広がりとは

感情の模倣については生物学的・心理学的証拠が存在するし、蔓延する不安から生じるＭＰＩの事例もたくさんある。それにもかかわらず、感情の広がりにおいて社会的ネットワークの果たす正確な役割は、最近までほとんどわかっていなかった。だがMPIの諸事例から、感情が社会的ネットワークの絆を通じて人から人へ伝わって遠くまで広がること、この病的現象に似た正常な現象が存在するはずであることが示唆されている。実際、人間の社会的関係という広大な織物には感情の波が生じることがある。その結果、社会的ネットワークに特定の位置を占める人びとはある感情を経験し、ほかの位置を占めるほかの人びとは、異なる影響のもとにまるで異なる感情を経験するのである。

医学、経済学、心理学、神経科学、進化生物学といったさまざまな分野の研究者たちが、個々の人間に幸福をもたらす各種各様の刺激を突き止めてきた。ところが不思議なことに、重要な（おそらく唯一の）決定要因には取り組んでこなかったのだ。つまり、他人の幸福である。友人や家族のおかげで人が幸福になれるのは当たり前のことかもしれない。だが、私たちがみずから研究を始めるまで、社会的ネットワークを通じて幸福がいかにして人から人へと広がっていくかを探求した人はいなかったのである。

私たちはそれを知りたくなった。とりわけ興味があったのは、ある人から友人へと感情が広がる（二者間の広がり）だけでなく、友人の友人、そのまた友人、さらにその友人へと広がっていく（多者間の広がり）かどうかを明らかにすることだった。感情はネットワーク内をどこまで進んでいくのだろうか。その広がりには地理的・時間的な限界があるのだろうか。

これらの問いに答えるための第一歩として、私たちは、感情と社会的つながりを時間とともに測るデータセットを収集することにした（このプロセスについては第4章で論じる）。それから、幸福の社会的ネットワークを図に表してみた（口絵1を参照）。この図には、兄弟姉妹、友人、配偶者のあいだの絆が示されている。サンプルは、マサチューセッツ州フレーミングハム出身の一二万六七人から、幸福のレベルにしたがって二〇〇〇年に選んだ人たちだ。こうした図式を描いた人は過去にいない。一〇二〇人が表示されており、それぞれの節点に色がつけてある。被験者の幸福のレベルに応じて、青（不幸）から黄色（幸福）までの変化がある。この画像を見てわかることは二つだ。第一に、ネットワーク内では不幸な人は不幸な人同士で、幸福な人は幸福な人同士で群れをつくっている。第二に、不幸な人はネットワークの周縁に位置するようだ。つまり、社会関係の連鎖の末端、ネットワークの外れに存在する傾向が高いのである。[26]

社会的ネットワークにおけるこの種のクラスタリング（群化）は、さまざまなプロセスから生じる。幸福な人びとはおたがいを友人に選ぶのかもしれないし、全員を同時に幸福にする同一の環境のなかにいるのかもしれない。だが、私たちはデータ分析を通じてこうした影響を調整してある。ある人の幸福が別の人の幸福に与える因果効果によって、クラスタリングが起こることもわかった。ネットワークの数学的分析から、直接つながっている人（一次の隔たりにある人）が幸福だと、本人も約一五％幸福になるらしいことが示されている。しかも、幸福の広がりはそこで止まらない。二次の隔たりのある人（友人の友人）に対する幸福の効果は約一〇％、三次の隔たりのある人（友人の友人の友人）に対する効果は約六％あるのだ。四次の隔たりまでいくと効果は消滅する。これは「三次の影響のルール」の最初の証拠である。感情は（あとで見るように規範や行為も）社会的ネットワークを通じて人から人へ広がっていくが、すべての人に広がるわけではない。池に生じたさざ波がやがて消えるように、個人の幸福のさざ波も社会的ネットワークを伝わるうちに消えてしまうのである。

一見すると、こうした広がりの効果はあまり大きいとは思えないかもしれない。だが、収入が増えることの効果とくらべてほしい。一九八四年に五〇〇〇ドル（二〇〇九年のお金で約一万ドルに相当する）を余計にもらっても、人が幸福になるチャンスはわずかに二％しか増えなかった。したがって、稼ぎを増やすよりも幸福な友人や親戚を持つほうが、幸福になれる見通しが立ちやすいのではないだろうか。驚くべきことに、三次の隔たりのある一面識もない人でさえ、あなたのポケットに入っている数百ドルの札束よりも、あなたの幸福に大きな影響を及ぼすかもしれないのだ。社会的ネットワークのなかで特定の位置を占め、特定の感情を持つ人と接することは、人生にとって重要な意味を持っているのである。

多くの現金を持つよりも多くの友人や親戚を持つほうが、顔に微笑みが浮かびやすくなることはよく知られている。[27]ところが従来の研究では、友人がそこまで重要な理由はまったく考察されてこなかった。可能性は少なくとも二つある。第一に、社会的関係そのものの存在が人の幸福を増進するのかもしれない。これは、ネットワークが人に及ぼす構造的影響である（第1章で説明した社会的ネットワークの第二のルール）。第7章で論じるように、人間は社会的関係を追い求めるようにできている。したがって、友人や家族とともに過ごす際、喜びや報いが感じられるのは当然なのだ。第二に、友人や親戚がいる人は感情に伝染しやすくなり、友人の感情の状態は私たち自身の感情の状態に影響を及ぼす（社会的ネットワークの第三のルール）。

これらのメカニズムはともに、おそらく人びとの幸福に寄与するだろう。とはいえ、私たちが集めた証拠が示すのは、前述の二つのうちでより重要なのは感情の伝染のほうではないかということだ。私たちの発見によれば、ある人が幸福な友人を持つと、その人が幸福になる可能性は約九％増大する。不幸な友人を持った場合は、幸福になる可能性が約七％減少する。したがって、あなたが平均的な状況のなかで生活しており、新たに知り合った人の感情の状態について何も知らなければ、おそらくその人と友人になりたいと思うはずである。その人はあなたを不幸にするかもしれないが、幸福にしてくれる可能性のほうが高いからだ。こう考えれば、過去の研究者が、友人や家族の数と幸福とのあいだに相関関係を見出してきた理由も説明しやすくなる。だが、友人の感情の状態まで考慮に入れると、より多くの友人を持つだけでは十分でないことがわかる。より幸福な友人を持つことが、私たち自身の感情を健やかに保つカギなのである。

だからといって、社会的ネットワークの構造が重要でないとは言えない。驚くべきことに、人の幸福に影響を及ぼすのは二者間の絆の数だけではない。多者間の絆の数にも影響力があるのだ。社会的ネットワークにおいて各人がどの程度中心の近くにいるかを測定した際、友人の友人が多い人のほうが幸福であるらしいことに私たちは気づいた。さらに注目すべきなのは、直接の社会的関係を同じ数だけ持つ人びとのあいだでも、それが当てはまることだった。つまり、あなたの友人が多くの友人を持てば持つほど（彼らの感情の状態にかかわらず）、あなたが幸福になる可能性は高まるのである。

もっとも、これは因果関係のわからない問題ではないかといぶかる人もいるだろう。要するに、こう考えることもできるからだ。私たちが幸福になれば、多くの友人を、しかも多くの友人を持つ友人を引き寄せることになると。そうだとすれば、幸福がネットワークの構造を変えているのであり、その逆ではないことになる。しかし、私たちが時間の経過に伴うネットワークの変化を検討した際、幸福な人が中心に近づいていく傾向はないことを発見した。したがって、社交の範囲が広ければ幸福になれるが、幸福だからといって社交の範囲が広がるとは限らないのだ。ネットワークの中心にいることが幸福につながるのであり、その逆ではないのである。自分の所属するネットワークの構造とそのなかでの自分の位置が重要なのだ。

感情の伝染が起こるには、直接の交流がとても重要であるらしい。私たちはこの点に鑑み、社会的な交際相手の幸福が人の感情に及ぼす影響は、相手との距離によって左右されるという仮説を立ててみた。近くで暮らす人たちは接する機会も多いため、おたがいの気分を理解する可能性も高くなるという考え方である。社会的な交流の頻度の代わりに、地理的な距離を使うことができるわけだ。私たちの研究では、だいたい三人に一人の人が親友から一・六キロメートル以内の場所で暮らしている。とはいえ、さまざまなケースがあるのも確かで、数千キロメートルも離れて暮らす友人たちもいる。私たちの発見によれば、一・六キロメートル以内に暮らす友人が幸福になると、あなたが幸福になる可能性は二五％増す。対照的に、一・六キロメートルより離れて暮らす友人の幸福には何の影響力もない。同じように、同居している配偶者の一方が幸福になると、もう一方が幸福になる可能性も高まる。ところが、同居していない配偶者（離ればなれになっているため）は、おたがいに何の影響も及ぼさない。一・六キロメートル以内に暮らす兄弟姉妹が幸福なら、あなたが幸福になる可能性は一四％高まるが、もっと遠くに暮らしている場合は大して影響しない。隣に住む人が幸福だとあなたの幸福のチャンスも増すが、少し離れて住んでいる人だと（たとえ同じ街区だとしても）あまり関係ない。

こうしたすべての発見が示しているのは、おたがいの感情から影響を受け合う人たちの近接性が重要だということである。隣の住人が及ぼす影響力を考えると、深い個人的つきあいに劣らず、顔を合わせての交流が幸福の広がりを左右することがわかる。ここで私たちは、ある程度継続する気分の状態の広がりについて考えている。それでもこれらの発見は、前に論じた表情の模倣に関する研究と整合してもいるのだ。

したがって幸福は、個人の経験や選択の結果にすぎないものではなく、人の集団の特性でもある。個人の幸福の変化は、社会的つながりを通じてさざ波のように広がり、幸福な個人と不幸な個人の群れを生み出す。それによって、ネットワークに大きな模様ができることもある。私たちが研究を発表して以降、農村に住む一万人の中国人をサンプルとして、幸福の広がりに関する似たような結果が観察されている。[28]何が幸福を広げるのかは、私たちにもわからなかった。とはいえ、さまざまなメカニズムが考えられる。幸福な人びとは自分たちの幸運を分かち合っているのかもしれない（たとえば、実利面で他人を助けたり金銭面で気前がよかったりする）。他人に対する行動を変えるのかもしれない（たとえば、さらに親切になったり敵意を和らげたりする）。あるいは、伝染する感情を発散させるだけなのかもしれない。幸福な人に囲まれていれば、有益な生物学的効果を被る可能性もある。だがメカニズムが何であれ、幸福や他人の感情について、考え方を改める必要があることは明らかだろう。

快楽の踏み車に乗った生活

私たちはみな、快楽主義者という人種を知っている。どんなにいいことがあってもけっして満足しない人たちだ。実のところ、永続的な幸福を実現するのが難しいのは、人びとが「快楽の踏み車」に乗っているからである。人は環境の変化によって幸福になったり（たとえばパートナーを見つける、宝くじに当たるなど）、悲嘆に暮れたりする（たとえば失業する、身体麻痺になるなど）。ところが、広範な研究が示すところでは、そうした出来事のあとで人は以前の幸福の水準に戻る傾向がある。[29]事実、宝くじの当選者や脊髄損傷患者についての研究から、たいてい一年か二年後には、そうした人たちの幸福や悲嘆の水準はほかの人と同程度になることがわかっている。私たちがこの結果に驚くのは、一つには、変わらないものがあることを予想できないためだ。宝くじに当選しても厄介な親戚がいることは変わらないし、身体麻痺の患者になっても恋に落ちることはある。心理学者のダニエル・ギルバートが示すように、自分に降りかかりそうな事態について考える際、人は最も目立つ部分だけに関心を集中させやすい[30]。そのうえ、環境に適応する人間の能力を見落としてしまっている。こうしてみると、幸福になろうと努力している人は、下りのエスカレーターを上ろうとしているようなものである。上に行こう、もっと幸福になろうという努力が有益なのは確かだが、そうだとしても、人を元の状態に引き戻す適応のプロセスによって打ち消されてしまうのである。

多くの人たちがこの問題を克服しようと、幸福を増進させる活動に自主的に取り組んでいる。定期的に運動したり、他人に親切にしようとしたり、さらには遠距離通勤（これは幸福にとってとりわけ有害であることが示されている）を避けたりして、私たちは行動を変えるかもしれない。ふと立ち止まって幸せな点を数え上げたり、経験をできる限り肯定的に解釈したりして（チベットの僧がするように）、私たちは心構えを変えるかもしれない。また、大切だと思う理念のために努力したり、重要な個人的目標を達成しようと励んだりするかもしれない。幸福になるためのこうした活動をつづける努力は、下りのエスカレーターを上るのに役立つのではないだろうか。実際、そう考えるのにはそれなりの理由がある。

ところが、こうした努力にもかかわらず、私たち一人ひとりは特定の長期的な傾向を維持することが多い。私たちは個人的な幸福の設定値を持っており、それは簡単には変わらないようなのだ。実のところ、ほかの人格特性と同じように、個人の幸福は遺伝子に強く影響されているらしい。一卵性双生児と二卵性双生児の研究から、次のことがわかっている。二卵性双生児やその他の兄弟姉妹とくらべて、一卵性双生児は同じレベルの幸福感を示す可能性がはるかに高いのだ。行動遺伝学者たちはこうした研究を利用し、遺伝子がどの程度の役割を果たしているかを見積もった。最も信頼できる推定によると、長期的な幸福の五〇％は遺伝的な設定値に、一〇％は環境（たとえば、どこに住んでいるか、どれくらい金持ちか、どれくらい健康か）に、四〇％はその人がどう考え、何をしようとするかに依存しているという。[31] 生活のなかの経験が人の気分をある期間にわたって変えるのは言うまでもないが、ほとんどの場合、こうした変化は一時的なものなのだ。

ネットワークによる幸福の広がりはどうだろうか。この制約に従い、人を一時的に幸せにしてくれるだけなのだろうか。友人を幸福にする効果は徐々に消えてしまうのだろうか。私たちの研究によれば、直近の六ヵ月に一人の友人が幸福になると、人の幸福度は四五％上昇するようだ。一方、直近の一年間に友人が幸福になった場合、その効果は三五％にすぎないうえ、時が経てばそれも消えてしまう。要するに、友人の幸福は人に影響を及ぼすが、その影響は一年程度しか持たないのだ。宝くじの当選者が新たに手にした富に慣れてしまうように、私たちは友人の幸福に慣れてしまうのである。だが、別々の友人が別々の時点で幸福になれば、私たちの幸福も断続的に増大し、自然な状態より上のレベルを維持しやすくなるかもしれない。

人混みのなかで独りぼっち

一時的にではあれ幸福が広がるとすれば、ほかの感情はどうなのだろうか。社会的ネットワークに直接関係する感情の一つが、孤独である。ある意味で孤独はつながりの反対、つまり、つながっていないという感情である。心理学者のジョン・カシオッポの研究から、次のことがわかっている。孤独とは複雑な感情であり、それを経験するのは親密な人間関係や社会的つながりへの中核的ニーズが満たされていない人びとなのだ[32]。そのため、孤独を感じるほとんどの人（すべての人ではない）が自分の置かれた状況を改善しようとする。よって、孤独の機能はつながりの再構築を進めることだと考えられる（孤独の進化上の目的については第7章で論じる）。

心理学者たちは、孤独感がほかのさまざまな感情や精神状態とどのように折り合うかを明らかにしてきた。たとえば、自尊心、不安、怒り、悲しみ、楽観、はにかみなどだ。ある心理学的研究によると、孤独感が生じるのは、他人とつながりたいという欲求と現に存在するつながりが食い違っているときだという。この研究では、独りぼっちだという主観的認識に焦点が合わせられている。だが、独りぼっちでいることと孤独を感じることは別である。各種の研究が示してきたのは、当然ながら、良い友人を持てば孤独が軽減されるということだ。一方、これまで検証されてこなかったのは、人混みのなかにいても孤独を感じる私たちの傾向に対し、社会的ネットワーク全体が及ぼす影響である。

私たちは、幸福を研究した際と同じネットワークを使って、独りぼっちでいることと孤独を感じることは関係しているか、またそうした感情は広がるものかどうかを検証してみた[33]。すると、現実の世界における社会的つながりは、人がどんな感情を持つかに影響することがわかった。

より多くの友人を持つ人は、孤独を感じる機会が少なくなる。友人が一人増えるごとに、孤独を感じる日が一年につきほぼ二日減るのだ。私たちのデータでは、平均的な人が孤独を感じる日は一年に四八日あるので、友人が二人増えれば孤独な時間は約一〇％減ることになる。興味深いことに、家族の人数は影響力をまったく持たない。なぜそうなのかは不明だ。おそらく小さな家族のメンバーは、おたがいに一緒に時間を過ごす責任が大きいことを知っているのだろう。代わる代わる顔を合わせる人の数が少ないからだ。あるいは大きな家族のメンバーは、家族のなかでも中心的な一部の人たちに誰よりも親しみを感じているのかもしれない。そのため、つながりが増えてもその影響は限られてしまうのだ。こうしたメカニズムはともかく、生まれたときから所属しているネットワークよりも、自由に選べる社会的つながりのネットワークのほうが、孤独感との関係がはるかに密接であることははっきりしている。

実のところ、孤独には社会的ネットワークの形を決める力がある。たえず孤独を感じている人は、二年から四年のうちに平均して約八％の友人を失ってしまう。孤独な人が引きつける友人はただでさえ少ないのに、そのうえ彼らは少ない友人しか持とうとしない場合が多いからだ。要するに、孤独はつながりを失う原因にして結果なのである。感情とネットワークは相互に強化し合い、「豊かな者はますます豊かに」というサイクルを生み出す。最も多くの友人を持つ人が恩恵を被るわけだ。友人の少ない人は孤独を感じやすい。するとこの感情のせいで、新しい社会的絆を引き寄せたり結ぼうとしたりする可能性が低くなってしまうのである。

私たちの研究によれば、幸福にとってと同じく孤独にとっても、物理的な近さが重要な意味を持っている。近くに住む友人や家族はおたがいに会う機会が多いので、孤独を感じる可能性は低くなるはずだ。一方で、おたがいの感情にいっそう感染しやすくなる。たとえば、近くに住む友人が年に一〇日多く孤独な日を過ごすと、あなたが孤独を経験する日は約三日増えてしまう。相手が親友なら影響はさらに大きく、あなたは孤独な日を四日多く過ごすはめになる。孤独は隣人にも広がる。ある人が一〇日多く孤独な日を過ごせば、フェンスの反対側にいる人は二日多く孤独な日を送ることになる。だが、隣人にせよ友人にせよ、一・六キロメートルより離れて住んでいれば、おたがいに孤独の影響を受けることはない。

同居している配偶者もたがいに影響を与え合うが、その結果はあまりめざましいものではない。ある人が一〇日多く孤独を感じるごとに、その配偶者は一日多く孤独を感じるにすぎないのだ。兄弟姉妹の場合はまったく影響がないようだ（近くに住んでいる場合でさえも）。これはまたしても次のことを示している。孤独がかかわるのは、みずからの意思でつながっている人たちとの関係であり、生まれつきの関係ではないのだ。

こうした直接的なつながりの先を調べてみると、孤独は三次の隔たりまで広がることがわかった。この点は幸福と同じである。ある人の孤独は友人の孤独から影響を受けているだけではない。友人の友人、友人の友人の友人からも影響があるのだ。ネットワーク全体を検討してみると、直接つながっている人（一次の隔たりがある人）が孤独であれば、あなたは約五二％余計に孤独を感じるらしいことがわかる。二次の隔たりがある人の影響は二五％、三次の隔たりがある人の場合は約一五％である。四次の隔たりになると影響は消える。三次の影響のルールに合致する結果だ。

最後に、私たちは社会的ネットワークのへりで起こる奇妙なパターンを観察した。ネットワークの周縁部にいる人は友人が少ない。そのため孤独なのだが、一方で残っている数少ない絆を断ち切ってしまう傾向も持つ。だが、そうする前に自分と同じ孤独感を友人に伝染させることがある。すると、そこから新たなサイクルが始まってしまうのだ。こうした強化効果が意味するのは、社会的な組織は、セーターの袖口の毛糸がほどけるように端からほつれてしまいかねないということである。社会に広がる孤独感との戦いに心を砕《くだ》いているなら、社会的ネットワークの周縁部にいる人を積極的にターゲットとし、彼らのネットワークの修復を手助けすべきである。こうした人たちを助けることによって、孤独に対する防護壁を築き上げれば、ネットワーク全体を崩壊から守れるのだ。

愛を感じて

幸福や孤独といった感情についての心理学は、社会的ネットワークにおける絆の形成と解体に光を当てる。実のところ、怒り、悲しみ、嘆き、愛といった人間の感情はすべて、社会的な絆に影響を与えている。人は自然に対して怒ったり、森林火災を悲しんだり、ペットを愛したりできるが、これらの感情は対人関係における怒り、悲しみ、愛に起源を持ち、またそこでこそ十分に表現されるのだ。

世界中の人びとはさまざまな考え、信念、意見――さまざまな思想――を持つ一方で、同じではないにしても非常によく似た感情を抱くものだ。また、他人の感情に対する反応もよく似ている。元気のない友人よりも幸せな友人を、意地悪な友人よりも親切な友人を、乱暴な友人よりも愛情に満ちた友人を選ぶのである。怒りや憎しみ、不安や恐れ、幸福や孤独といった、ありとあらゆる感情が広がる可能性を持っている。だが、人間の経験の中心となる感情が一つある。私たちはそれをまだ検討していないが、社会的つながりを理解するカギとなる感情だ。すなわち、愛である。

愛情についての心理学は、言うまでもなく、人びとをつなぐ社会的絆の形成を理解するのにきわめて重要である。人類学者のヘレン・フィッシャーが言うように、愛しているという感覚は、性欲、恋愛、愛着に分解されるものかもしれない。これらはすべて進化上の目的に役立ちそうだ[34]。性欲には生殖の促進という明白な目的がある。この場合、パートナーが選り好みされることはほとんどない。ロマンチックな恋愛感情はもちろん別で、特定のパートナーに、あるいは少なくとも一度に一人のパートナーに的が絞られる傾向がある。進化上の観点からすると、そのおかげで個体は貴重な資源を温存できるし、愛情の対象を何人も追いかけて資源を無駄にすることもない。愛着は、またその対象となる他者との固い絆は、両親が協力して子の面倒を見られるように進化してきたのかもしれない。これもまた進化上の利点を持っているわけだ。

人間の社会的ネットワークにおける自然選択の役割については、第7章でもっと詳しく論じることにしたい。だが、その話に進む前に、私たちの最も深いつながりの意味を考えることが大切だ。進化上の利益・不利益はともかく、性欲、恋愛、愛着は、私たちが他人といかにつながるかに関してきわめて大きな意味を持っている。人の愛情の対象は「宇宙の中心」となり、それ以外のすべてがその周りを回りはじめるのだ。いつのまにか最愛の人のことを考えてしまう、最愛の人を過大評価する、最愛の人からエネルギーをもらう、そして言うまでもなく、最愛の人と深くつながる、というように。こうしたロマンチックな恋愛は、一度に一人を相手に経験されるのがふつうだ。したがって、それが社会的ネットワークの一般的構造を決めることはない。結局のところ、私たちは知っている人全員を愛しているわけではないし、両親、子供、兄弟姉妹、その他の親戚に対する愛は別の種類の感情である。とはいえ、次章で見るように、愛することはいくつかの重要な社会的絆を形成するカギとなるメカニズムである。したがって、社会的ネットワークの起源――またその機能――に大きく関係しているのだ。

第3章
ともにいる者を愛す

ニコラスと妻のエリカは、自分たちは南アジア式の見合い結婚をしたのだとジョークを飛ばすのが好きだ。二人は二年のあいだ四ブロックと離れずに暮らし、ともにハーヴァード大学の学生だったにもかかわらず、その間に出会う機会は訪れなかった。エリカがはるばるバングラデシュへ出向いてようやく、ニコラスはエリカを見つけることができたのだ。一九八七年の夏、ニコラスは幼少時から高校までを過ごした首都ワシントンへ向かった。病気療養中の母の面倒を見るためだ。医学部の学生で独身だったニコラスは、女性との真剣な交際はまだ先のことだと生真面目に考えていた。高校時代からの旧友であるナシも夏休みで帰省していた。ナシのガールフレンドのベミーもワシントンにいて、ニコラスとも親しくなった。三人は彼女の冗談で笑い合うほどの仲になった。あとでわかったことだが、ベミーはバングラデシュの田舎で地域開発の仕事に一年間携わり、ちょうど帰っていたところだった。

ベミーが一年を過ごした、少しの雨でもすぐ水浸しになるバングラデシュの村に、一人の若く美しいアメリカ人女性がいた。その女性とベミーは貧困撲滅への熱い思いと洗髪用の金属バケツを共有する間柄だった。この物語がどう進むのか、もうおわかりだろう。モンスーンの季節の真っ只中のある午後のことだった。ナシへ葉書を書く手を止め、ベミーは友人のエリカのほうを振り向くと、出し抜けに言った。「あなたの結婚相手が思い浮かんだの」。それがニコラスだった。エリカには信じられなかった。だが数ヵ月後、エリカはともかくワシントンでニコラスに会うことを了承し、四人はナシの家で食事をした。ニコラスがエリカに一目惚れしたのは言うまでもない。あとで聞いたところでは、エリカのほうは「魅かれなかったとは言えない」そうである。その晩、エリカは帰宅すると妹を起こして、結婚することになる人と会ってきたと言った。三回のデートのあとで、ニコラスはエリカに愛していると告げた。これが、ニコラスが自分から三次の隔たりのある女性と結婚するまでの一部始終である。彼女は隣に住んでいたも同然なのに、以前は顔も知らなかったが、ニコラスにとってまさにぴったりの相手だったのだ。

こうした話は、複雑さやロマンスの濃淡はさまざまながら、世間では四六時中聞かれるものだ。実際、グーグルで「いかにして妻と巡《めぐ》り合ったか」とか「いかにして夫に出会ったか」といった文句を検索すると、インターネット上に大切に保存された数千もの体験談が見つかる。次のような短いものもある。「どうやって夫に出会ったかですって？　バーだったわ。くだらないボーイフレンドの友達で、私の親友が近々結婚することになっていた相手だったの（ええ、二人はその後別れたってわけ）。バーで彼を紹介してもらって……つきあうようになって……いまでも一緒にいるし、結婚しているの……親友はいまだに独身なのにね！」

もっと込み入った話もある。

「陽が落ちてしばらくしてから、女友達二人とピットブル犬を連れて、ヨセミテ国立公園の渓谷に車を走らせました。二年前の夏にそこで働いたことがあって、もうひとシーズン働こうと準備をしていたのです。車から降りると凍えるような寒さで、三〇センチくらい積もった雪の上を男友達の山小屋までとぼとぼ歩かなければなりませんでした。ところが山小屋に彼の姿はなく、別の小屋へ来るようにというメモが残されていました。その山小屋へ着く頃には、ふくらはぎまでびっしょりです。不安に思いながら、知らない人の家のドアをノックしました。幸い、ドアを開けてくれたのは私たちの友達で、小屋に招き入れてくれました。彼が私たちを紹介してくれたのですが、私はきっと感じが悪かったと思います。何しろ、暖房に駆けよって部屋のほうに背を向けていたのですから。どういうわけか、気づかないうちに誰の家かなんてどうでもよくなって、私はいつのまにか未来の夫と向き合ってベッドに腰掛けていました。彼はロック歌手のデイヴ・マシューズの若い頃にそっくりでした。南部訛《なま》りは魅力的で、その目ときたら……何と言えばいいのかわかりません。私たちは夜遅くまで話し込んでしまったため、側のベッドに座っていた友人がため息をついて、もうおいとましましょうと言ったほどでした。私が歓待してもらったお礼を言うと、彼は『僕の住んでいるところがわかったんだから、いつでも寄ってほしい』と言ってくれました。私たちはシエラネバダ山脈の寒い夜のなかに戻り、くすくす笑いながら駐車場まで歩いていきました。駐車場に着くと、私は二人の友達に向かってこんな運命的な言葉を口にしました。『あの人と結婚するわ！』。二年と五ヵ月後、私はその通りにしたのです[1]」

私はどうやってパートナーと出会ったか

こうしたロマンチックな物語で肝心なのは、幸運と運命がともに味方してくれるということのようだ。だが、よく考えてみれば、こうした出会いはそれほど運任せのものではない。これらの物語に本当に共通しているのは次の点である。未来のパートナーたちのあいだには、最初は二次あるいは三次の隔たりがあるが、それはやがて否応なく埋まっていくのである。

パートナー探しのロマンチックな理想は、未来の配偶者とは「相性」がぴったりだとか、二人は説明のつかない神秘的な理由で恋に落ちるのだとかいった意識と結びついている場合が多い。恋に落ちるのはきわめて個人的な事柄であり、説明するのは難しいと考えられている。実のところ、ほとんどのアメリカ人は、パートナー選びに他人の出る幕はないと思い込んでいるのだ。感情に任せて自分の意思でパートナーを選ぶ人がいる一方、実に慎重に選ぶ人もいる。いずれにしても、パートナーの選択は個人的な決断だと一般には考えられている。人間関係に関するこうした見方は、人生における重大な決断は個人が下すものだとみなす私たちの傾向と軌を一にしている。私たちはみずから船の舵《かじ》を握っており、海がどんなに荒れていようと、まったく新たな航路を切り開くのだと考えたがる。だから、実はよく使われる航路をありふれた航行装置を使って進んでいるのだと知れば、驚くばかりか、がっかりしてしまうかもしれない。

私たちは意思を決定する個人の力に自信を持っている。そのせいで、周囲の状況、とりわけ自分が属する社会的ネットワークがパートナーの選択に及ぼす甚大な影響を見損なってしまうのだ。この点を考えると、偶然とされる出会いの物語のロマンチックな魅力も説明しやすくなる。こうした物語が暗示するのは、自分自身を超える大きな力が働いており、特定の見知らぬ人との恋愛は運命的で神秘的だということだからだ。とはいえ、ヨセミテの雪の上をとぼとぼ歩いたり、バングラデシュのバケツの水で髪を洗ったりすることが生涯の恋人との出会いにつながったとしても、それほど驚くことはないと言っているのではない。そうした魔法のような瞬間は、私たちが思うほど偶然に訪れるわけではないと言いたいだけである。

人びとがどんなふうにパートナーに出会うかを示す体系的データを見てみよう。「健康と社会生活に関する全国調査」は、あまり適切ではないが「シカゴ・セックス調査」としても知られている。一九九二年に全国の一八歳から五九歳までの三四三二人をサンプルに、アメリカにおける恋愛行動と性行動を網羅的かつ正確に説明したものだ[2]。そこには、パートナーの選択、性行為、心理的特性、保健対策などに関する詳細なデータが含まれている。さらに、きわめて珍しい種類のデータもある。つまり、現在のセックス・パートナーとどこでどのように出会ったか示すものだ。次の表は、さまざまな関係のカップルを誰がとりもったかを示している。

この表に示されている紹介者は、必ずしもパートナーにするつもりで二人を引き合わせたわけではない。それでもこうした結果が出ているのだ。調査対象となった人びとの約六八％が、知り合いの紹介で配偶者に巡り合っている。一方、「自力」で配偶者と出会った人は三二％にすぎない。一夜限りのつきあいのような短期のセックス・パートナーであっても、五三％は誰かに紹介してもらっている。見知らぬ者同士が偶然出会うこともあるし、ときには他人の援助なしにパートナーが見つかることもあるだろう。だが大半の人びとは、友人の友人をはじめ、ゆるやかにつながった人びととの出会

カップルをとりもったのは誰か？

	親密な関係		それほど親密でない関係					
関係の種類	家族	友人	同僚	同級生	近所の人	自力による出会い	その他の紹介	被験者数
結婚	15%	35%	6%	6%	1%	32%	2%	1287
同棲	12%	40%	4%	1%	1%	36%	3%	319
パートナー	8%	36%	6%	4%	1%	42%	1%	920
短期のパートナー	3%	37%	3%	4%	2%	47%	2%	251

注：数字は丸めてあるので合計しても100%にならない

いを通じて配偶者やパートナーを見つけているのだ。

友人の紹介でセックス・パートナーと出会った比率は、関係の種類を問わずほぼ同じである（三五〜四〇%）。一方、家族による紹介の場合、一晩限りの相手よりも将来の配偶者と出会うケースのほうがずっと多かった。また、いかに出会うかはセックスに至るまでの時間にも関係する。このシカゴ調査では、友人を通じてパートナーに出会った人は、家族の紹介で出会った人とくらべ、出会いから一ヵ月以内に性的関係に進んだケースがやや多かった。フランスで実施された同じような調査でも、ナイトクラブで出会ったカップルが一ヵ月以内に性的関係に進む比率（四五%）は、たとえば家族の集まりで出会ったカップルの場合（二四%）よりもずっと高かった。家族の行事でセックスのことを考える人はふつういないので、これは当然だろう。[3]

こうしたデータが示すのは、パートナーと結ぼうとする関係が違えば、採用する戦略も違うということだ。結婚相手の候補であれば家族に紹介を頼むかもしれないが、つかのまの交際相手なら自力で探せばいい。これが理にかなっていることは直感でわかる。酔った大学生が、バーで出会った見ず知らずの女の子を家に連れて帰っていいかなどと、母親にメールで相談することはないのだ。したがって、自分のネットワークを探って何が手に入るかは、どこを見て、何を求めているかによってある程度決まるのである。

とはいえ、パートナーとの関係がどんなものであれ、人びとが友人や家族を大いに頼りとしているのは明らかである。見知らぬ人に自分だけで会うとすれば、あなたは自分自身に関する情報しか持っていないことになる。一方、誰かが紹介してくれる場合、紹介者はあなたとパートナー候補双方の情報を持っている。ときには、ウマが合いそうな人同士の出会いをお膳立てし、仲人役を務めてくれることさえある（その自覚があるかどうかは別にして）。友人や家族はあなたの人柄、社会的背景、職歴などを知っていることが多い。下着を床に脱ぎ捨てるような人か、それともバラの花をプレゼントするような人かといった、細かい重要な情報まで握っている。社会の仲立ちによる紹介は、独力で事を進める場合よりもリスクは少なく、情報は多い。人びとが数千年にわたって紹介を頼りとしてきた一つの理由が、ここにある。

ところが現代社会に生きる人びとは、一般に見合い結婚には否定的で、見ず知らずの人と結婚することなどとても想像できない。善意にあふれた友人や親戚が、おせっかいにも私たちの生活に口出しし、パートナー探しに手を貸そうとすることがあるかもしれない。こうした人たちは『屋根の上のバイオリン弾き』のイェンテ婆さんのように滑稽《こっけい》な人物と見られてしまう。もっとも、現実には友人、親戚、同僚などが縁結び役を引き受けるのは、私たちが自力でパートナーを見つけるのに苦労していると思うときだけだ。だが結局は、みずからの運命を生きているのだと私たちがいくら言い張っても、社会的ネットワークがきわめて効率的に縁結びの役を果たしているのである。

自然発生的な社会的ネットワークの構造は、さまざまなきっかけを生むのに最適である。バケツリレーや電話連絡網のようなネットワークの場合、どのメンバーからも数次の隔たりに収まる限られた人数しか含まれていない。これが自然な社会的ネットワークとなると、たいてい数千人のメンバーがいる。第1章で述べたように、あなたに二〇人の知人がおり（これだけいればパーティーに招いてくれることもあるだろう）、その二〇人にそれぞれ二〇人の知人がおり、さらにこの二〇人に……とつづくとすれば、あなたは三次の隔たりのある八〇〇〇人とつながっていることになる。あなたが独身なら、そのなかに将来の配偶者がいるかもしれない。

もちろん、ときには偶然の出会いが見知らぬ者同士を結びつけることもある。偶然に体が触れ合う場合はなおさらだ。こうした幸運な出会いはロマンチックな物語の筋立てによく利用される。映画『セレンディピティ』で同じ手袋に手を伸ばした二人、小説『ハワーズ・エンド』でコンサートのあとに傘を取り違えた二人、ディズニー映画『一〇一匹わんちゃん』で綱をからませてしまった犬など。こうした出来事をきっかけにさらなる社会的交流が生まれ、場合によってはセックスや結婚につながることもある。というのも、こうした出会いには、社会学者のアーヴィング・ゴッフマンの言う「修復」儀礼が必要だからだ。つまり、人びとは「ダメージ」を元通りにしなければならないが、そのためには親しくならざるをえないのである。浮気慣れした人なら、こうした偶然の出来事を本物のチャンスに変えることができる。筋金入りの浮気者ともなれば、誰かと出会うために「偶然の出来事」を仕組むことさえできるかもしれない。つまり、自力で運を開くのである。しかし、こうした事例は例外であり、ふつうのことではない。注目すべきなのは、見知らぬ者同士のこうした出会いでさえ、共通の関心、たとえば服装、音楽、ペットなどがある程度かかわっているということだ。

人びとが、共通の知人の助けを借りず自力で出会う場合でさえ、社会的な事前選択のプロセスが働いている。それによって、偶然出会うことになりそうな相手のタイプが最初からふるいにかけられるのだ。たとえば「シカゴ・セックス調査」では、アメリカ人がパートナーに出会った場所に関するデータも収集されている。それによると、六〇％の人が、学校、職場、内輪のパーティー、教会、社交クラブなどで配偶者と出会っていた。すべて、共通の特性を持つ人が集まりやすい場所である。一〇％の人は、バーで、恋人募集広告を通じて、あるいは行楽地で配偶者に出会っていた。こうした場合、出会う相手はもっと多様だが、それでも将来の配偶者となりそうなタイプは限られている。[4]

パートナーと出会う場所や状況は、過去一〇〇年にわたって変化してきた。それを示す最高のデータが、フランスで実施されたある調査に含まれている。人が配偶者と出会う場としては、ナイトクラブ、パーティー、学校、職場、休暇旅行先、家族の集まり、あるいは単純に「近所」などが考えられる。調査に携わった研究員たちは、こうしたさまざまな場所を視野に入れつつ出会いの場の変遷を跡づけた。たとえば、一九一四年から一九六〇年のあいだを見ると、一五〜二〇％の人が将来の配偶者に近所で出会ったと回答している。ところが、一九八四年までにこの比率は三％に低下している。現代化と都市化の結果、社会的な絆が地理的制約を受けることが少なくなったためだ。[5]

インターネットの発展とともに、地理的条件の重要性はさらに低くなっている。二〇〇六年には、アメリカの成人インターネット・ユーザーの九人に一人、合計すると約一六〇〇万人が、出会い系サイトをはじめとするオンラインサイト（たとえばマッチ・ドットコム、イーハーモニー・ドットコムなど、無数にある）を利用して、出会いの相手を探していると回答している。[6]ある体系的な全国調査によれば、こうした「オンライン・デート相手探し」を利用した人の四三％、つまり約七〇〇万人が、オンラインで出会った相手と現実のデートにこぎつけ、一七％、つまり約三〇〇万人が長期的な関係に入るか結婚するかしたという。[7] 一方、結婚していたり、長期的で親密な交際相手がいたりするインターネット・ユーザーの三%が、オンラインでパートナーと出会ったと報告している。この数字は今後数年にわたって増えていくことだろう。[8] 隣の女の子の時代は去った。かつてのような地理的制約から解放された(オンラインとオフラインの)社会的ネットワークを通じて、パートナーと出会う機会がますます増えていくのである。

似た者同士

近年、近所の人との出会いの重要性が低くなったせいで、人びとがパートナーを探して地理的空間に目を向けることはもはやない。とはいえ、社会的空間に目を向けている点はいまも変わらない。家から家、町から町へと歩き回るのではなく、完璧な相手を求めて人から人へとジャンプするのだ。自分のネットワーク内で近くにいる誰か(たとえば友人や職場の同僚)がパートナーにふさわしいかどうかを見きわめる。ふさわしくなければ、さらに遠くに目を向ける(たとえば友人の友人、同僚の兄弟姉妹)。周囲の出来事、たとえばパーティーなどに探索の手を伸ばすことも多い。そうした場では、友人の友人や、ネットワーク内のさらに遠くにいる人たちと出会える可能性がある。

私たちは「弱い絆」によって、友人の友人やあまり知らない人とつながっている。だが、第5章で論じるように、こうした絆であっても途方もない価値を持つことがある。私たちをまったく知らない人とつなげてくれるのだ。おかげで、選択の対象となる人の集団ははるかに大きくなる。自分のネットワークのなかを探る最善の方法は、直接のつながりの先に目を向けることだが、相手との共通点がなくなるほど離れていてはいけない。友人の友人や、友人の友人の友人が、将来の配偶者に引き合わせてくれる人かもしれないのだ。

パートナー探しに際して、きわめて慣行的な手続きがとられる社会もある。こうした社会では、個人による婚約者選びは厳しく制限されているが、それでもネットワークのつながりが活用されている。この種の結婚は（西欧的意味で）ふさわしいパートナーを見つけたいという願いからではなく、法的・経済的理由で取り決められることが多く、中東やアジアでよく見られる。ある文化圏では、将来のパートナーがたがいに紹介され、親たちが相手の家族や配偶者候補を吟味するという習わしがある。だが別の文化圏では、結婚は最初の見合いのときから決まっていて、交際期間は認められていない。仲人は誰か（親、プロの仲人、長老、聖職者）、仲人はどの程度圧力をかけられるか、配偶者にはどんな資格が必要か（名声、財産、カースト、宗教）、当人たちが結婚を拒否した場合どんな制裁が加えられるか（相続権の剝奪、死）といったことは、文化によってかなり違っている。

しかし、かつては見合い結婚が当たり前だった社会においてさえ、こうした慣行は変わってきている。たとえば、中国の四川省成都に住む女性の見合い結婚の割合は、一九三三年から一九四八年にかけて結婚した人では六八％だったが、一九七七年から一九八七年にかけて結婚した人では二％に減少していた。[9] とはいえ、社会的ネットワークの絆は依然としてきわめて重要である。成都における調査の回答者の七四％が、若者を将来のパートナーと結びつける主要なネットワークは、同年代の友人や親戚のグループだと答えているのだ。

どんなネットワークを利用するにせよ（現実のものであれバーチャルなものであれ）、パートナー探しのプロセスを推進するのは通常ホモガミー、つまり似た者同士で結婚する傾向である。ホモフィリーが似た者同士で友達になる傾向であるのと同じことである。人が探す——あるいは、とにかく見つける——のは、属性の面で自分に似ているパートナーであり、同じような「質」のパートナーなのである。たとえば、「シカゴ・セックス調査」から次のことがわかっている。ほとんどの結婚において、年齢、教育、民族といった、測定対象となる事実上すべての特性についてホモガミーが見られるのだ。その他の研究においても、夫婦は一般に同じ健康行動（食事や喫煙）をとり、同じ程度の魅力を備え、同じ基本的な政治信念を抱き、同じ政党に所属していることが示されている（よく知られた珍しい例外は、クリントン元大統領のアドバイザーであるジェイムズ・カーヴィルと共和党のストラテジストであるメアリー・マタリンの夫婦だ）。長期的関係においてはホモガミーが強く見られるが、短期的関係ではそれほどでもない（配偶者の候補ならともかくセックス・パートナーであればあまりこだわらない）と予想していいだろう。これはある程度事実である。結婚の七二％でホモガミーが見られる（いくつかの特性にかかわる略式の測定に基づく数字）のに対し、その他の性的関係では五三〜六〇％にすぎないのだ。[10] さらに、あとで述べるように、夫婦はたがいに影響し合うため、時を経るにつれて似てくるのである（たとえば、所属政党、喫煙行動、幸せの感じ方など）。

一方、ホモガミーが理にかなっていることは直感的にわかる。人は自分に似た人のそばにいるのを好むものだ。たいていの人は、パートナーがたがいに似ている様子を想像すると気持ちが安らぐ。いつの日か自分も、気の合う相手と仲むつまじく幸せに過ごすのだという希望が湧いてくるからだ。他方で、自分に似た人が見つかる可能性を考えてみよう。恋人募集広告の長々としたリストに挙げられた条件を満たすのは、不可能ではないとしても非常に難しいに違いない。「求む！　明るく堅実、タバコを吸わず、左派民主党員で、サルサを踊るガンマニア、インド映画が好きで、ナスカーの自動車レースに詳しく、ウィジャ盤で霊界と交信し、海辺の夕陽を愛するコスモポリタン、田舎をドライブし、トライアスロンをやる方」

実のところ、それぞれの人のその人らしさは、前述のような意味で申し分のない相手が世の中に何人いるかを左右する。運命のパートナーは一人しかいないのだろうか、それとも一〇〇万人いるのだろうか。この問題をめぐる古くからの論争は、人がどこまで選り好みをするかによって決着が異なる。しかし、相性のいい人が一〇〇万人いるとしても、世界全体で考えれば六〇〇〇人に一人にすぎない。行き当たりばったりに相手を選んでいたら、ものすごい数のデートをこなしつづけなければならない。このやり方ではぴったりの相手に出会うことは絶対にないというのが、がっかりするほど野暮な結論である。そう、何らかの手助けがないかぎりは。

だが、社会的ネットワークの驚くべき力は、似た者同士を引き合わせ、運命のパートナーを同じ部屋に招き寄せる。社会的ネットワークがより大きく、より広くなるほど、パートナーにとっては選択肢が増え、友人や友人の友人を介してふさわしいパートナーに関する情報の流れが加速し、パートナー探しはいっそう容易に（より効率的に、より正確に）なる。こうして、社会的ネットワークは最終的に「より良い」パートナーや配偶者を送り届けてくれるのだ。運命のパートナーが見つかる可能性は大幅に高くなったのである。

社会的ネットワークの構造、紹介してもらうパートナーの傾向、自分と似た人に感じられる心からの安らぎなどを考えれば、私たちが結局は自分と似た人と出会い、性的関係を結び、結婚することになるのも当然と言える。そもそもパートナーの選択は、ネットワークの絆を生み出すのと同じ社会の力によって制約されているのだ。誰と友人になるか、どこの学校へ通うか、どこで働くかといったあらゆる選択が、一定の社会的ネットワークに占める自分の位置に大きく左右される。人びとがどこに目を向けようと、ネットワークは似た人たちを結びつけるように機能する。夫婦は似ていることが多いという事実が、人はパートナーに偶然出会い、選ぶのだという考え方の誤りをはっきり証明しているのである。

大きな魚、小さな池

アメリカの風刺作家H・L・メンケンに、次のような有名な台詞がある。裕福であるとは「女房の姉妹の亭主よりも少なくとも一〇〇ドル多い年収」を得ることだと。こう述べることによってメンケンは、ほとんどの人がよく知っているのに、正式な経済学では不思議なほど不人気な見解を表明したのだ。つまり、人びとは自分の絶対的な立場よりも、世間での相対的な立場を気にする場合が多いということだ。人間とはうらやむ存在である。他人が持っているものを欲しがり、他人が欲しがるものを欲しがる。一九五八年、経済学者のジョン・ケネス・ガルブレイスは、多くの消費需要は本質的な必要性からではなく社会の圧力から生じると論じた。[11] 人は、自分がいくら稼いでいるかとか、どれくらい消費しているかではなく、知り合いとくらべていくら稼ぎ、どれくらい消費しているかによって、自分の成功の度合いを判断するのである。

メンケンの警句が示す本質的真理は、二人の男が三次の隔たりのある相手と自分を比較しているという点にある。見ず知らずの相手と比較しているのではない。そうでなく、知り合いを感心させようとしているのだ。こうした現象を調査したある古典的実験では、ほとんどの人がこう答えている。自分の給料が三万五〇〇〇ドル、ほかの全社員の給料が三万八〇〇〇ドルの企業よりも、ほかの条件は同じで、自分の給料が三万三〇〇〇ドル、ほかの社員の給料が三万ドルの企業で働きたいと。[12]絶対所得が少なくても、後者の企業で働くほうが幸せだと考えているのだ。私たちは小さな池の大きな魚になりたいのであり、それより大きな魚になれてもクジラがうようよいる大海を泳ぐのは嫌なのである。

驚くことではないかもしれないが、これは魅力的でありたいという願望にも当てはまる。ある独創的な実験で、被験者は次の二つの状態のどちらが好ましいかをたずねられた。

Ａ：自分の肉体的魅力度は六、ほかの人は平均して四
Ｂ：自分の肉体的魅力度は八、ほかの人は平均して一〇

全体で七五％の人がＢよりＡの状態にあることを望んだ。たいていの人にとって、自分の相対的魅力は絶対的魅力より重要なのだ。[13]私たちがハーヴァード大学の学生を相手にこの実験を再現してみると、学生の反応はさらに偏《かたよ》っていた。九三％がＡの状態を選び、Ｂを選んだのは七％にすぎなかったのだ。目立たないドレスを着せられる新婦付き添いの女性が、この点を理解しているのは言うまでもない。

こうした結果から、相対的魅力を優先する私たちの傾向は、相対的所得の場合よりもさらに極端であることがわかる。セックスをしたければセックスアピールがいかに大事か、恋敵よりも魅力的であることがどんなに重要かを理解しているからだ。言い換えれば、相対的な地位が大切なのは、それが

いわゆる道具としての利点を持つ場合である。つまり、他人より魅力的な肉体は目的を達する手段なのだ。

相対的な地位を優先するこうした傾向は、ある古典的なお話を思い起こさせる。「二人の友達が森をハイキングしていると、川にぶつかった。二人は服と靴を脱いで泳いだ。川から上がるや、腹をすかせたクマがこちらに向かって走りだしたのに気づいた。一人はすぐに逃げだした。ところが、もう一人はその場にとどまって靴を履いている。先に逃げだした男が後ろの男に叫んだ。『なぜ靴なんか履いているんだ？　クマを振り切る助けにはならないぞ！』。後ろの男は落ち着き払って答えた。『クマを振り切る必要なんてないさ。君を振り切ればいいんだから』」

これと同じ理屈で、ますます多くの人が、ますます頻繁に美容整形手術に駆り立てられている。いち早く脂肪吸引術を受ければ他人より魅力的な体になれるが、みんながその手術を受けるようになると優位性は消える。すると、人びとは別の整形手術を求めてシリコン注入競争を始める。要求されるサービスの幅は、ネットワークを通じたサービスの広がりに比例して拡大する。

パートナーをめぐる競争は、きわめてストレスの多いものになることがある。私たちが行ったある調査によると、二〇歳に達した時点で女性に対する男性の比率が高いほど、男性の寿命は短くなる。男に囲まれている男性がパートナーを見つけるには、多くの努力が必要になる。こうした厳しい競争環境が男性の健康に長期にわたって影響するのだ。この点では、人間も多くの動物種と変わらない。私たちはある分析に際し、一九五七年にウィスコンシン州の高校の最上級生だった人たち──四一一校に在籍していた四一八三名の男子生徒と五〇六三名の女子生徒──をサンプルに、男女比の影響を調べてみた。すると、男子の比率が高いクラスを卒業した男性ほど、五〇年後の生存率が低いことがわかった。アメリカ全土の七六〇万人を超える男性を対象とした別の分析でも、結婚できそうな女性の見つかりやすさが、男性の健康に長期的な影響を与え、のちの生存年数を左右することが明らかになった[14]。

こうした結果から次のことがわかる。私たちの周囲にいる人びとは、パートナーになったりパートナーに関する情報を与えてくれたりするだけではなく、最大のライバルでもあるのだ。結果として、所属している社会的ネットワークによって自分の将来が規定されることになる。誰と出会うかを決め、パートナーの好みを左右し、最終的に、他人からどのように見られ、どんな競争上の強みと弱みを持っているかを明確にするのが、社会的ネットワークなのだ。理想のパートナーを手にするのに、世界一の美女や世界一の金持ちである必要はない。自分の属するネットワーク内の誰よりも魅力的であればいいのだ。要するに、私たちが組み込まれているネットワークは準拠集団として機能しているのである。社会科学者はこれを「池」と言っている。

一九五〇年代、有力な社会学者のロバート・K・マートンは、準拠集団の基本的な働きを体系的に示した。準拠集団は比較効果（私や他人は私自身をどう評価するか）や影響効果（私の行動や態度に他人はどう影響するか）、あるいはその両方を発揮する[15]。魅力のない人とつきあえば優越感があるかもしれないが（比較）、自分自身に気を遣わなくなる場合もある（影響）。これら二つの効果は、パートナーを見つけようとする際に相反する働きをする可能性がある。

数十年にわたり、準拠集団は抽象的なカテゴリーだと考えられてきた。私たちはほかの「中流アメリカ人」「同学年の生徒」「アマチュアサッカー選手」と自分を比較することが多い。だが、ネットワーク・サイエンスのすばらしい発展のおかげで、いまやそれぞれの人にとっての準拠集団を正確に描き出せるようになっている。自分より魅力のある人はたくさんいるかもしれない。しかし、私たちにとって唯一にして真のライバルは、将来のパートナーが属する社会的ネットワークを構成する人びとなのだ。

ほかのみんなもやっている

セックスに関する私たちの考え方や行動は、知り合いから影響を受けている。まず第一に、パートナー候補の魅力をどう感じるかは、意識しているかどうかはともかく、友人と他人の両方によって左右される。こうした影響は、外観について判断せざるをえないという男女の基本的な傾向を上回る効果を持つ。たとえば、男はヒップに対してウェストのより細い女を魅力的だと感じ、女は男の顔のいくつかの特徴に価値を認めることが繰り返し指摘されてきた。パートナー選びと魅力の評価に関するほとんどの研究が、最近まで、個人の好みに焦点を当ててきたのだ。ところが、生物学的・社会的に見て正当ないくつもの理由から、魅力の認識は人から人へ広がっていくものと考えられるのである。

魅力の認識の広がり方を示す実験がある。[16] 実験者はまず、ある女性グループに同じくらい魅力があると評価された男たちの写真を撮った。つづいて、その男たちの写真を二人一組にして別の女性グループに見せた。ただし、二人の写真のあいだに片方の男を「見つめている」女性の写真をはさんでおいた。その女性は微笑みかけているか、無表情かのどちらかだった。女性の被験者たちは、写真の女性が無表情な場合よりも微笑みかけている場合に、ずっと高い確率で見つめられている男のほうが魅力的だと判定したのである。

別の研究では、ある女性グループが男の魅力を同じように写真で評価した。写真には短い説明が添えてあり、「既婚」と書かれていると女性の評価が上がった。[17] さらに別の研究では、魅力的な「ガールフレンド」と一緒に写っている男のほうが、そうでない男より魅力的だと判定された。だが、一緒に写っているのが地味な「ガールフレンド」の場合、男の魅力はそれほど上がらなかった。[18] 驚くべきことに、すでに決まった相手のいる男に対する好みは、月経周期に合わせて変動することもある。受胎可能期にある女性は、すでに決まった相手のいる男を相対的に好むのである。[19]

このように、無意識による一種の社会的伝染によって、魅力に関する認識は女性から女性へと広がっていく。進化論的な観点からすると、これは実に理にかなっている。男を評価するのに時間やエネルギーの面でコストがかかる場合や、それ以外の方法で判定を下すのが難しい場合、ほかの女性の好みを真似るのは望ましい男を選ぶ有効な戦略である。遺伝的な要素（容姿、身長、ダンスの巧拙《こうせつ》など）に関する男のさまざまな属性は、ちょっと見れば自分でも評価できる。これに対し、繁殖のパートナーにふさわしいかどうかを決める特性（育児能力、子供にやさしいかどうかなど）は、評価に時間と努力を要することがある。こうした場合、ほかの女性の評価が大いに役立つ。事実、心理学者のダニエル・ギルバートによれば、女性がある男とのデートをどれだけ楽しめるか予測したければ、以前にデートした女性にどんな男かを聞くほうが、その男のすべてを知るよりも有効だという。[20] この事実は商業目的にも応用されてきた。かつてのガールフレンドから「推薦」してもらった男だけが投稿できる出会い系サイトがあるのだ。

直接的パートナー選択において、私たちは自分が気に入る相手を選ぶ。一方、以上で見てきたような間接的パートナー選択の場合、他人が気に入る相手を選ぶ。後者においては、以前は関心のなかった特徴を備えたパートナーを選ぶようになることさえある。たとえば、入れ墨をした男にちょっと魅かれるという女性が何人かいれば、そのせいで多くの男が入れ墨を入れ、ほかの女性も入れ墨をした男が好きになるということもありうるのだ。

当然かもしれないが、社会情報に対する男性の反応はまた別である。男が女の魅力について共通の基準を持っているのは明らかだが、状況からの刺激に対しては女と逆の反応を示すことがある。[21]大学生の年齢の女性は、男が一人で写真に写っている場合より、四人の女性に囲まれて写っている場合のほうが魅力を感じる可能性が高い。ところが、大学生の年齢の男は、女が一人で写っているより、四人の男に囲まれて写っているほうが魅力的だと感じることは少ない。これは進化論的に見て理にかなっている。つまり、パートナーを選ぶ際、男は女ほど選り好みしない傾向があるため、そもそも他人の意見をあまり気にしないのだ。しかし、ほかの男の存在からはある別種の情報が伝わってくる。つまり、その女性の心をつかむには、時間のかかる（またストレスの多い）競争が必要になりそうだと。

したがって、社会的ネットワークは二つの面から人間関係に重大な影響を及ぼす。第一に、社会的ネットワークのなかに占める私たちの位置の構造的特徴によって、私たちが他人の目に魅力的と映るかどうかが左右される。すでにパートナーがいるのか。パートナーとはどのような関係にあるのか。パートナーや友人は多いのか、少ないのか。他人がこうしたことを知りたがるのは、私たちがどんな人間かをそれらが物語るからだ。第二に、社会的ネットワークは一定の認識を広め、魅力に対する姿勢を変化させることがある。異性に関する特定の好みが広く浸透し、男も女も、友人の考えにならってある種の外見を持つパートナーを評価するようになる。友人や家族がパートナーについてはっきり意見を言い、私たちの認識や行動を意識的に左右しようとするのは言うまでもない。

残念ながらこれまでは、社会的ネットワーク全体とそのなかでの性的な態度や行動の広がり方に関する詳細なデータはきわめて乏《とぼ》しかった。過去一世紀のあいだに研究されてきたネットワークのほとんどは、三〇人から三〇〇人程度の規模にすぎなかった。社会的ネットワークの重要性に気づいたノースカロライナ州の研究者たちは、ネットワークを研究するために、またネットワークが性行動をはじめとする現象（若者の暴力、職業上の成功など）において果たす役割を研究するために、データが必要だと考えた。一九九四年、社会学者のピーター・ベアマン、リチャード・ウドリー、バーバラ・エンツィスル、キャスリーン・ハリスといった人たちが、アメリカの若者の全国的な社会的ネットワークの調査を計画し、開始した。このプロジェクトは現在も進行中である。

「Ａｄｄ健康調査」として知られるこの画期的調査は、アメリカ全土の一四五校に在籍する九万一一八人もの中学生、高校生を対象に実施された。そのなかから約二万七〇〇〇人の生徒と親が一九九四年、九五年、そして二〇〇一年に継続調査の対象として選ばれた。調査では数百もの質問が投げかけられた。そこには、友人や家族に対する感情から、教会や学校のクラブへの参加状況、麻薬の使用や避妊しないセックスといった危険行為へのかかわりに至るまで、あらゆる項目が含まれていた。それぞれの生徒は一〇人までの友人（男女五人ずつ）の名を挙げるように求められた。この友人たちのほとんどが調査の対象者でもあり、そのことにきわめて重要な意味があった。調査では恋人についての情報も収集された。こうしたあらゆるデータのおかげで、科学者は非常に大規模な社会的ネットワークを初めて詳細・包括的に観察できるようになり、個人の社会的絆の正確な構造を時間的な変化のなかで理解できるようにもなった。こうしたデータを活用すれば、誰がネットワークの中心にいて、誰が周縁にいるかとか、誰が緊密に結びついた少人数の友人グループのなかに位置し、誰がいくつかの異なるグループとつきあうのを好むかといったことが見きわめられた。

親と青年期の子供たちの絆は、規範を伝えたり行動の手本を示したりするうえできわめて重要である。たとえば、Ａｄｄ健康調査のデータを利用したある研究によれば、父親との関係が良好な女の子は、性的に積極的になることが少ない傾向がある。[22] しかし、親以上に重要なのはネットワークにいる仲間たちだ。この調査によって、友人の数、その年齢と性別、学業成績といったあらゆることが、性行動の開始に影響を与えることが示されたのだ。[23] 友人の信心深さも若者の性体験の有無に影響する。濃密な社会的ネットワークのなかではその影響はきわめて大きい。[24] そうしたネットワークにおいては、若者の友人はたがいに友人であることが多いからである。

こうした研究が示しているのは、性行動は人から人へ広がるということであり、ネットワークが持つ影響力は人びとのつながりがどれほど緊密かによって決まるということだ。しかし、ときにはもっと複雑な事態もある。ピーター・ベアマンと同僚のハンナ・ブルックナーは「純潔の誓い」を詳しく研究してみた。この「誓い」は南部バプテスト教会が支援する社会運動の一つから育ってきたもので、ティーンエイジャーは結婚までセックスを控えようという運動である。[25] 最初の調査結果から、ほかのさまざまな影響を考慮しても、純潔の誓いによって結婚前の性的初体験の機会が大幅に、また自然に減少することがわかった。だが、それぞれの学校が置かれた社会背景のなかで、誓いの影響をさらに慎重に観察すると、もっと微妙な実態が浮かび上がってきた。

一部の「開かれた」学校では、異性との交友や恋愛のほとんどが学校外の個人を相手としているが、この場合は純潔の誓いをした者が多いほど性的初体験は実際に遅くなっていた。ところが意外なことに、異性との絆のほとんどが学校内で結ばれる「閉じた」学校の場合、誓いをした者が多いほど性的初体験を迎える可能性が高かったのだ。この結果からわかるのは、純潔の誓い運動はアイデンティティーにかかわる運動であり、セックスを慎むことにかかわるだけではないということだ。閉じた学校では、この誓いを忠実に守れば、そうする人が少数派の場合には恩恵があるかもしれない（性体験を遅らせるという意味で）。ところが、誓いを立てることが当然になると、アイデンティティーにかかわる心理的な恩恵は消滅し、誓いの効果は失われる。行動を抑制するのは誓い自体ではない。それが独自のステータスをもたらしてくれるかどうかが重要なのだ。ドクロの描かれた黒の革ジャンを着てオートバイにまたがれば、オートバイを持っている者が少ない場所では、特別なアイデンティティーを手にできるかもしれない。だが、誰も彼もがオートバイに乗っている場所では、ガソリンを節約したがっていると思われるだけだろう。

もちろん、仲間内の規範も性行動を増加させることがある。実のところ、仲間はセックスを控えさせるよりは奨励することが多い。性的に積極的なほうが仲間に好かれると信じている若者は、愛情を伴わない気軽なセックスをしがちである。[26] オーラルセックスに応じる者は、実際に友人のあいだで人気者になる。[27] 一九九〇年代後半にアメリカのティーンエイジャーのあいだに見られたオーラルセックスに関する規範の変化の根底には、こうした類の仲間の圧力が存在したのは明らかである。成人に関する類似の調査では、パートナーの多い者ほどより多様な性生活を送り、性行為についてより多くの「革新」を行うことがわかっている。[28]

避妊具の使用、アナルセックス、妊娠の決意、離婚といったさまざまな恋愛行動や性行為は、自分が属するネットワーク内でそうした行為がなされているかどうかに強い影響を受ける。たとえば、経済学者のイリャーナ・クジームコは、『出産は伝染するか（Is Having Babies Contagious?）』という論文で次のように述べている。アメリカの八〇〇〇世帯の家族を一九六八年から継続して調査したところ、子供を産む可能性は夫か妻の兄弟姉妹が出産して二年以内にかなり高まることがわかったというのだ。こうした影響は出産時期の変化ばかりでなく、持とうとする子供の総数の増加にも表れる[29]。発展途上国でも同じような影響が記録されている。子供を何人持つか、避妊するかどうかといった問題の決定が、社会的絆を通じて広がっているのである[30]。

同性愛の受容度が徐々に高まっていることも、社会的ネットワークを通じた伝達プロセスとして理解できる。一九五〇年にも、おそらく現在と同じくらいのゲイピープルがいたはずだ。しかし、彼らはたいてい正体を隠していた。サンフランシスコの市議会議員で、ゲイの権利運動の活動家だったハーヴェイ・ミルクは、仲間の活動家にゲイであることを家族にカムアウトするように積極的に勧めた。それがネットワークにどんな影響を及ぼすかを理解していたからだ。同性愛の受容度が徐々に高まるにつれ、カムアウトする人がますます増え、自分の属す社会的ネットワーク内のゲイピープルに気づく人もますます増えた。自分から一次の隔たりのある人もいれば、二次の隔たりのある人もいた。ハリー叔父さん、お隣の男性、職場の同僚、友人の友人など。彼らはみんなゲイで、ごくふつうで、異性愛の人と同じようにつきあいやすい人たちだった。こうした状況が正のフィードバック・ループにつながり、ゲイであることの受容度を、またカムアウトする人をますます増加させたのである。

残念ながら、こうしたプロセスが逆方向に働き、非難や差別が広がってしまうこともある。ここで述べた例をはじめ、これから検討するあらゆる事例がどちらに転ぶかは、ネットワークの外部の要因によって決まるのがふつうだ。伝染病の流行が始まるには、病原菌と初発症例（最初に発病する人）が必要なように（そうでなければ何も起こらない）、たとえば寛容といった新しい規範を広げつづけるには、ネットワーク外の何かが必要になることが多い。これは社会的感染における重要な問題であり、第4章でもう一度考えることにしたい。

傷心のあまり死亡？

Ａｄｄ健康調査に携わった研究者のような人たちが、セックスと人間関係にまつわるデータ収集に途方もない労力を傾けていなければ、性行動が社会的ネットワークを通じてどう広がるかについて、私たちはほとんど何も知らなかったはずである。第8章では、オンラインの情報源から膨大なデータを一挙に利用できるようになったおかげで、現代のネットワーク・サイエンス革命がどのように進んでいるかを考察する。こうしてみると、次の点に何ら不思議はない。社会的なつながりが私たちにどんな影響を及ぼすかが最初に観察されたのは、一九世紀に社会全体を対象としたデータ収集が初めて行われたときのことだったのである。

一八三六年、イギリス議会は国内での誕生と死亡を記録するため、戸籍本署を創設した。その目的は、地主階級における財産権の世代間移転を適正化することにあった。ところが、まったくの偶然から、この措置によって人間のつながりを研究するための肥沃な土壌が生み出されることになった。この新設の役所で初代編集者に任命されたウィリアム・ファーは、けちな役人などではなかった。ファーは低い身分の出の医師だったが、きわめて独創的な人物で、この機会を利用して世界初の全国人口動態統計をまとめ上げたのだ。その後四〇年にわたり、ファーは議会も地主階級も予想しなかったやり方で、こうした統計の分析を推進することになる。

ファーにとっての人口動態統計は、チャールズ・ダーウィンにとってのガラパゴス・フィンチと同じ意味を持っていた。まったく新たな科学を切り開くインスピレーションや、人間存在に関するさまざまな独創的洞察を手にするカギを与えてくれたのである。当初、ファーは職業別の死亡率、疾病の適正な分類法（ファーの方法はいまでも使われている）、精神病院ごとの患者の死亡率などを研究していたが、一八五八年にフランスのデータを用いてさらに注目すべき発見をした。彼の分析によって、結婚している者は未亡人や独身者より長生きすることが明らかになったのだ。

ファーは知らず知らずにある論争に足を踏み入れていた。修道士、修道女の寿命を研究したフランスの数学者アントワーヌ・ドパルシューによって、一七四九年に始められた論争である。ドパルシューは「神聖な独身生活」を送る者のほうが、隠遁も禁欲もしていない者より長生きだと主張した。これに対し、当時のほかの解説者たちは「生理機能（つまりセックス）の抑制は健康に不利」だと反論した。したがって問題はこうだった。禁欲生活は健康に良いのか、それとも悪いのか？

一八五八年の論文『結婚がフランス国民の死亡率に与える影響』で、ファーはこの問題について説得力のある解答を与えた最初の研究者となった。結婚が健康にもたらす利益と、逆に結婚しないことや未亡人になることがもたらす不利益を立証したのだ。彼はこう述べている。「フランス全土にわたる一連の注目すべき観察によって、多くの人びとの生命に対する婚姻の影響を初めて特定できた」。ファーは二五〇〇万人の成人フランス人のデータを分析し、結論を出した。「結婚は健全な生活状態である。結婚せずに独りでいる者は結婚して共同生活を送る者より、人生航路で難破しやすい」[31]。たとえば、一八五三年にファーは詳細な図表を使って次のような事実を明らかにした。二〇歳から三〇歳の男性では、未婚者は一〇〇〇人当たり一一人が死亡していた。結婚している者は七人、妻を失った者は二九人が亡くなっていた。六〇歳から七〇歳の男性では、それぞれ一〇〇〇人当たり五〇人、三五人、五四人が死亡していた。

女性の場合も基本的に男性と同じだったが、若い女性の場合は（おそらく性経験のない）未婚者のほうが長生きするようだった。ファーの推測によれば、一九世紀には非常に高かった既婚女性の出産時死亡率——ファーは「出産の悲哀」と言っている——のせいだろうとのことだった。

ファーの報告後まもなくして、別の科学者たちが結婚によって寿命が延びる理由を考えはじめた。彼らの解釈はいまだに色あせていないが、私たちの理解は一五〇年前よりはるかに進んでいる。二人の人間のつながりが寿命を延ばす仕組みを解明することは、複雑な社会的ネットワークにおいて大勢の人間のつながりが健康に影響を及ぼす仕組みを理解する土台となった（この点については第4章で考察する）。さらに、多くの現象にかかわる一般的な社会的ネットワークの科学の土台ともなった。男女のカップルはあらゆる社会的ネットワークの最も単純な形であり、結婚の健康への影響を考えることで、社会におけるつながりや伝染の働きが明らかになるのである。

一九世紀後半の研究者のなかには、結婚は健康に役立つように見えるにすぎないと主張する者もいた。結婚している人は、実際には選択バイアスのために、そうでない人より健康に見えるだけだというのだ。不健康な人は結婚する可能性が低い。健康な人は結婚のチャンスが多い。一八七二年、ドゥヴェ・ルーバッハというドイツ人医師が、「身体的ハンディキャップや精神障害を持つ人、あるいは公民権喪失者」は結婚しないだろうから、結婚している人は結婚のおかげで健康であるように見えるだけだと主張した。[32]数学者のバレント・トゥルクスマは一八九八年に論文のなかで「生活力のない者は自活も難しいのだから、大多数が未婚のまま生涯を過ごさざるをえない」と述べた。[33]つまり、短い寿命の原因となるもの——貧困、精神疾患、その他の社会的、精神的、身体的な制約——が、同時に結婚できない原因でもあるのだ。結果として、研究者たちは厄介な問題の存在に気づいた。健康か結婚か、いったいどっちが先なのだろうか？

一九世紀の研究者は、それに答えられなかった。科学的混乱が一〇〇年にわたってつづいたあと、一九六〇年代になるとこの問題をめぐって大量の論文が発表されるようになった。解決のカギとなる『男やもめの死亡率』という論文がイギリスの医学雑誌『ランセット』に発表されたが、ここでも戸籍本署のデータが利用されていた。[34]この論文の執筆者たちは、妻に先立たれた四四八六人の男の死亡率を妻の死後五年にわたり分析し、ファーにもできなかったことをなしとげた。男たちを妻の死後時間を追って追跡し、死亡リスクが正確にはいつ高くなるかを記録したのだ。執筆者たちが気づいたのは、妻の死後最初の六ヵ月の死亡率が予想より四〇％高く、その期間がすぎるとまもなく予想した値に戻るということだった。この死亡率の急上昇は以後何度も記録された。妻の死とその後の夫の死亡リスクの上昇が時間的に接近しているという事実は、両者の死のあいだの因果関係をうかがわせる最初の証拠だった。夫婦のつながりにかかわる何かが健康を増進させ、それが失われることにかかわる何かが、たとえ短期間にせよ健康に悪影響を与えていたのだ。

偶然を別にして、この現象についての包括的説明は三つある。第一に、一九世紀の科学者たちと同じく、二〇世紀の『ランセット』論文の執筆者たちもホモガミーの可能性を指摘した。彼らが言うように、ホモガミーには「元気な者は元気な者と、虚弱な者は虚弱な者と結婚する傾向」がある。虚弱な者同士が結婚した場合、配偶者の一方が早死にしたあと残された者が病気になったり早死にしたからといって、驚くことはないはずだ。二人は初めから健康ではなかったのである。

第二の説明は、好ましくない状況を夫婦が共有していたのではないかというものだ。この説が真剣に主張されるようになったのは、一九六〇年代のことである。もしかすると、夫婦がともに死亡する可能性の高い状況に置かれていたのかもしれない。たとえば、日ごろから有毒物質にさらされていたり、暴走バスにはねられたりといった場合だ。二人そろってバスにはねられて負傷し、妻の死後しばらくして夫が死んだとしても、妻の死が原因で夫が死んだとはけっして言わないだろう。たとえ妻の死を待っていたかのように夫が死んだとしても、それは変わらない。これは交絡として知られる問題である。こうした無関係な第三因子（有毒物質、バス）のせいで、実際に起こっていることを認識する科学者の能力が混乱してしまうからだ。

第三の最も重要な説明は、ファー自身も述べていたように、結婚と健康には真の因果関係があるのではないかというものだ。『ランセット』論文の執筆者たちは、男のやもめ暮らしと配偶者の喪失による健康への負担に焦点を合わせ、妻の死が夫の死を引き起こすのだと的確に指摘した。彼らはこんな面白い説明をしている。「世話をしてくれる妻がもはやいないとなると、男やもめは栄養失調に陥ってしまう可能性がある」

やもめ暮らしの男女に及ぶこうした因果効果には、多数の生物的、心理的、社会的メカニズムがある。『ランセット』論文の執筆者が指摘するように「涙は便通を滞《とどこお》らせる。だが（やもめ暮らしの）身体的影響は便秘だけにとどまらない。その他の効果が何であれ、さまざまな疾病に対する抵抗力をほぼ確実に低下させる」。現在論文を書いている科学者たちは、やもめ暮らしの及ぼす効果を「傷心死（dying of a broken heart）」と呼ぶようになった。彼らはこの比喩的表現を文字通りに受け止め、配偶者の死の直後に心臓発作のリスクが高まる証拠を探し、ついに発見した。[35] 配偶者とのつながりには、私たちの体と心に影響を及ぼす何かがあるのだ。

驚くべきことに、これらの三つの説明――ホモガミー、交絡、真の因果効果――は、男女のカップルや、結婚が健康に有益かどうかを理解しようとする努力に関係するだけではない。健康以外の現象や、さらに一般的な社会的ネットワークの働きにさえ関係することがわかっているのだ。たとえば、ある家族における感情の広がりについて考察した際、私たちは次のような判断を迫られた。家族のなかで実際に幸福が広がっているのか、それとも、おばあちゃんが子犬を連れてきたせいで家族全員が同時に幸せを感じているのかと。経済にまつわる例を挙げてみよう。友人である二人がともに貧しい場合があるのはなぜだろうか。二人は貧しいから友人になったのだろうか。一緒に事業を始めて失敗したので、一緒に貧しくなったのだろうか。それとも、一人が貧しくなり、もう一人がその浪費癖を真似て貧しくなったのだろうか。

花婿が花嫁より得な理由

現代の研究によって次のような事実が確認されている。結婚が当事者にとってよいことなのは確かだが、その恩恵は男女によって異なるのだ。結婚する予定の男女一万組を無作為に選び、数年にわたる追跡調査によってどちらがいつ死んだかを突き止められるとしてみよう。すると、結婚生活によって男性の寿命は七年延び、女性の寿命は二年延びることが統計分析からわかる。ほとんどの医療よりも大きな恩恵があるのだ。[36]

人口統計学者のリー・リラードと同僚のリンダ・ウェイト、コンスタンティン・パニスによる最近の画期的研究は、こうした事態がなぜ、いかにして起こるのかを解明しようとするものだ。この研究では、一九六八年から八八年のあいだに結婚し、離別した一万一〇〇〇人以上の男女の身に何が起きたかが分析されている。[37]研究者グループはこの人びとを、結婚の前から、死別や離婚で結婚の終わったあと、さらに再婚したあとまで注意深く追跡した。こうして、結婚が健康と寿命にいかに恩恵を与え、これらのメカニズムが男女でいかに異なるかを綿密に検証したのである。

配偶者が与えてくれる精神的なサポートには、多くの生物的・心理的効能がある。配偶者はもちろん顔見知りにすぎなくても、親しい人がそばにいると、心拍数の低下、免疫機能の改善、抑うつ状態の回復などさまざまな効果がある。[38]配偶者は社会的に支え合い、友人、隣人、親戚といった従来より広い社会的ネットワークにたがいをつなげ合う。実質的な支援という面を考えると、夫婦の支え合いとして最も明らかなのは、共同生活による規模の利益である。要するに、別々に暮らすより一緒に暮らすほうが安上がりだということだ。配偶者がいれば、万能のアシスタントがいるようなものであり、少なくとも理屈の上では何でもしてもらえる。配偶者はたくさんの情報を持ち、何かにつけて助言してくれる。したがって、たがいの行動に影響を与え合うことにもなる。配偶者はあらゆることについて意見を持っている。ジーンズをはくほうがいいか、シートベルトを締めるべきか、外食するか出前をとるか、もっと貯金すべきか、使い切ってしまうほうがいいか、などなど。配偶者はある意味で夫婦の利益の忠実な擁護者でもあるから、配偶者を失った者や未婚者にくらべ、結婚している人は質の高い病院を選ぶし、治療による合併症に罹《り》患《かん》するリスクも低い。[39]

性別による役割分担に関して、リラードとウェイトは次のことを発見した。結婚が男性の健康にとって有益なのは、主として社会的支援を受けられたり、妻を介してより広い世界とつながりを持てたりするからなのだ。また、既婚男性がいわゆる「独身男の愚行」をやめることも同じく重要である。[40] 結婚すると、男性は大人の役割を引き受ける。つまり、ガレージにあるオートバイを処分し、非合法なドラッグをやめ、規則的に食事をし、仕事に就き、常識的な時刻に帰宅し、責任を真剣に受け止めるようになる。これらはすべて男性の寿命を延ばすのに役立つ。妻が健康にかかわる夫の行動を変えさせることを含め、社会的制約のこうしたプロセスは、結婚によって男性の健康が改善されるうえで不可欠なものに思える。一方、結婚によって女性の健康や寿命が改善される主な理由はずっと単純だ。つまり、結婚した女性は経済的に豊かになるのである。

大規模な人口動態調査のこの漫画じみた結論は、まったく性差別的で時代遅れに思えるかもしれない。事実、これでは「セックスと金の取引」という昔ながらのお話にすぎないではないかと評する人口統計学者もいた。女は男に愛の行為と一体感を与え、男は女に金を与えるというわけだ。これらの研究のサンプルには、女性が男性より経済力ではるかに劣っていた時代に結婚した人も含まれているという指摘は重要である。とはいえ、こうした研究結果は、もっと深遠で異論の少ない何かを意味している。つまり、個人のペアはたがいの健康に影響するあらゆるものをやりとりする。その際、どんな取引もそうであるように、やりとりされるものの種類や量は必ずしも釣り合っていなくてよいのである。

男女におけるメカニズムの違いと、やりとりされるものの差異は、結婚によって健康面の利益が生じる時期にも反映される。男性が結婚すると、死亡リスクは急激かつ大幅に低下する（独身男の愚行

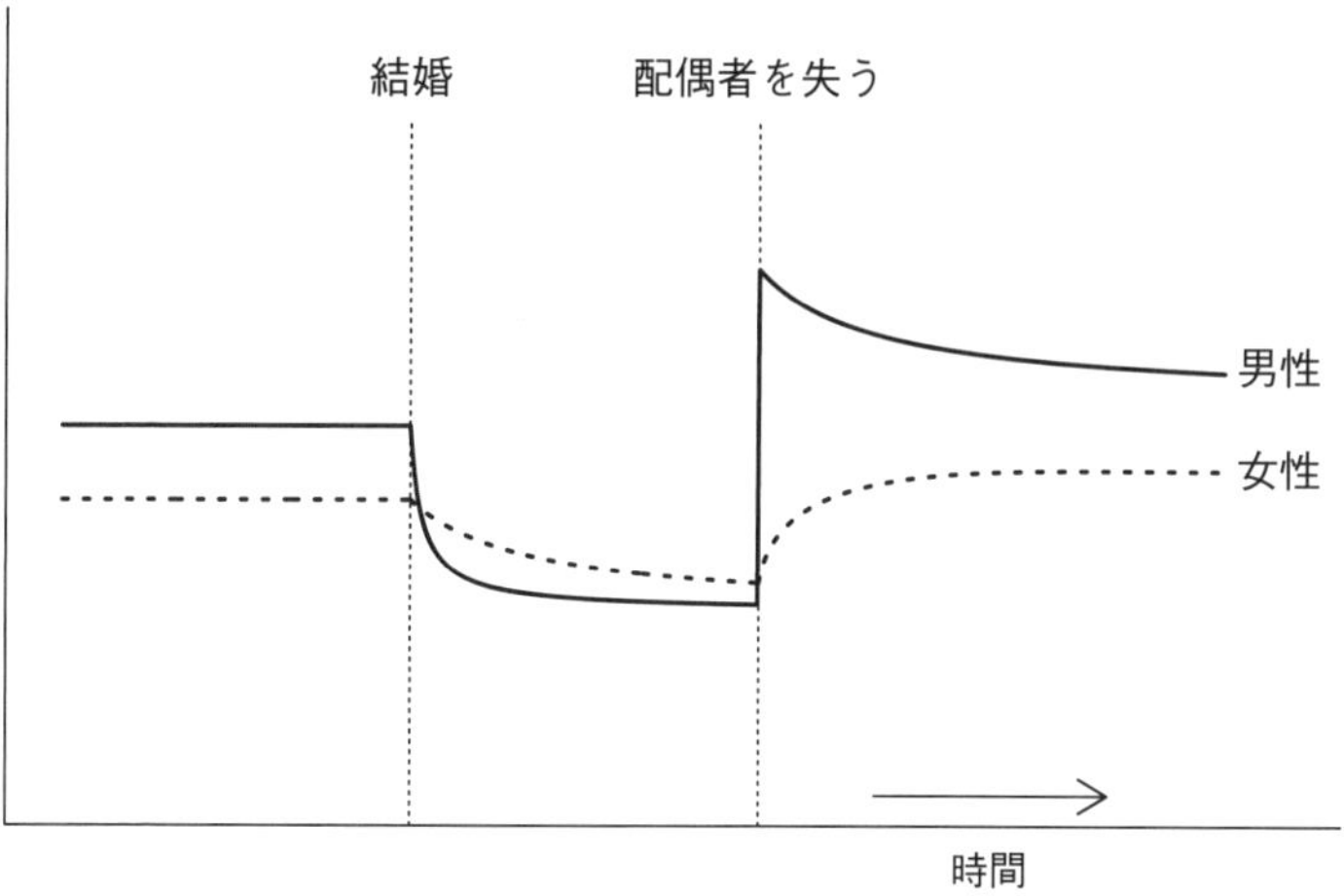

結婚前、結婚中、結婚後の男女の死亡リスクの変化

をすぐにやめるため）。これに対し、女性が健康面の利益をすぐに手にすることはない。女性の場合はもっと時間がかかるし、死亡リスクの低下もゆっくりしている。そのうえ、女性の死亡リスクの低下は男性にくらべて控え目だ。こうした男女の違いはグラフに示されている。

すでに述べたように、配偶者を失ったときにも同じようなことが起こる。妻が死ぬと、夫の死亡リスクは突如として劇的に跳ね上がる。妻を失って一年以内の男性の死亡リスクは三〇～一〇〇％も上昇するのだ。この結論ははっきりしており、つねに変わらない。しかし、妻を失った男性の死亡リスクは数年のうちに峠を越える。

女性にもやもめ暮らしの影響があるかどうかについては、多くの議論がなされてきた。ファーの独創的な研究ののち一九七〇年代までは、多くの分析において女性はやもめ暮らしの影響を受けないとの結論が下されていた。その後、研究者たちはてんでんばらばらな研究結果を発表しはじめた。女性はやもめ暮らしの影響を受けないと言う者もいれば、影響は受けるが男性ほどではないと言う者もいた。最近の研究では、男女ともやもめ暮らしの影響を受け、その程度も変わらないのではないかという結論になっている。[41]

とはいえ、やもめ暮らしの影響についてはその他の面でも疑問が残る。たとえば、女性は配偶者を失ったショックから男性より早く立ち直るのではないだろうか。やもめ暮らしの影響の大きさ、持続期間、メカニズムに何らかの差がありそうなのはなぜだろうか。配偶者が死んだときに女性よりも男性のほうが健康を損ねやすいのは、夫の妻への愛のほうが妻の夫への愛よりも深いからだろうか。そうではない。事実はこんなところだろう。男性が死んでも、結婚によって妻に与え、妻の健康の改善に最も役立ったもの、つまりお金は家や年金といった資産の形で依然として残っている。一方、女性が死んだ場合、結婚によって夫に与え、夫の健康を最も改善したもの、すなわち精神的サポート、他人とのつながり、きちんとした家庭などはなくなってしまう。妻に先立たれた男性は気がつくと世間から切り離され、社会的支援を失っていることが多い。ほとんどの社会で男性は女性に家事を委《ゆだ》ねているから、妻を失った男性はいつのまにか食事が不規則になり、生活のすべてではなくとも家庭が乱れてくる。

しかし、同性婚についてはよくわからない。異性婚の男女と同じく、同性婚の男性はそれぞれ七年寿命が延び、同性婚の女性はそれぞれ二年寿命が延びるのかもしれない。だが、同性婚の男性は二年寿命が延び、女性は七年寿命が延びるという可能性もある。そうだとすれば、健康によいのは結婚そのものではなく、女性との結婚だということになるだろう。

男女のこうした違いから、一つの事実が浮かび上がってくる。つながりの有無と同様、誰とつながるかが重要なのではないだろうか。二人の人がいれば、友人の数は異なるかもしれないし、同じかもしれない。だが、一方の友人には教養があり、もう一方の友人には教養がない場合もある。社会的な交際相手の数ではなく質のこうした違いが、往々にして重要なのだ。

たとえば、配偶者の年齢と人種はともに健康に影響を与えることがある。年下の女性との結婚は男性にとってよい結果をもたらすが、年下の男性との結婚は女性にとってよい影響はない。さまざまな研究者が、年上の夫と年下の妻の年齢差が開くほど（限度はあるが）、結婚による健康面の恩恵は両者にとって大きくなることを示してきた。[42]こうした研究結果は「セックスと金の取引」という戯画化した見方に沿うものだと解釈する人もいる。つまり結婚による健康増進が、女性の場合は経済状況の改善のおかげであり、男性の場合は社会生活の改善のおかげであるとすれば、概して、年上の男性と年下の女性の組み合わせのほうが、これらのメリットを相互に与えやすいということである。

ここで述べていることが平均的な影響であるのは言うまでもない。異なる経験をしている人も多いのだ。妻が主たる稼ぎ手でかなりの遺産を残し、夫の役割が社会的つながりを与えることであった場合、妻の死は夫の健康にあまり影響しそうにない。実際、もっと平等な社会であれば、やもめ暮らしが男女に与える影響はもっと似ているかもしれない。[43]「稼ぎ手」と「社会とのつなぎ役」という性別による役割分担に応じて、夫と妻が健康面の恩恵に浴するのだとすれば、それも意外なことではないだろう。

結婚の恩恵を与えたり受け取ったりする能力は、男女で異なる可能性がある。この事実は重大な疑問を提起する。男性のほうが結婚による恩恵が多いのは、婚姻関係において得をする立場にあるからだろうか、それとも女性のほうが提供するものが多いからだろうか。あるいは、その両方のためなのだろうか。私たちは社会学者のフェリックス・エルヴェルトと共同で、より幅の広いこれらの問題に取り組むことにした。その際、やもめ暮らしの影響の人種による違いを調べるという方法をとってみた。すると、白人のカップルはやもめ暮らしの影響を受けるが、黒人カップルは受けないことがわかった。この結果についてはさまざまな説明がありうるが、最も説得力がありそうなのはこういうものだろう。黒人カップルの場合、結婚による健康面での恩恵が配偶者の死後も持続するが、白人の場合は消えてしまうのだ。しかし、配偶者との死別のあと、黒人男性より白人男性のほうが悪い方向へ進んでしまうのはなぜだろうか。白人だからだろうか、それとも白人女性と結婚したからだろうか。

私たちはこの問題を解くため、異人種のカップルのサンプルを大量に収集した。すると、男性の人種にかかわらず、黒人女性と結婚した男性はやもめ暮らしの影響を受けないが、白人女性と結婚した男性は受けることがわかった[44]。だが、妻の人種がやもめ暮らしの夫の死亡率に影響するのはなぜだろうか。はっきりしているのは、夫の健康へのいかなる影響も妻による現在進行形の努力とは無関係だということだ。何しろ、妻は死んでしまっているのだ。むしろ、解消された結婚の扱い方や、やもめという状態に特有の生活環境が、影響を及ぼすに違いない。これらは人種によって異なるものだ。たとえば、黒人の妻の家族は白人の妻の家族より、概して、妻に先立たれた夫の面倒見がよいのではないだろうか。

これは、白人の縁者のほうが黒人の縁者より異人種のカップルへの拒否反応が強いことに関係しているかもしれない。親族のネットワークの維持を受け持っているのは妻であることが多い。そのため、白人女性と結婚した黒人男性のほうが、黒人同士で結婚した男性や黒人女性と結婚した白人男性よりも、妻の死に際して、孤立、社会的ネットワークとの断絶、義理の両親からのサポートの欠如に苦しむことになりやすい。こうしてみると、結婚における恩恵に男女間で差が出るのは、女性のほうが配偶者を社会につなげておく能力が高いためなのは間違いないようだ。

愛、セックス、多層性

社会的ネットワークの主な機能は、ネットワーク内を流れているものを利用可能にしてくれることだ。たとえば、教養、財産、健康などを備えた相手と結婚するほうが、それらを持たない相手と結婚するより健康になれることを私たちは知っている。しかし、その原因は配偶者のアイデンティティーだけではなく、配偶者が実際に与えてくれるものにもある。健康、教養、財産を持つパートナーは、有益な情報、社会的サポート、物的財貨を与えてくれるからだ。また、配偶者間の愛情の流れもきわめて重要である。一〇四九組のカップルの八年に及ぶ追跡調査から、うまくいっていない結婚は年齢に伴う健康の衰えを加速させることがわかった。その原因の一部は、配偶者とのぎくしゃくした関係のせいで、心臓血管系や免疫システムにストレスが加わり、時間とともに損傷が重なっていくことにある。結果として、愛してもくれなければ愛してもいない配偶者が死んでも、愛し合っていた配偶者の場合ほど健康に悪影響はない[45]。こうしてみると、私たちがパートナー探しに多くの時間を費やすのも無理はない。私たちがつながっている人の資質は、生活のあらゆる面に大きな影響を及ぼすのである。

私たちは、パートナー探しの一助として多種多様な社会的ネットワークを利用する。同僚のネットワーク、フェイスブックのネットワーク、家族のネットワーク、隣人のネットワークなどなど。何種類もの人間関係を持つ傾向（ときには同じ人と何種類もの関係を結ぶこともある）は多層性と呼ばれている。私たちの性的ネットワークは、実のところ、私たちがパートナーを探すもっと大きな社会的ネットワークの一部にすぎない。ある意味で、後者は潜在的なネットワークであり、前者は現実化したネットワークなのだ（卓上名刺入れのなかの知人のネットワークのようなもので、ビジネスパートナーになってくれるのはそのうちのごく一部である）。

私たちが多層ネットワークのなかで生活しているとしよう。その場合、私たちがそれをどう把握し、科学者がどう描くかは、どんなタイプの関係に焦点を合わせるかによって違ってくる（口絵2を参照）。何重もの層があり、それぞれの層における自分の位置に応じて他人とのつながり方が決まるからだ。たとえば、あなたにはたくさんの友人がいるが、セックス・パートナーはほとんどいないかもしれない。だとすれば、友人のネットワークにおける位置のほうが性的ネットワークにおける位置よりも中心に近いことになる。その一方で、この二つのネットワークはともにあなたの社会的ネットワーク全体の一部なのだ。結果として、性的関係を通じて流れるもの（たとえば性感染症）よりも、友人関係を通じて流れるもの（たとえばゴシップ）のほうを受け取る可能性が高くなる。また、口絵2の丸で囲んだペアのように、同じ相手と複数の関係を持つ人もいる。

性的関係をもとにしてネットワーク内の経路をたどることも可能だ。こうした経路は性的関係以外の視点からはまったくばかげて見えたり、ビジネス上の関係をもとに描こうとしてもはっきりしなかったりする。アメリカの作家トルーマン・カポーティはこうした見方をヒントに、ある室内ゲームを考案した。カポーティはそれを次のように説明している。「そのゲームは名称をＩＤＣ、つまり国際デイジーチェーン（International Daisy Chain　デイジーチェーンとは鎖のように連なって行うグループセックスのこと）という。ＩＤＣは名前の連鎖をつくるゲームで、前に挙げられた人と性的関係を持ったことのある男女の名を次々につなげていく遊びだ。ポイントはできるだけ遠くに、できるだけ不釣り合いなところまでつなげることにある。たとえばこれは、前衛美術収集家のペギー・グッゲンハイムから始まり、エジプトのファールーク王へ至る連鎖だ。ペギー・グッゲンハイムからローレンス・ヴェイル、次いでジーン・コノリー、シリル・コノリー、ドロシー・ウォルワース、そしてファールーク王へとつながっている。やり方はわかったかな？」[46]

多層ネットワークの重要な特質は、ネットワークが重なり合っていることだ。私たちは配偶者の友人であり、同僚の恋人であり、近所の人と顔見知りであるかもしれない。セックス・パートナーを探すとき、私たちはさまざまな種類のネットワークを利用するのがふつうだ。どんな人間とも手当たり次第に絆を結ぶわけではないし、電話帳にダーツを投げてデート相手を選んだりもしない。私たちは、隣人、同僚、学校の友達などと紹介によって知り合いになる。あるいは、機会は少ないものの、それ以外の社会的制約のもとで偶然に出会うこともある。

したがって、性的ネットワークに注目することによって、社会的ネットワーク全体について多くを学べる可能性がある。性的ネットワークが特に重要なのは、誰かとセックスするという関係が、十分に考えられた上での見つけやすいタイプの社会的絆だからである。社会的ネットワークの研究にとっての性的ネットワークは、医学にとっての死とよく似ている。つまり、曖昧《あいまい》なところのない終点なのだ。ネットワーク内での人のつながりを知りたいと思い、誰が友人なのかとか、誰を信頼しているかなどと質問すれば、誰とセックスしたかと聞くより、予想外の受け取られ方をする可能性がはるかに高い。だが、誰とセックスしたかを聞けば、社会的ネットワークを明確な形で描きだすことが可能になる。さらに、セックスの相手の見つけ方や性生活への社会的ネットワークの多種多様な影響を探ることによって、セックスのみならず、人間の経験や社会的交流について理解を深めることができる。次章では、研究者たちが病気の広がりの研究に性的ネットワークをいかに利用してきたか、この長年の研究によって健康についての考え方ががらりと変わる舞台がどう整えられたかを論じることにしたい。

第4章 あなたも痛いが私も痛い

ジョージア州ロックデール郡はアッパーミドルクラスの人びとが暮らす落ち着いた住宅地で、アトランタから三二キロメートルほど離れた郊外に位置している。州内でトップクラスの学校がいくつかあり、毎年恒例のバザーでは教会の聖歌隊による夜間演奏会や美人コンテストに多くの人が集まる。ロックデール郡出身の有名人には女優のダコタ・ファニングやホリー・ハンターがいる。郡のウェブサイトによれば、ロックデール郡は「家族で暮らすにふさわしい」コミュニティーで、安心、健全、進歩的な環境で子育てをしたいと願う親たちに人気があるという。[1] 要するに、ティーンエイジャーへの梅毒流行とは、もっとも縁遠い場所のはずだった。

ところが、一九九六年、ティーンエイジャーになったばかりの若者たちが、梅毒をはじめとする性感染症（ＳＴＤ）にかかって郡の医療施設を訪れるようになった。公的機関の職員がグループセックスに加わった中高生からその浅ましい行為について聞き取りを始めると、何か奇妙な事態が進行していることがはっきりした。ジョージア州の公衆衛生局長を務めるキャスリーン・トゥーミーは『アトランタ・ジャーナル・コンスティテューション』紙でこう語っている。「この聞き取り調査で明らかになったのは、梅毒とはいっさい無縁だったコミュニティーで梅毒が発生したということです。……おかげで、私たちはロックデールのティーンエイジャーによるきわめて危険な行為に気づくことができました[2]」。梅毒はアッパーミドルクラスの家庭の子供にはまず見られない伝染病だが、この病気だけでも一七人の患者が発生し、それ以外の性感染症の患者ははるかに多かった。

ロックデール郡の中高生のなかには、数十人というセックス・パートナーを持った者もいた。性感染症の流行が明らかになったとき、大人たちは強いショックを受けた。「調査結果がまとまったとき、性急な判断を下さないように訓練されているベテランの公衆衛生調査官たちでさえ、自分が知ったことに愕然としたはずです。セックスの相手が五〇人もいた一四歳、高校生と性的魅力を競い合っていた六年生、三人のボーイフレンドと同時に性行為に及んだ少女。ある事例では……三〇～四〇人が参加したパーティーで、その場にいた少年全員とのセックスを申し出て、実際にそうした少女もいました。ペギー・クーパー（問題を起こした中学校の一つに勤務するカウンセラー）はこう言っています。『私はすっかり落ち込み、吐き気をもよおしました。泣きたい気分でした[3]』」

こうした状況が明るみに出ると、人びとはこう問いはじめた。これほど豊かなコミュニティーで、子供たちをこんな行動に走らせたものは何なのだろうかと。若者の多くが、適切な社会環境に恵まれず、教育的な指導を受けておらず、ほかにやるべきこともないといった問題に悩んでいるように思えた。ところが実際は、性感染症はネットワークを通じた異なるプロセスを反映したものだった。つまり、ティーンエイジャーのあいだにセックス――多くの相手とのセックスを含む特殊なセックス――は許されるという規範が広がっていたのである。本当の流行は、つまり性感染症の流行の根底にあったのは、ある意識の流行だった。梅毒は問題ではなかった。梅毒は問題の症状にすぎなかったのである。

突如流行しはじめた性感染症に対する親や大人の反応を見ると、親の意識が子供の性行動の実態とかけ離れていることは明らかだった。トゥーミーが『ワシントン・ポスト』紙で語ったところによると、地元の若者たちがセックスに積極的であることを親は「絶対に認めませんでした」という。[4] ある看護師は『アトランタ・ジャーナル・コンスティテューション』紙でこう語っている。「子供と親のコミュニケーションがあまりにも少ないことに気づきました。……自分の子供がセックスに積極的であることを知らない親もいました。証拠を見せても信じない親もいました。ある女性は私を罵《ののし》り、自分の娘は処女だとわかっているのだと言いつのりました。私が否定し、娘さんは妊娠していますと告げるまで[5]」

公式の調査によって、梅毒と診断された一〇人を含む九九人のティーンエイジャーからの聞き取りなどが行われ、性的につながった人びとのネットワークが再現された。[6] 梅毒に感染したティーンエイジャーは、クモの巣状のネットワークの中央で縦横につながりを持っていた。このネットワークは時間とともに拡大し、仲間との性行為に加わった子供たちを取り込んでいった。これによって、梅毒が広がる可能性がますます高まっていったのである。性的ネットワークの中心には、ほとんどがまだ一六歳にもなっていない白人少女のグループがいた。この少女たちはさまざまな少年の集団とのグループセックスに加わり、別々のグループをつなげていった。彼女たちがそんなことをしなければ、こうしたグループ同士が結びつくことはなかったかもしれない。しかし、一年後、問題の解決に向けたコミュニティーの努力もあって、このネットワークは多くの小さなネットワークに分裂した。ほとんどの若者はセックスに積極的なままだったものの、もはや若者全体のつながりはなくなっていたため、性感染症が広がる恐れは低くなった。ネットワークが変化したおかげで、性感染症の流行が収まったのである。

元恋人の恋人の元恋人

過去一〇年にわたって大量の研究が行われ、社会的ネットワークの構造と、それが性感染症の広がりに果たす役割が探究されてきた。こうした研究では、追跡可能で簡単に検出できる病原菌が調査の対象となる。また、セックスはそれ自体が二人の人間のつながりを示す証拠である。したがって、こうした研究を通じて、次のような問題を検討するための格好の素材が手に入るのだ。人のペアが一緒になってさらに複雑なネットワークが形成される仕組みはいかなるものか、次にそのプロセスは病原菌以外の事物の広がりや個人の社会的経験にいかなる影響を及ぼすのか。性感染症の研究を通じて、ネットワークの新たな性質が明らかになる。つまり、興味深い現象を理解するには、個人や男女のペアではなく、グループ全体を研究しなければならないということだ。ある人が病気にかかるリスクは、その人自身の行為や行動だけでなく、他人の行為や行動にも左右される。それは、ネットワーク上のはるか彼方にいる人かもしれない。

社会学者のジェイムズ・ムーディーとキャサリン・ストーヴェルは、ピーター・ベアマンと協力し、Ａｄｄ健康調査のデータをもとに、白人生徒が大半を占める中西部の中規模高校の完全な性的ネットワークを描いてみた。その際に利用されたのは、一八ヵ月にわたる恋愛関係に関する情報だっ

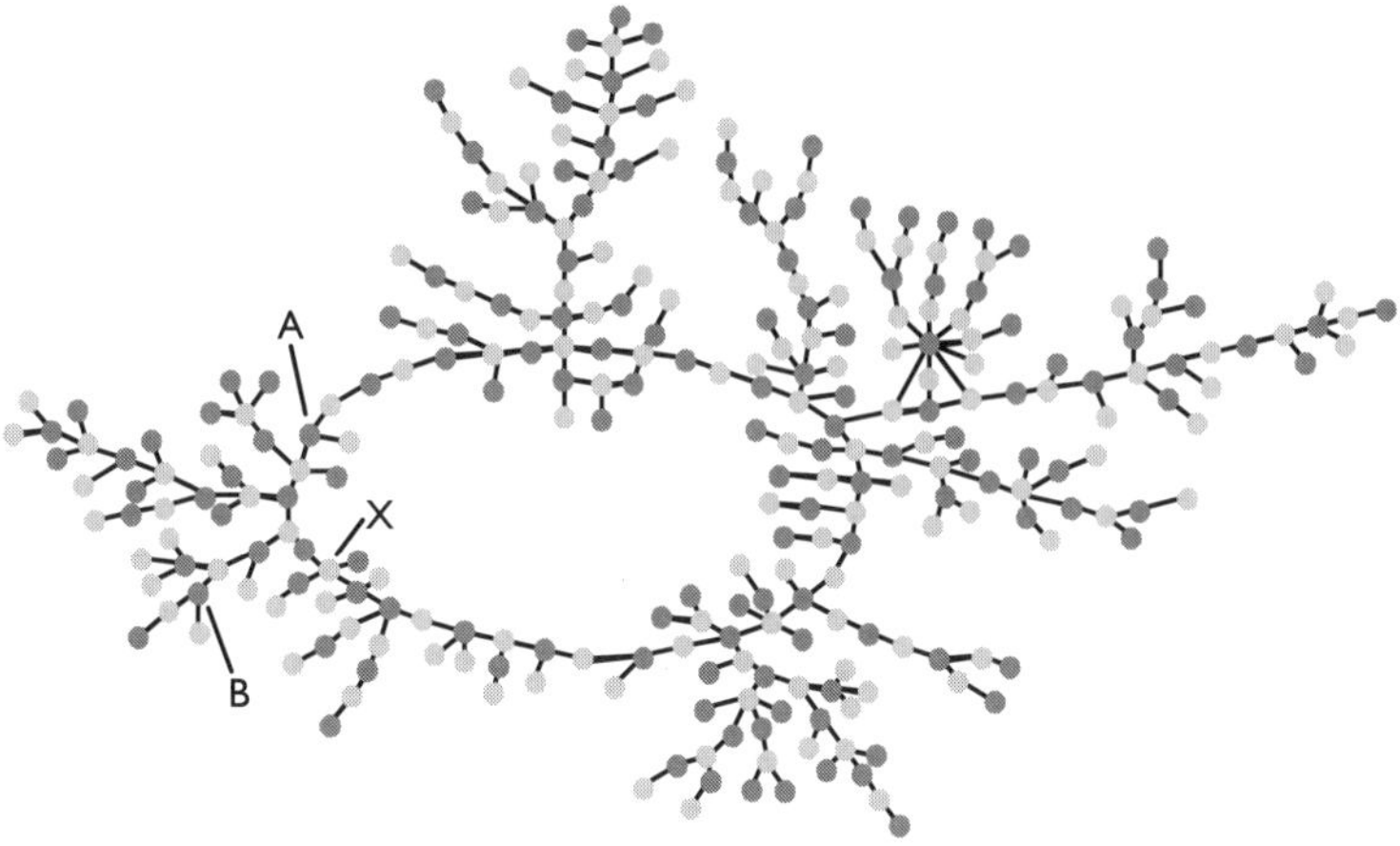

「ジェファーソン高校」で恋愛関係にあった288人の生徒のネットワーク。青年期の健康に関する全国長期調査による。灰色の節点は女子生徒を、黒の節点は男子生徒を表している。A、B、Xの節点については本文中で論じてある。

た。「ジェファーソン高校」という仮の名をつけられたこの高校は、一見したところロックデール郡とよく似たコミュニティーにあった。ムーディーらのグループは、恋愛関係を持つ全生徒の実に五二%が、一つの大規模なネットワークに組み込まれていることを発見した。このネットワークは「全生徒に広がる相互につながった長い鎖で、長い本線から各家庭に延びる田舎の電話線網に似ている」ように見えた。[7] 二八八人の生徒からなるこのハブ・アンド・スポーク型の環状のネットワークで、特に注目すべき点は重複する絆がないことだった。つまり、ほとんどの生徒はたった一つの経路で上部構造とつながっていたのだ（上図を参照）。このネットワークの推移性は低かったということである。

　ムーディーらのグループは、高校にお

ける社会的な——ここでは特に性的な——交流にまつわる二つの独特なルールを明らかにした。これらのルールが、このネットワークの構造に大きく影響しているのだ。第一に、自分と似たパートナーとつきあう慣行がある（ここでは、学年や人種などでとりあえず手近な似た者同士でつきあうという原則）。第二に、高校ではセックスに関し「自分の以前のパートナーの現在のパートナーの以前のパートナーとデートしてはいけない」というルールがあるらしいのだ。

何度か読み返さなければ、このルールの意味は理解できないに違いない。高校時代、ガールフレンド用のアドレス帳の最初にこのルールを大文字で書いたこともないだろう。だが、過去につきあったパートナー全員を思い浮かべてみれば、自分がこのルールを破った時期を見つけるのに苦労するはずだ。それを簡単に調べるには、こう自問してみるといい。「自分は親友とパートナーを交換したことがあるだろうか？」。おそらく、なかったはずである。

このパートナー交換禁止ルールは、社会的プロセスを通じ、個人では認識も操作もできない仕組みによってネットワーク構造全体が決まる例を示している。人びとは一見単純なルールに（意識しようとしまいと）従い、結果として特定の構造を持ったネットワークに組み込まれてしまう。人びとがネットワークの全体的な形に大した影響を及ぼせないのに対し、ネットワークが人びとに影響を及ぼすのは間違いない。誰とセックスするか、性感染症にかかるリスクがあるかどうかといった問題を左右するからだ。

このルールに関して非常に興味深いことの一つは、第3章で論じたネットワークのパターンと矛盾するように見えることだ。多くの人が初めは三次の隔たりのあった人とデートをする。ところが、このルールでは、友人の友人の友人とつきあってはいけないとされているのだ。この違いはどこから出てくるのだろうか。結局のところ、こうした社会的な交際相手の性別と、性的関係を結ぶ特定の順序が問題なのだ。ほとんどの親友関係は同性間に生じる。したがって、通常の事態のなりゆきは、異性愛のカップルがそれぞれの友人を引き合わせ（男性の男友達が女性の女友達に紹介される）、二人がその気になれば交際を始める。だが、ある女性がボーイフレンドを振って自分の親友のボーイフレンドとデートするとしたら、振られたボーイフレンドとその（おそらくすでに「元」）親友の女性が新たなカップルになることはなさそうだ。

一九七〇年代に特に目立った夫婦交換という文化は別にして、アメリカではこうした四者間の性的関係は昔からめったになかった。これは、ムーディーらのグループの言う「二番手」問題のせいだったのかもしれない。振られた二人の恋人たちは、別のカップルの片方との競争で一番になれなかったのだ。オリンピックで銅メダル争いに興味がある者はいないし、以前の恋人の恋人の以前の恋人とつきあいたがる者はいないのである。

病原菌も広がっていく

ネットワークの構造についてはある程度考察してきたので、今度はその構造がネットワーク内の流れにどう影響するかを考えてみよう。127ページの図を見てほしい。この恋愛関係のネットワークに属す人物Xが、性感染症にかかったとしてみよう。あなたは人物Aだとする。あなたとXのあいだには四人が介在しているため、Xの生活に何が起こっているか——誰と性的関係を持っているか、何を考えているか、パートナーにコンドームを使わせているか、どんな性行為をしているか——を知る現実的な手段はない。しかし、あなたはこの人物と間接的につながっているので、Xが性感染症にかかったという事実は、あなたの生活にすぐにわかるような影響を及ぼす。病原菌は人から人へ広がり、五度のジャンプを経てあなたのところまでやってくるのだ。

ここで、あなたから二次の隔たりのある絆が切断されたとしてみよう。二人のつながりが解消されたり（たとえば二人はもうセックスをしていない）、二人がコンドームを使いはじめたり（二人の性的関係がつづいていても病気の伝染は遮断される）といったことがその理由だ。これで間違いなく性感染症を避けられるだろうか。実はそうとも言えない。このネットワークは環状であり、あなたはその環《わ》のなかにいるからだ。こうしたネットワーク構造のせいで（ここで示した一種の鳥瞰図を見なければこの構造はわからない）、性感染症はほかの経路をたどって、あなたのもとにやってくる可能性がある。その場合、より多くのジャンプが必要になるのは確かである。だが、誰かがセックスをやめたり、コンドームを使うようになったりといったケースでも、ネットワーク内の他人に起こっていることの影響は避けられないのである。

今度はあなたが人物Bであるとしてみよう。人物Aと同じく、あなたは三人の性的パートナーとつながっている。また、人物Xとのあいだには四人が介在している。ところがこの場合、あなたの先にいる二人の人物の絆が切断されたり遮断されたりすれば、あなたは病気の伝染から隔離される。ネットワーク内のあなたの位置はAとまったく違うのだが、あなたはそれを見る視点を持っていない。あなたにわかるのは、三人のパートナーと性的関係を持っていることだけであり、この点ではAと同じである。こうしたネットワークの全体像がなければ、あなたがこの視点を獲得する術《すべ》はない。あなたは自分が属しているネットワークのなすがままで、直接につながっている人をある程度コントロール

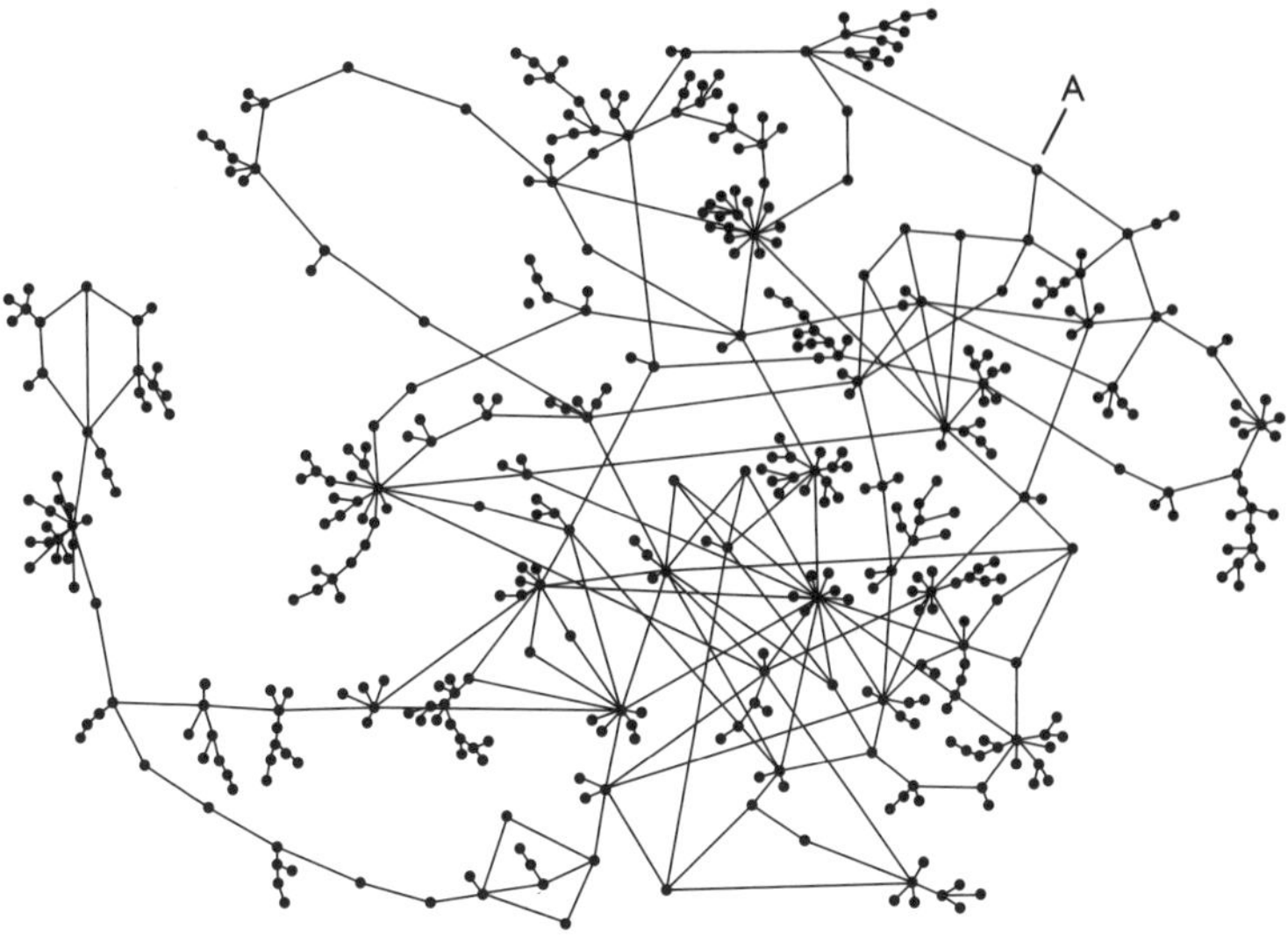

青年男女が大半を占める410人のネットワーク。この410人が、コロラドスプリングズでの2年にわたる性感染症の流行の一端を担った。節点Aについては本文中で論じてある。

できるにすぎない。だが、間接的につながっている人はいっさいコントロールできないのだ。

ネットワークの構造が重要である理由を理解するため、ジェファーソン高校のネットワークを同程度の人数からなる別のネットワークとくらべてみよう。上の図は、青年男女が大半を占める四一〇人のネットワークを表している。この四一〇人は、コロラドスプリングズでの二年にわたる性感染症の流行の一端を担った人たちだ。[8]ジェファーソン高校の場合と同じく、コロラドスプリングズのネットワークでも、人びとがパートナー交換禁止ルールに従っていることがわかる。ところが、他人との接触のパターンはより大規模なうえにはるかに複雑で、一つの絆を切断したところでほかの人たちとの接触は断てそうもない。たとえば、どちらのネットワークでも人物Aは三人の性的パートナーを持っている。だが、コロラドスプリングズのネットワークのほうが、この三人のパートナー自身が持つパートナーの数がずっと多いのだ。そのため、Aのパートナーのパートナーの一人が病気にかかり、それがAにまで広がってくる可能性は高くなる。ここには単純な法則がある。つまり、ネットワーク内で他人とつながる経路が多ければ多いほど、ネットワーク内を流れるものの影響を受けやすくなるのである。

病気の伝染のモデルのほとんどで、性行動のきわめて活発な人たちからなる「中核」の存在が仮定され、この人たちが、ネットワークの周縁にいる性行動のあまり活発でない人たちに病気を広げるとされている。また、この中核をなす人たちが伝染病を保存する役割を果たし、流行を持続させるとも仮定される。たとえば、ネットワーク的な視点からのアプローチを利用して、アメリカにおける性感染症の罹患率の人種による違いが説明されてきた。社会学者のエド・ローマンらのグループによれば、性感染症の罹患率が白人より黒人で高いのは、二つのグループの性的ネットワークのパターンが異なるためではないかという。[9] ネットワークの周縁部にいる（周縁部にいるとは過去一年間にセックス・パートナーが一人しかいなかったと定義される）黒人は、周縁部にいる白人とくらべ、中核部にいる（過去一年間に四人以上のセックス・パートナーを持っていたと定義される）人をパートナーに選ぶ可能性が五倍も高いのだ。なぜそうなのかはまだわかっていないが、結果として、白人の場合は性感染症が中核部にとどまりやすいのに対し、黒人の場合は周縁部に広がりやすいことになる。

要するに、パートナーの多い白人はパートナーの多い白人とセックスし、パートナーの少ない白人はパートナーの少ない白人とセックスする傾向があるのだ。結果として、性感染症は性行動の活発な白人からなる中核部にとどまる。一方、パートナーの多い黒人は、パートナーの多い黒人とも少ない黒人ともセックスする。このため、性感染症は黒人のあいだのほうが広がりやすいのである。

二〇〇一年のある研究では、セックス・パートナーの数に関する個人の報告をもとに、「スウェーデンのセックス・ネットワーク」（学術調査というよりは成人映画のタイトルのようだが）について推測がなされている。この研究でも、ネットワーク内には性行動のきわめて活発な中核部が存在することが示された。[10] さらに、セーフセックスのキャンペーンを展開する場合、コミュニティーの全メンバーに平等にメッセージを送るよりも、性行動の活発なメンバー（ネットワークの中核部、すなわちハブ）に直接伝えれば最も効果が上がるという結論も得られた。

ネットワークという観点に立てば、性感染症の主な危険因子は個人的属性（たとえば人種）であるという考え方から抜け出しやすくなる。事実、リスクを理解するためのもっと有効な手段は、個人の社会的ネットワークの構造に焦点を合わせることなのだ。つまり、社会経済的な位置よりも社会構造的な位置のほうが問題なのである。人びとがリスクの高い行動や低い行動をとるのは、お金、教育、肌の色などが原因だと考えるべきでない。社会的ネットワークに関する各種の研究から次のことがわかっている。人びとがリスクにさらされるかどうかは、その人がどんな人であるかより、誰と知り合いであるかで決まるのだ。つまり、ネットワークのどこにいて、周囲で何が起こっているかが問題なのである。ネットワーク構造という観点をとれば、多くの社会的プロセスに新たな光を当てることができる。

異なるネットワーク、異なる処方箋

ロックデール郡における梅毒の流行から明らかになることがある。社会的ネットワークの構造と人びとの行動に関する――中核か周縁か、性行動が活発か活発でないかという単純な二分法を超えた――特定の情報は、性感染症の拡大に大きな関係があるのだ。ロックデール郡の事例からわかるのは、二つのグループ間の唯一のつながりを断ってしまえば、ネットワークは別々の要素に分解されるため、グループ間の伝染病の広がりを効果的に食い止められるということだ。性的ネットワークのなかには、いくつかの絆の切断や個人の行動の変化にきわめて弱いものがある（たとえばジェファーソン高校のネットワーク）。こうした場合、病気の伝染を防止する最善の戦略は、性行動が活発な特定のグループではなく、広く全メンバーを対象とした「ばらまき型」の予防キャンペーンである。誰か一人が行動を変えれば連鎖を断ち切れるからだ。

とはいえ、すべてのネットワークが同じ形をしているわけではない。したがって、異なるグループには異なる戦略が有効だ。サハラ砂漠以南のアフリカで、別の研究者グループがHIV／AIDSの流行について調査したことがあった。彼らはマラウイ湖に浮かぶある島の七つの村で、村民の最近のセックス・パートナーに関する情報を収集してみた。[11] すると予想に反し、村民が口にしたのは比較的少数のパートナーだった。中核部と周縁の区別はつけられず、性行動の活発さはほぼすべての村民で同程度だった。マラウイの性的ネットワークには活性の高いハブ、つまり、多くのセックス・パートナーを持つことでHIV／AIDSの流行を持続させる個人やグループは存在しなかったのだ。

それにもかかわらず、研究者たちが性的ネットワークを描いてみると意外な事実がわかった。一八歳から三五歳の村民の実に六五％が、コロラドスプリングズのネットワークと同じく相互につながった一大ネットワークを構成していたのだ。ジェファーソン高校やロックデール郡の学校のネットワークと異なり、こうしたネットワークの構造は個々の絆や節点の切断にきわめて強い。不必要なまでに多くの経路が存在するからである（村民が直接・間接に一人以上のセックス・パートナーを共有する事例）。この発見はそれらを疑わせるものだ。現在のＨＩＶ／ＡＩＤＳの伝染をめぐっては、多くの仮説がある。だが、サハラ砂漠以南のアフリカなどにおける性感染症の流行を拡大させているのは、セックスワーカーとその顧客が形成する活動的な中核グループではないし、セックス・パートナーの少ない個人からなる周縁部に病気を広げる活動的な個人でもない。単純に一人当たりのセックス・パートナーを数え上げても、実際にネットワークを描いてみなければ、こうした実態を見抜くことはできないのだ。

要するに、性感染症の広がりを理解しようとするとき、病気の広がり方は――あるいは広がっているかどうかさえ――ネットワーク全体のより大規模な接触のパターンに左右されるということである。個々人のパートナーのパートナーや、ネットワーク内のほかのメンバーとの相互のつながりがわからなければ、ある人が性感染症にかかるリスクが高いか低いかは判定できない。実のところ、状況はもっと複雑である。ネットワークの構造そのものに加え、できれば、他人との絆やネットワーク全体の構造が時間とともにどう変化するかも考慮すべきだからである。[12] 幸い、科学者や医師はネットワークに関するデータ収集に真剣に取り組むようになっており、ネットワークを視覚化して分析する技術を開発しつつある。これによって、ＨＩＶ／ＡＩＤＳをはじめとする性感染症との戦いが大いに有利になる。また、やや変則的な社会的ネットワークを通じて広がるその他の健康現象が研究しやすくなる。

友人の友人があなたを太らせる

人から人に伝染するのは病原菌だけではない。行動も伝染するし、こうした行動の多くが健康に大きな影響を与える。たとえば、若者の摂食行動、特に若い女性の体重管理は仲間から影響を受ける。さらに見知らぬ人からも影響を受けることがある。たとえば、たまたま大食漢の近くの席に座った人は、なぜか同じように食べてしまう。その影響はまったく意識されないので、こうした現象は「無自覚な食事」と呼ばれている。[13] 人間は他人を真似しないではいられないらしい。私たちは教室や食堂で隣に座った人を真似するだけではない。もっとずっと離れた人の真似もするのだ。病原菌が広がるのと同じように、健康にかかわる現象は人から人へ、さらに次の人へ、さらにその先へと広がっていくことがある。

その実態を理解する手始めとして、私たちは肥満に注目した。肥満というテーマを選んだのは、アメリカには肥満が「蔓延」しているという主張が広くなされているからだ。この言い回しは、手のつけられない伝染病というイメージを呼び起こす。実際、蔓延という言葉には二つの意味がある。第一に、蔓延とはある病気の有病率が通常を上回っていることを言う。第二に、その病気が伝染性であり、何かが急速に広まっていることを示唆している。

肥満の有病率が上昇しつつあることはすぐにわかる。肥満の標準的な基準となるのが肥満度指数

（ＢＭＩ。キログラムで表した体重をメートルで表した身長の二乗で割った数字）である。ＢＭＩの正常値は二〇〜二四で、二五〜二九なら太りすぎ、三〇以上なら肥満と考えられている。一九九〇年から二〇〇〇年にかけて、アメリカの肥満人口比率は二一％から三三％に上昇し、いまや少なくともアメリカ人の六六％は太りすぎか肥満である。

はっきりしないのは、肥満が言葉の第二の意味で蔓延していると見ていいかどうかだ。肥満の蔓延という言い方は比喩にすぎないのだろうか。肥満は人から人へ広がるのだろうか。広がるとすれば、どうやって広がるのだろうか。

この問題を研究するには特殊なデータが必要だったが、それを手に入れるのは非常に難しかった。グループの全体像に加え、人びとの相互のつながりについて知らねばならなかったからだ。私たちが構成するデータには、大規模なネットワークにおける人びとの位置と、人びとの絆の構造――彼らが知っているのは誰か、その人たちが知っているのは誰か、さらにその人たちが知っているのは誰か、さらに……――について正確な情報が含まれている必要があった。また、身長と体重をはじめ、さまざまな個人情報を知ることも必要だった。こうしたデータは、ネットワーク内の全メンバーを繰り返し観察し、時系列に沿って並べたものでなければならない。私たちが肥満問題に関心を持った当時、これらの条件をすべて満たすデータセットは存在しなかった。

それにもめげず、私たちはフレーミングハム心臓研究として知られる疫学調査を利用して、データの収集を始めることにした。この疫学調査は、マサチューセッツ州ボストンの西にあるフレーミングハムで、一九四八年以来つづけられている。医師たちは心臓血管疾患の決定因子に関する多くの知見を、この有名な研究から学んできた。研究の開始にあたっては、フレーミングハムに住む全成人のほぼ三分の二が二年ごとに医師の検査を受けることに同意し、驚くべきことに、まだ生きている人はいまでも検査を受けつづけている。研究への参加者全員がもともとはフレーミングハムの住人だが、その後多くの人がマサチューセッツ州各地、アメリカ各地に引っ越している。当初の参加者の子供や孫たちも、一九七一年と二〇〇一年にそれぞれ始まった追跡調査への参加に同意し、決まった間隔で検査を受けつづけている。

私たちはまったく偶然に、フレーミングハム心臓研究のスタッフが保管していた詳細な手書きの記録を発見した。二年から四年ごとに参加者に連絡をとり、検査を受けるよう伝えるために作成されたものだ。私たちはみずからの幸運が信じられなかった。これまで研究目的には利用されてこなかったこの記録には、各参加者の友人、親戚、同僚、隣人に関する詳細な情報が含まれていたからだ。フレーミングハムは結びつきの密なコミュニティーだったから、参加者の親戚、友人、同僚、隣人の多くもまた、たまたま調査に参加していた。おかげで私たちは、この記録を利用して、全参加者の社会的ネットワークを丹念に再構成できたのである。最終的に、総計一万二〇六七人からなる大ネットワークのなかの五一二四人の主要グループに焦点を合わせ、五万を超える人の絆（隣人とのつながりは含まない）を描き出すことができた。また、一九七一年から現在までに人の絆がどう変化したかを調べ、人びとの体重、身長、その他の重要な特性に関する既存の情報に、社会的ネットワークの新たなデータを結びつけることもできた。

これらの複雑なデータをよりよく理解するための第一歩は、ネットワークを描くことだった。太った人とやせた人のクラスター（群れ）を視覚的に識別できるかどうかを確かめようとしたのだ（口絵3を参照）[14]。肥満者と非肥満者がクラスターをつくっていることは、この図を見るとよくわかる。だが、そのパターンはきわめて複雑である。そこで、特殊な数学的手法を使って分析してみると、肥満者と非肥満者による相当なクラスタリング（群化）が実際に起きており、それが単なる偶然ではないことが確認できた。私たちの発見によれば、多くのネットワーク現象に「三次の影響のルール」という驚くべき規則性が見られるが、クラスタリングもまたこのルールに従っていた。平均的な肥満者の友人、友人の友人、友人の友人の友人もまた肥満者である可能性は、単なる偶然とは思えないほど高かった。同様に、平均的な非肥満者から三次の隔たりまでの友人は、非肥満者である可能性が高かった。三次の隔たりを超えると、こうしたクラスタリングは見られなくなった。

実際、人びとは体重の増加や減少が一種の規範となるニッチをネットワーク内で占めているようだ。こうしたニッチは通常、一〇〇〜二〇〇人の相互につながった個人から成っている。この発見から、大規模な社会的ネットワークのさらに一般的な特性が明らかになる。つまり、大規模な社会的ネットワークの内部にはいくつかのコミュニティーがあり、これらのコミュニティーはメンバー相互のつながりだけでなく、メンバーに共有された考え方や行動によっても規定されているのだ。こうした考え方や行動は隣り合った個人のあいだで生じ、維持されるが、ネットワークにおいてある個人が位置する領域内の絆の特定パターンによっても左右される。

次の課題は、社会的ネットワーク内の肥満者や非肥満者のクラスターが生じる理由を明らかにすることだった。それも、同じような体重の者は仲間になりやすい（ホモフィリー）とか、体重を同時に増加させるような影響をともに受けていた（交絡）とかいったこと以外の理由を（これらの問題は、やもめ暮らしをはじめ、人間関係の影響を研究する際に出会うおなじみのものだ）。私たちが知りたかったのは因果効果があるかどうかだった。つまり一種の社会的伝染として、ある人が実際に他人の体重を増加させることがあるかどうかである。ホモフィリーの影響については単刀直入な方法で取り組んだ。人びとが選んだ友人の種類に関する情報を分析に取り込むことで、人が似たような人と友人になる傾向を考慮したのである。だが、交絡の問題を扱うためには別の方法が必要だった。

ニコラスとジェイムズが友人だとしてみよう。ジェイムズに一番の親友は誰かとたずねると、「ニコラス」という答えが返ってくる。つづいてニコラスに同じ質問をしてみると、ジェイムズ以外の名前が返ってくる。ところが、ニコラスとジェイムズが友人だとしても、おそらくジェイムズはニコラスから、自分が与える以上の影響を受けているということなのだろう。ニコラスとジェイムズがおたがいの名前を挙げるとすれば（二人はおたがいに一番の親友だということ）、片方だけが相手の名前を挙げる場合よりも親密な友人関係にあるはずだ。したがって、一番の親友同士の影響力が最も強いものと考えるべきである。

ここで、友人同士の体重が同程度である唯一の原因が交絡だと考えてみよう。ニコラスとジェイムズが、近所に開店したばかりの新しいファストフード店に入り浸るようになると、ともに体重が増えるため（交絡効果）、一方がもう一方に影響を及ぼしているように見えるかもしれない。だが、誰が誰を友人だと言おうと、二人の体重は増えるはずだ。つまり、おたがいに友人だと言う人たちも、友人だと言われるだけの人たちも、友人だと言うだけの人たちも、全員が同じ影響力を持つように思える。逆に言うと、影響の大きさに違いがあるとすれば、体重が同程度である原因は交絡だけではないということだ。二人の体重を増加させているハンバーガー店は、誰が誰を友人と言おうと気にしていないのである。

友人同士の絆の性質によって違いが出ることを、まさに私たちは発見した。たがいに認め合う友人が肥満になると、自分が肥満になるリスクも三倍近くになる。しかも、たがいに認め合う友人の持つ影響力は、友人だと思われている（だが自分は相手を友人だと思っていない）人の二倍になる。最後に、友人だと思われている人は、相手を友人だと思っていないなら、相手から何の影響も受けない。言い換えれば、ニコラスがジェイムズを友人だと思っていなければ、ジェイムズがニコラスを友人だと思っていても、ジェイムズはニコラスに影響を及ぼさないのである。

友人以外にも、さまざまな社会的絆を通じ、体重の増加は人から人へ広がることがわかった。だが、こうした人たちは親しい関係になければならない。配偶者や兄弟姉妹はおたがいに影響を与え合う。同僚同士も影響を及ぼし合うが、全員が顔見知りであるような小企業に限っての話だ。こうした影響がネットワーク内の親しい人たちのあいだを次々に伝わるうちに、あまり親しくない人にも広がっていくことがある。個人的には面識がなくても、友人の夫の同僚があなたを太らせたり、妹の友人のボーイフレンドがあなたを痩《や》せさせたりするかもしれないのだ。

私たちの研究の最後の一歩は、一連のビデオアニメーションを制作することだった。これは、体重増加と社会的ネットワークとの関係が徐々に変化していく様子を三二年にわたって追跡したものである。この作業を始めたときは、肥満が蔓延していく過程をつぶさに見られるものと思っていた。ある人の体重が増えるや、この感染者から肥満の波が広がっていくのを観察するはずだったのだ。まず一次の隔たりのある人へ、次いで二次の隔たりのある人へ、さらに三次の隔たりのある人へと、時を超え、社会的空間を超えて、その波は広がっていくことだろう。頭にあったイメージは、多くの人におなじみの物理実験から連想したものだった。静かなプールに小石を落とすと、同心円を描いて波が広がっていく。波がプールの縁に達すると、跳ね返って、一定の条件下ではたがいに強め合うこともある。海の沖合で動かないように見えるうねりに似た「定常波」の山と谷が形成される。これと同じように、肥満者と非肥満者からなる山と谷によって、社会的ネットワークに同心円状の帯ができるのを見られるものと予想していたのだ。

ところが、ビデオ画像を見てみると、その複雑さは予想をはるかに上回っていた。至るところで無秩序な体重増加が起こっているように見えたのだ。プールに小石を落とすというのは適切な比喩ではなく、むしろ、両手にいっぱいの岩石を広大な水面にばらまくというほうが近いことがわかった。ばらまかれた岩石によって水面は波立ち、一つの小石の影響もそれが起こす波紋もかき消されてしまう。肥満が広がるのは間違いないのだが、一点から広がっていくだけではないし、体重を増加させる要因は社会的な交際相手だけでもない。人はよく食べるようになったり、運動をやめたり、離婚したり、愛する人を失ったり、禁煙したり、酒を飲むようになったりする。こうした変化の一つひとつが、ごく小規模な肥満の蔓延の震源となる。地球の構造プレートを毎年揺り動かす数千もの地震のようなものだ。このビデオからはとても重要なことを教わった。肥満の蔓延に第一号の患者はいない。蔓延の中心は一つではなく、いくつもあるのである。

二〇〇七年、肥満は伝染するという私たちの研究結果が発表されると、大反響が巻き起こった。数百通ものeメールを受け取ったし、この研究をめぐるブログへの書き込みも数百にのぼった。憤然としてこう叫ぶ人もいた。「いいかい、言うまでもないが、肥満は流行として広がることもあるのだよ」。いずれにしても、体型には流行《はや》り廃《すた》りがあるというのだ。ある年は華奢《きゃしゃ》な細身のタイプが受けたかと思うと、翌年にはブラジル人のスーパーモデルのような豊満なタイプがもてはやされるといった具合である。軍事史をちょっと振り返っただけでも、散開の前に待機している兵士の写真を見れば、第二次世界大戦とイラク戦争のあいだに男の体型が大きく変化したことがわかる。批判者たちはこう強調した。「ともかく、社会科学者が集まってわかり切ったことの証明にかまけているとは、途方もない金の無駄づかいではないか」。だが、同じく憤慨しながらも、体重増加のような私的、個別的、臨床的な問題が、大衆の気まぐれな好みの変化に左右されるという考え方とは、まるで異なる反応を示した人もいた。「体重が伝染することなどありえない！　体重増加が遺伝子、ホルモンレベル、人が直面するあらゆる選択や機会の結果であることは誰でも知っている。あなた方の研究には何か間違いがあるに違いない。ついでに言えば、何たる金の無駄づかいか」

だが現在では、肥満は伝染することがわかっている。私たちの研究が発表されて以降、私たちのほかに三つの研究チームが別々の集団で肥満の伝染を確認しているのだ[15]。こうした観察結果には、常識的な面と斬新な面がともに含まれている。では、肥満はいかにして伝染するのだろうか。こうして伝染する健康現象には、ほかにどんなものがあるのだろうか。自分の健康上の重要な特性が、社会的ネットワーク上で近くや遠くにいる他人に左右されるとわかったとして、どうすればいいのだろうか。

行動を変えるか、考えを変えるか

港湾労働者にして社会批評家でもあるエリック・ホッファーはかつてこう述べている。「自由にしていいなら、人はたがいを真似るものだ」。模倣は、肥満が人から人へと広がる一つのあり方だ。あなたがジョギングを始めると、友人も真似してジョギングを始めるかもしれない。あるいは、あなたは一緒にジョギングしようと友人を誘うかもしれない。同じように、あなたが太る食べ物を食べるようになると、友人もそうするかもしれない。あるいは、あなたは友人をレストランへ連れていき、太る食べ物を一緒に食べるようになるかもしれない。

行動の模倣は意識してなされる場合もあるし、無意識になされる場合もある。第2章で述べたように、誰かが食べたり走ったりしているのを見ると、自分自身がそうしている場合に活動するのと同じ脳の部分で、ミラーニューロンが反応する。見ているだけなのに、まるで何かをしているかのように脳が活動するのだ。おかげで、将来同じ行動が現れやすくなる。模倣の基礎となる生理的プロセスはほかにもある。あくびや笑いの伝染にかかわるプロセスもその一種だ。[16] 要するに、模倣とは認識的作用（私たちが意識して考える何か）でもあり、生理的作用（自然な生物学的プロセス）でもある。模倣は共感や、さらには道徳さえ生み出す生物的能力に深く根ざしており、社会的種としての人間の起源に結びついている。この点については第7章で論じることにしたい。

だが、肥満を広げるのは模倣だけではない。人間はたがいに認識を共有するものだが、こうした認識がどれだけ食べ、どれだけ運動するかにも影響するのだ。たとえば、周囲の人を見て、その人たちの体重が増えているのに気づけば、許容できる体型について認識を改めることもある。多くの人が太りはじめると、太りすぎとは実際に何を意味するかについて期待値が再調整される。人から人へと広がるのは、社会科学者が規範と呼ぶもの、つまり、何が適切であるかに関して共有される期待値なのだ。[17] ロックデール郡のティーンエイジャーが性的規範を（大人たちを失望させて）調整したように、何を肥満とみなすかについての人びとの考えは急速に変化している。また、社会的ネットワーク内にニッチが生じることもある。こうしたニッチで人びとが特定の規範を強化し、直接・間接につながった人びとが何かについて認識を共有しながら、たがいに影響されていると気づかない場合もある。

行動の模倣と規範の広がりという二つのメカニズムは、第3章で説明した結婚による健康への影響の例にも見られる。だが、この二つのメカニズムを区別するのは容易ではない。ある男性が結婚してからオートバイに乗らなくなった例を考えれば、この人は妻の行動を真似ているのだろうか（妻はオートバイを持っていない）、それとも新たな規範に従っているのだろうか（オートバイは危険である）。また、ある人が体重増加は当然という考えを受け入れているとしても、体重の増加につながる当人の行動は、周囲の人と同じ場合もあればまるで異なる場合もある。周囲の人びとは好き勝手な食事をして太ったのかもしれないが、この人は悪い食習慣を真似るのではなく運動不足のせいで太ったのかもしれない。だとすれば、受け入れている規範（太っても問題ない）は同じなのに、行動は異なるということだ。したがって、行動が一致していなくても、規範は一致している場合があることになる。肥満の広がりは単なる猿真似とは違うのである。

肥満の場合、規範が影響を及ぼしている証拠がある。第一に、社会的ネットワークにおける肥満の広がりは、肥満を助長する特定の行動の広がりを差し引いて考えてもなお存在する。つまり統計分析を施して、二人の人間がたがいの行動を真似るという事実を考慮に入れても、それ以外の何かが進行していて、体重の増加や減少が依然として広がっている証拠が見つかるのだ。

第二に、地理的に遠く離れていても社会的に近い人たちのあいだで、肥満が広がることがある。フレーミングハム心臓研究から得られた証拠によって、意外なことに、一六〇〇キロメートルも離れた人たちが体重に影響を与え合うことがわかった。それほど遠くで暮らしている友人や家族とはめったに会わないから、単純な模倣が体重に影響するとは考えにくい。たとえば、あなたは年に一回、感謝祭の日に弟に会うとしよう。弟は以前よりかなり太っている。弟の食事のしかたを感謝祭の一日だけ真似しても、あなたの長期的な体重に影響が及ぶことはない。だが、一年前より太った弟の体を見て、許容できる体型についてあなたの考えが一変することはありうる。「うわー、ディミトリの奴だいぶ太ったな。でも、ディミトリはディミトリだ」。家に帰ってもこうした考え（「ディミトリは健康そうだ」）が抜けず、あなたの行動に影響を与える。あなたはいままで以上に食べるかもしれないし、運動を減らすかもしれない。

規範が広がっていながら、人の行動に影響を与えないこともある。ある考えを支持していても、その考えに基づく行動を自分ではとらない人がいるからだ。結果として、友人には影響を与えていないのに、友人の友人に影響を与えているように思える場合がある。こう考えてみよう。アミーはマリアの友人で、マリアはヘザーの友人だが、アミーとヘザーはたがいを知らない。ヘザーは運動をやめたせいで太っている。マリアはヘザーが好きなので、太りすぎについて中立な考えができず、太っていてもそんなに悪くないと思うようになる。それでも自分の行動は変えないのだが、一方で、たくさん食べたり、あまり運動しなかったりする人に対して見方が甘くなるかもしれない。そのため、アミーが運動をやめても（アミーは毎週マリアとジョギングする習慣があった）、運動をつづけるようマリアがアミーをせっつく可能性は低い。太ることに関するマリアの考えが変化すれば、マリア自身の行動が変わらなくても、アミーに影響が及ぶ。したがってヘザーの行動は、マリアの行動が変わらなくても、アミーに影響を与えることがあるのだ。

社会全体が痩せていることを依然として特別高く評価しているらしいのに、人びとが体重の増加に寛大な一部のネットワークの規範を見つけ、模倣するのはどうしてだろうか。ほかの人びとがみな太めになっていても、著名人やモデルはかつてないほどほっそりしている。この矛盾は社会の理念と規範の違いを示している。人びとは理想の体型のイメージをメディアを通じて目にする。だが、こうしたイメージ――こうした理念――による影響は、現実につながっている生身の人間の行動や外観ほど強くないのだ。コラムニストのエレン・グッドマンはこう述べている。「スーパーモデルのケイト・モス、女優のキャリスタ・フロックハート、ヴィクトリア・ベッカムといったプロの拒食症患者は、信じられないほど細い理想の体型を見せてくれる。だが現実の世界では、私たちは自分と友人を一インチ刻みで比較するのだ」[18]。第6章で見るように、政治理念の場合にも同じようなことが起こる。

もちろん、社会的ネットワークの影響だけで肥満の蔓延が説明できるわけではない。過去二〇年にわたり、数え切れない変化を通じて体を動かす機会が減ってきた。たとえば、省力機器、座ったままでの娯楽、郊外型住宅、サービス経済への全般的移行などだ。さらに、食品価格の下落、栄養素含有量や一人前の分量の変化、宣伝や広告の増大といったことが原因で、食品消費に劇的な変化が起きている。とはいえ、社会的ネットワークの果たす役割も重要だ。これまで論じてきたように、肥満の蔓延の引き金を引くのがほかの外部要因だとしても、ネットワークは蒔《ま》かれた種ならどんなものでも大きく育てることができる。病原菌であれ体型に関する規範であれ、ネットワークでつながった人びとのあいだにいったん定着すれば、社会的な交際相手を通じて広がっていき、さらに多くの人びとに影響を及ぼすことになるのだ。

喫煙や飲酒は腰の痛みやコロとどう似ているのか

肥満以外の健康現象を考える場合にも、人と人とのつながりは重要な意味を持っている。人びとは直接知っている相手の薬物使用、飲酒、喫煙といった行動を真似るばかりか、意外なことに、社会的ネットワーク上でずっと遠くにいる人の行動まで真似るからだ。社会的ネットワークを理解すれば、現代社会における肥満の急増について理解しやすくなる。それと同じように、喫煙の減少、飲酒があまり減らないこと、その他、健康に影響するさまざまな行為が理解しやすくなるのだ。

過去四〇年のあいだに、成人の喫煙者は全体の四五％から二一％へ減少してきた。四〇年前は、事務所、レストラン、さらには飛行機のなかでさえ、タバコの煙が立ち込めていたものだ（一九八七年に飛行機内での喫煙を禁じる規定ができると、大きな前進として熱烈に歓迎された）。ところが現在では、喫煙者は屋外で小さな集団になって身を寄せ合っている。

だが、人びとは独力でタバコをやめてきたわけではない。そうではなく、大勢でいっせいにやめてきたのだ。私たちはフレーミングハム心臓研究の社会的ネットワークに関するデータを利用し、過去四〇年間の喫煙の減少について分析してみた。すると、肥満の蔓延の裏返しのようなパターンがあることがわかった[19]。ある人がタバコをやめると、友人、友人の友人、そのまた友人へと波及効果が広がっていくのだ。肥満と同じように、喫煙行動も三次の隔たりまで拡大していく。ここでも「三次の影響のルール」が働いているわけだ。だが、肥満よりも喫煙のほうがグループ効果はさらに高い。鳥や魚の群れと同じく、禁煙には時間と空間における一種の同調性がある。相互につながった喫煙者グループの全体が——メンバー同士はおたがいを知らなくても——ほぼ同時にそろってタバコをやめる。まるで、反喫煙の波が全員に波及していくかのようだ。群れが特定の方向に飛んでいくのを一羽の鳥が食い止めるように、一人の喫煙者が禁煙を先導するのかもしれない。タバコをやめる決意は、ばらばらの個人が一人でするわけではない。そこには、直接・間接につながった個人からなるグループの選択が反映しているのである。

人類学者は地域の慣習を表す言葉を持っている。文化という言葉だ。だが、ここで私たちが論じている文化とは、同じく地域性を表すとはいえ、社会的ネットワークにおける一つの領域やニッチでつながっている人びとにだけ当てはまるという意味だ。一つの地理的な場所や、共有する宗教、言語、民族性などは問題とならない。社会的ネットワークのある領域内で文化が変化することもある。グループ内で相互につながった人びとが、喫煙は許されないと気づき、状況に合わせて禁煙するかもしれない。その場合たがいに影響を及ぼし合うものの、個人的に相互に顔見知りだったり、明確に行動を一致させたりする必要はない。ネットワークを通じて流れるものは、喫煙が許されるかどうかに関する一つの規範であり、その規範によって、直接つながっていない人びとが一致した信念を抱いたり行動を起こしたりする。これが、個人が一体となって超個体を形成する重要なプロセスである。

喫煙行動にはその他さまざまな面で超個体の働きが反映されている。第一に、喫煙に固執する人はネットワーク内で徐々に取り残されてしまう（口絵4参照）。一九七一年には、喫煙は社会的位置と無関係だった。喫煙者も非喫煙者と同じように地域のネットワークの中心にいて、大勢の友人を持ち、大きく広がったグループの真ん中に位置することが多かった。ところが、時間とともにタバコをやめる人がますます増えると、喫煙者はネットワークの周縁に追いやられた。いまでは凍えるように寒くても戸外へ追い出されてしまうのと同じことだ。喫煙者は評判を落としただけではない。評判のよくない人と友人になりがちで、それが喫煙者の社会的孤立を劇的に速めることになった。

第二に、一九七〇年代の初めには喫煙者も非喫煙者も問題なく共存していたのだが、時間とともにそれぞれがネットワーク内に小集団を形成するようになり、二〇〇〇年代の初めには両者のつながりが徐々に薄くなっていった。アメリカ議会の民主・共和両党への分極化（この問題については第6章で論じる）と同じく、喫煙者と非喫煙者の溝は時間とともに広がり、喫煙という習慣そのものをはるかに超えた帰結をもたらしたのだ。こうした深い分断が生じると、それぞれのグループ内でアイデンティティーが形成される。これが、両者がいま以上に混ざり合うことを妨げる一方で、グループとしての行動を強化することになる。グループ内でのつながりが強まる（いわゆる集中ネットワーク）と、グループとしての行動が強化されるが、グループ間のつながりが強まる（いわゆる統合ネットワーク）と、グループは善かれ悪しかれ新たな行動や行動の変化へと導かれる。

禁煙の拡大はまた、地位の高い人がイノベーションの広がりに果たす役割を明らかにしている。フレーミングハム心臓研究のデータによれば、他人に影響を及ぼす力は教育によって増幅するようだ。つまり、人は高い教育を受けた知人が禁煙すると自分も禁煙することが多いのである。加えて、教育はイノベーションを欲する気持ちを強める。高い教育を受けた人は、そうでない人より仲間の禁煙行動を真似る傾向が強い。こうして皮肉にも、タバコに関して言えば、現在の禁煙の波は六〇年から一〇〇年前に起こったことの裏返しとなっている。つまり、当時はまず、社会的地位が比較的高い人びとのあいだに喫煙の習慣が根づいたのだ。一九三〇年代や四〇年代の広告では、医師がにこやかに笑いながらタバコを楽しみ、喫煙を勧めている。[20]

ネットワークを経由する喫煙の広がりに個人の学歴が関係しているように、飲酒の広がりには性別が関係している。フレーミングハムの社会的ネットワークから、飲酒行動は喫煙や肥満と同じように、三次の隔たりまで広がることがわかる。だが、影響の流れはすべての人に等しく伝わるわけではなく、女性による影響が大きいようなのだ。女性が深酒するようになると、その友人は男女とも深酒するようになるらしい。ところが、男性の飲酒量が増えても、バーで並んだガールフレンドや親友の男性に与える影響はずっと少ない。その理由はまだわかっていない。だが、この事実が示すのは、ネットワークを通じた物事の広がりに女性が重要な役割を果たしており、したがって治療介入を成功させるカギを握っているのではないかということである。

アメリカでの飲酒状況は比較的落ち着いているが、他国の状況はそれほどでもない。たとえば、イギリスでは公の場での飲酒騒ぎで新たな問題が生じている。ますます大勢の若い男女が、急速に大量のアルコールを摂取するようになっており（一度の酒席で一〇杯）、嘔吐、酔いつぶれ、立ち小便、叫び、脅迫、喧嘩といった迷惑行為に及んでいるのだ。イギリスのあるサンプル調査によれば、一八歳から二四歳の若者の一六％が酔って騒ぎを起こしたことがあるという[21]。飲んで騒ぐ若者の五四％は、友人もほぼ全員が大酒飲みだそうだ。一方、騒ぎを起こすような飲み方をしない若者の場合、この数字は一五％に下がる。こうした傾向の分析から、個人のあいだでクラスタリング（群化）と行動の伝染が実際に起こっていることがわかる。

健康行動の広がりには性別と教育が影響する。だが、人間関係の種類もきわめて重要である。社会的絆ならどれでも同じというわけではないからだ。たとえば、肥満の広がりの場合、配偶者同士よりも友人同士のほうが影響が大きい。最初これに気づいたとき、私たちはとまどった。配偶者はたいてい、一緒に食事をし、一緒に運動し、友人同士よりも長く一緒にいるからだ。しかし、さらにつぶさに観察してみると、友人同士や兄弟姉妹の場合、異性よりも同性からずっと強い影響を受けることがわかった。したがって、配偶者はたいてい友人でもあるが、一方でたいてい異性でもあるため、二つの影響が相殺されてしまうことがあるのだ。

社会的ネットワーク内を広がるその他の健康行動としては、人間ドックを受ける、医者にかかる、医師の指示を守る、さらには特定の病院を利用する、などが挙げられる。ある研究によると、ハーヴァード大学の学生は、インフルエンザの予防接種を受ける友人が一〇％増えると、自分も受ける可能性が八・三％上がることがわかった。[22]さらに、一部の症状は生物学的・社会的メカニズムによって人から人へ広がっていく。第2章では不安や幸福が広がることを見たが、頭痛、かゆみ、疲労感なども広がる場合があるのだ。

社会的ネットワークを通じて広がる病気のもう一つの例が、腰痛である。ドイツのある研究者グループは、ドイツ統一によって実現した自然実験を利用して、腰痛の伝染の可能性を研究した。ベルリンの壁の崩壊以前、東ドイツの腰痛罹患率は西ドイツにくらべてかなり低かった。ところが統一から一〇年足らずで、東西の罹患率は同じレベルに収束し、東ドイツは西ドイツに追いついた。かつて隔離されていた東ドイツの人びとが、新たなマスコミ報道に接して、腰痛がいかに「頻発し、避けられない」ものであり、「慎重な医学的配慮を必要とする診断上・治療上の謎」であるかを知ったことが、この現象を後押ししたようだった。だが、研究者たちはこうも論じた。腰痛は「伝染病」であり、伝染を遮断するには一種の「心理社会的な浄化」が有効かもしれないと。[23]腰痛をそういうものと考えてみると、もう一つの謎を解くヒントが得られる。つまり、先進工業国のあいだで罹患率が大きく異なる理由が説明しやすくなるのだ。アメリカの労働年齢人口の腰痛罹患率が一〇％であるのに対し、イギリスは三六％、ドイツは六二％、デンマークは四五％、香港は二二％となっている。[24]

罹患率のこうした違いや、経験のされ方の文化的特徴を考えると、腰痛はある意味で文化結合症候群とみなされていいだろう。文化結合症候群とは、ある社会では病気として認識されているがほかの社会ではそうでないため、特定の社会環境に住む人だけがかかる病気のことである。その古典的な実例がコロである。これは一部のアジア諸国で見られる病気で、罹患した男性はペニスが体内に引っ込み、消失し、結果として死に至ると信じ込み、強い不安に襲われる。治療には信頼できる家族に頼んで、一日二四時間、数日間にわたりペニスを握って引っ込むのを防いでもらう。外部の者の目から見れば、この病気には生物医学的な、あるいははっきりした病因学的な根拠はない。だが、罹患している人にとってはまさに現実なのだ。事実、コロは流行したことがあり、マレーシアや中国南部で記録が残されている（中国では「縮陽」という名で通っている）。多くのアメリカ人が、生物医学的に診断が難しい腰痛という病気にかかり、仕事を休むはめになるにもかかわらず、普通は客観的な身体異常が見られないという事実は、マレーシア人――彼らの腰痛罹患率は低いはずである――にとって同じように理解しがたいのではないだろうか。

　同様に、拒食症や過食症も文化結合症候群であると言える。こうした病気は豊かな先進工業国で特に広がっており、そうした国々のなかでも中流階級の白人の少女がほかのグループよりずっと高い頻度で罹患する。罹患率は一九三五年以降上昇の一途をたどっている。アメリカ人女性のおよそ〇・五～三・七％が拒食症に、一・一～四・二％が過食症にかかっている（男性の罹患率はこの約一〇分の一）[25]。患者や家族にとってこうした病気はまぎれもなく現実だが、その原因ははっきりしない。何がそうした摂食行動の引き金を引くのだろうか。摂食障害がほかの文化結合症候群に似ているのは、文化に特有であることに加え、社会的ネットワーク内をさざ波のように伝わっていく点である。だとすれば、かなり厳しい減量行動が人から人へ伝染する可能性もある。女子高生は競って体重を減らし、大学の寮生はたがいに無茶食いを真似ることがある。実際、こうした行動が、人のネットワーク内に占める位置に影響する場合がある。女子学生クラブに関するある調査で、大食いの女性が人気者となり、社会的ネットワークの中心へ移動した例が示されている[26]。私たちの研究における非喫煙者と同じパターンだ。そういう意味で、摂食障害の蔓延は、私たちがフレーミングハム心臓研究の被験者で実証した体重にかかわる行動の極端な例なのである。

自殺も伝染するのか?

自殺の伝染は、社会的ネットワークの力を最もショッキングな形で明らかにするものだろう。自殺にはいろいろな原因があるが、ほかの人が自殺するから自分も自殺するなどという考え方は、合理的に説明できるとは思えない。自殺の伝染という事実が、自殺とは個人的な行為にすぎないという認識そのものに疑問を投げかけるのは間違いない。

連鎖的な自殺は、世界中のあらゆる種類のコミュニティーで起こってきた。コミュニティーの貧富や大小は関係なかった。こうした事例は大昔から知られている。自殺の連鎖がたまたま起こる場合もあるだろうが、多くは伝染のプロセスを経ており、偶然、交絡因子、ホモフィリー(これは、自殺する傾向をなぜか事前に持っている人たちのあいだに生じる)などが原因ではない[27]。言い換えれば、こうした連鎖による自殺者は、ジム・ジョーンズのようなカリスマ的なカルト・リーダーに率いられた人たちとは違う。ジョーンズは一九七八年に、九〇〇人を超える信者を集団自殺に追い込んでいる(これは交絡とホモフィリーがともに働いた特に大規模な事例だ)。

一九七四年、社会学者のデイヴィッド・フィリップスが、自殺の伝染に関する古典的研究を発表した。[28] フィリップスは、一九四七年から六八年にかけて、『ニューヨーク・タイムズ』紙の一面に自殺者の記事が出てから一ヵ月間に、全国で自殺が増加したことを指摘した。フィリップスは、これを「ウェルテル効果」と呼んだ。一七七四年に出版されたヨハン・ヴォルフガング・フォン・ゲーテの小説『若きウェルテルの悩み』にちなんでのことだ。この小説は広く読まれ、主人公を真似て自殺する若者が出はじめると、イタリア、ドイツ、デンマークの当局によって発禁とされた。

自殺のカスケードには二種類がある。『若きウェルテルの悩み』や『ニューヨーク・タイムズ』の一面のようなメディア（フィクションもあれば事実に基づく記事もある）を通じた伝染によって起こるものと、自殺した人物とつながりを持つ人たちのあいだで直接の伝染によって起こるものである。

近年、メディアを通じた自殺の伝染をめぐって懸念が深刻化したため、疾病対策センター（CDC）は自殺報道の新たなあり方を提案している。[29] 死亡記事の見本をジャーナリスト向けに発表までしてきた。以下はCDCが「自殺の伝染を促す恐れが強い」とみなすタイプのニュース記事である。

先週金曜日に父親の猟銃で頭部を撃って自殺したジョン・ドゥ・ジュニア（一五歳）の葬儀が月曜日に行われ、数百人が参列した。多くの著名な参列者のなかには、ブラウン市議会議員、スミス州議会議員、ミラー行政委員長などの顔もあり、亡くなった市立高校二年生の両親で悲しみにくれるメアリーおよびジョン・ドゥ・シニアに弔意を表した。自殺のはっきりした理由はわからないが、匿名希望のあるクラスメイトによれば、ドゥは同じ高校の二年生でガールフレンドのジェーンとうまくいっていなかったという。ドゥはファンタジー・ビデオゲームの大ファンだったことでも知られていた。高校は月曜日の午前中で休校となり、葬儀への参列を希望する生徒の

ために バスが手配された。学校側によると、一二〇〇人の生徒のほぼ全員が参列したという。ドゥを悼《いた》んで市中には半旗が掲げられた。教育委員会と行政委員会は、高校正面に追悼の旗竿を立てることを計画している。また、ドゥの友人のグループは、次の日曜日の午後二時から市立公園で行われる追悼式で植樹をする予定である。
ドゥはアザービルに生まれ、両親、妹のアンとともに一〇年前に引っ越してきた。昨春には高校の水泳チームの一員として熱心に活動しており、漫画の収集も好きだった。地元の青年会でも積極的に活動していたが、この数ヵ月は集会を欠席していた。

今度は、CDCが「自殺の伝染を促す恐れは弱い」とする死亡記事を示す。

メイプルウッド・ドライブ在住のジョン・ドゥ・ジュニア（一五歳）が金曜日に銃で自殺した。ジョンは、メアリーおよびジョン・ドゥ・シニアの息子で、市立高校二年生だった。生まれ故郷のアザービルから一〇年前に引っ越してきて以来、エニイタウンに在住。葬儀は日曜日に行われた。ジョンの死について相談などをしたい生徒には、スクール・カウンセラーが対応する。遺族は両親のほかに妹のアンがいる。

さらに、CDCはこう付記している。「この例に出てくる人名や地名は架空のもので、実際の事件には関係ない」。おそらく、架空の記事であっても自殺を誘発する危険を避けたかったのだろう。第二の記事のポイントは、特定の個人に関係したり、共感を誘ったりする要素を最初の記事から省いていることだ。CDCのガイドラインで勧められていたのは、自殺方法を説明せず、亡くなったティーンエイジャーがいかに「すばらしい人物だったか」にも言及しない新たな報道だった。自殺が亡くなったティーンエイジャーの抱えていた問題――たとえばジェーンへの仕返し――の解決に役立ったとするような記事も避けるべきだとされた（「取材の際、ジェーンはジョンがいなくなって本当に寂しいと言って泣きじゃくっていた」など）。

この対策は有効である。一九七八年にオーストリアのウィーンに地下鉄網が完成すると、まもなくして人びとは予想外の目的に地下鉄を使いはじめた。列車の前に身を投げ出すようになったのである。メディアは事件を生々しく報じ、自殺の企《くわだ》ては年に四〇件近くに達した（成功したのはその半数）。ウィーンの精神科医は懸念を深め、ジャーナリストと協力して対策を講じはじめた。一九八七年に自殺報道の仕方が変更されると、自殺の企てはただちに大きく減少し、それ以降は年に六件程度になった[30]。

一九七四年のフィリップスの論文以降、自殺に関する分析はきわめて精緻《せいち》になった。地理的スケールは縮小し、局地的な発生事例や直接の伝染で起こる事例に焦点が絞られるようになった。集団心因性疾患（ＭＰＩ）の場合と同じく、人びとへの重圧が特に大きいのは、学校や「結束が固い」と言われる小さなコミュニティーのようだ。また、自殺の伝染はほぼ例外なく若者のあいだで起こる。二四歳を超えた大人の場合、知人が自殺したり、自殺について書かれたものを読んだりしても、本人が自殺する可能性はほとんど上がらない[31]。だが、生活の多くの面で仲間の影響を受けやすいティーンエイジャーは別である。年齢と感受性のこうした結びつきは、ネットワーク上の節点の特性が、間近で起こる現象の流れをいかに大きく左右するかをまたしても明らかにしている。

自殺がこうして突発的に広がっていく様子を見てみよう。カナダのマニトバ州の平均自殺率は一〇万人当たり一四・五人である。ところが一九九五年、北の外れの人口一五〇〇人のある村で、自殺率が一〇万人当たり四〇〇人にも達したことがあった。四ヵ月のあいだに六人の若者が命を絶ったのだ。ほとんどが首吊りだった。さらに一九人が自殺を図った。こうした自殺の流行にはどんな意味があるのか。この小村に住む人びとのつながりを通じ、自殺の流行はどのように広がっていったのか。これらの点を理解するには、このコミュニティーを支援すべく現地へ飛んだ医師の一人による緊急報告が役に立つ。次に引用するのは、この医師が村の医療施設の三日間の出来事をつづったものである。六件の連続自殺の最後の一件から二週間後のことだが、深刻な影響がなおも尾を引いている様子がわかる。

六件目の自殺の二週間後、一九歳の青年が医療センターへやってきた。警察は彼のことを心配していた。「三人の友達が死んだんだ。僕はもう耐えられない」。青年が二週間前に寝室で首吊り自殺を図ったときは、兄と友人が発見してロープを切った。昨年いとこが冬の路上で死んだあとは、銃で自殺しようとして両親に止められた。青年はその晩を留置場で過ごしたあと、自室で一週間静養して「気分がよくなった」という。診察した際には、死んだ二人が一緒に行こうと呼ぶ声が聞こえると言った。この声はたいてい一人でいるときに聞こえ、ひどく恐ろしいという。うつ病の自律神経症状は見られなかった。青年は「話して問題を解決する」機会を欲しがっていた。

同じ日、父親が心配しているからといって、一三歳の少年が姿を見せた。親族の既往歴から、第一の自殺者が少年のいとこであることがわかった。少年は首を吊った第二の自殺者の発見者でもあった。第三の自殺者は義兄だった。少年は自殺願望はないと言い、自傷したこともなかった。もう学校へは行きたくないとのことだった。孤独で、死者の夢に怯《おび》えていた。兄とホッケーをしたり、父と木を切ったりするのが好きだそうだ。

翌日、一五歳の少女が診察を受けにきた。最初の五〇分は口を閉ざしていたが、その後、自殺者の二人は自分のいとこだと打ち明けてくれた。以前は自分を呼ぶいとこの声が聞こえたが、この三週間は聞いていないということだった。

その日はあとになって二三歳の女性がやってきた。連続自殺が起きてから飲酒量が増えたという。一時は遺書を書いたのだが、三人目の自殺者である伯父に「先を越され、話題をさらわれてしまった」。遺書は燃やした……。二番目の自殺者はボーイフレンドの姪だった。誰かが自分の名を呼ぶのが聞こえた……。

一四歳の少女が母親に連れられてきた。四人の自殺者の友人であり、五番目の自殺者のいとこでもあるという。そのいとこがロープで首を吊ったまま自分に笑いかけている夢を見たのだそうだ。一ヵ月前にも、この少女は首を吊ろうとして連れてこられたことがあった。以前にも何度か自殺を企てていた。

次は一四歳の少年だった。この少年は四ヵ月前に首を吊ろうとしたことがあった。六人の自殺者全員が知り合いで、一人はいとこだった。自殺を図る前、「長い髪を頭のてっぺんでちょっとがらせた、顔の黒い、長いコートを着た女」の夢を見たという。「ここではみんながその女の夢を見るんだ」と彼は言った。誰かが自分を呼んでいる声を聞いたが、それが誰かはわからなかった。

その晩になって、一四歳の少女が……警官に連れてこられた。少女は午後九時にグリブライド錠剤（糖尿病の薬）を七錠飲み、それをある友人に知らせたのだ。自殺した女性二人はともに少女の友人だった。一週間前、そのうちの一人に自殺するよう語りかけられる夢を見た。[32]

こうした記録は読むだけでひどく気が滅入る。自殺の流行に取りつかれたこの村の人びとがどんな気分だったかは、容易に想像できる。

記録の整っている別の自殺多発事例としては、ペンシルヴェニア州ピッツバーグのある高校（生徒数一四九六名）で起きた事件がある。四日間に二人の生徒が自殺したのだが、二一歳の元生徒の自殺に触発されたものであることは明らかだった。この四日を含めた一八日間で、七人の生徒が自殺を図り、さらに二三人が自殺を考えたと語った。[33]最初に自殺した生徒は元生徒の友人で、次に自殺した生徒の知り合いでもあったから、自殺の伝染ルートは特定できた。加えて、自殺を考えた生徒や自殺未遂を起こした生徒の多くは、自殺した生徒とだけでなく、たがいに密接な社会的絆でつながっていた。このグループに属す若者の多くにうつ病の既往歴があったが、そうでない者も少なくなかった。

以上のことを考えると、自殺のカスケードにまつわる重大な疑問が湧いてくる。自殺した人を知っていても、いずれは自殺するはずの人が後追いするだけなのだろうか。それとも、新たな犠牲者が自殺の連鎖に巻き込まれてしまうのだろうか。これは、第3章で出産のカスケードをめぐって考えた疑問に似ている。第3章では、姉や妹の出産によってある人の出産が促されるだけではなく、一人の女性が産む子供の総数が増えることを見た。

自殺の場合も、肥満と同じく直接伝染することがある。つまり、行動が共有されるのではなく、考え方が広がることによる伝染である。ある人が自殺すると、ほかの人の姿勢や規範が変化し、後追い自殺のハードルが下がってしまうのだ。自殺はやるべき価値のあることだという感覚が強化される場合もある（「あの人が死ぬとみんなはこんなに悲しむのか」）。一つの自殺事例に出会うことで、自殺を思いとどまらせる通常の規範的圧力がやや緩んでしまうと感じる人もいる。親しい人が自殺すれば、その方法に関する情報が手に入るかもしれない。もちろん、それが集団自殺である場合もある（日本、イギリス、アメリカをはじめとする先進諸国で、インターネットを通じた自殺サークルによる事件が報告されている。こうしたサークルは、二人以上の見知らぬ者同士が一緒に、あるいは同時に自殺するために結成される[34]）。

自殺のカスケードに関する最新の研究では、ネットワーク的な観点による調査法に大量のデータセットが利用されるようになった。おかげで、直接的な伝染の研究はさらに進展し、検証されている。一万三四六五人の若者を対象としたＡｄｄ健康調査によって、友人に自殺者がいると自殺願望を抱きやすくなることがわかった。前年に自殺した友人のいる少年は、そうでない場合にくらべ、自殺を考える可能性が三倍近くに、実際に自殺を図る可能性が二倍近くに高まっていたのだ。これが少女だと、自殺を考える可能性が二・五倍近くに、実際に自殺を図る可能性が二倍に高まっていた。だが、Ａｄｄ健康調査を利用すれば、社会的ネットワークに人が占める位置にまつわるその他多くの特徴が検討できる。社会的ネットワークがはらむ自殺の構造的リスクとして、友人の自殺による誘惑に加え、友人の数が少ないことや、友人がたがいに友人ではないという状況が挙げられる（つまり、ネットワークの推移性が低い）。自分の友人がたがいに友人ではない少女（少年ではない）は、生きカについて相反する規範に支配されている恐れがあり、これがストレスになっているのかもしれない。そのせいで自殺願望が二倍以上に高まっているのだ。[35] いわば「あなたたち二人が仲良くできないなら、死んでやるわ！」というわけだ。

自殺の伝染は成人にまったく見られないわけではない。ストックホルム市民一二〇万人を対象とした一九九〇年代のある研究で、自殺した同僚がいる男性（女性ではない）は、そうでない場合とくらべて自殺する可能性が三・五倍に高まることがわかったのだ。[36] 興味深いことに、肥満が比較的小規模な企業でしか同僚に伝わらないのと同じように、ある人の自殺は従業員一〇〇人未満の企業でしか他人の自殺リスクを高めないようだった。大企業より小企業のほうが、従業員が自殺者と直接つながっている可能性が高いからだ。

過去数十年にわたり、アメリカでも自殺の流行がじわじわと広がってきた。一九九七年のある研究で、アメリカの若者の一三％は前の年に本気で自殺を考えたことがあり、四％は実際に自殺を図っていたことがわかった。[37] さらに二〇％の若者が、前の年に自殺を図った友人がいると回答した。一九五〇年から一九九〇年にかけて、一五歳から二四歳で自殺した若者の割合は、一〇万人当たり四・五人から一三・五人に増えた。[38] 興味深いのは、同じ時期に自殺を扱ったフィクションが流行したことだ。IMDBドットコムというインターネット上の映画データベースから抽出した映画の筋書きを分析した研究によれば、自殺を扱った映画の割合は、一九五〇年代の約一％から一九九〇年には八％超に増えたという。[39] この二つの増加にはつながりがあるのか、どちらが先だったのかは、はっきりとはわからない。だが人と人とのつながりは、私たちを幸せにしてくれることもある一方で、私たちを自殺に向かわせることもあるのは間違いない。

公衆衛生の新たな基礎

「あなたのおかげで気分が悪い」というのはぞんざいな言い方だが、一つの真実を反映している。私たちの健康は、自分自身の生活、あるいは選択や行動だけで決まるわけではない。まさに文字通り、周囲にいる人びとの生活、選択、行動にも左右されるのである。

この主張は受け入れがたいと思う人もいるかもしれない。特にアメリカ人は、自分の運命の大部分を手中にしているという考えに慣れている。「他人の力を借りずに物事をやり抜く」のであり「誰でも突然大金持ちになれるチャンスがある」と信じているのだ。私たちの社会は実力主義社会であり、健全な選択が報われ、用意周到な者がチャンスをつかむというわけである。自分の運命の主人は自分であり、食べるものから歯の磨き方に至るすべてを変えることによって、みずからの生存可能性、精神の安定性、子孫の将来性などを改善できるというのが、急進的な個人主義者の見解なのだ。

だが、現実ははるかに複雑である。私たちは否応なしに社会的ネットワークに組み込まれている。つまり、知り合いであろうとなかろうと、他人の身に起こったことが波紋のようにネットワーク上を広がり、私たちに影響を及ぼすのだ。私たちの健康を左右する重要な要因の一つは、他人の健康である。私たちはパートナーや友人の健康や行動に影響されるだけでなく、広大な社会的ネットワークに属す数百、数千という人びとの健康や行動からも影響を受けるのだ。

公衆衛生がどのように守られているかなど、たいていの人はまず知らない。知っていることでも、きわめて自己中心的に考えている。タバコの箱に書かれている公衆衛生局長官の警告や、食品の栄養表示は、コミュニティー全体ではなく個々の消費者に向けられたものだ。ある人の行動の選び方が他人の健康にどう影響するか、それがなぜ公衆衛生の基礎となるのか、私たちにはわからないのがふつうである。

だが、仲間同士で支援し合う形の禁煙、禁酒、減量介入プログラムのほうが、単独の個人を対象とするプログラムより成功しやすいことを私たちは知っている。「ウェイト・ウォッチャーズ」や「アルコホーリクス・アノニマス」（アルコール依存者更生会）といったプログラムはまさにこうした方法をとり、社会的絆の形成やグループの結束を促す。こうした治療介入の有効性は実験で確かめられている。

ある実験では、被験者が次の三種類の減量介入プログラムの一つに無作為に参加することになった。一人で減量に取り組む、四人一組のチームに加わる、四人一組のチームを自分たちで結成してそのメンバーになる（第5章で論じる貧しい人のためのマイクロローンで採用されたのに似た方法）の三つである。すると、グループのメンバーとしてプログラムに参加した場合のほうが、体重は三三％余計に減り、減った体重を維持できる期間も長かった。[40]

ほかの実験でも、健康現象が人から人へ伝わる様子が確認されている。たとえばある研究では、三五七人の被験者を減量介入プログラムを受けるグループと受けないグループに無作為に分けると、通常とは異なり、被験者の配偶者三五七人の追跡調査が実施された。すると、プログラムに参加した被験者だけでなく、その配偶者の体重も減っていたのである。[41] そこにはさまざまなメカニズムが働いていそうだが、最も重要なのは、治療を受けていない配偶者が治療を受けている配偶者の摂食行動を真似ることだった。

社会的ネットワークの観点をとれば、こうしたグループレベル・家族レベルの治療介入を新たに信頼することになるし、個人間を伝わるこうした健康現象がより大規模に起こる可能性を確かめられる。ネットワークの観点に立つことで、私たちは一つの社会として健康や医療へアプローチする方法を考え直す必要に迫られるし、公衆衛生への新たな取り組みを示唆されるのだ。

つながりのパターンや伝染のプロセスの見地からネットワークをうまく操作することによって、個人や集団の健康を増進することは可能だ。コミュニティー全体に広がるネットワークの絆を見つけられれば（たとえば、第8章で述べる遠隔通信の新たな技術や手法を利用することによって）、影響力の大きい、あるいは個人間の健康プロセスに最も影響されやすい人びとに焦点を合わせることもできる。さらに、広い範囲に及ぶ人びとの絆がわかれば、治療介入を設計し、相互につながった人びとのグループをターゲットとしてもいい。

これまで見てきたように、私たちは頭のなかでつながっている著名人より直接結びついている人に影響されやすい。ネットワーク・サイエンスは、影響力のある人を見つけるためのより良い方法を与えてくれる。つまり、ネットワークの中心に位置するハブを見きわめればいいのだ。[42] これをうまく実行するには、まずネットワークの全体図を描かなければならない。たとえば、高校や職場で喫煙を減らそうとしているとしよう。従来であれば、全員に禁煙のメッセージを伝えたり、特に危険が高そうな一部のグループに働きかけたりといった方法がとられたはずだ。後者の場合、こうした人たちはとりわけ不健康だったり、すでに喫煙者だとわかっていたりするので特定できる。だが、新たなやり方では、社会的ネットワークのハブを見つけ出し（この人たちは不健康でも喫煙者でもない場合がある）、そこを狙って禁煙のメッセージを伝えることになる。こうしたアプローチによる初期の成功例として、より効果的なダイエットや安全なセックスが定着したという記録がある。[43]

とはいえ、こうしたアプローチは、数十年に及ぶ公衆衛生事業の焦点を動かすものだ。ここで対策のターゲットとなるのは、社会経済的な不平等や社会経済的・行動的な脆弱性《ぜいじゃくせい》そのものではなく、構造的な不平等や脆弱性だからである。人びとはネットワーク内の位置に応じて健康・不健康のリスクにさらされる。こうした位置に対して公衆衛生的に介入することこそ、人びとの助けとなるのだ。たとえば、人びとが貧しいかどうか、どこに住んでいるのかという問題に加え、誰を知っているか、どのネットワークに属しているかに焦点を合わせるといいかもしれない。

最近の研究から、影響力を持つ人がその力を最も発揮できそうな特定の状況が明らかになってきた。結局のところ、影響力を持つ人はそれほどいない。つまり、集団には影響を受ける人もいなければならず、イノベーションの広がるスピードは、前者よりも後者の特質や数に依存する可能性がある。[44]とはいえ、重要なのは以下の三つの点だ。特定の性質やトポロジーを持ったネットワークはカスケードを起こしやすいこと。カスケードが起こるためには両タイプの人が必要であること。自然に起こる、また人為的に引き起こされるカスケードをともに理解するには、ネットワークの形を知ることが不可欠であること。

影響力を持つ人が力を発揮できるかどうかは、ひとえに、自分が属しているネットワークの正確な構造にかかっている。それを自分でコントロールすることは難しいからだ。これまで見てきたように、ネットワークには広範囲に及ぶカスケードを可能にするものと、そうでないものがある。一本の木に火をつけるとして、それが大火災になるかキャンプファイヤーになるかは、周囲の状況に大きく左右される。つまり、ほかの木との距離、その地域の乾燥具合、森の大きさや密度などである。大火災を起こすような条件が整っていれば、ちょっとした火花でも火災につながる。しかし、そうでなければ、どんな火花でも火災は起こらない。

肥満の蔓延を扱ったコンピュータ・モデルによると、健康体重を維持するよう働きかけるには、ネットワークの中心にいる人たちを標的にするのが有効な戦略であると確認されている。この人たちが太りすぎているかどうかは関係ない。[45]

ところが、こうしたコンピュータ・モデルは、さらに意外な戦略を提示する。個人レベルであれ集団レベルであれ、体重を減らすには、友人と一緒に取り組むより、友人の友人と一緒に取り組むほうが効果があるというのだ。問題はこうである。あなたは友人とともに体重を減らそうとして成功するかもしれない。だが、あなたと友人からなるこのちっぽけな集団は、ふたたび体重を増やすよう圧力をかけてくる大きなグループに包囲されている。そのため、あなたも友人もふたたび太ってしまうのはほぼ間違いないのだ。

したがって、優れた減量戦略は次のようなものではないだろうか。友人をディナーに招待して彼らの友人の名を教えてもらい、それから、その人たちをランニング・クラブに誘うのだ。これがうまくいけば、減量するよう友人に圧力をかける社会的勢力を生み出せる（友人は包囲されているため）。こうして、健康行動の改善に取り組む人たちによる緩衝帯が自分のまわりにできあがるのだ。

ネットワークを理解すれば、自明とは言えない別の革新的な戦略にも到達できる。ある集団における伝染病の拡大を防ぐため、やみくもに予防接種を実施すれば、ふつうはメンバーの八〇～一〇〇％を対象とする必要がある。はしかの蔓延を防ぐには、全体の九五％に予防接種をしなければならない。より効率的な方法は、ネットワークのハブ、つまりネットワークの中心にいる人や、交際相手の最も多い人をターゲットにすることだ。とはいえ、最善の予防接種法を見つけ出そうというときに、ネットワーク上の人びとの絆を事前に見きわめるのは難しい。だが、それに代わる画期的な方法がある。誰かを適当に選び、その人の知り合いに予防接種をするのだ[46]。この戦略を使えば、ネットワーク全体の構造がわからなくても、ネットワークの特性を利用できるのである。適当に選ばれて知り合いを挙げた人とくらべると、知り合いに挙げられた人のほうが多くのつながりを持ち、ネットワークの中心に近いところにいる。多くのつながりを持つ人は、つながりの少ない人よりも、知り合いに挙げられる可能性が高いからだ。

　実際、この方法で選んだ約三〇％の人に予防接種をすれば、適当に選んだ九九％の人に予防接種をする場合と同じレベルの予防効果があるのだ！　同じようなアイデアは、逆の問題にも応用できる。つまり、新しい行動や新しい病原菌（あるいは生物テロ攻撃）を監視する最善の方法は何かという問題だ。人びとをやみくもに観察するのがいいだろうか、それともネットワーク上の位置に応じてターゲットを選ぶのがいいだろうか。ネットワーク・サイエンスが与えてくれる情報をもとに監視対象を選択すれば、七〇〇倍も効率がいい場合がある[47]。

　最後に述べると、ネットワークに基づく治療介入は治療のコスト効率を高める。従業員の健康増進に一ドル費やすごとに、その従業員の親戚、同僚、友人、さらには友人の友人の健康まで増進させることになるからだ。おかげで投資収益率は大幅に向上する。雇用主や保険会社にとっても、この点は特に重要である。職場の医療コストの約三分の二は、従業員の配偶者をはじめ扶養家族にかかるからだ。ある従業員をターゲットとすることで、おまけにその家族の健康まで増進させられるのだから、こんなすばらしいビジネスはない。第5章で見るように、ネットワークを活用して経済的利益を拡大する方法は、医療の分野以外にもたくさんある。経済行為を理解するには、どんな男女も孤立した島ではないという考え方に慣れる必要がある。人びとはつながっているし、人びとの健康や幸福もまたつながっているのである。

第5章 お金の行方

イギリスがこれほどひどい危機に見舞われたのは、一八六六年以来のことだった。二〇〇七年夏、世界全体で不動産バブルが弾《はじ》け、住宅ローン市場の機能は次第に麻痺《まひ》し、イギリスの銀行は金融市場で資金を調達するのがますます難しくなっていた。住宅ローンの貸し手は特に打撃が大きく、打つ手がなくなりつつある金融機関もあった。九月一二日水曜日、イギリスのノーザンロック銀行は営業を停止すると、顧客の預金を保護するための融資を求め、中央銀行であるイングランド銀行に泣きついた。このニュースは、メディアと口コミを通じてあっというまに広まった。イギリス政府は、同行の顧客口座や住宅ローンについては心配無用という声明を出したが、焼け石に水だった。九月一四日金曜日、ノーザンロック銀行は営業を再開したものの、一四〇年以上起こることのなかった本格的な取りつけ騒ぎが勃発したのだ。

早朝六時には、イギリス各地の支店の外に長蛇の列ができはじめていた。この潰れそうな銀行に全財産を預けているという人もいた。ジャクリーン・ポートは「長いあいだこつこつと貯めてきたのだから、なくしたくないの」と話した。彼女がレポーターに答えているあいだにも、行列は三時間かかって、ゴールダーズ・グリーン支店の入り口にわずか八メートルほど近づいただけだった。[1]

銀行の状況について詳しくは知らないが、とりあえず来てみたという人もいた。テレビのニュースで長い行列を見たからとか、近所を通りかかったからというのである。マリリンと名乗ったある顧客は、政府が出した声明で安心はしたが、みんなが預金を引き出しているのを見たら、自分も加わらなければという気持ちが抑えきれなかったという。「来なかったら後悔すると思って」[2]。匿名希望の五〇代の男性は「私は会計士なので、もっと分別を持つべきなのですが……ここにいてはいけないのです。……大丈夫だと頭ではわかっているのですが、感情に負けて来てしまいました」[3]。アン・バークという五〇歳の顧客は、九〇歳の父親と一緒に、ブライトン支店の外に延びる一三〇人の列に並んでいた。「ノーザンロック銀行を信頼していないわけではないの……。みんな心配しているし、行列の最後に並びたくはなかったから。ほかのみんながそうしているのだから、きっと正しいはずよ」[4]

ノーザンロック銀行の取りつけ騒ぎは、同行に口座を持たない人たちまで引きつけた。ポートフォリオ・マネジャーのティム・プライスは、中産階級の人びとが預金を引き出すために長蛇の列をなしているのを見にわざわざ足を運んだ。「いかにもイギリスらしい取りつけ騒ぎだったね。列が整然としていたから。とはいえ、今回の精神的なショックは人びとの心の傷となっていつまでも残るだろうね」[5]。ほかの人びとも同じ意見だった。エディンバラ支店の前には、自殺予防カウンセリング・サービスを宣伝する移動式広告トラックが停まっていた。また、ここぞとばかりに、別の銀行の行員がハゲタカのごとく数ヵ所の支店の外をうろつき、ノーザンロック銀行の預金者の不安をことさらかきたて、口座を移すよう勧めるチラシを配っていた。

一方ノーザンロック銀行の経営陣は、臨時職員をかき集めて営業時間を延長し、いっこうに短くならない行列に並ぶ不平不満でいっぱいの顧客に対応した。ニューカッスルのある支店では、「預金なさりたいお客様はいらっしゃいますか」と行員がたずねたところ、どっと笑いが起こったという。[6]だが、別の地域では事態が緊迫しつつあった。スコットランド南西部のストラスクライド警察は、「騒がしい」顧客への対応策として、ある支店に閉店を指示しなければならなかった。同じくチェルトナムでは、男女二人組が支店長を連れてオフィスに立てこもったため、警察が出動する騒ぎとなった。二人は、自分たちの口座にある一〇〇万ポンドの引き出しを認めるよう、支店長に要求していたそうだ。

こうした警察の介入もパニックを食い止めることはできなかった。取りつけ騒ぎは三日間つづいた。騒ぎが長引くと、そこに社会的ネットワークが一役買っていることが明らかになった。年金生活者のテリー・メイズは、最初のうちはイングランド銀行の保証で十分だと思っていたのだが、月曜日になるとわざわざロンドン支店に足を運んだ。「週末に家計に関するアドバイスをもらったのだが、安心のために預金を引き出そうと思ってね。年金暮らしにはこの預金が頼りだから」[7]人と人とのこうしたやりとりを通じ、普段なら取りつけ騒ぎなど一笑に付す多くの人びとが大騒動へ巻き込まれることになった。その際に広がっていく不安は、第2章で取り上げた集団心因性疾患（MPI）による不安と似ていた。MPIと同じく、銀行の取りつけ騒ぎは一人歩きをする。条件が整えば、ごく少数の人から始まった逸脱行為が、社会的ネットワークを通じて野火のように広がることもあるのだ。

こうした感情は預金者ばかりか投資家のあいだにも広がり、「銀行汚染」が発生した。経済ニュースがノーザンロック銀行の取りつけ騒ぎ一色になると、人びとは次は何かと怯え、パニックがほかの金融機関にも飛び火しはじめた。アライアンス・アンド・レスター銀行は、ノーザンロック銀行の取りつけ騒ぎ直後に市場価値の三分の一（一二億ポンド）を失った。ほかの銀行の株価も下がった。まもなく、こんな懸念がふくらんでいった。残りの銀行も同じような状況に陥っていて、似たような発表をすることになり、イギリス全体に取りつけ騒ぎの波が広がるのではないかと。幸いにも、事態の収拾がつかなくなる前に、アリスター・ダーリング財務大臣が、イギリス政府およびイングランド銀行はノーザンロック銀行の預金を保護するという正式な声明を出した。取りつけ騒ぎは収まり、金融市場は安定を取り戻した。

もちろん、話はそこで終わらなかった。サブプライム危機はとどまるところを知らず、二〇〇八年後半には、国際市場に銀行汚染が広がった。最初にその打撃を受けたのが、ベア・スターンズをはじめ、住宅ローン関係のビジネスに何らかの形で直接関わっていた金融機関だった（ベア・スターンズは破綻寸前にJPモルガン・チェースに一株当たりたった二ドルで買収された）。住宅金融大手のインディーマックが破綻し（アメリカ史上四番目の規模の金融機関破綻）、まもなくアメリカ政府は、連邦住宅抵当金庫（ファニーメイ）と連邦住宅金融抵当公社（フレディーマック）を国有化せざるをえなくなった。民間の住宅金融専門会社だったこの二社は、アメリカの住宅ローン一二兆ドルの約半分を扱っていた。一週間後には危機が投資銀行に広がり、現金の枯渇したメリルリンチはバンク・オブ・アメリカに買収され、リーマン・ブラザーズは倒産した。その二日後、危機はさらに保険大手AIGに及んだ。アメリカ政府は介入を余儀なくされ、八五〇億ドルもの公的資金を注入した。さらに二つの金融機関（ワシントン・ミューチュアルとワコヴィア）が破綻すると、市場は麻痺し、銀行は融資を停止した。ある投資家のブラックジョークに倣えば、安全な投資先は、ボトル入り飲料水と爆弾シェルターとタンス預金しかないといったありさまだった。二〇〇八年一〇月、アメリカ政府は救済策として七〇〇〇億ドルの拠出をようやく承認したが、すでに手遅れだった。ダウ・ジョーンズ平均株価指数とスタンダード・アンド・プアーズ五〇〇種指数は、二〇〇七年の最高値から四〇％以上下落し、なんと八兆四〇〇〇億ドルもの損失となった。

二〇〇八年の金融恐慌は、パニックがいかに簡単に金融ネットワークを通じて広がるかを示している。大企業が一社潰れると、つながっているほかの企業までリスクにさらされる。著名投資家のウォーレン・バフェットは、二〇〇九年の株主宛年次書簡で、企業破綻のドミノ倒し的な本質についてこう述べている。「災難に遭うまいとする（市場）参加者は、性病を避けようとする人と同じ問題に直面します。……つまり、誰と寝るかということだけでなく、その人がほかの誰と寝ているかが問題なのです」[8]。まさに、二者関係を超える拡大が問題なのだ。

株価が下落しつづけたため、景気は世界中で大幅に失速し、一九二九年の大恐慌以来の惨事となった。無数の人びとが家を失い、さらに多くの人びとが職を失った。人と組織との信頼関係が断たれた以上、残る解決策は政府の介入しかない。これ以上金融機関を破綻させないために、政府が介入を表明すると、銀行は融資を再開し、市場は安定化に向かった。これを見た一部の専門家は、もっと早く行動を起こしていれば、問題は防げたのではないかと首をかしげた。

金融ネットワークの多くの絆は公式のものだが（打撃を受けた多くの企業は、破綻した企業と法的関係にあった）、非公式な絆や個人レベルの絆の力を軽視すべきではない。ウォール街は、銀行家と企業のＣＥＯ、セールスマンと顧客、さらにはライバルのトレーダー同士といった社会的関係を促進する一大文化を築いてきた。こうした実業界の大立て者や世界の覇者たちは、電話で、会議で、また業務時間後の社交行事などで、頻繁に接している。彼らは、会社を辞めて別の会社に移ると、人と人とのつなぎ役となり、元の職場と新しい職場のすべての人びとを結びつける。結果として、国際金融システムを介して莫大なお金を動かす市場は、固い絆で結ばれたトレーダーのネットワークによって運営されることになる。このネットワークにおいて、主なプレーヤーはたいていおたがいのことをよく知っているので、コンピュータの画面に出てくる付け値のパターンを見るだけで、取り引きしている相手がすぐにわかる。トレーダーはこのような情報を無視してもいいのだが、おそらくそうはしない。信頼している相手が売りはじめると、自分も売りたくなるのだ。企業は経済の下降期にはいくつか潰れるものだが、社会的ネットワークはこの問題をさらに悪化させる。リスクを取って事態を好転させるべき当の人物や組織に恐怖を広めてしまうからだ。

　現代の技術の進歩によって、私たちはますます相互に依存し合うようになっているせいで、こうしたパニックに陥りやすいのだと思えるかもしれない。だが、銀行汚染における社会的ネットワークの役割は目新しいものではない。経済学者のモーガン・ケリーとコーマック・オグレイダは、一八五〇年代に発生した二度の金融恐慌時、ニューヨークのある銀行（移民産業貯蓄銀行）に預金をしていたアイルランド人の顧客について調査してみた。[9]二人はこれらの預金者について膨大な情報を手にしており、預金者がアイルランドのどの行政区出身かまで把握していた。同じ行政区出身の人は当時顔見知りだった可能性が高いという、いかにももっともな理屈から、二人はこの情報を利用して社会的ネットワークを構築し、社会的に親密な人びとが恐慌に際して預金の引き出しを決めるのに連絡を取り合ったかどうかを調べてみた。ケリーとオグレイダは、二度の恐慌において、社会的なネットワークが口座の閉鎖の唯一かつ最大の原因であるという事実を突き止めた。口座を開設していた期間が長かった人や預金額が多かった人ほど、その傾向が顕著だった。つまり、金融恐慌は感情や情報が人から人へと伝わった結果起こるのかもしれないのだ。

興味深いのは、こうした経済現象はたいてい例外とみなされることだ。伝統的な経済学者は、こうした行動は合理的ではないという。結局、預金を引き出そうとノーザンロック銀行に長蛇の列をつくった多数の顧客は、銀行が本当に潰れるとは思っていなかった。そう明言する顧客すらいたのだ。しかし群集の動きに刺激され、彼らは深い考えなしに後につづいた。こうして、社会的ネットワークは、合理的な売り手と買い手が取引を通じて物の値段を決めるという単純かつ理想化されたイメージと一致しない行動を呼び起こす。長いあいだ、経済学者はこの矛盾について、行動そのものをいっさい無視してきた。

銀行の取りつけ騒ぎは、個人としては合理的な行動が、集団としては不合理な行動に結びついてしまう典型例である。私たちはみな自分の頭で考えることができるのに、心が群集から離れられず、ときにとんでもない事態に巻き込まれてしまう。社会的ネットワークのせいで事態がさらに悪化する恐れがあるのは、最初にパニックに陥った人が、ほかの多くの人に影響を及ぼす可能性があるからだ(たとえば、友人が預金を引き出したと知った夫婦が、自分たちも預金を引き出そうとするように)。群集の知恵はあっというまに愚行に変わってしまうことがあるのだ。

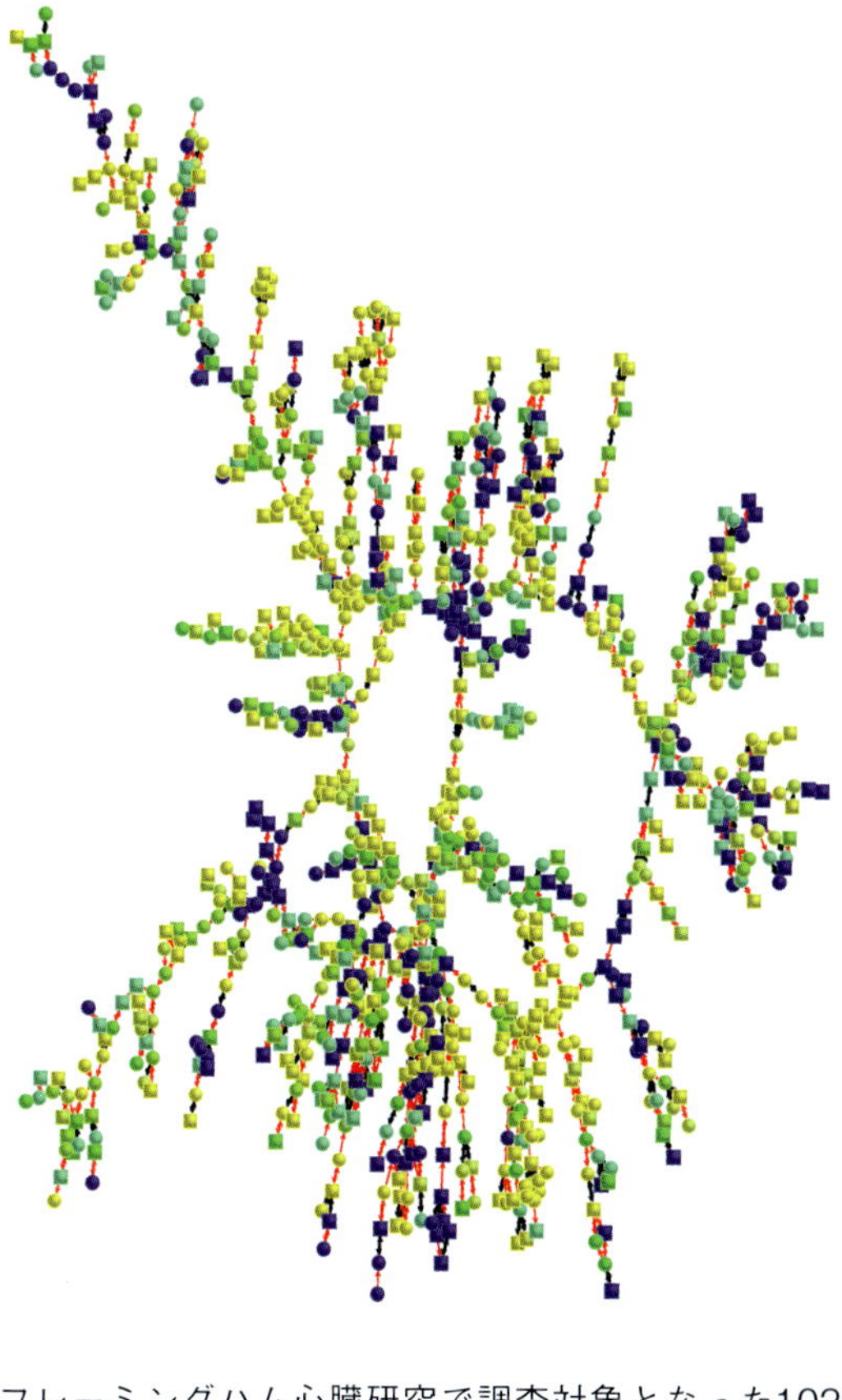

口絵1

2000年のフレーミングハム心臓研究で調査対象となった1020人のネットワーク。つながりを持つ友人、配偶者、兄弟姉妹からなっている。それぞれの節点が人を、その形が性別を表している（円が女性、四角が男性）。節点を結ぶ線は関係を示している（黒は兄弟姉妹、赤は友人と配偶者）。節点の色は各人の幸福度を表している。青は幸福度が最も低く、黄色は最も高い。緑はその中間である。不幸な人びとと幸福な人びとは別々のグループに固まる傾向がある。加えて、不幸な人びとはネットワークの周縁に位置することが多い。

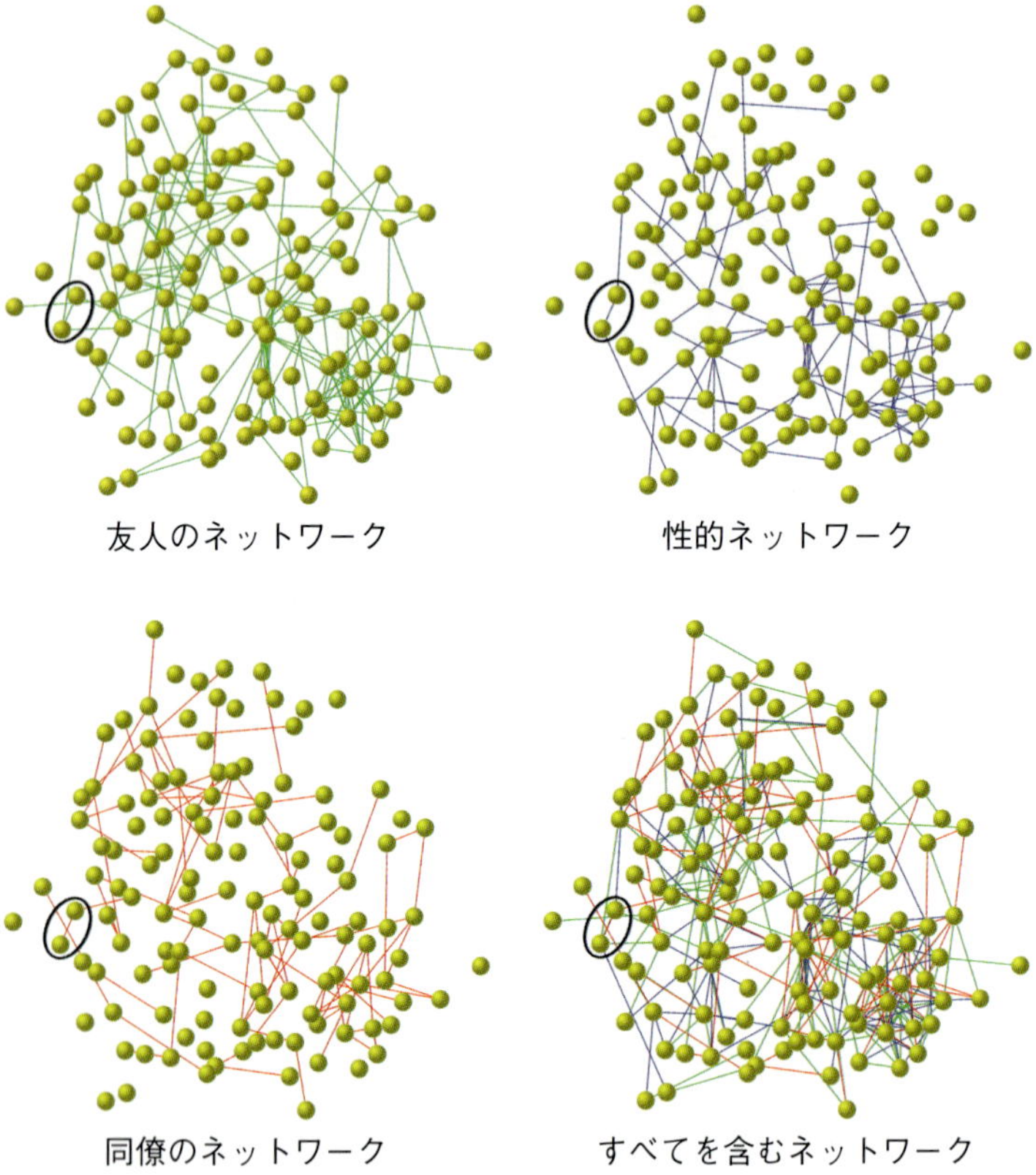

口絵2

130人からなる仮想的ネットワーク。ここに示されるように、各種のネットワークが重なり合っている場合もある。友人のネットワーク（上段の左側）は、性的ネットワーク（上段の右側）がとりうるパターンの主な土台ともなる。下段の右側のネットワークは多層構造であり、いくつかの別種の関係が一緒になって完全な社会的ネットワークに近い形をとっている。一部の人たちは多層的な関係を相互に結んでいる（たとえば丸で囲んであるペアのように、友人であり、同僚であり、性的パートナーでもある2人もいる）。

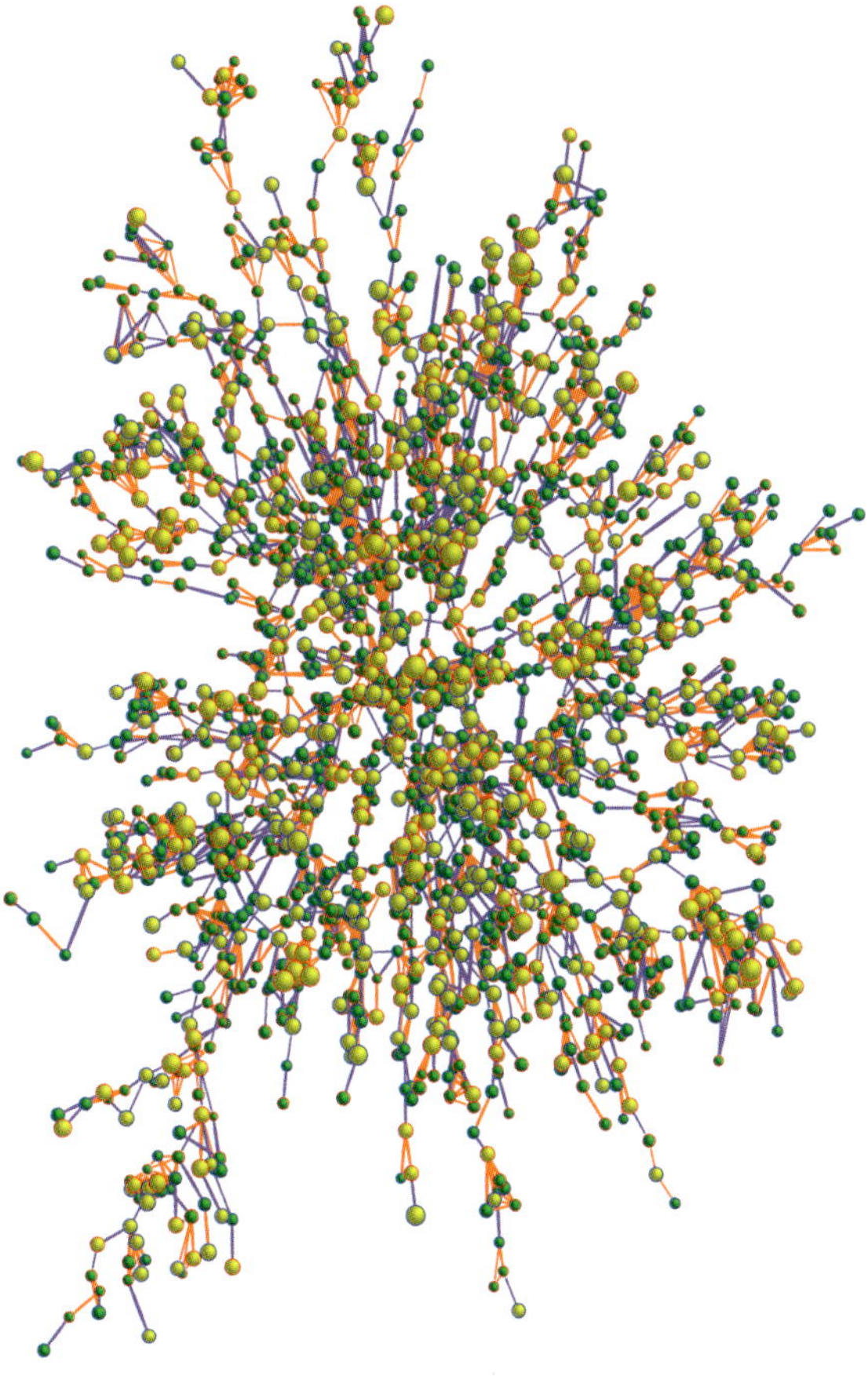

口絵3

2000年のフレーミングハム心臓研究で調査対象となった2200人のネットワーク。節点の縁取りは性別を（赤が女性、青が男性)、節点の色は肥満度を（黄色は肥満度指数［BMI］30以上、緑は30未満）を示し、節点の大きさはBMIに比例している。絆の色は関係の種類を示している（紫は友人か配偶者、オレンジは家族)。肥満者と非肥満者のクラスタリングはネットワークの特定の位置に見られる。

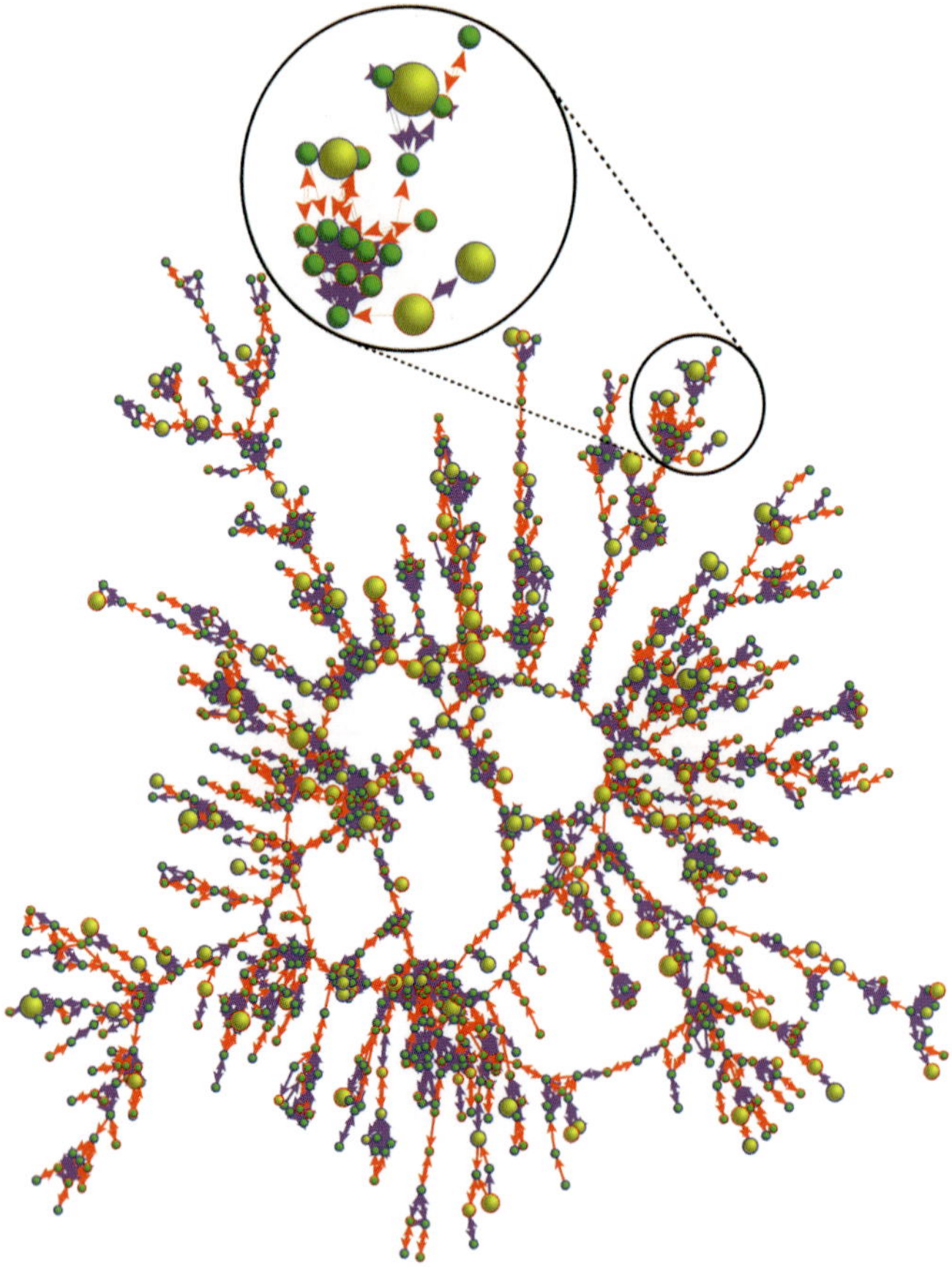

口絵4

2001年、フレーミングハム心臓研究で扱われた社会的ネットワークに含まれる1000人の被験者の無作為標本。節点の縁取りは性別を（赤が女性、青が男性）、節点の色はタバコ消費量を示し（黄色が1日に1本以上の喫煙者、緑が非喫煙者）、節点の大きさは吸う本数に比例し、矢印の色は関係の種類を示している（オレンジは友人と配偶者、紫は家族）。拡大図から、喫煙者はネットワークの周縁に位置する可能性が高いことがわかる。

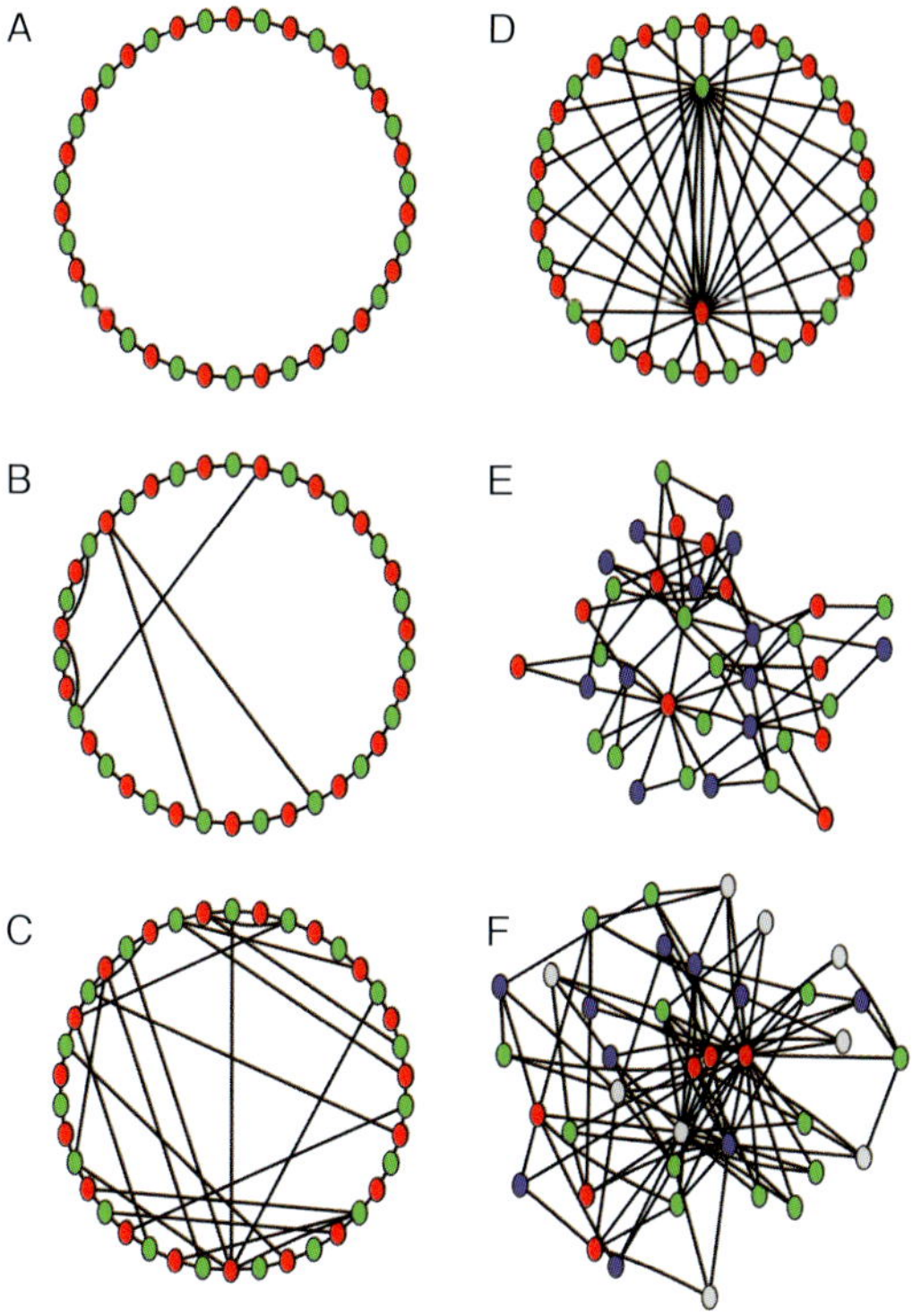

口絵5

協調実験で用いられたネットワークの例。各参加者は事前に決められたこれら6つのネットワークの一つで、特定の位置を割り当てられた（すべてのネットワークにちょうど38の位置があった）。参加者に見えるのは、自分自身の色と、直接つながりのある人の色だけだった。各人には選べる色の一覧表が示され、自分の色を何度でも変えることができた。賞金がもらえるのは、一定の時間内で、つながりのある2人の参加者が誰も同じ色を選んでいないときだけだった。この図では、それぞれのネットワークについて、この「色分け問題」に対する一つの解答が示されている。各種のネットワーク構造（A–F）が、解答を組み立てるグループの能力に大きく影響していた。

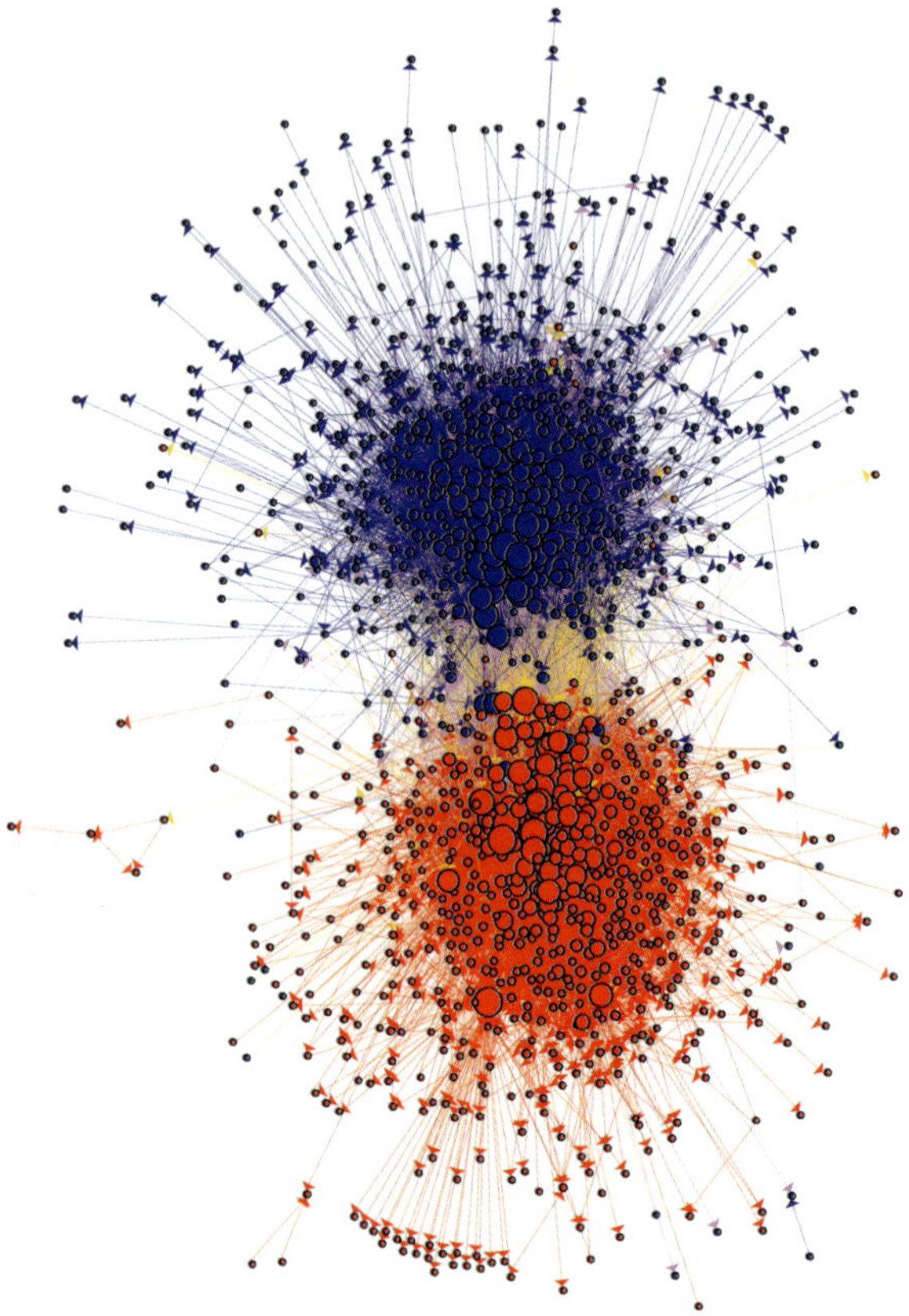

口絵6

アメリカにおける政治的ブロゴスフィア。リベラル派のブログ（青）、保守派のブログ（赤）、それらのあいだのリンクが描かれている。絆の色はリンクの種類を示している（青はリベラル派のブログ同士をつなぐ絆、赤は保守派のブログ同士をつなぐ絆、オレンジはリベラル派から保守派への絆、紫は保守派からリベラル派への絆）。節点の大きさは、リンクしているほかのブログの数を表している。このネットワーク地図からわかるのは、政治的ブロゴスフィアがきわめて二極化していることだ。

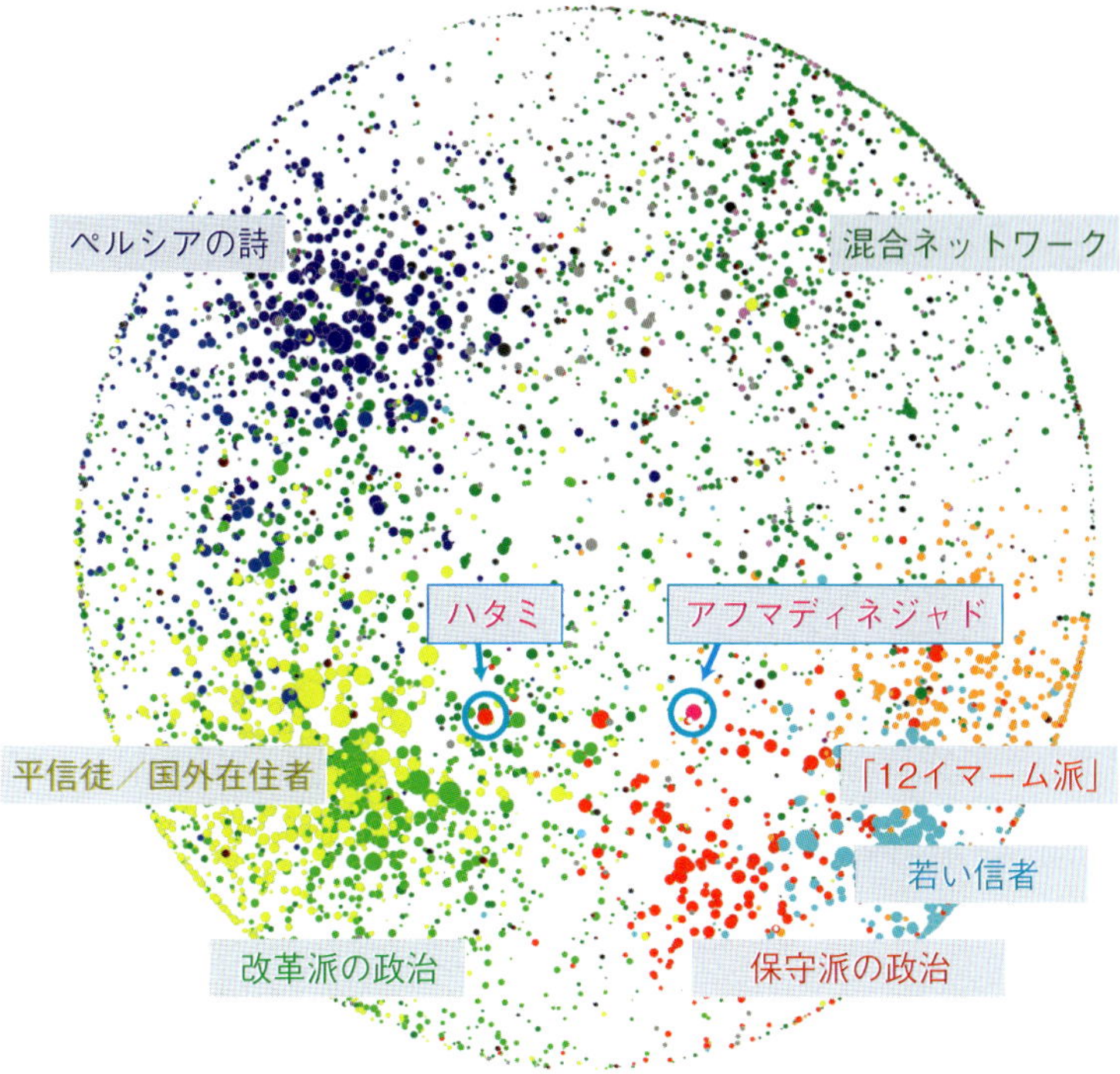

口絵7

イランの政治的ブロゴスフィア。さまざまな色でブログのコミュニティーが示されている。同じ色のブログ同士のリンクは、ブロゴスフィア内のほかのブログとのリンクよりもずっと多い（名称は調査者がそれぞれのコミュニティーにつけたもの）。丸で囲まれた2つの節点は、2人の重要な政治的指導者、モハンマド・ハタミ前大統領と、マフムード・アフマディネジャド大統領が書いているブログ（モーニングサイド・アナリティックスの好意により転載）。

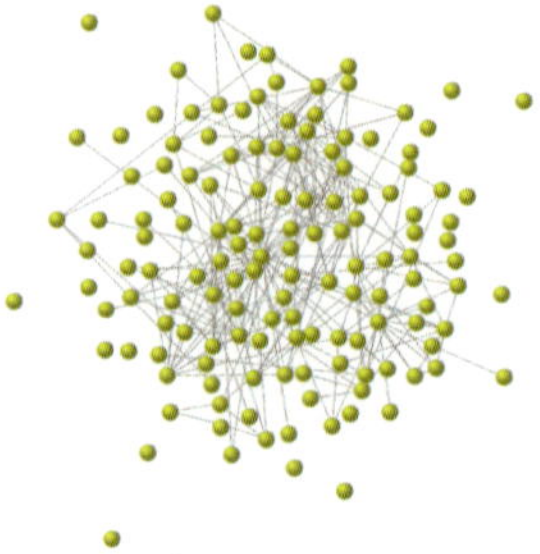

親しい友人

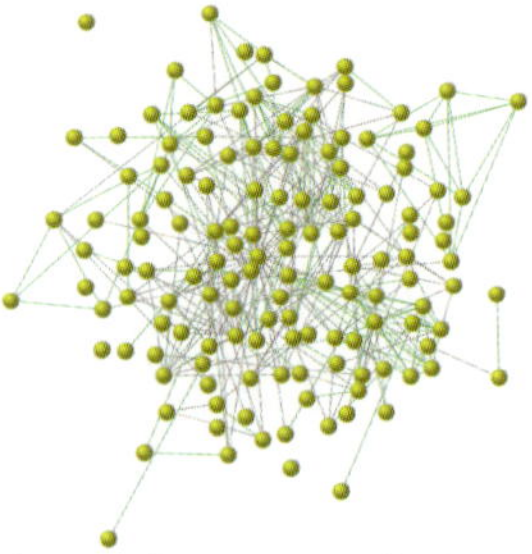

親しい友人とクラブの仲間

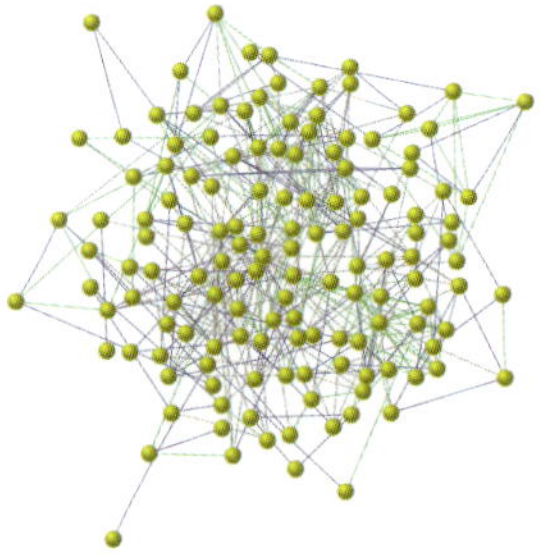

親しい友人、クラブの仲間、
ルームメイト

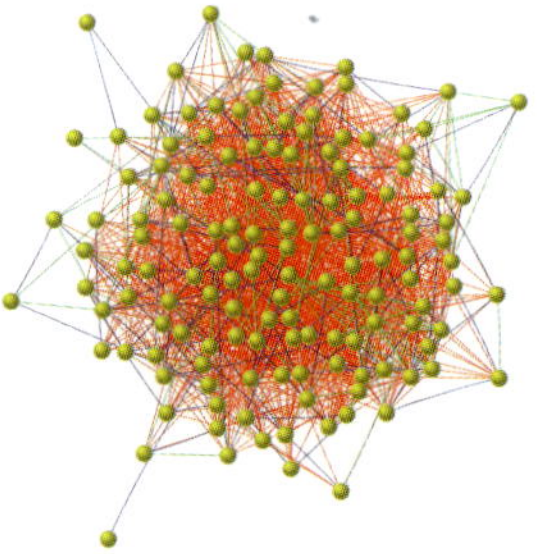

親しい友人、クラブの仲間、ルームメイト、フェイスブックの友人

口絵8

140人の大学生の実生活とオンライン・ネットワークにおけるつながり方の違いを図示したもの。上段の左側のネットワークでは、実生活における親しい友人との関係が灰色の絆で示されている。上段の右側では、同じクラブに属す人のネットワークが緑の絆で書き加えられている。下段の左側は、ルームメイトのネットワークを示す青の絆が加わっている。最後に、下段の右側のネットワークでは、これらすべての関係に加え、オンラインのフェイスブックを通じた交友関係がオレンジ色で示されている。オンラインによる絆の数は生のつながりを大きく上回っており、現実の関係を覆い隠してしまうほどだ。これらの図によって関係の複合性も明らかになる。友人であり、クラブの仲間であり、ルームメイトであるペアもいれば、そうではないペアもいるからだ（実際、2人のルームメイトが友人でない場合は問題である）。

ジョージはどこに？

社会的ネットワークが金融危機の際に大きな役割を演じることは明らかだが、一方で日々の取引への影響も小さくはない。食料品店で受け取るドル札がどこからやってくるのか、考えたことはあるだろうか。なかにはよれよれになって、ポケットに入れ忘れたまま何度も洗濯機に放り込まれたかのようなドル札もある。この手のお札は、どんなに皺を伸ばして自動販売機の投入口に入れても戻ってきてしまう。こうしたお札には歴史がある。たとえば、ソーダ水を買う、芝生を刈った子供にお駄賃をやる、孫に小遣いをやる、ドラッグやセックスの代金を支払うといった、あらゆる種類のやりとりで人から人へ受け渡されてきたのだ。財布に入っているドル札は、人知れずさまざまな生涯を送ってきたのである。

こうした生涯が実は、私たちの属す巨大な社会的ネットワークを貫く一つの経路を表している。このような経路、すなわち人間の経済活動全体における無数のやりとりを理解する方法があれば、私たちを結ぶ絆に関する認識はさらに深まるかもしれない。お金の流れは社会的ネットワークの絆に依存しているだけでなく、それを規定してもいるのだ。

手元のお金がどこからやってきて、どこへ行くのかを知りたがっている人は多い。なかには、紙幣に自分の名前を書いて、いつか自分のところに戻ってくるかもしれないなどとはかない望みを抱いている人もいる。だが一九九八年のこと、マサチューセッツ州ブルックラインのデータベース・コンサルタント、ハンク・エスキンは、こうした好奇心を満足させる方法を考え出した。「ジョージはどこに？（WheresGeorge.com）」なるウェブサイトを立ち上げたのだ。彼が探しているジョージとは、ジョージ・ワシントンである。最初にその顔がアメリカ紙幣に登場したのは一八六九年のことだった。インターネットが普及する以前であれば、エスキンが思いついたような方法で貨幣の行方を追いかけるのは不可能だったことだろう。

エスキンのサイトでは、特定の紙幣の通し番号と紙幣を手に入れた場所の郵便番号をデータベースに入力すれば、その紙幣の行方を追いかけることができる。紙幣の情報を登録するのは誰でも可能だ。同じ紙幣番号がすでに入力されていれば、紙幣の移動の履歴が表示される。こうした記録は「ヒット」と呼ばれる。サイトの訪問者は、自分がどこでその紙幣を手に入れたかメモを残すこともできる。こうして、人から人へと渡り歩いた特定の紙幣の経路が見られるのだ。

二〇〇八年現在、一億三三〇〇万枚を上回る紙幣が追跡され、その総額は七億二九〇〇万ドルを超えている（サイトではすべての額面の紙幣が登録可能）。単独でほぼ一〇〇万枚もの紙幣情報を入力したゲイリー・ワッツバーグのようなユーザーもいるが、大半の紙幣は新規ユーザーによって報告されたものだ。

ほとんどの紙幣は一度報告されたら終わりだ。しかし、一一％の紙幣は二人以上を経由している。そのうちの一枚は、なんと「ジョージはどこに？」ユーザー一五人によって報告されていた。この紙幣の歴史は波瀾万丈である。最初は二〇〇二年にオハイオ州デイトンから報告され、まもなくケンタッキー州スコッツヴィルに移動した。そこでは、ドライブインのレストランで働く男性ユーザーが、チップとして受け取っていた。さらに紙幣は州境を越えてテネシー州に入ると、つづいてノース・カロライナ州チャペルヒルのシェルフードマートで釣り銭に使われ、同州のユニオンヴィル近くのホールズ・ミルのよろず屋に渡った。そこからテキサス州へ向かい、ケラーという町のマクドナルドで釣り銭になった。その後は社会的ネットワークの「大人の娯楽」部門を通過することになる。グレープヴァインのローンスター・パーク競馬場の窓口で釣り銭として渡され、その後ダラスのペントハウス・キークラブの床で発見された。ここは「風俗業者」であり、売春のかどでダラス市議会により何度か閉鎖されたことがある。[10] 紙幣はルイジアナ州シュリーヴポートでちょっと仕事をしたあと、テキサス州に舞い戻ってロックウォールのジャック・イン・ザ・ボックスというハンバーガー・ショップ、のちにアーヴィングのミスターKフードマートで釣り銭になった。ユタ州パンギッチを通過してミシガン州のキンチェロー、そしてラドヤードに姿を現したあと、二〇〇五年にこの浮かれた旅も終わりを迎えたらしい。この紙幣について最後に報告した人物は「このお札はずいぶんくたびれている」と書いている。

　こうして、この紙幣は三年ちょっとのあいだに四〇〇〇マイル（六四四〇キロメートル）以上を移動した。一日の平均移動距離は三・八マイル（六・一キロメートル）になる。ここまで詳しく追跡された紙幣はいまだにない。しかし、このウェブサイトに入力されたデータには、無数の紙幣による「小旅行」の情報が含まれている。出発地から到着地までの距離や、ある場所から別の場所に移動するのに要した時間などだ。こうした小旅行は、紙幣に関する報告をしなかった人を飛ばしていることがある。たとえば、先ほどの紙幣を手にした人は、おそらく一五人よりもずっと多いはずだ。だが、このウェブサイトが登場するまで、お金がいつ、どこを、どのように移動しているか、これほど詳しく知る手だてはなかった。

　金銭的ネットワークを通じたドル札の流れは、性的ネットワークを通じた性感染症の流れに似ている。これらの事例では、流れているものからネットワークを推測できる。研究者にとっては朗報である。病原菌や紙幣を利用すれば、通常はわからないつながりを跡づけられるからだ。だが、推測によるネットワークは、十分に観察されたネットワークとは違う。観察されたネットワーク（つきあいのある友人のネットワークなど）であれば、つながりはすべてわかるし、たとえ何も伝わっていなくても、誰が誰に何を伝える可能性があるかもわかる。たとえば、長年連絡を取っていなくても、高校時代の友人はいまでもいい仲間だろう。ところが、推測によって導き出されたネットワークでは、現実に起こった相互作用しか観察できない。したがって、推測によるネットワークは社会的ネットワークの不完全な像でしかないのだ。たとえば、二人の人間が性的な関係にあっても、性感染症が移ったことは一度もないかもしれない。社会的ネットワーク・サイエンスは、どんなネットワークを研究し、いかに分析するかを考え出す手腕に左右される場合が多いのだ。

SARS《サーズ》、シーガル、水夫《セイラー》

二〇〇三年、SARS《サーズ》（重症急性呼吸器症候群）と呼ばれる新しい伝染病が世界に広がった。この伝染病が登場して数ヵ月で、多くの科学者が、病気の広がりに対する社会的ネットワークの影響に関心を持つようになった。第8章で述べるように、何世紀にもわたって人間の移動できる距離が大きく延び、現代の社会的ネットワークが物理的にきわめて大きくなったせいで、病原菌が広がるスピードは格段に速くなった。一四世紀のヨーロッパでは、ペスト（黒死病）が町から町へと広がる速度は大したものではなかった。当時の人びとの一日の移動距離はせいぜい数キロメートルであり、つきあい

もたいてい近所に限られていたからだ。その頃は、ペストがヨーロッパ南部から北部まで達するのに三年以上を要した。平均移動速度は一日に約三〜五キロメートルにすぎなかった。[11] それに対し、二〇〇三年にSARSが発生した際、ある人はこの伝染病をたった一日で一万三〇〇〇キロメートル近く（中国からカナダまで）運んだのだ！

SARS対策は緊急課題だったため、研究者たちはモントリオールに集まり、社会的ネットワークと人の移動が病気に及ぼす影響について話し合った。とりわけ問題となるのは測定方法だった。特定の人びとの動きや交流を追跡し、病原菌の広がりを予測する統計モデルをつくることは可能だろうか？　答えは会議のすぐあとに出た。マックス・プランク力学自己組織研究所のディック・ブロックマンは、ドイツに帰国する途中、ヴァーモント州の友人のところに立ち寄った。大工を職業とするその友人は、「ジョージはどこに？」のファンだったことから、紙幣が人から人へ、場所から場所へと追跡される様子をブロックマンに見せた。ブロックマンは興味を惹かれた。人びとはドル紙幣を持ち運び、他人とじかに接してそれを受け渡す。ウイルスや細菌の場合とまったく同じだ。お金の流れを理解できれば、SARS、インフルエンザ、それ以外の死に至る病の広がりについて何かわかるかもしれない。

ブロックマンと研究仲間のラース・ハフナーゲル、テオ・ガイゼルは、「ジョージはどこに？」を運営するハンク・エスキンにすぐ連絡を取り、データを譲ってほしいと頼んだ。エスキンは快諾してくれた。三人の研究者はまもなく、ほんの数週間前にのどから手が出るほど欲しいと話し合っていたデータに埋もれることとなった。ハフナーゲルはこう語る。「動物でやっているように、対象となる人間に装置をつけて追跡することが不可能である以上、個人の動きを何百万件と集めたデータが必要でした」[12]。手に入ったデータは紙幣のやりとりを逐一記録したものではなかったが、膨大な情報量のおかげで、観察できなかったやりとりにも当てはまる一般法則を割り出すことができた。二〇〇六年初め、三人は権威ある専門誌『ネイチャー』に成果を発表した[13]。それ以来、科学者たちは、携帯電話の履歴といったその他の移動データも収集するようになった。これについては第8章で論じることにしたい。携帯電話の履歴があれば、人びとがつながっている相手や、数ヵ月にわたる人びとの居場所を分刻みで調べられる。

ブロックマンらのグループは、紙幣がある場所から別の場所へと移る「小旅行」は、単純な数学の規則に従っていることを発見した。一ドル札は何回か地元でやりとりされるのが普通で、その移動距離は数十センチからせいぜい数キロメートルにすぎない。だが、ときには友人の結婚式、家族の集まり、もしくは遠く離れた土地での商談などに財布が持っていかれる機会もある。また、お金はたいてい長居をしない。ポケットに収まったと思ったら、あっというまに出ていってしまう。一方、行方不明になってずっと居つくこともある。二〇ドル札をパーカーに入れっぱなしにして、次の冬に嬉しい再会を果たすなどという場合だ。

全体のパターンから、人間の交流の重要な特徴が二つ明らかとなる。まず、従来の人間の移動モデルで予測されていたよりも、紙幣はかなり長いこと身近な場所にとどまっている。日常生活では、通常と異なる行動がとられることは滅多になく、お金も地元で使われるのだ。一方で、紙幣がある場所から別の場所へと小旅行する際には、従来の移動モデルによる予測よりも、ずっと長い距離を動くのが普通である。

実は、こうした小旅行は、レヴィ飛行という数学的パターンに従っている。この詩的な響きの名称は、フランスの数学者ポール・ピエール・レヴィにちなんだものだ。一羽のカモメが餌を探しているとしてみよう。海岸沿いにカニの捕れる穴場が見つかれば、カモメはそこに何時間も留まり、波間に見え隠れしつつカニを追いかけるはずだ。だが潮が変われば、次の餌場を求めて長い距離を飛んでいくかもしれない。レヴィ飛行とは、多くの短距離旅行に少しばかりの長距離旅行が散発的に混じるものであり、いわゆるランダムウォーク（酔歩《すいほ》）とはまったく異なる。ランダムウォークの場合、移動距離はほぼ同じで、その方向は行き当たりばったりだからだ。典型的な例としては、餌を漁《あさ》るカモメではなく、泥酔した水夫を想像してもらえばいい。水夫が街灯にしがみついている場所を起点としてみよう。街灯から離れると、水夫はどの方向によろめいていくだろうか。右か左か。前につんのめるか、それともよろよろと後ずさりするのか。しばらく放っておいてからその場に戻ったとき、水夫はどこにいるだろう？

カモメと同じく、水夫も行き当たりばったりに動いているように思えるだろう。だが、両者の足跡を描いてみると、次の図のようにまるで様子が異なっている。どちらも、最初はもつれたスパゲティのように見える。時間とともに、どんどん交差していくからだ。ところが、ある時点でカモメは現在の餌場を諦《あきら》め、新たな餌場を探して別の方角へ数キロメートルも飛んでいく。一方の水夫は、歩幅が同じなのでそれができない（酔っぱらってできるつもりになっているとしても）。結果として、ある一定時間内のカモメと水夫の移動距離を予測すると、まるで異なってしまう。結局、水夫は街灯からそれほど遠くには行けないが、レヴィ飛行をしているカモメは違う。ときどき長距離を飛ぶため、長いあいだにはずっと速いペースで起点から遠くまで移動できるのだ。

ドル紙幣の移動はレヴィ飛行に似ている。したがって、ドル紙幣がランダムウォークをしていると

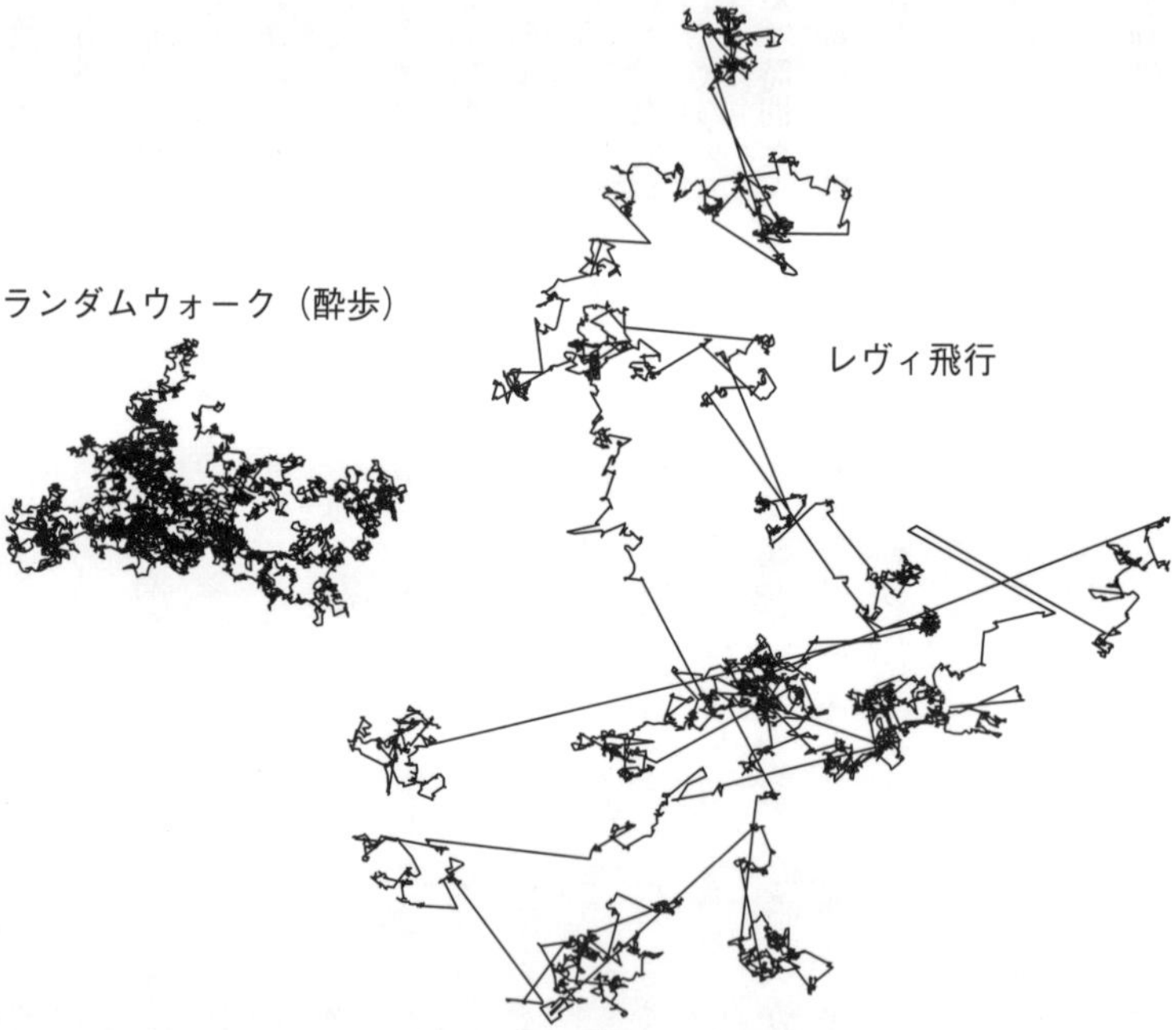

酔歩（左）で示される5000歩は、移動パターンはランダムで長さが等しい。対照的に、レヴィ飛行（右）で示される5000歩は、移動パターンはランダムだがそれぞれの長さはまちまちだ。ときおり長い飛行が入る。

仮定したときよりも、その平均移動速度はずっと速いはずだ。ところがブロックマンらのグループは、人から人へのドル紙幣の流れが、水夫とカモメの中間のパターンであることを発見した。ランダムウォークよりは速いが、レヴィ飛行よりは遅いのだ。その理由を探るべく、彼らは紙幣の移動の距離に加え、移動に要する時間も調べてみた。すると、ドル紙幣の移動にかかる時間は、距離と同じく短い場合が大半だが、ときにはきわめて長い場合もあることがわかった。頻繁に持ち主が変わるドル紙幣もあれば、めったに手放さない持ち主の手に渡ったり、銀行の金庫で眠ってしまったり、靴下に入ったまま洗濯物に紛れ込んだりといった珍しいドル紙幣もあったのだ。ドル紙幣の広がりにかかる時間が、レヴィ飛行のパターンで人が移動する社会的ネットワークで予想されるよりも長いのは、これが理由かもしれない。金銭のやりとりのネットワークにおいて時間と距離の両方をモデル化した結果、研究者たちは、人びとが物理的に接触する頻度と、ＳＡＲＳのような病気が広がる速度について理解を深めたのである。

気まぐれな市場

レヴィ飛行の説明に用いられる数学の大半を開発したのは、ベノワ・マンデルブローという有名な数学者だった。マンデルブローはこの新しいテクニックを駆使し、一九六〇年代初頭に彼が初めて観察した綿市場や金融市場の価格変動について研究した。それ以前の学者たちは、こうした市場の価格変動は一般的なベルカーブ型の分布曲線を描くものと考えていた。平均規模の変動が多くを占め、小規模な変動はごくたまにしか起こらないとされていたのだ。ところが、マンデルブローは、小さい変動も大きい変動も予想よりはるかに多いことを示した。餌を漁るカモメのように、市場はある価格帯付近でしばらく足踏みし、それから新たな価格帯へと一気に動くのである。

ある価格から別の価格へと市場が一足飛びに移動する理由はさまざまであり、人間相互のつながりもその一つだ。一部の情報は非常に重要であるため、市場はすぐさまそれに反応する。たとえば、経済成長、失業、住宅市場、インフレーションなどについて、政府が定期的に発表する統計は、株式や債券の価格に大きな影響を及ぼす。だが、別の理由もある。価格は、ある品物の客観的な価値を公平に評価しただけのものではないということだ。他人が品物にどの程度の価値を置くかという点に関する期待値も、価格には含まれている。金《きん》が優良な投資先だと思う人が多いほど、金の価格は上がる。私たちは金の価格を自分だけで決めているわけではなく、他人の金に対する評価も考慮しているのだ。したがって、品物の価値と望ましさをめぐる判断は、セックスの相手の価値と望ましさをめぐる判断に似ている。どちらも、自分の愛情の対象を他人がどう見ているかに左右される。社会的な圧力によって需要は変動するのである。

このため、市場は餌を漁るカモメとはまったく違う。カモメがカニを食べる場合、どれだけ多くのカモメがカニを食べたがろうと、カニから得られる栄養価は変わらない。一方ある人が金を買う場合、彼が得る利益は、ほかに金を買いたい人がどれだけいるかで大きく違ってくる。

では、金を購入したい人の数を決めるものは何だろうか。経済学者によると市場は需要と供給で動くというが、需要はどこから出てくるのだろうか。ある程度はモノ本来の価値に由来するはずだ。金は結婚指輪にも、王冠にも、宇宙カプセル用のコーティング材にも、金歯にもなる。だが、需要はニーズや期待にも影響されるし、自分とつながっている他人のニーズや期待にも強く影響される。それだけではない。人間には、他人が将来買いたがるものに投資しているのだという自信が必要なこともある。つまり、市場は本質的に主観で動くのだ。

たとえば、一オンス（二八・三五グラム）の金貨が五〇〇ドルで売れるとしてみよう。だが、市場にはその金貨を一〇〇〇ドルで買ってくれる人がいると思えば、あなたはおそらくその値段で売ろうとするだろう。いったん一〇〇〇ドルという値段をつければ、売りに出ている輝く金貨を目にするすべての人に、あなたの考えではその金貨の価値は五〇〇ドルをはるかに上回っているというシグナルが送られる。言い値の一〇〇〇ドルでは売れなくても、五〇〇ドル以上では売れるだろう。すると、金価格の上昇がほかの市場参加者へのシグナルとなる。一部の人は金への需要が増えているのだと信じ込み、将来はさらに高い価格で金を買おうとする人が現れるはずだと考えるかもしれない。スポーツイベントでウェーブをする人たちのように、市場の投資家はおたがい同時にシグナルを受け取り、価格を現実離れした水準にせりあげてしまう。株式市場や住宅市場、さらには（一七世紀のオランダの）チューリップ市場における「根拠なき熱狂」の背後には、まさにこうした状況があるのだ。[14]

したがって、人間の社会的ネットワークには経済的な気分が伴っている。こうした気分は集団によって醸し出されるものだ。この点は、私たちが経済の変化を語る言葉にはっきりと表れている。ボストンとニューヨークが好景気に沸いた一八九〇年代は、「陽気な九〇年代」と呼ばれた。不景気を語る際には「パニック」や「恐慌」といった同じく感情に訴える表現が用いられる。第2章で述べたように、気分は人から人へと伝染し、客観的に保証されている経済情勢をさらに悪化させてしまうのだ。

この時点で、古い経済学者からは非難の声が上がるかもしれない。何しろ、アダム・スミス以来の伝統的な考え方によれば、市場は効率的だとされているからだ。「見えざる手」によって、取り引きされる品物には「適正な」価格がつけられるというのだ。価格が高すぎると思う人が多ければ、買う人は減るので価格が下がる。安すぎると思う人が多ければ、買う人は増えるので価格が上がる。直近の価格は、こうした思惑がどこで折り合っているかを最もよく示しているのだ。

実際、市場がうまく機能している事例はたくさんある。最も平凡な例としては「民の声」が挙げられる。これは、博識な統計学者のフランシス・ゴールトンが、一九〇七年に『ネイチャー』誌に発表した記事である。[15] あるとき、ゴールトンは西イングランド肥畜家禽《かきん》展示会を訪れた。この品評会で、肥育した雄牛の体重を当てるコンテストが催された。参加料は六セントで、正解に最も近い数字を答えた人は賞品がもらえる。ゴールトンは参加者が予想を書いた紙を手に入れてみた。すると、ほとんどの予想は大きく外れていた。ところが、最も低い予想値から最も高い予想値までを順に並べてみると、中央値（約五四八キログラム）は実際の雄牛の体重（約五四四キログラム）にきわめて近いことがわかった。驚いたゴールトンは、民主主義による意思決定は従来思われているほど悪いものではないかもしれない、と結論を下した。雄牛の正しい体重を当てるという難問に対し、ほとんどの人が答えを間違えたが、全体としては正しい答えを導いたのである。もし雄牛が売りに出されていれば、値段についても同じことが起こり、雄牛の真価が決まったことだろう。

最近では、アイオワ電子市場やイントレイドといった選挙予測市場の例がある。こうした市場では、実際にお金を賭けて選挙結果を予想することができ、的中すると配当がもらえる。たとえば二〇〇八年の選挙では、バラク・オバマやジョン・マケインといったすべての大統領候補に買い注文を出すことができた。もしオバマに賭けていれば選挙翌日に配当がもらえたはずが、ほかの候補者に賭けていればもらえなかったことになる。こうした市場での価格は、人びとがその結果の実現可能性をどの程度と見ているかで決まる。オバマが勝った場合に一ドルもらうには六〇セントを賭ける必要があるなら、市場はオバマの勝つ確率を六〇%と予測していることになる。学者が市場の予測と実際の結果を比較してみたところ、選挙予測市場のほうが、世論調査といった従来の手法よりも精度が高いことがわかった。[16] 実際、選挙予測が非常にうまくいったことから、シーメンス、グーグル、ゼネラルエレクトリック、フランステレコム、ヤフー、ヒューレット・パッカード、IBM、インテル、マイクロソフトといった大企業の社内で、生産スケジュールや競合他社について情報をまとめるのにこの手法が広く利用されている。従業員が何が起こるかについて賭けるのである。こうした予測市場は、テロ攻撃のリスク測定にも利用できる。[17]

経済学者はこうした市場を指して見えざる手の功績を強調するが、実はこれらは集団行動の特殊事例だという点を頭に入れておく必要がある。肥育した雄牛の例では、参加者はそれぞれ個別に予想を立てた。友人と予想を話し合った人もいただろうが、株価と違って予想は公にはされなかった。そのうえ賞金の支払いは、客観的な証拠とはっきり結びついていた。雄牛が秤《はかり》に乗って勝者が決定されたからだ。同様に、選挙予測市場では結果がわかってから配当が払われた。

対照的に、株や不動産の場合、会社が倒産するか家が焼失するまで取引がつづけられる。企業が定期的に収益を発表し、それが企業価値の認識に影響するのは確かである。住宅の新築価格が、中古住宅を買う人の支払額に枷《かせ》をはめているのも事実である。しかし、株や不動産の全体的な価値は、その価値を他人がどう見るかに大きく左右される。競争市場が見えざる手によって動いているとしても、社会的ネットワークがこうした市場を歪め、ときには顔面に見えざる平手打ちを食わせることがあるのだ。

群集は知恵を生み出すことも多いが、意思決定に際してとんでもない過《あやま》ちを犯すこともある。こうした両極端（たとえば秩序ある選挙と激しい暴動）の違いは、ネットワークを流れる情報の経路によるところが大きい。商品の価格、瓶《びん》のなかのゼリービーンズの数、雄牛の体重といった事柄について、集団が正しい決定を下せるかどうかは、その決定が一度に下されるのか、それとも連続的に下されるのかにかかっている。ある集団をなす人たちがある品物の値段を独自に決めて入札するなら、その平均値は市場価値のよい指標となるだろう。だが、人びとが連続的に決定を下し、以前の決定を知っているなら、また、ある人から次の人へと伝言ゲームのように情報が伝わるなら、私たちは「盲人を導く盲人（マタイ伝）」となりかねない。一定数以上の人が決定を下すと、集団内のほかの人たちは、他人がみんな間違っているはずはないと判断してその決定を踏襲してしまう。第1章に登場した窓を見上げるニューヨーカーのように、同じ行動をとるのだ。したがって、群集の知恵が信頼できるかどうかは、人びとが独立して同時に行動するのか、それとも相互に依存して連続的に行動するのかによって決まる。

マシュー・サルガニク、ピーター・ドッズ、ダンカン・ワッツといった社会学者や物理学者は、あるインターネット上の音楽市場を利用してこの問題を研究した[18]。彼らはある実験を考案し、曲を無料でダウンロードできるサイトを立ち上げた。四八曲が登録されたこのサイトを訪れた人は、全部で一万四三四一人にのぼった。だが、このサイトには来訪者によって異なる「世界」が存在した。こうした世界を生み出すのは前に訪れたユーザーだった。来訪者はそれまで聞いたことのないバンドの曲をダウンロードし、聴いたあとに曲の出来栄《できば》えを評価できるようになっていた。ある「世界」では、被験者は前のユーザーの評価を見られたが、別の「世界」では見られなかった。曲の評価が見られる世界では、最初のユーザーの評価が特定の曲のその後の評価にずっと影響を及ぼし、高い評価がかなり長く維持されることがわかった。要するに、音楽の好みは伝染するのである。人びとが文化的な選択をする際、一連の社会的な交流に少しばかり手を加えれば、平凡な曲や二流の歌手が大評判を呼ぶこともありうる。

この実験で立証されているのは、人びとが連続的に決定を下す際に生じる「経路依存性」である。評価対象となる曲に、正しい価値や本当の価値といったものは存在しない。それぞれの曲の価値や出来栄えを決めるのは、選択をなす人びとの特定の連なりを生み出す本質的にランダムで独自のプロセスなのだ。他人が欲しがるものを欲しがり、他人の選択を世界を理解する効率的な手段とみなす傾向が私たちにはある。そのせいで、当初は本質的にランダムな差異にすぎなかったものが、社会的ネットワークを通じて拡大してしまうことがある。こうした小さな差異が、ときには私たちが協力して問題を解決できるか否かを大きく左右するのだ。

情報の流れの三次の隔たり

アンデス高地のティグア・ロマというコミュニティーの住人は、きれいなトイレを所有していた。ジェイムズは、エクアドルで活動する平和部隊のボランティアとしてティグア・ロマに赴《おもむ》き、数々のコミュニティーで働いた経験がある。こうした地域では基本的な衛生施設が貧弱だったため、コレラなどの予防可能な病気が蔓延していた。経済開発局はトイレ整備プロジェクトに繰り返し資金を投じていた。各家庭は何時間もかけて穴を掘り、資材を運び、壁をつくった。ついにトイレが完成すると、コミュニティーの住人は、最初から最後まで面倒を見てくれた技師とともに祝杯をあげた。ところが、ティグア・ロマではせっかくのトイレが使われなくなることが多かった。なぜだろうか。うまく行動を変えたコミュニティーもあれば、変えられないコミュニティーもあったのはどうしてだろうか。

新しいテクノロジーは生活の質を向上させることが多い。送水ポンプやトイレといった基本的な発明品でさえ、非工業国の奥地に住む人びとの健康や経済状態を劇的に改善できる。ところが、こうした新たなテクノロジーを使うための資源が手に入るようになっても、それが普及しないことがあまりにも多いのだ。いかにして、またどうして、人びとは新しい考え方を受け入れるのだろうか。どうすれば、そうした考え方が人から人へ広まって低開発経済を発展させることになるのだろうか。これらの問題を解明することが、社会的ネットワーク・サイエンスが誕生して以来の中心的テーマだった。実際、この分野が開拓された当初の関心の一部は、新しい考え方を人びとに広めるにはどうすればいいかという点にあった。開発の専門家は、効率のいい農業技術を農民から農民へ広めるにはどうすればいいかを知りたがっていた。公衆衛生局の職員は、新しい医療技術を医者から医者へ、または家庭から家庭へ広めるにはどうすればいいかを知りたがっていた。営利企業は、自社製品に有利な口コミを消費者から消費者へ広めるにはどうすればいいかを知りたがっていた。

こうした初期の研究の一つの特徴は、個人と個人を結ぶ特定の社会的絆に関する情報がめったに含まれていなかったことだ。たとえば、社会学者のエヴェレット・ロジャーズは、『イノベーションの普及（Diffusion of Innovations）』という重要な著作のなかで、人びとにとってテクノロジーとは、コップの水に垂らした一滴の青い染料のようなものだと論じた。[19] ロジャーズの理論によると、テクノロジーが広がるスピードは最初のうちは遅いが、やがて速くなり、すべての人に行き渡る頃にはまた遅くなるという。だが、社会的ネットワークの構造を考慮に入れた最近の研究では、そう単純ではないことがわかっている。たとえば、まったく顧みられないアイデアはたくさんあるし、ネットワーク上のいかなる決定も影響は限られている。

実際、ティグアア・ロマの社会的ネットワークの構造は何かがほかと違っていた。この地の住民はおたがいに猜疑心が強く、「ミンガ」（収穫期に家同士で労働を分担すること）が行われることも少なく、住民同士のつながりは薄かった。近隣のコミュニティーと違い、住民同士が絆を深める機会となる地元の組織もあまりなかった。ティグアア・ロマの住民は問題を抱えていたし、たがいに話をしなかったのだ。

学者たちは、ネットワークの構造とそれが情報の流れに及ぼす影響に注目するようになった。ある調査では、アリゾナ州テンピに住むピアノ教師三人の口コミネットワークが詳しく検討された。この三人のピアノ教師は広告を出していなかったので、仕事がつづくかどうかは自分の属す社会的ネットワーク次第だった。口コミによる推薦の大半は、直接つながりのある親しい友人同士でなされていたが、最初の推薦者の知らない相手にまで良い評判が伝わることも多かった。実際、推薦してもらえた相手の三八%が、ピアノ教師から三次の隔たりのある人（教師の友人の友人の友人）だったのだ。だが、そこから先への経路は急激に細る傾向があり、六次の隔たりのある人びとに推薦してもらえた割合は一%にも満たなかった。[20] 生徒の圧倒的多数は、教師からの隔たりが三次以内の人たちだった。

今度はまったく異なる分野の例を見てみよう。発明のプロセスには情報の拡大が欠かせない。情報は発明家のあいだに広がっていくものだが、ここでもその広がりには限界がある。発明家は特許を申請する際、たいてい別の特許を引用し、自分のアイデアをほかの発明と結びつける。これにはいくつか理由があるが、最も大きいのは、それ自体で有益な別の発明から情報を得たという点である。[21]加えて、特許は複数の人が共同で申請することが多いため、特許申請を利用すれば発明家の社会的ネットワークを構築できる。誰と誰が協力しているかがわかるわけだ。要するに、特許のデータにはきわめて重要な情報が二つ含まれていることになる。一つはアイデアのネットワーク、もう一つは協力のネットワークである。

一つの特許が別の特許に引用されている事例を二〇〇万件以上調べた結果、発明家のあいだでアイデアが広がる際、社会的ネットワークがどんな影響を及ぼすかが明らかになった。[22]直接協力した発明家同士は、たがいに引用し合う可能性がきわめて高かったのだ。何しろ、偶然に引用し合う可能性の約四倍である。だが、こうした影響はネットワークを通じてさらに先まで及んでいた。二次の隔たりがあると（二人が直接協力したわけではないが、共通の協力者がいる場合）、たがいに引用し合う可能性は約三・二倍、三次の隔たりがあると（協力者の協力者の協力者という場合）二・七倍になるのだ。三次の隔たりを超えると、影響はほぼなくなる。追加の分析によって、二人の発明家が同じような計画にたまたま取り組んだだけでは、こうした関連性は見られないことがわかった。つまり、こうした関連性は社会的ネットワークを通じた情報の広がりによる直接の帰結なのだ。

弱い絆の強み

イノベーションを普及させようとする際の基本的な考え方は、情報や影響力は密接で深いつながりを通じて広がる、というものだ。私たちが知らない人に影響を与えるのは、一連の強い絆をうまく利用しているためである。一つずつ倒れていくドミノのように、私たちは次の人に情報を伝えたり、その人の行動に影響を与えたりできるし、その人もまた同じことができる。

しかし、この考え方は人間の社会的ネットワークの重要な特徴を見逃している。第1章で述べたように、私たちは結束の固い集団をつくる傾向がある。自分の友人を適当に二人選んでみても、二人が友人同士である可能性は五〇％を超えている。結局のところ、私たちが他人に影響を与えるとされる強い絆の連なりは、ドミノのようなものではないのだ。こうした経路は、車輪のスポークのように外側にまっすぐ伸びているわけではない。もつれたスパゲティのように、元に戻ったりらせんを描いたりしながら、ほかの経路と交わり、離れつつも、皿からはみだすことはめったにない。

こうした構造は、集団の全メンバーに接触し、フィードバック・ループを通じて自分の行動を強化するにはもってこいだ。一方で、集団外の人と接触するには都合が悪い。スタンフォード大学の社会学者マーク・グラノヴェッターは、早くからこの違いに気づいていた一人だ。ほかの学者たちは、「弱い絆」やちょっとした知り合いは情報の広がりとは無関係だとしていた。だがグラノヴェッターは、こうした弱い絆こそ集団同士の橋渡しをすることが多く、それゆえ重要な役割を担っていると主張した。強い絆が集団内の人びとを結びつけるとすれば、弱い絆は集団同士を結びつけてより大きな共同体をつくりだす。そのため、トイレを使うことの恩恵、優秀なピアノ教師の候補者、ほかの発明の貴重な情報といったさまざまな知識を広めるには不可欠なのだ。

グラノヴェッターは、簡単な経済調査を利用して自分の正しさを証明した。調査対象となったのは、ボストン近郊の技術職、管理職、専門職の人びとで、個人的なコネを使って転職したばかりの人たちだった。グラノヴェッターは彼らに単純な質問をした。「転職するまでに、転職に力を貸してくれた人とどれくらいの頻度で会っていましたか」と。すると、「頻繁に」という答えはわずか一七％にすぎず、五五％は「ときどき」、残り二八％は「ほとんど会っていない」との答えだった。彼らの大半は、大学時代の旧友、かつての同僚、以前の雇用主などを通じて仕事を見つけていたのだ。こうした人たちとの接触は散発的で、職場以外で一緒に過ごしたことがあるという回答はほとんどなかった。グラノヴェッターによれば「通常、この種の絆は最初に結ばれた時点でさえそれほど強くなかった……。ばったり会ったとか、共通の友人を介してといったきっかけで絆が復活したのだ。人が存在すら忘れていた相手から重要な情報をもらうという事実は、注目に値する」[23]。つまり、被験者の大半は（ほぼ）見知らぬ相手の厚意によって職を得たわけだ。遠い友人であったり、友人の友人であったりするこれらの人びとが、被験者のことを雇い主に話してくれたり、被験者に仕事の情報を伝えてくれたりしたのである。言い換えれば、人はセックスの相手を見つけるのとほぼ同じようにして仕事を見つける（第3章を参照）――つまり、直接の絆の外側に広がる社会的ネットワークを探すのである。

したがって、弱い絆は新しい情報の宝庫である。運命をよりよいものにしたいとき、私たちはこうした情報を利用する。それもどうやら直観的にそうしているらしい。たとえ自分の属すネットワークの構造を知らなくても、もしくはグラノヴェッターが述べたような問題を意識していなくても。実際、人間は有用な情報を求めて大きなネットワークに当たる際、弱い絆に頼ることが多い。たとえば、第1章で説明したeメールを海外に送信する実験でもそれが示されている。この実験で与えられた課題を遂行するため、人びとは社会的な距離の遠い友人に頼ることが多かった。情報は親友のあいだを自由に流れるから、親友が知っていることは、たいてい自分も知っている。だとすれば、インドネシアにいる人に接触する方法をあなたが知らなければ、近い親戚や友人もおそらく知らないはずだ。だが、社会的に遠く離れたところまで行けば、経験や情報が重なっていることは少ない。社会的に離れている人たちは信頼しにくいかもしれないが、彼らが持っている情報やコネは本質的にずっと重要である可能性が高い。私たちは自分ではそれを手に入れられないからだ。

だとすれば、弱い絆をたくさん持っている人は、情報やコネを与える代わりに、アドバイスやチャンスをもらえる場合が多いことになる。つまり、集団と集団の橋渡しをする人は、ネットワーク全体で中心的な位置を占めるようになり、経済面をはじめとする見返りを得る可能性が大きいのだ。

もう一つの帰結は、情報や機会を求めて意識的にネットワークを探す際、私たちはときどきネットワークの自然な境界を飛び越えるということだ。影響の流れは三次の隔たりで止まるかもしれない。だが、新しいことをどうしても知りたいとき、私たちは二次か三次の隔たりがある人から当たりはじめるようだ。探しているものが仕事であれ、アイデアであれ、新しいピアノ教師であれ、私たちは日々そうしている。私たちの財運に決定的な影響を及ぼすのは、ネットワークのこの部分、つまり社会的地平の先の領域なのである。

いつの時代も仲間同士の結束は固い

ネットワークが経済的成果に及ぼす影響を考えやすくするには、他人との絆を固定的なものと仮定すれば都合がいい。だが、性的ネットワーク（人びとはセックスの相手を一人ずつ獲得するのが普通なので、性的ネットワークの構造は時間とともに変化する）や孤独のネットワーク（本人の性格に応じて絆が結ばれたり切れたりする）に見られるように、ネットワークは静止しているわけではなく、絶えず変動している。お金、情報、影響の流れからわかるのは、私たちは自分の友人、友人の友人に影響を及ぼし、その過程でネットワークは独自の命を持ち、時とともに形を変えるということだ。お金が世の中を動かしているとすれば、それはお金がネットワークを一方的に受け入れているからではないはずだ。資産家や大企業がみずからの財政的・経済的目標に従ってネットワークを形成すると、今度はそのネットワークの形が彼らが目標を達成できるかどうかに大きな影響を及ぼす。引き立て合う仲間は輪になって、みずからを助けるのだ。

ネットワークを形成しようとする試みの最古の証拠のいくつかは、遠くルネサンス時代に見られる。コジモ・ディ・メディチは一五世紀のフィレンツェで台頭し、一族と支持者による同盟の指導者となった。この同盟はヨーロッパに現れつつあった銀行システムを整理統合し、その後三世紀にわたってイタリア北部を支配した。サンタフェ研究所とシカゴ大学で活躍する政治学者のジョン・パジェットは、メディチ家をはじめとする当時のフィレンツェの名門に関する情報を大量に収集し、社会的ネットワークの劇的な変化が現代の資本主義・民主主義社会に深く影響したことを明らかにした。

アジアとの交易の増加によって突然裕福になる一族が現れると、封建的な社会的ネットワークは混乱に陥った。こうしたネットワークは堅固な序列を持ち、集団同士のつながりはなかった。新たに現れた金持ち一族は、古い金持ち一族と社会の支配権をめぐって争いはじめた。新興勢力は支配権を握るために商人やギルドの職人（商業が盛んになるとともに彼らの重要性は増していた）と婚姻関係を結んで権力を与え、競って手を組んだ。この新しい社会的ネットワークの中心にいたのがメディチ家だ。メディチ家はそれまでつながりのなかった多くの集団を結びつけた。結果として、これがフィレンツェを寡頭支配していた旧勢力を最終的に打ち破ることにつながったのだ。一四三三年九月二六日、両陣営最後の戦いに際し、寡頭支配者のリーダーだったリナルド・アルビッツィは、支持者を指揮して市庁舎を攻撃しようとした。だが、やってきた支持者はわずか数人にすぎず、気勢も上がらなかったため、必要な人数が集まる前に雲散霧消してしまった。対照的に、メディチ家が大規模な先制部隊を組織すると、ヴェッキオ宮殿には支持者全員が集まった。結局、戦闘にはならなかった。勝敗は誰の目にも明らかだったからだ。寡頭支配者たちはこっそりと国外へ逃亡した。社会的ネットワークの構造が（寡頭体制から）こうして変化した結果、社会の支配は緩み、それにともなって新たな制度が登場した。これらの制度がフィレンツェに、のちにイタリアのほかの地域と世界に、民主主義をもたらすことになる。富の集中と開かれた政治システムは芸術と科学を一変させ、こんにちに至るまで影響を与えつづけている。[24]

現代の企業にも似たようなプロセスが見られる。企業が婚姻関係を通じて連帯を強めることはまずないものの、取締役の椅子を分け合っているのだ。なかには有名人もいる。ビル・クリントン元大統領は、いっとき一二社以上で取締役の座にあった。だが、たいていの取締役は純粋な企業人であり、同じ業界で長年の経験を積んでいるのが普通だ。[25]取締役は自分が勤める複数の企業をつなげるネットワークをつくりだすので、簡単に情報をやりとりできる。このため談合や市場操作の可能性が高まるせいで、こうしたネットワークは一〇〇年以上も議会の調査対象となっている。

時価総額がトップの（つまり全株式の総価値がトップの）八〇〇社を対象としたある古典的な研究に

よると、銀行の取締役はとりわけトップクラスの大企業と結びつきが深いことがわかった。これらの大企業もほかの企業と強く結びついているため、銀行はこのネットワークで中心的な役割を果たしていることになる。[26]これこそ、まさに私たちの想像通りのパターンだった。銀行が取締役による社会的ネットワークを活かして、経済界の有力者に支配力を振るったり、業界に関する情報の流れを利用したりすれば、そうなるはずだからだ。しかし、取締役会の内容や取締役同士の議論は外に漏れないため、ネットワークが企業の意思決定に実際に影響しているかどうかを検証するのは難しい。

この問題に取り組む一つの方法は、すべての取締役会が携わる活動のなかで、公表されていて記録が追跡できるものを分析することだろう。こうした活動に当たるのが、政治献金だ。似たような利害関係があったり、同じ地域に拠点を置いていたりする二つの企業が、同じ候補者に献金することは予想がつく。だが、こうした条件を差し引いても、二社の取締役を兼務する人が増えると政治献金のパターンは似てくる傾向がある。[27]このことから、大企業同士の社会的な絆が強化されると、その行動も一致しやすくなることがわかる。

社会的ネットワークは企業同士の商取引にも影響を与える。極端に単純化された市場理論によれば、企業は最高値をつけた買い手に売り、最安値をつけた売り手から買うとされている。関係者の個人的な経歴は意味を持たない。ところが、現実世界の取引は企業間の個人的関係に基づいている場合が多い。企業は信頼と相互依存の安定したネットワークに深く埋め込まれている（強く結びついている）からだ。

ニューヨークで洋裁を営む母を持つ、ノースウェスタン大学教授で社会学者のブライアン・ウッツィは、アパレル業界のネットワークに深く埋め込まれた企業とそうでない企業を個人的に観察したことがあった。数社の企業で聞き取り調査をした結果、ネットワークに深く埋め込まれた企業は、個人的なネットワークを使わずに取引先を決める企業よりも生き残る確率が高いことがわかった[28]。だが一方で、ネットワークにどっぷり浸《つ》かりすぎているのも問題だった。特定のビジネスパートナー（強い絆）と無条件につきあい、ほかの企業（弱い絆）との取引の機会をすっかり見逃してしまえば、大変な事態になりかねない。こうして、特定のパートナーのグループと安定した関係を築くことと、市場の変化に取り残されそうなときにみずから関係を脱することのあいだで、トレードオフが発生する。強い絆と弱い絆を合わせ持つことが重要なのであり、最適なバランスを見つけるのがカギだ。

ネットワークの創造性

ウッツィは、実業界でもほとんど研究されていない分野へと目を転じた[29]。『キャッツ』から『スパマロット』まで、ブロードウェイ・ミュージカルは数十年にわたって一大ビジネスとなってきた。ところが、出資者がどのショーに賭けるかを決める際は勘に頼るしかない。ディック・ヴァン・ダイク主演の『バイバイ・バーディー』は、ブロードウェイの夜の部で六〇七回上演という大ヒット作となったが、『ブリングバック・バーディー』は失敗作で、わずか四公演で幕を閉じた。この差は何だったのか。ある作品は成功し、ある作品は失敗するのはなぜだろうか。

ウッツィは、ミュージカル制作会社のつくる社会的ネットワークが重要な役割を果たしているとにらんでいた。そこでジャネット・スパイロと協力し、一九四五年から八九年にかけてブロードウェイで初演されたミュージカル三二一本を対象に、プロデューサーによる共同制作の状況を研究してみた。二人が特に興味を持っていたのは、共同制作者たちが「スモールワールド」・ネットワークをつくっているかどうかだった。この種のネットワークは、ダンカン・ワッツとスティーヴン・ストロガッツが一九九八年に『ネイチャー』誌に寄せた重要な論文で明らかにされている。[30] スモールワールド・ネットワークの基本的な考え方によれば、このネットワークには重要な特徴が二つあるという。一つ目は、平均的な経路が短いこと（ネットワーク内の目指す相手に少人数を経由しただけで到達できる。スタンリー・ミルグラムがネブラスカ州の住民を使った手紙の実験で実証）。二つ目は、推移性が高いことだ（ある人の友人の大半はたがいに友人である）。ワッツとストロガッツが示したのは、高度な構造のネットワーク（たがいに隣の人とだけつながっている環や格子のようなもの）に全員を配置してから、ランダムなつながりを少々追加するだけで、平均的経路が短いスモールワールド・ネットワークに変わるということだった。その結果、たくさんの小集団（全員がほかの全員とつながっている集団）を持つ高秩序のネットワークが形成されるだけでなく、多くの通路によってこれらの小集団のあいだを人から人へ情報が伝わるようになったのである。

ウッツィは、過去に一緒に仕事をしたことがない人たちのチームはうまくいかず、作品は失敗に終わる可能性がきわめて高いことを突き止めた。こうしたネットワークはつながりが不十分で、人びとを結ぶ絆の大半が脆弱なものだった。反対に、全員がずっと一緒に仕事をしてきた人たちのグループも、いいミュージカルをつくれないことが多かった。こうしたグループは外部からの創造的なインプットに欠けていたため、最初に一緒に仕事をしたときのアイデアを焼き直すだけになりがちだった。だが、この両者のあいだに、新しいメンバーの多様性と古い関係の安定性を結びつける最善のバランスが存在することを、ウッツィはまたしても突き止めた。スモールワールドの特性を最大限に示したネットワークが、最高の成功を収めていたのである。

弱い絆と強い絆をあわせ持つ制作会社のネットワークの場合、コミュニケーションが円滑になるばかりか、新メンバーが持ち込むアイデアや彼らが生み出すシナジー効果のおかげで、創造性も育まれていた。そのため、こうしたネットワークの構造は、興行的成功を収めるためにも評論家の称賛を得るためにも大きな効果があるようだ。

よりよいミュージカルの制作は、世界で最優先すべき問題ではないかもしれない。だが、チームの創造性を刺激するコツを知っていれば、はるかに幅広い目的に応用できる。ウッツィはさらに、人間がなしとげた偉業と社会的ネットワークの関係を研究してみた。たとえば、科学的発見に関する以前の見方では、すぐれた業績の説明として個人の天賦《てんぷ》の才が強調されたものだった。だが、二〇世紀のあいだに、発見やイノベーションは個人ではなくグループによる協力の賜物という側面が大きくなってきた。言うまでもなく、イノベーションは他人からのインプットがなければめったに起こらない。発明家のネットワークの例で見た通りだ。飛躍的な進歩は協力者の輪から生まれるものであり、ネットワークは才能を大きく伸ばしてくれるのだ（私たちはそれを身をもって実感している。技術や知識を持ち寄ることで共同研究の内容は充実し、全体としての成果は個々の総和をはるかに上回ったのである）。では実証的問題として、人は単独で行動するときよりもチームの一員であるときのほうが力を発揮すると示すには、どうすればいいだろうか。

この問題を研究するために、ウッツィは「最高の」科学研究の指標として引用数を用いた。科学の世界では、引用は称賛、あるいは少なくとも注目の表れだからだ。ウッツィは、一九四五年から二〇〇五年までに世界各国で発表された科学論文二一〇〇万本と、ある一五年間に出願された特許一九〇万件のデータを収集した。そして、個人で書かれたものとチームで書かれたものを比較した。引用数を質の目安にしたところ、総じて個人の業績よりもチームの業績のほうが優れていて、科学的にも重要だと判断できた。

ウッツィはまた、多くの学者が日常的に知っている「三〇フィートの法則」はどこまで正しいかを調べてみた。この法則によれば、人は三〇フィート（約九メートル）以内にいる相手とだけ協力するという。しかし、セックス・パートナーの例では、人はパートナーを「手近な場所」で見つけるよりもネットワークを通じて見つけることのほうが多くなっていた。肥満の例でも、地理的なつながりよりも社会的ネットワークにおけるつながりのほうが重要だった。同じように、科学的な共同研究にとって物理的な距離は制約でなくなりつつある。ウッツィは一九七五年から二〇〇五年に発表された四二〇万本の論文を調査して、異なる大学の研究者を含む共同研究チームが、同じ大学の研究者だけのチームにくらべて増えている事実を突き止めた。こうした傾向は、専門化がいっそう進んでいることと関係があるし、グローバリゼーションによって促進されている面もある。だが、ますます明らかになっているのは、科学的な共同研究はスモールワールド型組織において最も成果を出しやすいということだ。さまざまな場所にいるさまざまな人たちと協力しやすくなるからである。

コーディネートされた色

ウッツィの研究は、ある種のネットワークの形式・構造と共同作業との関係を示している。だが、ネットワークによって人びとの協力の仕方が変わるのか、それとも協力しそうな人びとがたまたまある種のネットワークを形成するだけなのかは、判断しにくい。そこで、ペンシルヴェニア大学のコンピュータ科学者であるマイケル・カーンズと仲間たちは、一つの実験を行い、研究室で構築された社会的ネットワークが共同作業にどう影響するかを調べることにした。カーンズらは学生を集め、三八人で構成される複数のネットワークに配置した。ネットワークの構造はそれぞれ異なっていた（口絵5を参照）[31]。実験者たちはネットワークの各ポジションを占める学生に、何色になりたいかを選ばせる一方で、自分がつながっている人と違う色を選ぶという条件を課した。

学生たちは隣の人が選んだ色を示すコンピュータ端末の前に座り（ネットワーク全体は見えない）、色のメニューを見せられ、隣の人と違う色を選ぶよう指示された。色はいつ変えてもよい。そして、時間が計測された。グループが既定の時間内に答えを出し、全メンバーが隣の人と違う色になっていれば、賞金がもらえることになっていた。

さて、彼らはどうしただろうか？　ネットワークの構造が、問題を解決する能力に大きく影響したことがわかる。環状のネットワーク（口絵5のAからD）のほうが、乱雑なネットワークより簡単に問題を解決できたのだ。また直観に反して、ネットワーク内で学生の隣人が多ければ多いほど、グループ全体として答えにたどりつくのが早くなった。三八人が全員正解するまでの平均時間は、ネットワークAが一四四秒、ネットワークBが一二一秒、ネットワークCが六六秒、ネットワークDが四一秒と短くなっていった。ネットワークが乱雑になればなるほど、問題の解決にかかる時間は長くなった（ネットワークEでは二三〇秒、ネットワークFでは一五五秒）。

ネットワークDとEはとりわけ著しい対照をなしている。この二つのネットワークに属す学生は、実に似通った状況に直面していた。隣の人の平均人数も、二人のメンバー間の平均的な隔たりの数も、だいたい同じだった。実験に参加した学生が、自分がどんなネットワークに所属しているのかを知らなかったこともきわめて重要だ。彼らにはすぐ隣の人しか見えなかったのである。それでも、ネットワークEが問題の解決に要した時間は、ネットワークDの五倍にもなった。このように、ネットワーク全体のつながり方が少し違うだけで、グループの成績は大きく左右されるのである。

経済問題の解決へ向けた努力を調整しようとする人たちは、こんな教訓を得られる。重要なのは、ネットワークに明確なつながりを設けたり、目の前の課題と矛盾しないようにネットワークを組織したりすることなのだと。たとえば、二〇〇九年に制定された七八七〇億ドル規模の景気対策法によって、市町村、州、連邦に属する数千という機関に資金が供給された。これらの機関はできるだけ早くそのお金を使うことになっている。また、無駄な重複を防ぐため、異なるプロジェクトにお金を注ぎ込むよう指示されている。カーンズの研究からわかるのは、こうしたプロジェクトのために、政府はすでに存在する非公式のコミュニケーション・チャンネルに加え、構造化されたコミュニケーション・チャンネルによって機関を結ぶべきだということだ。言い換えれば、政府はスモールワールド的なつながりを育てるべきなのである。

だが、目指す目標について関係者の意見が常に一致するとは限らない。ハリケーン・カトリーナの被災者の救助をめぐる政府の大失態について考えてみよう。連邦当局はニューオーリンズから人びとを避難させようとしたが、グレトナ（ニューオーリンズ近郊の町）の地元警察は、事態が手に負えなくなるのを恐れ、避難民を町に足止めした。

カーンズらの研究者チームが知りたかったのは、まさにこの種の状況で、ネットワークが意思決定にどう影響するかということだった。こうした場合、人びとはそれぞれ異なるインセンティブを持ちながらも協力し合わなければならない。カーンズらは別の室内実験を行った。さまざまな構造のネットワークに属す人びとが、全体的コンセンサス（全員が同じ色でなければならない）に達しようと試みる実験だ。[32] その際、実験者はグループの目標に緊張関係を持たせることにした。被験者の半分は全員が赤になれば五〇セント余計にもらえると告げられ、残り半分は全員が青になれば五〇セント余計にもらえると告げられたのだ。前の実験と同じく、既定の時間内に意見がまとまらなければ、誰もお金をもらえない。被験者が余計にもらえるお金欲しさに頑として譲らなければ、全員が一銭も手にできなくなる。したがって、誰かが折れなければならなかった。

この実験でも、意見の一致を見るまでの時間はネットワークの構造によって差があった。隣の人が多かったり少なかったりするネットワークでは、隣の人の数の最も多い被験者が、ネットワーク全体を自分に望ましい色で染めることができた。カーンズらはこれをマイノリティー・パワー効果と名づけた。影響力を振るえる位置にある少数の人たちは、常に思い通りにできるからだ。他方、こうした集団はネットワーク全体を一つにまとめあげ、全員が何も手にできないという結末を避けることもできる。したがって、社会的ネットワークは人が独力ではできないことをする手助けをしてくれるものの、多くのつながりを持つ人にはさらに力を与えることが多い。結果として、最も多くのつながりを持つ人が、往々にして最大の成果を手にするのだ。

友人には何らかの価値がある

企業の取締役のようなエリートたちが、都合のいいように社会的ネットワークを形成して利益を手にしているのは明らかだ。一方、こうした利益が社会のほかの層にも届いているかどうかは、それほど明らかではない。どちらかと言えば、社会的ネットワークは、金持ちがますます金持ちになる理由や、経済格差が広がりつづける理由を説明するものと受け取られているふしがある。その理屈は単純明快だ。金持ちはより多くの友人を惹きつけ、友人が増えれば金持ちになる手段もますます増える。最近のテクノロジーの変化によって問題はいっそう悪化しているかもしれない。社会的ネットワークを探り、そのなかを行き来するのが容易になると、社会的つながりと成功を結ぶ正のフィードバック・ループによって社会的な拡大鏡ができあがり、すでに富や力を持っている人びとがますます豊かになるのだ。

幸い、世界中の数えきれない貧しい人びとも、完全にツキに見放されたわけではない。過去三〇年にわたり、社会的ネットワークを利用して、格差と戦い、貧しい人びとの運命を好転させようとする重要な動きがつづいている。彼らにはそれまで無縁だったあるもの、つまり融資を受ける機会を与えようというのだ。申し込んでもいないクレジットカードが毎日のように送られてくるアメリカでは、ピンとこないかもしれない。しかし、ほかの国々では多くの人がわずか一ドルすら借りられずにいるのだ。その最大の理由は、担保がないからである。彼らには土地も財産もないうえに、わずかな持ち物にもほとんど価値がないため、従来の貸し手はそれを担保にしようと思わない。

しかし、世界中にある昔ながらの銀行は、最貧層でも所有している担保源を見逃していた。つまり、家族や友人である。社会的ネットワークは至る所に存在し、それが融資を十分に保証してくれるのだ。バングラデシュの経済学者であるムハマド・ユヌスは、この点を見抜いたと評価されている。ユヌスがその着想を得たのは、勤務先のチッタゴン大学に近い貧しい村々を訪れたときのことだった。ジョブラ村の女たちが、家具の材料となる竹の代金を地元の金貸しに借りて法外な利息を取られていると知り、ユヌスは自分がお金を貸してやることにした。四二人の女性から申し込まれた驚くべき融資額はいくらだったのだろうか？　何と約二七ドル。一人あたり一ドルにもならない。こうして、マイクロクレジットの市場が誕生したのである。

この種の融資は全国的に需要があると直感したユヌスは、銀行に接触し、村に融資する際の保証人を買って出た。銀行は資産のない人にはお金を貸さないからだ。驚くべきことに、彼が融資したお金の返済率は、銀行の通常の返済率を上回った。ユヌスはバングラデシュにグラミン銀行を設立するに至る。これがマイクロファイナンスの先駆けとなった。

このごく少額の融資のとりわけ重要な特徴は、個人ではなくグループへの融資だという点である。それによって、こうしたグループが小さなビジネスを立ち上げたり、ほかへの投資によって貧困から脱したりする手助けをするのだ（たとえば子供の学費を支払ったり、地元の金貸しからの高利の融資を清算したりする）。要するに、個人が友人や家族を社会的な担保として利用し、銀行への返済を確約しているわけだ。そうすることで焦《こ》げつき率が大幅に下がるため、高リスクの融資が可能となる。社会的ネットワークのおかげで、リスクは分散し、グループは旱魃《かんばつ》や家族の死といった不測の事態にも対処しやすくなる。だが、きわめて一般的に言えば、これは社会的ネットワークの絆をお金に換える方法なのだ。通常、銀行と取り引きするにはグループとして五人が必要で、各人がビジネススキルの訓練を一週間受けたのち試験に合格してやっと、グループのメンバーが融資を申し込む資格を得られる。融資はまずグループのうち二人に実行され、彼らが完済すれば、次の二人が融資を申し込める。彼らも完済すれば、ようやく最後の一人が融資を申し込める。

ユヌスによれば、グラミン銀行モデルが成功した理由は社会的ネットワークの特徴にあるという。「仲間からの目に見えない、またときには目に見えるプレッシャーのおかげで、グループのメンバー一人ひとりが自分を律するのです」。また、グラミン銀行はグループの結成への手出しを控えている。「自発的に形成されたグループのほうが結束が固い」からだ。最大で八グループまでが各センターに集められ、融資対応を受ける。センターでは、選ばれた一人のメンバーが最初の融資申請の審査に当たる。こうしたスモールワールド的な設計こそ、ブライアン・ウッツィが、アパレル業界、ブロードウェイ、学問の世界に見出したものにほかならない。グラミン銀行はグループ内に強い絆を育て、メンバー間の信頼を確固たるものとする。それから、グループをほかのグループのメンバーともっと弱い絆で結びつける。これによって、問題が起きたときに創造的な解決策を見出す能力を最大限に引き出すのだ。ユヌスによれば「グループ内とグループ間の競争意識も、メンバー一人ひとりに目標の達成を促す」のだという[33]。

このネットワークのもう一つ重要な特徴は、グラミン銀行が女性への融資にほぼ特化している点だ。女性は男性よりも多くの社会的担保を持っているから、これは一面で理に適っている。だが、女性に融資すると利益が何倍にもなるというおまけまでついていた。女性は男性とくらべ、子供の生活を改善するため教育や医療に投資する可能性がずっと高いからだ。また、夫が妻に投資するより、妻が夫に投資する場合のほうが多いということもある。

グラミン銀行の設立以降、マイクロクレジットは最貧層のあいだでさえ貧困を減らすことが証明されてきた。草の根レベルでのマイクロクレジットの成功に刺激され、一〇〇を超える国々で同様のプログラムが誕生している。先進工業国でも、大学生や低収入の個人に似たようなプログラムの提供が始まっている。社会的ネットワークにそもそも備わっている強みをしっかり理解して始まったイノベーションが、バングラデシュから世界へ広がったことは実に興味深い。マイクロファイナンス運動は世界中で高い関心を呼び、いまではウォール街もこうした小口の融資をパッケージ化し、抵当権付き住宅ローンや一般の証券と同様に販売するようになっている。ノーベル財団はグラミン銀行とムハマド・ユヌスの功績を認めると、「経済・社会の発展を底辺から促す努力を讃《たた》え」、ユヌスに二〇〇六年度のノーベル平和賞を授与した。

社会的な絆を活用する似たような慣行は、歴史を通じて存在してきた。たとえば、連帯集団としても知られる回転信用組合や持ち回り式融資は、自発的に結集した人たちで構成されている。こうした集団は定期的に会合を開いて基金を積み立て、やがてその全額もしくは一部を出資者の一人に順番で提供するのだ。こうした組合はたいてい自律的な組織である。公的機関に依存せず、リーダーもいない。この種の組合は、韓国、中国、日本、パキスタン、インド、ナイジェリア、カメルーンなど世界中にあり、アメリカでは移民グループが起業資金を貯めるのによく利用している（特に移民は正規の銀行を利用できないことが多いため）。似たような集団は、一九世紀イギリスの働く女性のあいだにも見られた。一九世紀アメリカの開拓農民による納屋の棟上げという伝統行事も、こうしたシステムの変形である。これは、だいたい毎月第一日曜日に、人びとが団結して各人の納屋を順番に建てるというものだ。

一九六二年、人類学者のクリフォード・ギアツは、こうした慣行をおそらく初めて学術的に記述し、その起源を「持ち回りのご馳走」の伝統に求めた。小グループの各メンバーが順番にご馳走を振る舞うという伝統である。ギアツが最初のフィールドワークを行ったインドネシアや、回転信用組合が伝統文化として存在するそれ以外の地域の大半で、地元住民はこの種の慣行を経済的目的に資するというより、社会的・象徴的な機能を果たすものと見ていた。「この慣行のおかげで村の団結は強まり、地域の調和は深まるのです」というのだ。[34] こうした伝統的な慣行は途方に暮れるほどたくさんあるはずだし、なかには、利子を取るとか融資の順番を決めるといった複雑な手続きにかかわるものもあるだろう。[35] しかし、すべてのケースに共通するのは、社会的なつながりが機能して、出資金を受け取った人に背信行為をさせない仕組みになっていることだ。しっかりした社会的絆を通じて人から人へとお金が渡っていくため、ジョージがどこにいるかはみんな知っているのである。

社会的ネットワークの力を利用すれば、金持ちの生活がさらに豊かになるのと変わらないスピードで、貧しい人たちの生活を改善できるだろうか？　それはまだわからない。だが、私たちは楽観している。ネットワークを活用すれば、格差を縮められるはずだ。直接的な手段としては、融資のほか、気まぐれな市場に対処する健全な経済政策があるし、間接的な手段としては、心身の健康改善策があるからだ。依然として未解決の大きな問題は、社会的ネットワークをそうした目的に使う力が私たちにあるかどうかではない。そうした力を持てるようになるかどうかなのだ。言い換えれば、私たちがみずからを律し、幸福を広めるという目標を達成する能力に、ネットワークはどんな影響を及ぼすのかという問題である。

第6章 政治的につながって

二〇〇八年一一月四日の晩、大統領選挙の勝利演説でバラク・オバマはこう語った。「私が大統領の最有力候補になったことは一度もありませんでした。当初は大した資金もなく、支持も多くありませんでした。私たちの選挙運動……を支えてくれたのは額に汗して働く人たちです。彼らはわずかな蓄えから五ドル、一〇ドル、二〇ドルと出して、私の理想に賭けてくれたのです」。オバマ陣営は資金集めの記録を塗り替えた。選挙運動の終盤までに、三〇〇〇万人以上から六億ドルもの寄付を集めたのだ。終わってみれば、オバマの選挙運動は、失策もほとんどなく完璧に遂行されたといえる。だが、事態がうまく運んでいることを国民が感じとる前に、オバマはどうやって人びとを味方につけたのだろうか。それまで選挙に無関心だった多くの人びと、特に自分の一票には何の力もないと思っていた人びとをどうやって、彼に寄付し、票を投じる気にさせたのだろうか。

オバマの成功の要因は、この「額に汗して働く人たち」がつながりを実感できたところにある。彼の選挙運動はあらゆる意味で歴史的な出来事だった。しかし、最も革新的だったのは資金集めではないだろう。多くの人が、有権者とつながるオバマのすばらしい才能を褒めているが、それに輪をかけて印象的だったのは、有権者同士をつなげる彼の才能である。

二〇〇八年の大統領選挙では、あらゆる政治運動でインターネットの使用が劇的に増えた。なかでもオバマは、オンラインの社会的ネットワークや（個人対個人の）社会的メディアの力をうまく利用した。実際、オバマによるインターネットの活用は、一九六〇年の大統領選挙でテレビを利用して勝利を収めたジョン・F・ケネディを彷彿《ほうふつ》とさせる。二人とも、新しいテクノロジーを用いることで政治のあり方を一変させたからだ。敵であれ味方であれ、大衆に訴えかける二人の手法を取り入れざるをえなくなったのである。

確固たる地盤を持たないオバマは、かなり早い段階からインターネットがカギになることに気づいていた。二〇〇四年の民主党大統領予備選挙で、ハワード・ディーンはインターネットを駆使して旧態依然とした候補者に挑んだが、まだオンラインによるソーシャル・ネットワーキングの時代ではなかった。ディーンは選挙運動を通じて多額の金を集めたが、支持者を結集させることはできなかった。当時は支持者同士のつながりが築かれていなかったからだ。オバマはインターネットによる選挙運動を展開するに当たり、非常に有能な人材を二人雇った。ハワード・ディーンの選挙に携わったベテランのジョー・ロスパースと、フェイスブックというソーシャル・ネットワーキング・サービスの共同創業者クリス・ヒューズである。

ヒューズがソーシャル・ネットワーキング・サイト「マイ・バラクオバマ・ドットコム」を立ち上げると、登録アカウント数はピーク時で一五〇万件に達した。ユーザーはオバマ候補について語り、寄付し、そしてここが肝心なのだが、現実の世界で社会活動を展開することができた。こうして選挙運動の期間中、全米五〇州のすべてで一五万を超える選挙関連イベントが催されることになった。一方で支持者たちは、地理的に近いとか、特定の問題に携わっているとか、ポップカルチャーの趣味が合うといった理由から、インターネット上で三万五〇〇〇ものグループを結成した。アイフォーン・ユーザーなら、投票や寄付を友人に電話で簡単に勧められるソフトがダウンロードできた。このソフトを使うと電話相手が重要な順に並ぶため、接戦が予想される激戦州に住む友人はリストの最上位に表示された。選挙戦の雌雄を決する最終週、オバマ陣営は一〇〇〇台を超える電話をずらりと並べて有権者に投票を呼びかけた。

「ピュー・インターネット・アンド・アメリカンライフ・プロジェクト」によれば、こうしたあらゆる活動が功を奏する結果となった。[1] オバマを支持した人たちは、ヒラリー・クリントンを支持した人たちとくらべ、友人や家族を巻き込む割合が高かったのだ。その手段は、オンラインで請願書にサインしたり、携帯メール、eメール、オンラインの社会的ネットワークなどによって政治的な意見を送ったりといったものだった。若い層ほどオバマの支持者が多かったのもその一因だが、同年齢のグループでも、自分の属すネットワークに働きかける傾向は、クリントンよりオバマの支持者のほうがずっと強かった。オバマの支持者とマケインの支持者の差はさらに大きかった。この差が結果的にオバマを勝利へと導いたのである。

あなたの一票に価値はない

共和党員であれ、民主党員であれ、無党派層であれ、多くの人びとが二〇〇八年の大統領選挙に参加して感動を味わった。さらに多くの人びとが「そうするのが正しいことだから」と友人や家族に投票を勧めた。だが、こうした行動はやや不可解である。たいていの民主主義国家の成人は選挙権を持っているが、その一票は全体の何百万分の一にすぎない。政治家はよく「一票一票に価値があるのです」と支持者に訴えるし、有権者も応援する政治家を勝たせるために票を投じるのだと言う。だが、実際に一票がそれほどの力を発揮するのは、どんな状況だろうか。この根本的な問いに答えようと、すぐれた社会科学者たちが一連の研究に取り組んだ。それぞれが先達の業績を土台としていたのだが、悲しいかな、すべての研究が同じ結論に達してしまった。合理的に言えば、一票一票に価値はないのだ。私たちが投票する理由は結局のところ、グループへの帰属と社会的ネットワークの力に大きく関係しているのである。

一九五六年、スタンフォード大学大学院で経済学を専攻していたアンソニー・ダウンズは、「合理性」の科学を政治学に応用してみようと思い立った。[2] 矛盾語法のつもりではない。合理性という言葉は、ここではきわめて意味が限定されており、「いかれている」の対義語ではないのだ。合理性とは三つの単純な事態を指している。第一に、合理的な人は好みがはっきりしており、それを自覚している。ある人はリンゴよりオレンジのほうが好きであり、一セントより一ドルのほうが好きであり、共和党より民主党のほうが好きだというわけだ。あるいは、何でもいいという人もいるかもしれない。要するに、二つの対象を比較して、どちらが好きか、あるいは好き・嫌いの差はないかを自分でわかっているということである。第二に、合理的な人の選択には一貫性がある。リンゴよりオレンジを、そして洋梨よりリンゴを食べたい場合、オレンジではなく洋梨を選ぶことはないのだ。一貫性は代数における推移性と似ている。AがBより大きく、BがCより大きければ、AはCより大きいという法則である。第三に、合理的な人は目的志向である。欲しい物がはっきりすれば、それを手に入れようとするのだ。

ダウンズは、投票を合理的なものと解釈できるかどうか、できるとすれば、どんな状況下でできるのかを見きわめたかった。彼はアメリカの政治にはたいてい二つの選択肢があり、三つ以上はないことに気づいた。民主党か共和党か、税金を下げるか上げるか、法案を拒否するか署名するか。実際アメリカ政府には、多種多様な選択肢をたった二つに絞り込む正式な手続きが満ち満ちている。ダウンズは以下のように想定した。有権者は一つの選択肢（たとえばバラク・オバマ）に注目し、それが選ばれた場合に起こるあらゆる事態について熟考する。それから、一定の利益をもたらすこの結果に点数をつける。つまり、「オバマが大統領になったら私個人にとってどれだけ有益か」という問いに答えを出そうとするのだ。次に、別の選択肢（たとえばジョン・マケイン）についてじっくりと考え、将来それが実現した場合の帰結に点数をつける。こうして、それぞれの有権者が自分にとって価値の高い選択肢に投票するのである。

しかし、投票はアメリカにおいて義務ではないし、世界の大半の国でも同じである。それなら、人がわざわざ投票所に足を運ぼうと決意する理由はどこにあるのだろうか。ダウンズは、有権者が投票のコストも考慮するはずだという点に注目した。投票所に行くには仕事や遊びの時間を割《さ》く必要がある。たとえば、二〇〇四年のアメリカ大統領選挙の際、オハイオ州では雨のなかを何時間も並んで投票した人もいた。また、投票すべき候補者を決めるための情報収集にかける時間も、個人にとってコストとなる場合がある。

各人がコストと利益を秤にかけてから、投票するかどうかを決める。どちらの選択肢でも利益は変わらないと思えば、投票するコストを負わず家にいようという人もいる。ダウンズはこれを合理的棄権と名づけた。一部の人にとっては投票しない選択が合理的なのだ。彼らは文字通り「どちらでも大差ない」と思っているからである。逆に、選択肢の一方が他方よりはるかにすぐれていると思う人は、選挙結果をもっと気にかけているに違いない。そのため、投票のコストがどんなに高くても腰を上げ、投票に参加する可能性が高い。ずぶ濡れになってまで票を投じたオハイオ州の有権者は、こうしたきわめて意欲的な人びとの一例にすぎないのだ。

だが、これで本当に、人びとが投票する理由の説明になっているのだろうか。特に、自分が選挙結果を左右することはありえないと思っている場合はどうなるのか。彼らはコストと利益を計算して選択しているだけなのだろうか。

実のところ、事態はもっと複雑だ。一九六〇年代から七〇年代にかけて絶大な影響力を誇った政治学者で、ロチェスター大学教授のウィリアム・ライカーは、ダウンズが重要な事実を見逃していると指摘した。つまり、こうした決断を下す有権者はただ一人ではなく、何百万人もいるのだ[3]。したがって、投票の価値を決めるには、どの候補者がいいかということに加え、自分の行動、すなわち自分の投じる一票がその候補者を勝たせる可能性をも検討する必要がある。こうした可能性をはじき出すのは不可能だと思えるかもしれない。予想可能な結果があまりにも多いからだ。オバマはマケインを三〇〇万票差で破るかもしれない。いや、二九九万九九九九票差かもしれない。逆にオバマはマケインに一三四万五二六七票差で敗れるかもしれない。あるいは……。文字通り、何百万という結果がありうるのだ。

もちろん、個人の一票がものを言う状況はたった一つしかない。得票数がまったく同数の場合だ。

これが事実である理由を知るには、こう自問してみるといい。水晶玉を覗《のぞ》き込んでオバマが三〇〇万票もの大差で勝つ様子を見られるとしたら、自分ならどうするだろうか、と。あなたの一票は選挙の結果にどれだけの影響を与えるだろうか。何の影響も与えないのだ。三〇〇万票の差が二九九万九九九票になるか、三〇〇万一票になるかの違いはあるが、いずれにしてもオバマが勝つことに変わりはない。同じ理屈は接戦の選挙にも当てはまる。二〇〇〇年の大統領選挙の際、ジョージ・W・ブッシュが五三七票差でフロリダ州を制した（したがって大統領に当選した）と知ったとき、投票しなかったのを後悔したフロリダ州民がいたことは間違いあるまい。だがこの場合でも、有権者一人にできることと言えば、票差を五三六に縮めるか、五三八に広げるかにすぎなかったのだ。いずれにしても結果は変わらなかったのである。

では、得票がまったく同数になる可能性はどの程度あるのだろうか。一つの見方として、どんな結果になる可能性も等しいと仮定する方法がある。一億人がオバマかマケインのどちらかに投票するとしてみよう。すると、一億票対ゼロ票でマケインが勝つかもしれない。あるいは九九九九万九九九九票対一票で勝つかもしれない。いや、九九九九万九九九八票対二票で勝つかもしれない。もうおわかりだろう。こうしたケースを全部勘定に入れると、選挙結果の可能性は一億通りにもなるが、得票が同数となる場合はたった一つしかないのだ。アメリカ大統領選ではおよそ一億人が投票するため、引き分けになる可能性は約一億分の一ということになる。[4]

当然ながら、厳密な可能性はもっと複雑である。オバマにせよマケインにせよ、すべての票を獲得する可能性はまずないからだ。地滑り的勝利より、接戦を制する勝利となる場合のほうが多いのだ。だとすれば、引き分けの可能性について理論的に考える代わりに、現実に行われた無数の選挙を分析すれば、引き分けになる頻度がわかるかもしれない。過去一〇〇年間のアメリカの上院議員選挙と下院議員選挙計一万六六五七七件を対象としたある調査では、引き分けになったケースは皆無だった。[5]引き分けに最も近かったのは、一九一〇年のニューヨーク州第三六選挙区における下院議員選挙だった。このときは、民主党の候補が二万六八五票対二万六八四票という一票差で勝利を収めたのだ。ところが、のちに集計をやり直してみると計算間違いが判明し、票差はずっと大きくなった。つまり、実際には一票差の勝利という事例もないのである。

この調査の場合、一度の選挙の平均投票者数は約一〇万人だった。全国選挙で投票する数百万人とくらべると、はるかに少ない。よって、全国選挙で引き分けとなる確率はさらに低いものと予想される。だが、この確率をはじき出すのは容易ではない。アメリカの大統領選挙が複雑なのは、一般投票で当選者が決まるわけではないからだ。代わりに、各州に何人もの選挙人がおり、大統領を選ぶ選挙人団を形成している。大きい州ほど選挙人の数も多く、たいていは州内の一般投票で勝った候補者に選挙人全員の票が与えられる。その結果、一般投票の票数で負けても、いくつかの大きい州で僅差で勝ち、選挙人団の票を獲得すれば、大統領に選ばれる可能性がある（二〇〇〇年のジョージ・W・ブッシュがこの例だ）。政治学者のアンドリュー・ゲルマン、ゲイリー・キング、ジョン・ボスカーディンは、一つの大きな統計モデルにおいてこれらの複雑な要因をすべて考慮に入れ、一〇〇年間の大統領選挙の実際のデータを用いて、各州内の投票と、それが選挙人団の投票に与える影響をモデル化した。[6]このモデルによると、ある州で引き分けが起こってその州の選挙人団の票の行方が変わり、大統領選挙の結果がひっくり返る確率は、約一〇〇〇万分の一だった。

では、アンソニー・ダウンズが呈した初めの問いに戻ることにしよう。二〇〇八年の大統領選挙で、投票するかどうかを考えている最中だとする。これだけの材料を前提にすると、投票するのが合理的なのはどんな場合だろうか。

まず、マケインが大統領になる場合とオバマが大統領になる場合の差を評価しなければならない。こうした評価を下す一つの方法は、次のように自問してみることだ。マケインかオバマかを決めるただ一人の人間になれるとしたら、自分はいくら払う気があるだろうか？　銀行で好きなだけお金を下ろせるものとしよう。これから四年間、わが国の舵取りをする人物を選ぶキングメーカーになれるとしたら、あなたはいくら払うだろうか。一ドル？　一〇ドル？　それとも一〇〇万ドル？　大学生にこの質問をすると、返ってくる答えはたいてい一〇ドル未満だから驚いてしまう。一〇ドルでこれだけの価値のあるものが手に入ることは、おそらくないだろう。だが、話を進めるため、あなたはこれを非常に重要な決定だと考えており、次の大統領を選ぶただ一人の人間となるために、自腹で一〇〇〇ドルを払う気があるとしよう。

次に、自分の一票が選挙結果を左右するのは引き分けのときのみという事実を計算に入れなければならない。それ以外の場合、投票しようがしまいが結果は変わらない。だとすれば、投票の価値は一〇〇〇ドルではなく、一〇〇〇ドルの価値を得られる一〇〇〇万分の一の可能性ということになる。

最後に、見込まれる投票の利益と投票するコストを比較する必要がある。たいていの人は、情報収集して投票所へ行くコストはそれほど大きくないと言うから、ここでは仮に一ドルとしよう。もちろん、本当はもっと高いかもしれないが、いずれにしてもタダでないことはほぼ間違いない。

さて、コストも利益も計算できたところで、投票について合理的に分析してみよう。投票するという決断は、一〇〇〇ドルもらえる確率が約一〇〇〇万分の一の宝くじを一ドルで買うという決断にほぼ等しいことになる。ラスヴェガスのカジノならこうしたくじを大喜びで売るだろう。一〇〇〇万枚売れば一〇〇〇万ドルの収入となり、支払う賞金はわずか一〇〇〇ドルですむからだ。だが、どんなギャンブル狂でもこのくじは買うまい。オッズがあまりにも不公平だからだ。普通の人にこのくじを買ってもらうには、何か別の誘因が必要だろう。スロットマシンであれ、ブラックジャックであれ、ルーレットであれ、オッズはよほどいいからだ。州営宝くじの場合、くじの販売で得られた資金は賞金ではなく公共サービスに回される。それでも、このくらいのオッズであれば、賞金は数千ドル単位ではなく数百万ドル単位なのが普通だ。結局、最初の謎が依然として残ってしまう。こうしたオッズと配当にもかかわらず、何百万人という人びとが投票するのはなぜだろうか。選挙が宝くじと違う点は何なのだろうか。

こうして投票を合理的に分析してみると、少なくとも三つの理由でひどく気が滅入ってくる。

第一に、近代民主政治の根幹をなす投票という行為に、まるで意味がないことになってしまう。経済学者が投票を不合理だとするのは、投票する人びとの行動様式に反しているからだ。まったく同じオッズ、コスト、配当の宝くじは買わないのに、なぜか投票はするのである。経済学者は一般に、投票する人が過ちを犯しているか、さもなければ、投票にはこれまで考慮されていない利益があるのだと考えている。たとえばダウンズ自身も、人は市民としての義務を果たすため、もしくは選挙権を失いたくないために投票するのではないかと述べている。その後の学者たちの指摘によれば、人びとが投票するのは、自分を表現するのが好きだからということになる。野球の試合で贔屓《ひいき》のチームを応援するのと同じというわけだ。

第二に、投票の不合理性がわかれば、投票率は実際に下がってしまう。一九九三年、アンドレ・ブレとロバート・ヤングというカナダの政治学者が、三つのクラスで投票の合理性について一〇分間講義したあと、このクラスの学生と、講義を受けなかったほかの七クラスの学生の投票行動を比較してみた。すると案の定、講義を受けた学生の投票率は著しく低いことがわかった。[7] 一方アメリカでは、一九九六年の大統領選当日に、カンザス州ローレンスの地元紙『ローレンス・ジャーナル・ワールド』にある寄稿記事が掲載された。筆者はカンザス大学の政治学者、ポール・ジョンソンで、自分が選挙に行かない理由を述べたものだった。ジョンソンは投票の不合理性について説明し、そのために三〇年間投票していないと書いていた。数日足らずのうちに、編集長の許には辛辣《しんらつ》な手紙が何通も届いた。ジョンソンの意見を糾弾し、大学を解雇するようあからさまに求めるものだった。さすがにクビにはならなかったものの、ジョンソンは一週間後に有権者登録をする羽目になった。ある程度は論争を鎮《しず》める意味もあったのだろう。[8]

第三に、投票するという意思決定がうまく説明できないせいで、あらゆる政治的行動の合理的な分析に疑問符がつくことになってしまう。投票率のように基本的なものですら費用便益分析で説明がつかないのだから、それ以外の意思決定に合理性を求めるのはナンセンスだと主張する学者もいる。たとえば、誰に投票するか、選挙に立候補するか、政敵とどう取り引きするかなどといったことだ。政治にかかわる人びとは、自分の行動のコストと利益を計算して合理的な選択をするのではなく、自分の感情や、一般化できない特定の状況に影響を受けるのかもしれない。一九九〇年、スタンフォード大学教授のモリス・フィオリーナ（ロチェスター大学でウィリアム・ライカーに師事した人物）は、投票にまつわるこの不可解な問題を「合理的な選択を蝕《むしば》んだパラドックス」と評した。[9] 学者流の表現で意味がわからないと言っているのだ。

一人だけで投票するわけではない

私たちが投票率の研究に着手したのは、こうした熱のこもった論争のさなかのことだった。合理性があるとする学者もないとする学者も、重要な点を見落としていると、私たちには思われた。人は投票するかどうかを一人で決めるわけではないのだ。個々の有権者の観点から問題を考えたのでは、全体像を見損なってしまう。

膨大な量の証拠によって、一人が投票を決めると、ほかの人が投票する可能性も高まることが示されている。よく知られているように、あなたが投票しようと決めると、友人、家族、仕事仲間が投票する可能性も高まるのだ[10]。その理由の一部は、相手があなたを真似ることにあるし（この点はすでに論じた通り）、あなたが相手に投票を直接呼びかけることにもあるのだろう。直接の呼びかけが有効なのは私たちもわかっている。私がお宅の家のドアをノックして投票してほしいとお願いすれば、あなたが投票所に行く可能性は高まるはずだ。この単純で古めかしい個人対個人の技術は、現代の選挙でも、各地に広がる集票組織によって主要なツールとして使われている。つまり、私たちがすでに手にしている多くの証拠から、社会的なつながりこそ投票の謎を解くカギかもしれないことがわかるのだ。

ところが、投票の社会的決定要因をめぐるこうした洞察も、初歩の段階から先へ進むことは決してなかった。アンソニー・ダウンズをはじめとするモデル制作者は、個人はすべて独立した存在だと仮定していた。同じように、人から人への社会的な影響を指摘した学者たちも、人びとのペアはそれぞれ独立に行動すると仮定したのだ。私が投票すれば妻の投票行動に影響するかもしれないが、そこまでである。もっと大人数のグループを考えるとどうなるか、学者たちは気にも留めなかった。私たちが投票する理由——また、投票するのが合理的である理由——を解くカギは、私たち全員がもっと大きなネットワークでつながっているという点にあるのかもしれない。

一九七〇年代、子供だったジェイムズはとにかくテレビばかり見ていた。彼はこんなコマーシャルを特によく覚えている。一人の女性が新しいシャンプーをすっかり気に入ってしまい、二人の友人にそのシャンプーを教える。すると、テレビの画面が二つに分かれてその二人の友人が映り、こうナレーションが入る。「彼女は二人の友人に教え……この二人がまた二人に教え……この二人がまた……この二人がまた……」。「この二人がまた二人に教え」というナレーションが入るたびに、画面に映る女性の数が倍になり、コマーシャルの最後には六四人全員が同じシャンプーを使っていた。

このコマーシャルは、現在でもソーシャル・マーケティングの説明に用いられている。だが、私たちが興味をそそられたのは次のような問題だった。新しいシャンプーを試すという行為を、投票行為に置き換えるとどうなるだろうか。一人の投票行為が、友人だけでなく友人の友人にまで影響を及ぼすとしたら？　ある人の友人が五人しかいなくても、その五人にもそれぞれ五人ずつ友人がいれば、一人で二五人に影響を与えられるし、その二五人の友人一二五人にまで影響を及ぼせる可能性もある。たった一人の意思決定に影響を受ける人数が、あっというまに増えていくことがわかるだろう。一人あたりの家族と友人の合計数が平均一〇人だとすると、一〇人、一〇〇人、そして一〇〇〇人に影響が及ぶことは容易に想像がつく。一人の投票が、一〇人どころか一〇〇人、一〇〇〇人の投票につながるとすれば、選挙結果を左右する可能性は十分あるから、多くの人が選挙に行く理由も説明できる。自分が影響を与える人をすべて知るのは無理だろうが、自分の一票で実際に結果が変わると感じられてもおかしくはないのだ。

政治行動の社会的広がりを最初に調査したのは、コロンビア大学の社会科学者、ポール・ラザースフェルドとバーナード・ベレルソンである。二人は一九四〇年代に、ペンシルヴェニア州エリーとニューヨーク州エルマイラで投票に関する古典的研究を進めた。[11] 被験者すべてをつなぐネットワーク全体の情報を収集したわけではなかったが、誰からどう影響を受けたかを被験者に話してもらったのだ。そのおかげで、政治行動におけるネットワークの重要性が初めて明らかになった。この研究の重要な発見の一つは、メディアは大衆に直接働きかけるわけではないということだった。そうではなく、いわゆる「オピニオン・リーダー」の集団が仲介者の役割を果たし、政治にあまり関心がない友人や家族のためにメディアを選別して解説しているのである。言い換えれば、メディアによるメッセージが最も影響力を持つのは、それが社会的ネットワークの中心を占める人びとに届く場合のようだった。政治家自身も似た戦略をとっている。地元のリーダーに支持を求めたり、よく選挙に行く有権者に働きかけたりはするが、ネットワークの周縁にいて、選挙に行くのかどうかわからない人たちを説得しようとはしないのである。

その後、ロバート・ハックフェルトとジョン・スプレイグが、一九七〇年代、八〇年代、九〇年代に行った調査によって、こうした先行研究は一新されることになる。[12] インディアナ州のサウス・ベンドとインディアナポリス、ミズーリ州のセントルイスで進められた二人の調査では、「雪だるま方式」が用いられた。影響を受けた友人の話を被験者から聞いたうえで、その友人の連絡先を教えてもらい、その友人をも研究対象に取り込んでいくというものだ。ハックフェルトとスプレイグは、政治に関しては「類は友を呼ぶ」ということわざが当てはまることに気づいた。民主党員は民主党員と、共和党員は共和党員と友人になる傾向がある。リベラル派はリベラル派と、保守派は保守派とつながっている。投票に行く人はやはり投票に行く人と政治について語り合うケースが多い。つまり、人びとは同じ政治思想を持つ者同士で群れ、周囲と同じ行動をとり、同じ信条を持つようなのだ。

私たちの頭にはこんな疑問が浮かんだ。こうした洞察を手がかりにすれば、そもそも人はなぜ投票するのかという疑問が解けるのかどうか。人びとがつくる特定のネットワークがきわめて同質的なのは、政治的な行動や考え方が広がるためなのかどうか。人びとは自分と似た相手とつきあうことを選んだのだろうか、それとも仲間に影響を与えることで同質性を高めたのだろうか。ハックフェルトとスプレイグは、個人対個人の影響について教えてくれた。だが、ここで私たちが知りたかったのは、その影響はネットワーク内の他人にどう広がるのか、いや、そもそも広がるのかどうかということだった。一人が選挙に行けば投票のカスケードが起こり、何千人もの人が投票に行くなどということが本当にあるのだろうか。

社会のなかの現実の政治

投票行為が人から人へと広がっていくという考え方は、どこまで推し進められるだろうか。この点を見きわめるため、「私が投票したら、ほかに何人が投票に行くか」という問いに答えを出してみることにした。人は、友人や家族のあいだの多くのやりとりによって投票の決断を左右されることもあるし、知り合いの行動を目にするだけで感化されることもある（あの人は投票するのだろうか？　コミユニティーやグループの活動に参加するのだろうか？　庭に政治的なポスターを掲げているだろうか？）。さらには、政治問題について知り合いとおしゃべりすることで触発される場合もある。偶然の出会いですら、何らかの影響を持つ可能性がある。ハックフェルトはこう書いている。「研究者が無視してきた親密とは言えないやりとりも、政治的な影響力を持つ場合がある。その相手は、裏庭のフェンスの向こうを歩いている人だったり、散歩中にたまたま会った人だったり、スーパーのレジに一緒に並んでいる人だったりといろいろだが、親しい人である必要はない」[13]

選挙に関するいくつかの研究によれば、人は政治の話をごく限られた相手としかしないのが普通だ。ある研究で、被験者に「話し相手」を挙げてほしいと求めたところ、話題にかかわらず五人以下という答えが約七〇％を占めたという。[14] 被験者によると、それぞれの話し相手と週に三回くらい話すそうで、大半の人が政治について「ときどき」あるいは「頻繁に」語り合うとしていた。選挙のことが常に頭にあるわけではないが、選挙運動には注目しているという答えが多かった。選挙直前の数ヵ月は特にその傾向が強い。私たちはさまざまな情報源から得たデータをもとに、選挙運動の最盛期、つまり人びとが投票するかどうか決めようとしている時期、回答者たちは二〇回くらい話し合うものと見積もった。だが、人びとが影響を与え合う機会はおそらくもっと多いだろう。インディアナポリス／セントルイス選挙調査では、かなりの割合の回答者（少なくとも三四％）が、自分の支持する候補者に投票するよう誰かを口説いた経験があると答えている。多くの人が、他人が自分を真似る可能性は高いと思っているようだ。こうした努力は有権者の選択に影響を及ぼすためのものだが、一方で選挙が大切か否かについてメッセージを伝えてもいる。これが、大統領選挙日に足を運ぼうという人びとの決定を左右する可能性もある。

だが、他人に影響を及ぼそうとするこうした試みは成功するものだろうか。相手が真似をすれば、社会的につながっている二人のあいだに行動の相関性があることがわかる。実はそれこそ、投票率を論じる際に私たちが考えているものだ。同じ行動を引き起こすそれ以外の要因、たとえば、同じような収入、教育水準、イデオロギー、政治への関心度といったものを考慮してもなお、一般的な被験者の場合、話し相手が投票すると自分も投票する可能性が一五％程度高くなる。だが、こうした影響はネットワークのほかの部分へとさらに広がっていくだろうか。直接つながっている人同士だけでなく、共通の友人を介して間接的につながっている人同士にも相関性があることがわかっている。言い換えれば、あなたが投票すれば、あなたの友人の友人が投票する可能性も高くなるのだ。

投票行動を研究する学者が必ず気づくのは、人は似た考え方のグループに分かれる傾向があるということだ。結果として、大半の社会的絆は関心を共有する人同士で結ばれることになる。イデオロギーや社会階層に基づく関心を持つ人は、似た考え方の人が近所や職場にいなければ、そうした環境から離れたところで人間関係を築くことが多い。インディアナポリス選挙調査では、回答者の友人のほぼ三人に二人が同じイデオロギーを持っていた。実際、最近のアメリカの選挙ではこうした現象がさらに広範囲に見られる。共和党支持者の多い「赤の州」と民主党支持者の多い「青の州」の二極化が進んでいるからだ。

イデオロギーの二極化は全体の投票率には影響しない。だが、自分の応援する候補者への一票が大量の票に化けるかどうかのカギとなる。全住民のあいだでリベラル派と保守派が完全に混ざり合い、隣り合って住んでいるものとしよう。すると、投票のカスケードによって、両派に属する人が投票所に出向く可能性は等しくなる。あなたが保守派だとしても、リベラル派の友人があなたを真似して投票に行き（あなたを困らせるだけのためかもしれない！）、その人のリベラル派の友人が彼を真似し、さらにその人の保守派の友人が彼女を真似して投票に行く。したがって、この投票のカスケードが勢いを失う頃には、あなたの一票は同数のリベラル派と保守派に投票を促したことになる。リベラル派の候補者に二票、保守派の候補者に二票というのが最終的な結果なので、バランスのうえでは何も変わらない。ところが二極化が進んでいると、投票のカスケードを通じて似た考え方の人が影響を受け、あなたの支持する候補者への票が上積みされる可能性が高い。友人が保守派で、その人の友人も保守派、そのまた友人も保守派だとすれば、あなたが投票すると決めただけで保守派の候補者に四票が上積みされる一方、リベラル派の候補者の得票は変わらない。投票すれば応援する候補者への支持が大きく増えるとわかっていれば、右派と左派が混ざって自分の一票の重みが帳消しになってしまうと思っている場合より、投票する意欲も湧くだろう。つまり、イデオロギーが二極化した状況では、投票を促せる似た考えの持ち主の人数に応じて、投票のインセンティブが大きくなりやすいのだ。

私たちは、政治的な相互作用を促す現実のネットワークについて、ハックフェルトとスプレイグから学んだことすべてを活用し、一つのコンピュータ・モデルをつくりあげた。ある人が投票を決意した場合、ネットワーク全体に何が起こるかをシミュレートするモデルである。[15] ネットワークのメンバーはすべて、自分とつながっている相手に影響を与える努力をするよう各シミュレーションを設定した。こうした条件下で、シャンプーのコマーシャルのように、一票が二票、二票が四票、四票が八票と増えていくカスケードを観察してみた。このシミュレーションを何百万回も繰り返すと、投票のカスケードが起こる可能性と、ある人が自分の行動を通じて影響を及ぼせる人数がはじき出せた。

その結果は驚くべきものだった。一人の投票が野火のように広がり、一〇〇人にも及ぶ投票のカスケードが発生する場合があるのだ。通常、人びとが直接つながっている相手は三人か四人にすぎないというのに。平均すると、一人が投票を決めれば、それに触発されて約二人が投票に行くことになる。そのうえ、リベラル派はリベラル派と、保守派は保守派とつきあう傾向があるため、これらのカスケードを通じて同じ投票行動をとる人の数が大きく増える。たいていの場合、一人が投票すれば、さらに二人以上が同じ候補者に票を投じたのだ。こうしてみると、人びとが似たようなイデオロギーを持つ人とだけ仲良くなり、二極化が進めば進むほど、政治に参加しようという意欲は高まるように思える。二極化は悪で投票率の上昇は善だと考える人にとって、これがジレンマであることは間違いない。

面白いことに、このコンピュータ・モデルでは、投票者の総数はカスケードの広がる距離にほとんど影響しなかった。私たちは当初、投票者の総数が増えればカスケードの規模は大きくなるものと思っていた。影響を受ける人の数が増えるからだ。しかし、投票のカスケードはそもそも局所的な現象であり、各人から数次の隔たりしかない狭い範囲で発生することがわかったのだ。「三次の影響のルール」にも示されているように、一人が大勢に与える影響力は、ネットワーク内のほかの全メンバーが発する影響力と打ち消し合い、制限されてしまうのである。

現実世界の投票率

たいていの人はこういぶかるものだ。現実の世界にとって、こんなコンピュータ・モデルに意味があるだろうかと。投票のカスケードを目にした人がいない以上、どうすればその存在を証明できるというのか。ひょっとしたら、モデル作成者の想像の産物にすぎないのではないか。

このモデルから生じるさまざまな結論は筋が通っていたし、すでに世に認められていたものが多かった。投票するよう訴えかける頻度が高いほど、相手が投票する確率も高くなる。これは当然である。私たちが必要としていたのは、重要でありながら直観に反する結論をデータで実証することだった。実際、コンピュータ・モデルによるある予測は実に理解しがたく、これまで政治学者が考えたこともないものだった。それによると、カスケードの規模が最大になるのは、推移性が中程度のグループ（友人同士がたがいに知り合いであるグループ）に属す人からカスケードが始まる場合だというのだ。推移性が高すぎるとグループは世界から孤立してしまうし、推移性が低すぎると組織がまとまらず、メンバーの行動を強化できないのだろう。人は、すべての友人がどうつながっているかを正確に知らなくても、友人が自分たちのグループ以外の人に接触できるかどうかはわかるのではないだろうか。

したがって、投票のカスケードを生み出すのに最適な位置があるとすれば、現実の世界でその位置を占める人が投票する可能性は高いはずだ。多くの人に影響を及ぼしやすい立場にあるのだから、それを利用しない手はない。同じ理屈から、こうした人たちが他人に投票を促す可能性は高いものと予想される。結局、私たちがインディアナポリスとセントルイスのデータを調べて発見したのは、まさにこのことである。投票する可能性が最も高いのは、推移性が約〇・五（友人の半数が友人同士）という人だった。友人同士が知り合いでない人が投票する可能性はもっと低かったが、仲間同士で固まっている人も同じだった。私たちはこうした結論を最近になって確証した。また、ネットワークと投票行動に関するギャラップ社の全国調査においてもまったく同様の結果を確認している。

こうした知見は、ロバート・パットナムらの政治学者による提言と根本的な部分で矛盾する。彼らは「社会資本」がアメリカの民主主義の健全性に及ぼす影響を研究している。[16] パットナムは、密度の高いネットワークの絆が情報の流れを促進し、社会レベルでの互恵性を増大させると説く。全員の目が全員に届くからだ。つまり、人と人との緊密なつながりは社会にとって望ましいことなのだ。ところが、私たちの研究によれば、ある段階でネットワークの推移性が高まりすぎると、規範や情報はグループ内をぐるぐる回るだけとなり、グループ間を伝わらなくなってしまう。ブライアン・ウッツィが調査した学者やブロードウェイのプロデューサーのグループのように（第5章を参照）、民主的な社会の市民は「スモールワールド」で最も力を発揮する。スモールワールドでは、友人同士が知り合いの場合もあれば、そうでない場合もあるのだ。

私たちのコンピュータ・モデルは、投票のカスケードが実在する間接的な証拠を初めて示したものだが、その後まもなく直接的な証拠が現れた。二〇〇六年、ノートルダム大学のデイヴィッド・ニッカーソンという政治学者が、コロラド州デンヴァーとミネソタ州ミネアポリスの町に赴き、投票のカスケードについて斬新な実証研究を行ったのだ。[17] 実験者たちは家庭を一軒ずつ歩いて回り、二人世帯の人たちと接触を図った。各家庭には「処置」のメッセージと「対照」のメッセージをランダムに割り振った。処置の場合、実験者は玄関で対応してくれた人に次の選挙で投票するよう呼びかけた。対照の場合はリサイクル活動を呼びかけた。ニッカーソンは玄関に出て実験者と話したのは誰かを記録し、選挙が終わってから、誰が投票して誰が投票しなかったかを調べてみた。

有権者と接触するという調査は少しも珍しくないし、投票を勧める運動が実際に効果があることは広く知られている。したがって、玄関で投票の訴えを聞いたデンヴァーとミネアポリスの住民が、リサイクルの訴えを聞いた住民とくらべて約一〇%多く投票したのも不思議ではない。しかし何よりの驚きは、玄関に出なかった人の行動だ。このもう一人の家族も約六%多く投票に行ったのである。つまり、玄関に出た人に対する影響の六〇%が、出なかった人にも伝わったことになる。

こうした間接的な影響がネットワーク全体にどう波及するものか、ちょっと考えてみよう。ニッカーソンの独創的な調査で明らかになったのは、投票を勧める一度きりの訴えによって、政治行動は変わりうるということだ。実験者からのこうした訴えは、投票を勧めるメッセージを聞いた人へ、さらにはメッセージも聞かず、実験者にも会わなかった人へと広がる。しかし、そこで止まるわけではない。玄関に出なかった人もまた、ほかの友人や家族に影響を及ぼすかもしれないのだ。とはいえ、影響が次の人に伝わる際、その強さは同じではないはずだ。伝言ゲームのように、人から人へ伝わるにつれてメッセージは霞《かす》んでいく。そこで、影響はどの二人のあいだでも同じように弱まり、各段階で一〇〇%から六〇%になるものとしてみよう。すると、最初にメッセージを聞いた人が投票に行く可能性が一〇%高まれば、二人目は六%、三人目は三・六%、四人目は二・一六%、と波及していくことになる。

大した変化ではないと思えるかもしれない。だが、伝染の効果が段階ごとに弱まるのに対し、影響を受ける人数は指数関数的に増えることを忘れないでほしい。どの人にも二人しか友人がいない世界であれば、投票する可能性が一〇%高まる人は二人しかいない。だが、投票する可能性が六%高まる人は四人、三・六%高まる人は八人、二・一六%高まる人は一六人、といった具合に増えていくのである。デンヴァーやミネアポリスくらいの規模の都市について計算してみると、たった一度投票を勧めただけで新たに約三〇人が投票に行くという結果になる。三〇人あまりに投票を勧めれば、一気に一〇〇〇人を投票所へ向かわせることができる。

もちろん、現実の社会的ネットワークでは、友人の数は二人より多いのが普通だ。よって、私たちの行動に強い影響を受ける人の数も多い。もっとも、先に述べた通り、友人の多くはすでにたがいに顔見知りである。そのため、伝染の効果は同じ人たちのあいだをめぐっているだけで、社会的に遠く離れている人には届かない。さらに、メッセージはニッカーソンの発見よりずっと早くぼやけてしまう場合もある。現実の社会的ネットワークのこうした特徴のうち、どの影響が大きいかを言うのは難しい。だが、ニッカーソンの研究は、投票するという個人的な決断から大きなカスケードが生じる可能性があることを教えてくれる。

市民の務めを果たす

こうした結論が出たいま、人はなぜ投票するのかという問いはどこまで解明されただろうか。投票のカスケードが存在する以上、アンソニー・ダウンズやウィリアム・ライカーらが提唱したような投票の合理的モデルは、投票がもたらす利益を過小評価していたことになる。私たち一人ひとりは一票しか投じられないとしても、実質的には数票を持っているのであり、選挙結果に与える影響もずっと大きいと思われる。また、一人が多くの人に影響を与えられるという事実は、市民としての強い義務感を持つ人がいる理由を説明しやすくしてくれる。投票は当然だという規範を知り合いに植えつけるのは、彼らを投票に行かせる一つの方法だからだ。こうした投票の義務を主張しない人は、自分と似た意見を持つ人に影響を与える機会をみすみす逃しているのであり、支持する候補者に残念な結果をもたらしがちだ。大規模な選挙区では、結果に対する最終的な影響は微々たるものなので、投票の義務を主張する人に有利な力は生じないかもしれない。しかし、アレクシ・ド・トクヴィルが二〇〇年ほど前に指摘したように、投票という市民の義務は、もともとは町民集会などのずっと小さな政治的な場に端を発したものだ。こうした場では、数人が投票行動を変えれば結果は大きく違ったはずである。[18]第7章で述べるように、社会協力の起源は実際にはさらに古い。

投票は当然だという規範は深く根づいているらしく、多くの人は世論調査員に本当のことを言わない。通常、投票したと言う人の二〇%から三〇%が、実は投票していないのである。どうしてわかるのだろうか? アメリカの投票は無記名式だが、投票に行ったかどうかは公式の記録に残されている。したがって私たちは、誰が投票に行き誰が行かなかったかについて、すばらしい公式情報を手にしているのだ。投票者数の過大報告の問題は、政治学者のあいだでは広く知られており、大学の授業でもよく取り上げられるテーマだ。[19]政治学入門の授業で、投票に行かなかった者は手を挙げるよう学生に言うと、面白いことが起こる。手を挙げる学生はたいてい四分の一にも満たないのだが、彼らは正直者だ。投票記録を見れば、おそらくクラスの半数以上が投票していないことがわかるからである。

人はどうしてこんな嘘をつくのだろうか。一つの可能性は、社会的制裁を恐れているからというもの。もう一つは、自分の政治的な行動が他人に影響を及ぼすと信じているからというものだ。あなたは投票に行くと周囲に言いながら、実は家にいるとしよう。するとどうなるだろうか? 一般的に言って、仮にあなた自身が投票に行かなくても、あなたの行動によって投票率は上がるはずだ。そればかりか、投票に行こうと決める人の大半は、あなたと同じイデオロギーを持っている可能性が高いから、あなたは投票所に行かずして支持する候補者の得票を増やせる。人が投票に関して嘘をつく理由は、こうして説明される。だが何より重要なのは、人が投票する理由がいまや根本的に説明されていることだ。人はつながっており、つながっているからこそ投票するのが合理的なのである。

凡人から権力者へ

社会的ネットワークから影響を受ける政治的プレーヤーは、有権者だけではない。むしろ、政治家、ロビイスト、活動家、官僚などの属すネットワークのほうが、私たちが自分の律し方を決めるのにずっと重要である。実際、私たちは地元選出の議員に人とのつながりをしっかり築いてほしいと願っている。そうすれば他人に影響を及ぼせるからだ。政治家は重要人物との関係を宣伝するのが普通である。どんな握手の場面も念入りに撮影され、候補者が有力者や富豪と親しげにしている写真が多くの選挙運動で使われる。自分には仕事をなしとげる力があるとアピールするためだ。

だが、有権者は自分たちの代表が悪質な人物とつながっていないかと心配してもいる。二〇〇五年末に連邦議会で起きた贈賄事件で、ロビイストのジャック・エイブラモフは票を買ったとして起訴された。多くのメディアが彼を、議会と「最高のつながりを持つ」ロビイストと呼んだ。当時の大統領だったジョージ・W・ブッシュをはじめ、下院議長のデニス・ハスタートや上院多数党院内総務のウィリアム・フリストといった政治家たちは、エイブラモフとの「つながり」の深さを恐れた。彼らは選挙運動の際に受け取った寄付を返し、エイブラモフとともに時間を過ごしたことを否定したうえ、ほかのロビイストとの接触すら控えるようになった。スキャンダルにかかわったロビイストや議員に何かしら影響されていると見られるのを避けるためだ。

ここで、有権者の調査の際には存在しなかった問題が起こる。政治家は絶えず注目されていることを知っているので、自分の属す社会的ネットワークを偽ろうとするからだ。政治家が大統領と一緒に写っている写真を披露したとしても、大統領のほうはその人物を知らないかもしれない。政治家は有力なロビイストやセクシーなインターンとの関係を、宣誓して事実を白状せざるをえなくなるまで隠そうとする。選挙での勝利を考えて友人を（さらには配偶者さえ）選ぶこともある。つまり、やり手の政治家は政治的メリットのために自分の属すネットワークを操作する傾向があるのだ。よって、有権者を調査したのと同じ方法で政治家を調査するのはほぼ不可能である。ある有権者の友人を知りたければ、有権者本人に聞けばいい。嘘をつく理由などないに等しいからだ。しかし、政治家の人間関係を知りたいなら、もう少し巧妙な手を使う必要がある。

文書の足跡をたどる

立法府の議員が友人や敵のリストを大々的に宣伝することはない。だが、膨大な記録文書が残っているので、そこに手がかりを求めることができる。政治家同士の関係を明らかにしようとする初期の試みでは、つながりの定義として、点呼投票で議員が同じ票を投じる頻度が用いられた。たとえば、民主党のヒラリー・クリントンとバラク・オバマがいつも同じ法案に賛成票を投じていれば、二人はつながっているし、ことによると友人かもしれないと考えるのだ。だが、二人が賛成票を投じるとしても、どの法案を通すべきかという点で意見が同じだけかもしれない。クリントンとオバマがともに健康保険法案に賛成票を投じるとしても、たがいに口を利かない仲という可能性もある。こう考えると、点呼投票は個人的な関係というよりイデオロギーを示すものと捉《とら》えたほうがよさそうだ。その後、政治学者のキース・プールとハワード・ローゼンタールがきわめて高度な手法を開発した。おかげで、投票記録を利用すれば政治家のリベラル度と保守度が測れることがわかっている。[20]二人が突き止めたところによると、民主党員と共和党員のイデオロギーの溝は深いし、ますます深まっているが、だからといって友人としての溝も深まっているわけではないという。点呼投票を頼りに上院議員と下院議員の社会的ネットワークを探ろうとしていたら、私たちは超党派の無数のつながりを見逃していたことだろう。すでに知られているこの種のつながりとしては、民主党のパトリック・レーヒーと元共和党のアーレン・スペクターの親交が挙げられる。

私たちは、点呼投票とは別のある活動に注目することにした。上院や下院に法案が提出されると、提出した議員は「提案者」と呼ばれる。ほかの議員はその後、「共同提案者」として法案に署名し、支持を表明する機会を得る。提案者は、長い時間を費やして共同提案者を募る場合が多い。直接会ったり手紙を送ったりして、ほかの議員に支持を訴えるのだ。そんなことをするのも、法案が通過する可能性を高めたいからというだけではない。選挙での勝利にも役立つからなのだ。提案者はまた、本会議、公開討論、有権者あての手紙、選挙運動といった場で、自分の法案の共同提案状況によく言及する。たとえば、上院議員時代のバラク・オバマは、政府の透明性に関する法案を通過させるべく同僚議員を説得しようとした際、「四〇名を超す議員が共同提案者となってくれました」と訴えた。[21]

共同提案という行為は、議員同士の社会的ネットワークについて重要な情報を含んでいる。たとえば、共同提案者が法案の起草や通過に手を貸すようなケースでは、提案者と共同提案者が時間をかけて協力関係を築いていることは明らかだ。一方で、共同提案者は支持する法案に署名するだけというケースもある。この場合、提案者と共同提案者に個人的なつながりがないこともありうる。とはいえ、議員が共同提案者となる決断を下すとすれば、提案者とのあいだに何らかの個人的関係がありそうだ。関係が親密であればあるほど、提案者が支持を直接頼んだ可能性が高い。さらに、共同提案者が提案者に信頼を寄せていたり恩義があったりすれば、署名する可能性は高くなる。総じて、共同提案のあり方は議員同士の社会的つながりを調べる格好の手段なのだ。

共同提案のネットワークをめぐる私たちのプロジェクトは、大規模に収集された新時代のデータを活用した政治学研究の先駆けとなった。[22] アメリカ議会図書館には、連邦議会に提出された法案が逐一記録されている。そこで私たちは、一九七三年以降に上院と下院に出された二八万件以上の法案を調べてみた。これらの法案に含まれる共同提案の数は、およそ八四〇〇万にも及んでいた。このデータを使えば、提案者がほかの議員からどれだけ支持を取りつけたかを測る方法はいくつもある。最も簡単なのは、各提案者が取りつけた共同提案の総数を数えることだ。政治家の影響力が大きいほど、同僚に法案を支持してもらうのも簡単なはずである。

面白いことに、私たちがこの客観的な手法を使って初めて影響力を測った当時、最大の影響力を振るっていた議員は、カリスマ的というより堕落した人物だった。二〇〇三〜二〇〇四年の下院の会期中、最も多くの支持を取りつけたのはランディ・「デューク」・カニンガムだった。南カリフォルニア選出の下院議員で、『ワシントン・ポスト』紙の表現を借りれば「現代の議会の歴史上最も恥知らずな贈収賄の謀略」にかかわっていた人物だ。[23] カニンガムは軍事企業のCEOであるミッチェル・ウェイドに自宅を売却し、ウェイドは実際の価格よりもはるかに多額の代金を支払った（ウェイドはその家をすぐに転売したが七〇万ドルの赤字だった)。まもなく、ウェイドは数百万ドル単位の軍事契約を受注するようになった。カニンガムはウェイドの所有するヨットで暮らしており、『ウォールストリート・ジャーナル』紙によれば、軍事契約と引き換えに、売春婦、ホテルの客室、リムジンなどを提供されていた。結局カニンガムは、脱税、受託収賄、郵便詐欺、電信詐欺の罪を連邦裁判所で認め、懲役一〇〇ヵ月の判決を受けた(アメリカの元下院議員に言い渡された刑としては最長)。

データからわかるもう一つの面白い特徴は、相互支援の充実度だ。共同提案者を引き受けることが、本当に個人的な関係を物語っているとすれば、そこには多くの相互依存関係が見いだせるはずである(「魚心あれば水心あり」)。そこで、ある議員がほかの提案者の法案を共同提案した回数を調べてから、この提案者がお返しをした回数とくらべてみた。すると案の定、たがいに共同提案者となり合った割合はきわめて高かった。上院議員の「結束の固い仲間同士」のネットワークでは特にそうだ。こうした図式は一九七〇年代初期からずっと変わっていない。

共同提案は二人がうまくやっていることの証《あかし》なのだから、これを利用すればネットワーク全体についても何かが言えるはずだ。ここ数年、アメリカでは民主党と共和党への二極化がますます進んでいるという見解がある。それが本当なら、党の垣根を越えた共同提案者/提案者という関係は、党内の共同提案者/提案者という関係とくらべて、時とともに減っているはずだ。

民主党員は同じ民主党員としか仕事をせず、共和党員は同じ共和党員としか仕事をしないネットワークを想像してみよう。次の図では、民主党員と共和党員がまったく別個のコミュニティー(モジュール)を形成している。いま、数人の民主党員が二つのモジュールを隔てる通路を渡りはじめる、あるいは逆に、数人の共和党員が通路を渡りはじめるものとしてみよう。すると、このネットワークの

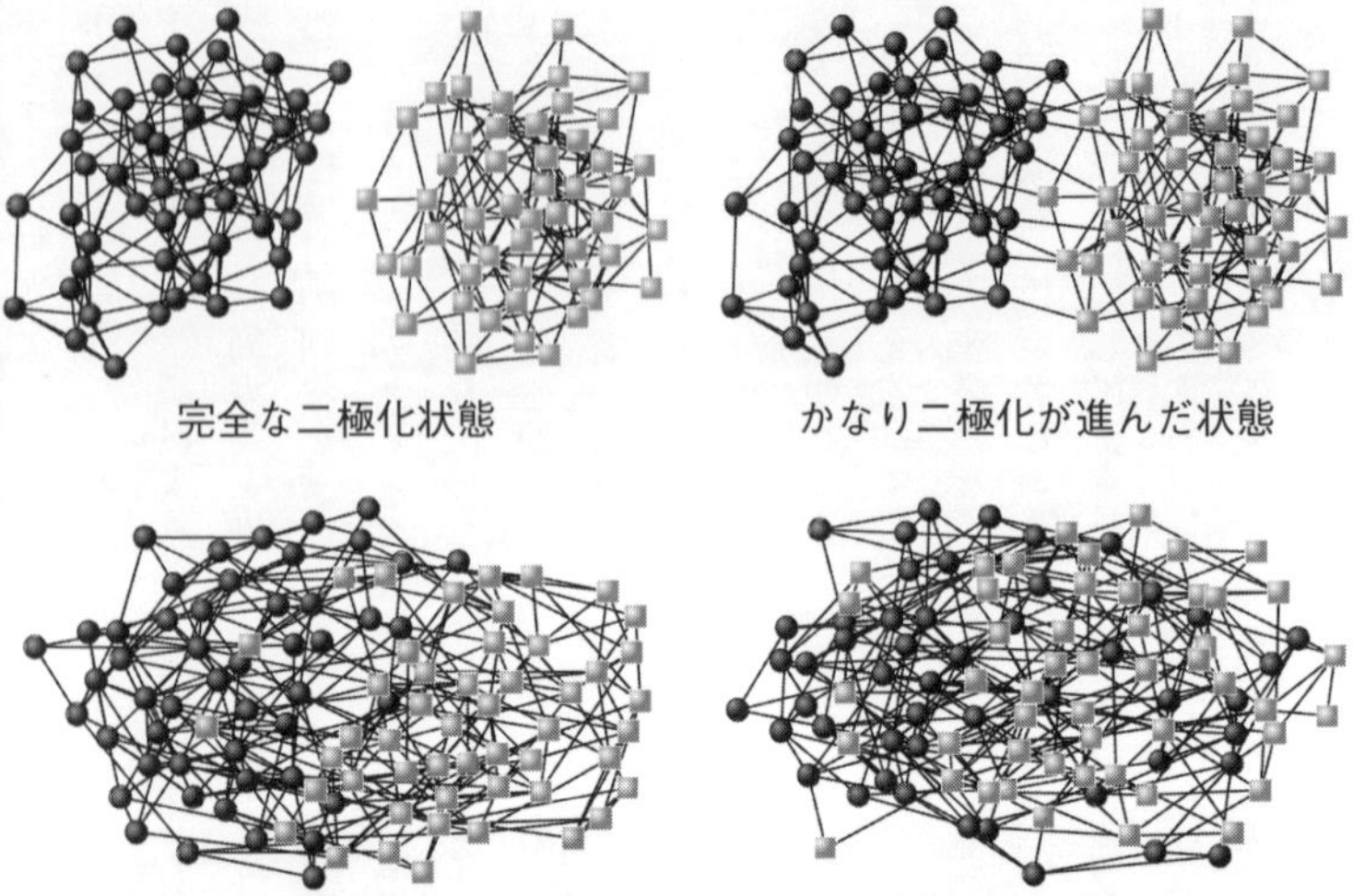

アメリカの上院議員100人が、どれほど二極化しうるかを仮想ネットワークで表したもの。黒い円は民主党員を、灰色の四角は共和党員を示す。線は協力関係を示す。

モジュールが崩れてくる。一緒に仕事をしない二つのグループという明確な色分けが曖昧になってくるのだ。極端な場合、民主党員はほかの民主党員と仕事をするのと同じ頻度で共和党員とも仕事をするし、またその逆のパターンになることもある。すると、全体が一個の大きなネットワークのようになり、モジュールの区別がつかなくなる。つまり、ネットワーク内のモジュールがきれいに分かれていればいるほど、二極化が進んでいるということだ。

物理学者のマーク・ニューマンは、モジュール化の度合いを測り、社会的ネットワークの密なコミュニティーを見つけるための精巧なアルゴリズムを考案した。私たちはその一つを用いて、アメリカの上院と下院の二極化が時間とともにどう変化したかを調べてみた。[24] その結果わかったのは、一九八〇年代末から一九九〇年代初めにかけて二極化が急速に進んだものの、その後は横ばいに転じたということだった。急激な二極化の原因は、下院議長のニュート・ギングリッチと「共和党革命」にあったという意見がある。ギングリッチおよび同じ共和党員のトム・ディレイとビル・フリストは、一九九四年の中間選挙で「アメリカとの契約」という公約を掲げ、共和党を圧勝へ導くと、党内の年功序列制を廃して委員会における新人議員の権限を強化した。さらに、下院の支配権を維持するため、テキサスをはじめとする諸州で共和党の強い地区を統合した。だが、私たちのネットワーク分析によれば、二極化は一九九四年よりかなり前から急速に進みはじめていたことがわかる。共和党員たちは党派の断絶に一役買ったかもしれない。だが、社会的ネットワークから得られる証拠によれば、一九九四年のリーダーシップの変化は、政治システムの二極化へ向かう大きなうねりの一部にすぎなかったのだ。

アメリカがきわめて二極化しているのは確かである。しかし、不幸や太りすぎと同じで、いつまでもこの状態がつづくわけではない。知識は力である。よって、ネットワークの働きを知ることは、潜在的な問題の解決へ向けての第一歩なのだ。一九九〇年から九二年にかけて、学者が共同提案者のネットワークの二極化を突き止めていれば、国民は議会の社会的ネットワークの変化にいち早く気づいていたかもしれない。そうすれば、その後一〇年間の政治情勢を混乱させた激しい戦いをもっとうまく避けられたのではないだろうか——少なくともネットワークに起因する部分に関しては。たとえば、一九九二年の民主党の指導者層が、モジュール間の通路を渡れば政治体制の大規模な変化を防げると知っていたらどうだろう？　彼らは必死になってそうしようとしたはずである。何しろ、その変化のせいで一二年間も権力の座から遠のくことになったのだから。

つながりの最も多い政治家は誰？

社会的ネットワークの理論家たちは、社会的な絆に関する情報を用いて、グループのメンバーの相対的な重要度を測る方法をあれこれ提示してきた。ところが、そのどれ一つとして、ここで手に入るもう一つの情報を活用していない。つまり、議員同士の関係の強さだ。

意外なことだが、議会における社会関係を測るのに最適なのは、最も支持が少ない法案である。なぜだろうか？ 共同提案者がやたらに多い法案（政治学者は「きわめてアメリカ的な」法案と呼ぶこともある）の場合、提案者と何の接点もない議員に支持されることも珍しくないからだ。たとえば、エドワード・ケネディが提出した「イラクとアフガニスタンで命を落とした米軍兵士を讃える」法案には、九九人もの上院議員が署名した。反対に、共同提案者が数名しかいなければ、提案者と共同提案者が一緒に作業したり、おたがいをよく知っていたりする証拠だ。たとえば二〇〇三年、ヴァージニア州選出の下院議員エドワード・シュロックは、ミズーリ州選出のトッド・エイキンが提出した法案の唯一の共同提案者となった。二人の個人ウェブサイトを見れば、シュロックとエイキンが下院中小企業委員会で一緒に仕事をしており、たがいの協力関係に言及していることがわかる。

こうして、私たちは共同提案者の少ない法案の署名を利用することにした。議員同士のつながりを推測し、支援関係のネットワークを描き出したのだ。このネットワークを調べてみると、「人の意見は立場次第」ということわざの正しさを確認することになった。公務のうえで協力することになっている人たちは、党が違っても親密になりがちなのだ。多数党院内総務と少数党院内総務はきわめて強固な関係にあることが多いし、委員会の委員長とライバル党の委員長も同じである。また、同じ州や近隣地区から選出された議員同士も強く結びついていることがわかった。だが、ときとして、他党の議員との親交は党を鞍替《くらが》えする前触れともなる。ペンシルヴェニア州選出の共和党上院議員だったアーレン・スペクターは、二〇〇七年と二〇〇八年の会期で民主党員との関係がきわめて深かったため、私たちは当初、データを集める際に所属政党を間違えたのかと思ったほどだった。ところが結局、ネットワークはスペクターがまもなく党を鞍替えする可能性が高いことを物語っていたにすぎなかった。二〇〇九年初め、彼は民主党へ移籍した。

私たちは個人的な関係も発見した。たとえば、上院議員のジョン・マケインとフィル・グラムのあいだには、公務上の関係も地理的な接点も存在しなかった。いくつかの重要問題について、二人が異なる投票をした記録も残っていた。ところが、共同提案者のネットワークを調べてみると、二〇〇一年と二〇〇二年の会期に両者がとても親しかったことがわかる。一九九六年にグラムが大統領選に出馬した際には、マケインが選対委員長を務めたこともわかった。また、マケインはグラムとの親交について公に語ってもいた。こうしたつきあいが始まったのは、共に下院議員だった一九八二年のことだったという[25]。やはりそうだったのだ。文書による足跡が、まさに私たちが見つけ出そうとしていたネットワークに導いてくれたようだった。

反対に、共同提案者のネットワークを利用して個人的な敵を見つけることもできる。議員によっては、イデオロギーが近いのに相手を憎んでいる場合がある。ビジネス上のトラブル、性的なだらしなさ、その他何らかの個人的ないざこざのせいかもしれない。

ニュージャージー州選出の民主党上院議員、フランク・ローテンバーグとロバート・トリチェリの仲の悪さは伝説になっている。一九九九年、民主党上院議員による非公開の党員集会で、ローテンバーグはトリチェリを激しく非難した。同僚の民主党上院議員よりもクリスティン・トッド・ホイットマン（当時、共和党のニュージャージー州知事）に親しみを感じると記者に語ったことを責めたのだ。トリチェリは激怒して立ち上がり、無作法にもこう叫んだ。「このクソったれめ、貴様のタマをちょん切ってやる！」[26]。当然ながら、イデオロギー的にも地理的にも近いこの二人が、おたがいの法案の共同提案者になることはほとんどない。

共同提案者のネットワークを調べれば、そこに属す議員同士がどれくらい深くつながっているかがわかる。このネットワークの中心には、トム・ディレイ、ボブ・ドール、ジェシー・ヘルムズ、ジョン・ケリー、エドワード・ケネディといった面々がずらりと並び、さながら政界紳士録である。これらの議員に関する情報は、法案の共同提案者になっているということ以外、このネットワークからはいっさいわからない。それにもかかわらず、どの人物に最も影響力があり、どの人物がさらに高い地位に就けそうかは一目瞭然である（私たちの最近の研究では、ヒラリー・クリントン、ロン・ポール、トム・タンクレド、デニス・クチニッチといった人たちが上位二〇人に名を連ねている）。すべてのデータを検討すると、最も得点が高い議員は、二〇〇八年の大統領選挙に共和党から出馬したジョン・マケインである。

だが、議員の順位をつけたり名前を挙げたりする目的は、誰が一番の大物かという争いを仲裁することだけではない。私たちがネットワークを構築してその中心人物を観察したのは、ネットワークの構造が重要だという主張の妥当性を試したかったからである。ネットワークを一見すれば、党の指導者、委員会の委員長、人脈の豊富なその他の人びとが特定できるように思える。共同提案者のネットワークにおいて、ほかの有力議員と広く深くつながっているおかげで支持を得やすい議員は、議場から生まれる政策をまとめやすいはずだ。事実その通りである。[27] 下院の場合を見ると、ネットワークの中心にいる議員は、周縁にいる議員とくらべて三倍も多く修正法案を通過させていた。上院の場合、その差はさらに大きい。ネットワーク上のつながりが密な上院議員は、七倍も多く修正法案を通過させていたのだ。

法案は立法の手続きを踏むから、提案者が社会的ネットワークとしっかりつながっていれば、その策定に大きな違いが出る。だからといって、その法案がうまく可決されるかどうかはわからない。上院議員も下院議員も好きなだけ修正案を追加できるが、最後に否決されればすべては水の泡だ。ほかの議員とのつながりは、議場での最終投票の結果にどこまで影響するのだろうか。多くのつながりを持つ議員のほうが影響力を持つとすれば、彼らが提出する法案にはより多くの賛成票が集まるはずだ。そうでないとしたら、つながりが多いことにそもそもどんな意味があるのだろうか。

私たちは、社会的ネットワーク上の立場が点呼投票にどう影響するかを調べてみた。すると、平均的な議員とくらべ、最もつながりの多い下院議員は一〇票（下院議員の総数は四三五人）、最もつながりの多い上院議員は一六票（上院議員の総数は一〇〇人）を余計に集められることがわかった。大した数ではないと思えるかもしれないが、点呼投票の多くが僅差で決着することを考えてほしい。法案の提案者の持つつながりが「平均」から「きわめて多い」に変われば、最終投票の結果は、下院で一六％、上院で二〇％もひっくり返ることになる。つまり、ある法案をネットワークの中心にいる人物が提出すれば可決されるが、同じ法案をそうでない人物が提出しても否決されるということだ。つながりは大切なのである。

政治的影響のネットワーク構造

有権者と政治家に加え、ロビイストや活動家も社会的ネットワークの一員である。彼らはネットワークの効率性に大きな影響を及ぼす。よく知られているように、ロビイストは政治的考えの近い議員とつきあう傾向がある。だとすれば、彼らはいったい何をするのだろうか。結局のところ、ハリバートン社のロビイストはディック・チェイニー〔訳注　ハリバートン社の元CEO〕の心を変えようとはしないし、シエラクラブ〔訳注　一八九二年設立のアメリカの自然環境保護団体〕の代表がアル・ゴアを変えることもない。そんな必要はないからだ。議員に圧力をかけるというのがロビイストの一般的なイメージだが、実際には似た者同士で過ごす時間のほうが長い。まさに類は友を呼ぶ、である。

政治学者のダン・カーペンター、ケヴィン・エスターリング、デイヴィッド・レイザーは、エネルギー・ロビイストと保健医療ロビイストの社会的ネットワークを詳しく調べてみた。すると、かなり微妙な実態が明らかになった。[28]ロビイストがイデオロギーの似た政治家と強い絆を結ぶことは確かだが、彼らの成功はネットワーク全体に左右されるのだ。たとえば、ロビイスト同士がコミュニケーションをとりやすいのは、相手との関係を第三者が仲介してくれるときである。さらに、ロビイストが政府の要人と接触しやすいのは、その人物とすでに顔見知りの誰かとつながっているときである。よって、こうした友人が多ければ多いほど都合はいい。だとすれば、最も成功を収めるロビイストは、権力者との弱い絆——つまり権力者を友とする友人——を最も多く持つ人ということになる。強い絆も役には立つが、弱い絆は潜在的なつながりの総数を大幅に増やしてくれるため、さらに役に立つのだ。求職者が弱い絆を利用するのと同じように（第5章を参照）、影響力を手にするには広範なネットワークに頼るのが手っ取り早い。実際、カーペンターらの発見によれば、ロビイストが要人と接触できるかどうかは、強い絆の数とはほとんど関係がないという。弱い絆のそれぞれが多くの弱い絆と結びつき、「豊かな者はますます豊かに」という力学が働くようになる。だからこそジャック・エイブラモフのような新星も生まれるのだし、腐敗が広くはびこる理由も説明しやすくなる。

ロビイストが政治システムにしっかりと根を下ろしているのに対し、活動家は必ずしもそうではない。アビー・ホフマンは「シカゴの七人〔訳注　一九六八年八月のシカゴ民主党大会で反戦デモを行い逮捕された七人〕」の一人で、一九六〇年代の活動家グループ、青年国際党（イッピー）の共同創立者だった。ホフマンは体制に反抗するよう仲間をけしかけ、マリファナの栽培法、クレジットカードの盗み方、鉄パイプ爆弾の製造法などを教えた。[29] アメリカの社会運動は、体制の内と外のどちらで変化を求めるかという問題をめぐって、真っ二つに分かれることが多かった。政治学者のマイケル・ヒーニーとファビオ・ロジャスは、体制の内側に留まる人もいれば外に飛び出す人もいる理由に興味を持ち、調査を始めた。すると案の定、社会的ネットワークが重要な役割を演じていることがわかった。

イラク戦争反対運動が盛り上がった二〇〇四年から二〇〇五年にかけて、ヒーニーとロジャスは、いくつかのイベントで二五二九人の活動家から情報を集めた。対象となったイベントは、二〇〇四年八月二九日にニューヨーク市の共和党全国大会会場の外で開かれた五〇万人規模の抗議集会、二〇〇五年一月二〇日にワシントンで行われたジョージ・W・ブッシュの二度目の大統領就任式に対する抗議集会、二〇〇五年三月一九日と二〇日にニューヨーク市、ワシントン、フェイエットヴィル（ノースカロライナ州）、インディアナポリス、シカゴ、サンディエゴ、サンフランシスコで催されたイラク戦争二周年を記念する反戦集会、二〇〇五年五月一日にニューヨーク市で開かれたメーデー集会、二〇〇五年九月二四日にワシントンで行われた三〇万人規模の反戦集会である。[30] それぞれのイベントに参加していた活動家に、抗議している理由と、集会に参加するよう連絡してきた団体の名前を答えてもらうと、交流ネットワーク全体の驚くほど詳細な構図が浮かび上がってきた。おかげで、ヒーニーとロジャスは二つの重要な結論を下すことができた。

第一に、活動家が認めようと認めまいと、彼らの行動はさまざまな党派的姿勢に応じて決まってくる。活動家は自分と同じ政党の人がいる組織に加わるものだからだ。「街角の党」は、政府を運営するような正式な政党とはいっさい無関係のつもりかもしれないが、結局は同じ党派的イデオロギーを持つ人を呼び込んでいるのだ。第二に、当然ながら、政治団体のネットワークの中心近くにいる活動家は、体制の内側で行動する場合が多い。市民的不服従といった手段ではなく、ロビー活動のような組織的な戦術を使うのだ。そのため、自分を民主党員だと思っている人は由緒あるシエラクラブには入っても、イッピーのような格の低い組織に加わる可能性はきわめて低い。イッピーは同じ目標を違う方法で実現しようとしているのかもしれないのだが。

活動はインターネットへ

私たちが投票に関するモデルを初めて発表したとき、投票行為は伝染するという考え方に、インターネット上の多くの活動家が大いに関心を寄せてくれた。なかでもグローデムズ・ドットコム（GROWdems.com）からはすぐに連絡があり、有権者に投票を促そうと彼らがつくった電子ブックにこの研究を取り入れたいとの申し出を受けた。一票の上積みが多くの得票へつながるとわかれば、目的や有効性に関するボランティアの意識が大きく向上するはずだと考えたのだそうだ。そうなれば、さらに多くの人びとが運動に手を貸してくれるかもしれない。サークルヴォーティング・ドットコム（CircleVoting.com）という別のオンライン・グループも、私たちの研究を利用するようになった。彼らのオンラインの社会的ネットワークに人びとをいざない、投票に行ってもらおうというのだ。

こうした活動はほんの一例にすぎない。インターネットとモバイルテクノロジーを駆使したオバマの選挙運動は、オンラインの社会的ネットワークの真価を示すものだ。オバマ陣営はユーチューブのような社会的メディアを利用して、お金をいっさいかけずに広告を打った。ネットユーザーが公式の選挙広告をオンラインで視聴した時間は、何と一四五〇万時間にものぼった。ちなみに、テレビの広告枠を同じ時間だけ買えば四七〇〇億ドルかかったはずである。オバマ陣営はネガティブな話題との戦いにもユーチューブを活用した。オバマが通う教会の牧師だったジェレマイア・ライト師が「神よ、アメリカに断罪を」と説教してニュースになったとき、旧来のメディアはその話に飛びついて数日にわたって放送しつづけた。一方オバマの支持者たちは、人種に関するオバマ本人のスピーチへのリンクをオンラインで転送した。それを見れば、オバマがライトと同じ意見だとは考えられない。ユーチューブでオバマの三七分間のスピーチを見た人数は、予備選のあいだだけで六七〇万人に達した。

ほかの候補もインターネットを通じて支持者を組織しようとしたが、これほどうまくはいかなかった。世論調査機関「ピュー・リサーチセンター」の発表によると、オバマの支持者はヒラリー・クリントンの支持者とくらべ、選挙運動中のスピーチや声明、選挙広告、候補者インタビュー、テレビ討論などをインターネットで見る割合が高かったという。また、インターネット経由で寄付する割合も高かった。[31]

世界各地の活動家も、大規模なデモを組織するのにインターネットを利用しはじめている。二〇〇八年一月、コロンビアのカリブ海沿岸の町バランキヤに住む三三歳の技師、オスカー・モラレスは、社会的ネットワークを活用して数百万人もの人びとを動員した。彼はソーシャル・ネットワーキング・サイトのフェイスブックで、五人の仲間（ヘクター、ホアン、ミゲル、マリッツァ、ガボ）とともにグループを組織し、ＦＡＲＣ（コロンビア革命軍）というゲリラによる人質の拘束に抗議を始めた。「ノーモア」というこのグループは、一ヵ月足らずのうちに二七万二五七八人ものオンライン会員を集めた。現実のデモ行進への招待状がサイバースペースに広がり、数週間のあいだに熱気はますます盛り上がっていった。ついに二〇〇八年二月四日、予定通り、世界各国で数百万人もの人びとが人質の誘拐と拘束に抗議してデモ行進を繰り広げた。コロンビアでは四〇〇近いイベントに四八〇万人が足を運んだ一方、隣国ヴェネズエラから、はるか彼方のスウェーデン、スペイン、メキシコ、アルゼンチン、フランス、アメリカに至る諸国でも、数十万人の人びとがデモに参加した。[32]

このコロンビアのデモからわかるのは、オンラインの社会的ネットワークには、蒔かれた種を育てる力があるということだ。たった一人から始まった運動が何百万人という人間を動かしたのである。もっとも、インターネットを通じた社会活動は、オバマの選挙運動やフェイスブックの出現のかなり前から始まっていた。インターネットの黎明《れいめい》期には、グレン・バリーをはじめとする人びとがこの新技術を利用して、政治的な主張について書いたり、運動を推進したりしていたものだ。バリーの「ガイアの森林保全アーカイブス」はインターネット上の日記であり、早くも一九九三年から環境関連の時事問題についてコメントし、森林の保護を政府に訴えてきた（現在もインターネットで読める）。その後まもなく、いろいろな人がさまざまな主張をブログで展開するようになり、ブロゴスフィア（ブログ圏）が誕生した。

インターネットを使えば簡単に情報を送れるので、ブロゴスフィアは人びとを政治的に近づけるはずだと考える人もいた。現代の諸問題について、ジェファーソン流の理想に近い民主的交流を通じて語り合えるのではないだろうか、と。ところが、ミシガン大学の物理学者であるラダ・アダミックは、こうした交流の驚くべき実像を示して見せた。それは、ジェファーソン流の理想とはかけ離れたものだった。[33]口絵6で、アダミックが作成したイメージ図を再現してある。二〇〇四年の大統領選挙の当時、右派と左派の著名ブロガーがつくっていたネットワークが描かれている。そこには、デイリー・コス、アンドリュー・サリヴァン、インスタパンディット、リアルクリアーポリティクスといった有名サイトが含まれている。保守派のブログは赤、保守派のブログ同士のつながりも赤、リベラル派のブログは青、リベラル派同士のブログのつながりも青で示されている。

一目瞭然ながら、リベラル派と保守派は真っ二つに分かれている。インターネットに託された望みが両者の対話にあるとすれば、それが完全に打ち砕かれたことは明らかだ。現実世界の政治ネットワークは、ラザースフェルドとベレルソンによって、またその後ハックフェルトとスプレイグによって研究された。こうしたネットワークと同じように、オンラインの社会的ネットワークも似た者同士の集まりであり、かなり二極化しているようだ。ここから窺《うかが》えるのは、政治に関する情報は、異なる意見を交換するためではなく、既存の意見を強化するために使われているということだ。アダミックはある手法（私たちが共同提案の研究に用いたニューマンのモジュール化測定法に近い）を用いて、ネットワーク上の「コミュニティー」を探していった。コミュニティーとは、ネットワークにおいてほかの部分よりも相互に緊密につながったブログのグループと定義されていた。アダミックは、保守派のブロガーはリベラル派とくらべ、「コミュニティー」内部ではるかに緊密につながっていることに気づいた。つまり、強化の効果は左派よりも右派のほうがずっと大きいのだ。だが、反対意見を求める傾向はリベラル派のほうが強いとはいえ、グループが真っ二つに分かれていることを考えれば、自分たちにおなじみの考え方や事実から離れられない点は同じである。

この例では、政府を支持する側と政府に反対する側の交流はあまり見られないが、少なくとも反対党の存在は認められている。ハーヴァード大学法科大学院バークマンセンターの研究者たちは、アダミックの研究をほかの国々に応用し、その国のブロゴスフィアが似たようなパターンに従っているかどうかを調べてみた。まず調べたのはイランだった。研究者たちは七ヵ月にわたり、一〇万近いペルシア語のブログから日々の情報を収集した。[34] ジョン・ケリーとブルース・エトリングは「インターネットと民主主義」というプロジェクトの一環として、次の点に興味を持っていた。イランのブロゴスフィアは言論の自由に草の根レベルで影響を与えるのだろうか、それとも、政治体制の自由化の可能性にもっとグローバルな影響を与えるのだろうか。政治的な抑圧で有名なイランのことだから、きっと締め付けがきつく、統制色の濃い言論を目にするものと二人は思っていた。ところが蓋《ふた》を開けてみれば、自由主義諸国とあまり変わらないブログのネットワークがあったのだ。

口絵7はイランのブロゴスフィアの全体図だ。大量のリンクが張られているので、どうなっているのか見やすいように削除してある。この図でも、大きな節点ほど重要度の高いブログである（ブログに張られているリンクの数により測定）。だが、口絵6（政治的なブログだけを示したアメリカのブロゴスフィアの図）とは対照的に、ここには政治的・非政治的双方の話題を中心とする「コミュニティー」が含まれている。ケリーとエトリングはこう述べている。「イランのブロガーには、ヒズボラ［訳注　急進的シーア派組織］のメンバーも、テヘランのティーンエイジャーも、ロサンゼルスで引退生活を送っている人も、クム［訳注　イランにあるシーア派の聖地］で宗教を学ぶ学生も、イランを数年前に去った反体制ジャーナリストも、三〇年前に国を出た亡命者も、現役の国会議員も、改革派の政治家も、さまざまな詩人も、そして何といっても、よく知られているように大統領までいるのだ[35]」

イランのブロゴスフィアは、ブログの内容によって、ほぼ一貫性のある四つのグループに分かれている。そのうちの二つは政治とも公共活動ともほとんど関係がない。一方は主に詩とペルシア文学についてのグループ、もう一方は特定の関心事や人気の話題（セレブ、スポーツ、サブカルチャーなどに関すること）を扱う雑多なグループだ。だが、残り二つのグループは、間違いなく政治問題をテーマとしている。

政治問題にかかわる一つ目のグループは、共通点の多い二つのコミュニティーから成っている。つまり、国内の反体制派による改革主義的な政治コミュニティーと、宗教色のない国外在住者によるコミュニティーだ。後者は、イランを去って海外で暮らす著名な反体制派やジャーナリストで構成されている。彼らが語るのは、女性の権利、政治犯、さらには、薬物乱用や環境悪化といった政治問題を含む時事についてである。こうした議論の大半が現政権に批判的なので、ほとんどのブロガーが仮名ではなく実名で書いているのには少々驚かされる。二つ目のグループは、保守派と信心深い若者から成り、イラン革命と現政権のイスラム的政治理念を支持するブログを書いている。このグループで有名なコミュニティーが「一二イマーム派」である。ムハンマド・イブン・ハッサン・イブン・アリー

（一二代目イマーム）が再臨して人類を救い、最後の日が訪れる前に完璧な社会をつくりあげると信じる人びとだ。だが、このグループといえども単なるイエスマンの集まりではない。ここに属する保守派の多くが、腐敗しているとか寛大すぎるという理由で現政権を攻撃しているのだ。

新旧二人の大統領が人気の高いブログを書いているのも注目だ。現大統領のアフマディネジャドは保守派に属し、彼の前任者のハタミは改革派の一員だが、どちらのブログもブロゴスフィアの中心付近に位置している。ともにさまざまなコミュニティーのブログで引用されることが多いからだ。二人のブログの位置からわかるのは、それらがあるコミュニティーから別のコミュニティーへと至る数多くのルートの経由地点となっており、アメリカの成功したロビイストや政治家に典型的な「弱い絆」の役割を果たしているということだ。

実のところ、イランのブロゴスフィアはアメリカのブロゴスフィアにかなり似ている。これは不思議なことだ。自由を認めない政府が、これほど多様な民主的言論とおぼしきものを認めていいのだろうか？　イラン政府はいくつかのウェブサイトへのアクセスを遮断しているが、影響を受ける改革派のブログは二〇％にも満たないし、保守派のブログに至っては、どんなに政府に批判的でも何のおとがめもない。政府は政治的な言論を遮断する能力も意思もないのだろうか。従来のメディア（反体制派の新聞など）の発行を差し止め、その経営者を投獄した（もしくはもっとひどい仕打ちをした）という過去の記録からして、政府にその意思がないとは考えにくい。だが、たとえ意思があっても、民主的な社会的ネットワークは移動が可能なので、結果としてオンライン環境へ情報が流れることになる。おかげで、こうしたネットワークを破壊したり、情報を統制したり、反体制派の自主組織結成を防いだりといった試みを阻止できるのだ。二〇〇九年六月、イランのメディアは国内における「ツイッター革命」を宣言した。市民がツイッターを利用して、オンライン・ネットワークの絆を通して情報を広め、不正工作があったと思われる選挙に対して反対運動を組織したためである。とはいえ、イランのブロゴスフィアが政府を自由主義に向かわせるかどうかは、もう少し経ってみないとわからない。

このように、テクノロジーの変化によって、社会的ネットワークにおける私たちの暮らし方が変わり、政治のあり方も甚大な影響を被っていることがわかる。これまで述べてきたように、現実世界の社会的ネットワークを利用すれば情報を広められるし、多くのつながりを持つ人は目標を達成する力をさらに高められる。第7章と第8章では、つながりたいという欲求の本質と起源について、またテクノロジーによって私たちのつながり方がどう変わるかについて、さらに詳しく検討してみよう。ある意味で、私たちはまったく新しい世界に住んでいる。私たちの社会的ネットワークはますます速く、大きくなっている。私たちはすべての知り合いに（さらには知らない人にまで）携帯メール、eメール、ツイッター、フェイスブック、マイスペースを使ってメッセージを送っている。この新しい世界のおかげで、私たちが自分の暮らす社会的ネットワークを鳥瞰《ちょうかん》し、つながっていることの重要性をかつてないほど意識するようになったのは間違いない。とはいえ、こうしたネットワークは昔からあり、それがインターネットに場所を移したにすぎないという気もする。私たちは何百万年ものあいだ、ネットワークのなかで生きてきた。祖先の敷いたレールに乗って私たちはそこで暮らしている。ネットワークは私たちの血肉となっているのだ。そこで、私たちがこれからどこへ向かうのかを考える前に、立ち止まって、これまでたどってきた道のりを振り返ってみるのがいいだろう。

第7章 人間が持って生まれたもの

社会的ネットワークが理解しにくい理由の一つは、人為的な操作が難しいところにある。臨床試験でプラシーボ（偽薬）を渡すように、人に友人を与えるなどということはできない。だが、何らかの方法で赤の他人ばかりを集めて無人島へ置き去りにし、彼らがどうやって、何のためにつながりを築くかを観察できれば、実験を行っているのと同じように社会的ネットワークを観測できるのではないだろうか。そんなことができるとは思えない。ところが、実際に行われたのだ。それも、好奇心旺盛な社会科学者ではなく、テレビのプロデューサーによって。

二〇〇〇年夏、アメリカ三大ネットワークの一つであるCBSが『サバイバー』のパイロット版を放映した。この番組は大変な評判を呼び、リアリティー番組の大流行を引き起こした。状況設定は単純だ。さまざまな職業の人びとから選ばれた平均的アメリカ人を一六人、未開地に送り込んでサバイバル生活をさせる。この「サバイバー」たちは三日ごとに部族会議を開き、追放するメンバーを一人、投票で選ぶ。最後まで残った一人が一〇〇万ドルを獲得する。

最も視聴率をあげたシーズンの『サバイバー』は二〇〇一年にオーストラリアの奥地で収録され、三〇〇〇万人近い視聴者が毎週欠かさずチャンネルを合わせた。とりわけ注目を集めたのは、そこで働く社会力学だった。第一回の放送では、参加者は沈黙を強いられたまま現地に着くと、競い合う二部族、クーチャ（アボリジニーの言葉で「カンガルー」の意）族とオガコー（アボリジニーの言葉で「ワニ」の意）族に分けられた。彼らは五分で荷物をまとめて出発し、それぞれの宿営地まで八キロメートルほど、骨の折れるトレッキングをした。たちまちクーチャ族の主導権を握ったのは、ニューハンプシャー州の男性刑務所の女性看守、デブ・イートン（四五歳）だった。ところが、その積極性が命とりになった。えらぶった態度が同族のメンバーに嫌われ、追放者第一号となったのだ。[1]

すぐに友人をつくる者もいれば、部族の仲間を追い出そうと画策する者もいた。たとえば、ロサンゼルス在住の女優、ジェリー・マンゼイは、テキサス州フォートフッド基地のアメリカ陸軍情報部員、ケル・グリーソンが、ビーフジャーキーをこっそり持ち込んでいたのに分けてくれなかったと非難した。部族のメンバーが彼の持ち物を調べても何も出てこなかったものの、その経歴と信頼性はすでに疑問視されており、もはや手遅れだった。次の部族会議で、全員がケルの追放に票を投じた。

オガコー族とクーチャ族は、三日ごとに行われる「追放免除チャレンジ」ゲームで競い合った。ゲームで負けた部族はメンバーを一人、追放しなければならない。その結果、各部族で最もゲームに強いメンバーの評価が高まることになった。ほかのメンバーが早々に追放されるのを防いでくれるからである。一方、最も強いメンバーは追放の標的にもなった。部族の人数が減っていくにつれて、一対一の競争では手強い敵となるからだ。他人との連携をもくろむ参加者たちは、こうした理屈によって部族の仲間を味方につけ、強者と弱者を排除しようとした。

第三週に、二つの部族は統合した。この一新された社会状況下では、追放免除チャレンジは参加者同士の個人戦となり、勝者は次の部族会議で追放の対象から外された。いまや目標ははっきりしていた。最強の個人プレーヤーの排除だ。そうなると、ナンバー2（追放免除を勝ちとらなかった参加者）が自動的に追放されることになりそうだが、ここでもう一つ、別の力が働く。三週間のあいだ厳しい自然条件と闘ううちに、各部族は結束し、連帯感は統合後ですら保たれていたのだ。

社会的つながりの力が最も明白になったのは、部族統合後、最初の追放免除チャレンジのときだった。参加者は川のなかに立てられた木製の柱の上に立たされる。目標は単純で、最後まで柱の上にとどまった者が追放免除を勝ちとる。参加者は一人、また一人と脱落して川に飛び込み、岸まで泳いだ。疲労のために脱落した者もいた。番組の司会者、ジェフ・プロブストが交換条件として差し出したピーナッツバター欲しさに脱落した者もいた。九時間ぶっ通しで立ちつづけたあと、残る参加者は三人だけになった。そのとき、ニューヨーク市在住の個人トレーナー、アリシア・キャラウェイが水に飛び込んだ。残る二人のサバイバーは、ミシガン州デトロイトの調理師、キース・ファミーと、テネシー州ノックスヴィルの看護師、ティナ・ウェッソンだった。二人ともたまたま元オガコー族だったが、キースのほうが追放の票を集めるおそれが大きかったため、彼はティナに「ここは僕に勝たせてくれないか」と頼んだ。ティナは進んで水に飛び込んだ。おかげで、キースは追放を免除され、元クーチャ族のメンバーは彼を追放するための票集めができなくなった。ティナは後にこう語っている。「身を引くほうが、柱の上に立ちつづけるよりつらい決断だったわ。でも、チームのためにはキースを勝たせなくてはと思ったの」

シーズンのクライマックスは四一日目にやってきた。残った三人の参加者は、ティナ、キース、そしてテキサス州在住のコルビー・ドナルドソン（二六歳）だった。コルビーは追放免除を勝ちとったばかりで、部族会議で残りの二人から追放者を選ぶことになっていた。すでに部族から追放された参加者のあいだでティナは人気があった。最後の二人から勝者を選ぶのは、まさに彼らである。一方、キースは調理師としての自分の腕前はみんなが生き延びるのに不可欠だと強弁したせいで、何人かの参加者を敵に回していた。視聴者のほとんどは、コルビーがティナを追放し、キースとの対決に持ち込むだろうと踏んでいた。ところが、コルビーは全米に衝撃を与えると同時に、おそらくは一〇〇万ドルをドブに捨てた。なんと、キースを追放したのである。

その夜、投票が行われたあと、その回の放送は過去のさまざまな場面で締めくくられた。それらの場面からわかるのは、コルビーとティナが生き残ったのは、二人が非常に強い同盟関係を築き、そのおかげで多くの困難な状況を切り抜けてきたからだということだった。コルビーは確実と思われた勝利より友情を選んだ。そして、ロサンゼルスの生中継スタジオで、視聴者の目の前で最終投票が開票されると、やはり、ティナ・ウェッソンが勝者と決まった。

多くの人がコルビーの選択に疑問を投げかけ、彼は計算違いをしたと言った。けれども、友情と帰属意識が私利私欲に勝ったという別の解釈もできる。これこそ、私たちの大半が日々直面するジレンマだ。私たちは友人を助けているだろうか、それとも自分のことだけにかまけているだろうか。その結果はどう出るだろうか。他人を助ければ愚か者に見えるだろうか。助けなければ卑劣な人間に見えるだろうか。親切に振る舞いながら生き延びることは可能だろうか。また、多くの友人がいて、同盟関係と利害関係が常に変化して定まらない状況では、どうやってそうした決断を下せばいいだろうか。

番組の魅力は、登場人物の人となりだけでなく、彼らのあいだに生じる複雑な相互関係にあった。『サバイバー』に見られるのは、たがいに絡まり、結びついたひとつながりの人物誌、つまりは社会誌であり、小説にも似た何かである。まるでロシア文学のように、ストーリーは集団内の人びとの絶えず変化する関係と社会の複雑さの全容を追い、それとともに、集団の揺れ動く道徳性も追う。『サバイバー』のような番組の面白さは、まさに、私たちの胸中や仲間たちのあいだに存在する昔ながらの葛藤を映し出すところにある。

太古から結ばれた絆

アリ、ハチ、ペンギン、オオカミ、イルカ、チンパンジーなどと同様、人間も社会的動物であり、集団のなかでたがいに近しく接しながら暮らす。実際、人間を取り巻く環境の最も重要な特徴は、同じ種のほかのメンバーが存在するところにある。実質的に、人間を捕って食べる動物はいないため、唯一の大きな脅威はほかの人間である。もしも人間が他人を大して必要としないなら、他人を避けるほうがよほど理にかなっている。

したがって、私たちが他人と結ぶ独特の関係は、きわめて重要なものである。私たちは特定の個人と社会的つながりを築くことをみずから選び、程度の差はあれ親愛の情を分かち合う。その期間は長いこともあれば短いこともある。ほかの社会的動物とは違い、人間には他人が何を思い、感じているかを想像する特別な能力がある。他人が私たちについて何を思い、感じているかを想像する能力もその一つだ。社会的ネットワークに根を下ろせば、他人と協力し、他人の意図を判断し、他人に影響を与え、他人から影響を受けざるをえなくなる。

要するに、人間は集団のなかで生きるのみならず、ネットワークのなかで生きているのだ。これまでの章で、社会的ネットワークは感情から健康、政治まで、あらゆるものに影響を与えると述べてきた。しかし、まだ疑問は解決していない。そもそも、人間はなぜこうしたネットワークをつくるのだろうか。いくつかの新たな研究を通して、驚くべき答えが明らかになった。つながりを築きたいという願望には遺伝子がかかわる部分もあるというのだ。

人間同士がつながりを結ぶという現象には、進化が関係しているらしい。つながるという行為そのものが、自然選択の産物だからだ。第1章で論じた火事の家の例を思い出してみよう。消火のためにできるだけ早く川から水を汲んできたいので、助けてくれる人たちをうまく組織する必要がある。ネットワークのさまざまな形態のなかには、よりよく機能するものがあるはずだ。最も効率的に機能する形態が、その仕事に最も「適合」していると言えるだろう。

さて、（クーチャ族とオガコー族のような）異なるグループのあいだで消火を競う勝ち抜き戦をするとしてみよう。一戦ごとに二ヵ所に火をつけ、各チームにできるだけ早く火を消させる。それぞれの戦いで消火が遅かったほうが敗退して、新たなチームが参入する。これを何度も繰り返せば、抜きん出たチームが出てくる。そのチームが効率的な組織のあり方と共同作業の方法を見つけたということだ。てんでんばらばらに川まで行ったり来たりするチームは敗退するが、一丸となってバケツリレーをするチームは敗退しない。やっかみ合うチーム、身勝手なチームは敗退するが、助け合い、協力し合うチームは敗退しない。そして、状況に最も適合した社会的ネットワークを持つチームが勝者となる。社会的ネットワークの構造は、求められる機能を満たすように適応していくはずだ。たとえば人びとが一列に並ぶのは、水の流れをつくる必要があるからだ。実際、環境へ効率的に適応するため、バケツリレーと似たような行動をとる動物種もある。餌を次々とリレーしていく働きアリを思い浮かべてもらえばいいだろう。[2]

自然発生的な社会的ネットワークはリアリティー番組とは異なる。試合に負けたり火事を消し損ねたりしても、追放されることはない。とはいえ、人間はいまも昔も同じような一連の制約に縛られてきた。そうした制約に従って、どのような社会的ネットワーク構造が機能し存続するかが決まる。初期の原人は、集団が食料を得たり敵を撃退したりしやすい社会的ネットワークのなかで暮らすほうが、生存と生殖の可能性が高まった。その結果、長い年月のあいだに、ネットワークを自然につくる個体、ある種のネットワークをつくるのに役立つ特性を持つ個体が優先的に選択され、やがて人口の大半を占めるようになったのかもしれない。こんにち、私たちが築くネットワークは（携帯電話やインターネットのように）昔とは異なるツールを利用し、異なる環境で機能している。だが、つながりたい、友人のグループをつくりたいという私たちの本能は、遺伝的な進化によってあるパターンのネットワークが選び取られたのに伴って発達したのだ。

協力関係につながりが果たす驚くべき役割

自然選択とは残酷なものだ。「最適な」個体のみが生き残り、生殖し、遺伝子を次の世代へ受け渡す。だが、社会的な相互関係を考えてみると、一つの謎が生じる。あなたが血縁関係のない友人によく食べ物を分けるとしよう。食べ物が不足しているときは、あなたの寛大さのおかげで、友人の環境への適応性は高まる。そして、あなたの適応性は低くなる（生存できる可能性が低くなる）。したがって、食べ物を分けたいという欲求を生む遺伝子は、食べ物を独占したいという欲求を生む遺伝子より受け継がれにくいはずだ。だとすれば、分かち合いはどこから生まれるのだろうか？

　これは協力と利他精神をめぐる謎だ。進んで他人を助けようとする人は、自分のことしか考えない人より生存可能性が低そうに思えるのである。堅い言葉で言えば、集団のために個人的代償を進んで払う協力者は、個人的代償を払わないのに集団の活動から利益を得るフリーライダー（ただ乗り屋）より生存可能性が低そうなのだ。たとえば、何十万年も前に人類が大型動物を狩ることを覚えたとき、その方法を知っていた集団は適応に関して優位に立った。だが、マストドンを倒すのが危険なら、ほかの人にやらせればいいのではないか？　あなたが集団のなかで最も利己的な人間なら、おそらく、生き残る可能性が最も高いはずである。

　現代小説の最も有名な書き出しの一つ、イアン・マキューアンの『愛の続き』の冒頭に、協力の問題が巧みに描き出されている。強風のなか、ヘリウム気球がイギリスの野原の地面近くに浮かんでいる。気球の吊りカゴのなかでは男の子がおびえて身を丸め、外ではその子の祖父がロープにしがみつき、気球が飛ばされないよう必死になっている。祖父が助けを求めると、五人の男が駆けつける。こうして、六人のそれぞれが気球につながった一本のロープを握るが、誰も他人の言うことに耳を傾けようとしない。場を取り仕切るリーダーがいないのだ。一陣の突風に吹かれて気球は地上三メートルまで浮き上がり、男たちは引きずられて宙づりになってしまう。全員がそのまましがみついていれば、遠からず無事に着地できただろう。ところが、一人が手を放し、気球はそのぶん軽くなって急上昇する。その瞬間、残った男たちは苦渋の選択を迫られる。一人、また一人と手を放すたび、後につづきたいという衝動はますます強まり、とうとう一人だけが残ってしまう。彼は真に善良な男で、「利他精神の炎が……ほかの人より少しばかり強く燃えあがり」、最後まで手を放さない。彼は凧《たこ》の尾のように気球からぶら下がったまま運ばれていく。ほかの男たちが恐怖と屈辱に苛《さいな》まれつつ見守るなか、持ちこたえられなくなって手を放し、地上一〇〇メートルから落下して死んでしまう。マキューアンが記したように、地上数メートルに宙づりにされたこの六人の男たちは「古来よりの解決不能な倫理的ジレンマを体現していた。すなわち、私たちか、それとも私か、という」[3]。

ここで救いとなるのは、つながりのある人たちとかかわる際、人は往々にして利己的傾向に従わないことだ。『サバイバー』でティナは、キースを柱の上に立ちつづけさせることもできたのに、彼に協力し、頼みに応じて川に飛び込んだ。利他的行為と協力におけるジレンマをめぐるさまざまな実験で、その場かぎりの関係にもかかわらず人が他人を助ける回数は、全体のおよそ半数に及ぶ。したがって、他人を助けるのは理にかなうかという問題に、進化論を単純に当てはめるのは正しくないように思われる。利己的になったからといっていつも得をするわけではないからだ。もし得をするなら、人間はみな利己的になるはずである。

とはいえ、研究室の外の現実世界には、考慮すべきことがほかにもたくさんある。私たちは張り巡らされた網の目のような相互関係のなかで生きており、長きにわたってその関係を繰り返したり維持したりしてきたからだ。ティナが身を引いたのは、後日、追放免除チャレンジでキースと競うとき彼の助けが必要となることを見越していたからかもしれない。進化論ではこれを「直接的互恵性」と呼ぶ。同じ人と協力する機会が複数回ある場合、その人に助けてもらう一つの方法は、将来の協力を約束することだ。

政治学者のロバート・アクセルロッドは、互恵性を検証した巧妙かつ有名な研究で、「しっぺ返し」という協力戦略が、一貫した協力や利己的行動よりしばしば有効であることを示した。[4] しっぺ返しとは、相手と初めて会ったときは協力し、次回からは、前回相手が自分にしたことをそのまま真似るというやり方だ。これは基本的に、キリストの黄金律の裏返しである。つまり「自分がされたことを他人にもせよ」というわけだ。誰かが協力してくれたら、次回はこちらが協力することで返礼をする。協力してくれなければ、次回は協力を差し控えることで相手を罰する。単純だが有効な方法である。

しっぺ返し戦略を使う人ばかりの世界では、常に協力関係が築かれる。だが、根っから利己的な人ばかりの世界では、しっぺ返しを実行する人は、あまりうまくやっていけない。しっぺ返しのルールに従えば、利己的な人との最初の出会いで、あなたは彼に協力するが、彼はあなたに協力しない。あなたは懲《こ》りて、以後、彼とかかわるときは常に彼の仕打ちを真似るが、最初の出会いによって、彼がましな行動をとる可能性は多少高まっているとも言える。初めて関係したとき、あなたから恩義を受けているからだ。今度は協力しようと思っている別の相手と近いうちに出会わなければ、あなたにとっても、あなたの遺伝子にとっても、先行きは暗い。

こうした状況を打開すべく、数学者のクリス・ハウアートと共同研究者たちは二〇〇二年、『サイエンス』誌に発表した重要な進化モデルにおいて、もう一つの可能性を考察した。[5] アクセルロッドの研究や先行する大半の理論モデルでは、人びとは相互に交流せざるをえなかった。しかし、交流しないことを選べたらどうだろう？　協力しようとして利用される危険を冒さずに一人でやっていくという選択肢もある。別の言い方をすれば、ネットワーク内の他人とのつながりを断ち切ることもできる。ハウアートはこの戦略をとる人を「一匹狼」と呼んだ。

ハウアートと共同研究者たちは見事な数学理論を駆使し、一匹狼だらけの世界ではたやすく協力関係が生じることを示した。というのも、協力者が現れた場合にその人物を利用する人間がいないからだ。一匹狼は一人でやっていくし、協力者はほかの協力者とネットワークを形成する。ほどなく、協力者が人口のなかで優位を占めるようになる。力を合わせれば、常に一匹狼よりもうまくやっていけるからだ。しかし、ひとたび世界が協力者ばかりになると、フリーライダーがきわめて生まれやすくなり、何の貢献もせずに（寄生生物のように）協力の果実を享受するようになる。人口に占めるフリーライダーの割合が圧倒的になれば、彼らが利用する相手はもはやいなくなってしまう。すると、一匹狼が再び優勢になる。彼らは、いわばろくでなしとはかかわろうとしないからだ。要するに、別々よりも一緒にやっていくほうがうまくいくなら、協力関係が生まれる。だが、フリーライダー問題があるため、協力すればうまくいくと保証されているわけではない。

フリーライダーに対処するには、さらに別の種類の人間が必要だ。処罰者である。人はどこにいようと、社会規範が破られているのを見れば、それを守らせたくなるものだ。道路で割り込んでくる車に、たとえ効果がなくともクラクションを鳴らす人がいる。禁煙区域でタバコを吸う人に、言い争いになる危険を冒してまでやめてくれと言う人もいる。そして、多くの場合、罪のない傍観者は、たとえ報復の危険に身をさらす恐れがあっても、目撃した犯罪について進んで法廷で証言する。そうした人びとは、みずから少しの代償を払って、協力しない人たちに代償を払わせているのだ。これはまた別の種類のつながりである。協力者はより多くのものをつくりだすために他人とつながる。フリーライダーはつくりだす人から搾《しぼ》り取ろうとしてつながる。処罰者はフリーライダーを追い払うためにつながる。

処罰の理論が登場してからしばらく経つが、そうした行動がそもそもどうやって生まれたかについては、解明が進んでいない[6]。フリーライダーだらけの世界では、処罰者はありとあらゆる逸脱行為を正すことに絶えずエネルギーを使わねばならない（聞いただけで疲れてしまう）。これではすぐにうんざりしてしまうだろう。だが、一匹狼だらけの世界では、処罰者は誰も罰する必要がないはずだ。私たちはこうした理屈をもとに独自のモデルをつくり、次のことを示した。たがいにつながり、交流し合う協力者と処罰者の小集団は、人づきあいを避ける人びとの世界で共進化する場合があるのだ。それによって、集団全体の協力とつながりのレベルが総体的に押し上げられる[7]。

ハウアートと共同研究者たちはのちに、私たちのモデルを拡張し、一般的な状況下では、協力者とフリーライダー、つながる人とつながらない人の混在する集団が生まれることを示した[8]。そのうえ、人口構成は頻繁に変化するため、どの時点でも、異なるタイプの人びとが異なる割合で存在することもわかった。協力が多すぎたり少なすぎたりする状況を予測するモデルとは異なり、ハウアートたちの拡張モデルによって示されたのは、フリーライダーの監視と処罰が可能で集団への帰属傾向が多様な世界では、協力関係が頻繁に築かれるということだった。要するに、このモデルでは二つのことが予測されたのだ。協力する人としない人がいること、そして、社会的ネットワークと強くつながる人もいれば、つながらない人、すなわち一匹狼もいるということである。

ホモ・ディクティアス万歳

人間行動のこうした多様性は、伝統的経済学者にとっては説明がきわめて難しい。経済学の標準的な考え方は、人間は誰もが他人の利害を考慮せずに決断を下す（ただし、他人の利害がみずからの利害と衝突する場合はこのかぎりでない）というものだ。

この考え方に従えば、あらゆる協力関係が生じる理由は、当事者の選択が誘因両立性を持つところにある。誘因両立性とは「背中を掻《か》いてあげましょう、あなたも私の背中を掻いてくれるでしょうから。もしも、あなたが何もせずに立ち去るかもしれない状況なら、手を貸すのはごめんです。逆の立場なら、あなたも、あなたの知っているどの人も、やはり手を貸さないでしょう」ということだ。別の言い方をすれば、他人に手を貸したいと思う気持ちの強さに、そもそも差はない。社会的つながりもそこでは意味を持たない。

たしかに、ホモ・エコノミクス（経済人）は食うか食われるかの苛酷な世界に生きている。そこには他人の幸せへの配慮など存在しない。ホモ・エコノミクスというやや皮肉な呼称が初めて使われたのは、一〇〇年以上前のことだ。人間は私利私欲に基づく種であり、最小限のコストで最大限の個人的利益を得ようとするという見方を表している。だが、それよりさらに早い一八三六年に、哲学者のジョン・スチュアート・ミルはすでに「経済人」というモデルを提唱し、「必ず最大量の必需品、利便、贅沢が得られるように行動し、そのための労働と肉体的自制を最小限に抑えようとする人間」と定義している。[9] そうした見方が言外に意味するのは、人間は怠惰で貪欲だが、同時に合理的、利己的、自律的であるということだ。そうしたモデルには利他精神の入り込む余地がまったく残されていない。そればかりか、そもそも、人がなぜ欲しいものを欲するに至るか、まったく検証されていない。

私たちは別の見方を提案する。ホモ・ディクティアス（ラテン語で「人間」を意味するhomoと、ギリシア語で「網」を意味するdictyからの造語）、すなわち「ネットワーク人」は人間の本質に関する一つの見方であり、利他精神と処罰感情、欲求と反感がどこから生まれるかを解き明かそうとするものだ。こうした視点をとれば、人間の動機を純粋な利己主義から切り離すことができる。私たちは他人とつながっているがゆえに、また他人を思いやるよう進化してきたがゆえに、行動を選択するにあたって他人の幸せを考慮するのだ。そのうえ、ネットワークへの帰属を重視するこうした視点をとることによって、人間の欲求についての理解に、重要な要素を正式に含めることができる。すなわち、周囲の人びとの欲求である。これまで見てきたように、健康にかかわる行動から音楽の好み、投票の仕方に至るまで、すべてにこの見方が当てはまる。私たちは、自分とつながりのある他人の欲するものを欲するのだ。

実際、社会的ネットワークはとめどない欲求の流れを内包し、奇妙な不安を広め、嗜好《しこう》を生み出す。私たちには、周囲の人の特定の欲求にあまり左右されない基本的欲求（性への関心など）がある。だが、他人に強く影響される恣意《しい》的欲求も多く、音楽や衣服への欲求はその一例だ。言い換えれば、人間には、他人が欲しがっているとますます欲しくなるという面があるのかもしれない。理由はどうあれ、そうした思い込みはいったん生じると、ネットワーク内で広がり、増殖することがある。そうした思い込み、欲求、嗜好は行き当たりばったりに生じるにしても、一貫した根本的な起源を持つにしても（たとえば、政治イデオロギーや信心深さの一部には遺伝的基盤がある）、ネットワーク内で拡大し、ネットワークを貫いて流れているのだ。

誰がホモ・エコノミクスを殺したのか？

一九七〇年代以降、伝統的経済学に与《くみ》しない経済学者たちが、学説の最も基本的な前提の一部を再検討しはじめた。嗜好の起源と協力について疑問を提起したのだ。そして、みずから発見した事実に多くの研究者が驚いた。一九八二年、ある経済学者のグループが「最後通牒ゲーム」という単純だが巧妙な実験を考案した。二人の参加者が実験者から与えられた一〇ドルをめぐって駆け引きするゲームである。[10] 一人目の参加者は、一〇ドルの分け方を二人目の参加者に「提案」するように言われる。全額を相手に与えてもいいし、全額を自分のものにしてもいいし、半々に分けてもいいし、とにかく、一〇ドルを可能なかぎりどんなふうに分けてもいい。次に、二人目の参加者が、その提案を受け入れるか拒むかを決める。受け入れれば、合意した通りにお金を分けて二人ともその金額を手にできる。もし二人目が提案を拒めば、そのときは、どちらも何ももらえない。それでゲームは終了だ。

さて、伝統的経済学者たちは、あらゆる行為者は利己的なホモ・エコノミクスであるというモデルを前提とし、以下のような推論を立てた。二人目の参加者は、何ももらえないよりいくらかでももらいたいはずだ。たとえ一セントでも、ゼロよりはいい。一人目の参加者もそれがわかっているから、ゼロより大きな金額ならどんな提案でも二人目に受け入れられるだろうと踏む。つまり、経済学者の予想では、一人目が二人目に一セントを差し出し、自分が九ドル九九セントをとると提案しても、相手は提案を受け入れるはずだ。

しかし、結果はまったく違った。アメリカの大学生を対象に行われた初期の実験で、被験者がしばしば小額の提案を拒むことがわかったのだ。二ドルという提案のおよそ半数が拒まれ、さらに低額の提案は、拒まれる頻度がもっと高かった。それだけでなく、一人目の参加者もそうなることをわかっているようだった。不公平な提案はまれだったからだ。最も多かったのはちょうど二等分の分け方で、平均すれば一人目が二人目より少しばかり多い額を得たが、その差は大したものではなかった。提案が拒まれれば、双方ともすべてを失うからだ。一人目の参加者は、受け入れられる提案と拒まれる提案がそれぞれどの程度の額か、相手と話し合いもしないのに知っているようにも思えた。もしそうだとすれば、一人目の行動は純粋に利己的であり、できるだけ多くの金を手に入れようとするものだと言える。ところが、二人目の行動はまったく説明不能だ。なぜ、面識もなく、再び出会う可能性もなく、名前も知らない相手から一ドルか二ドルもらうのを拒むのだろうか?

最後通牒ゲームの実験をもとに、いくつかの実験が考案された。その一つが、いわゆる独裁者ゲームである。これは、二人目が提案を受け入れたり拒絶したりする力の影響を調べるものだ。独裁者ゲームでは、一人目が一〇ドルを与えられ、二人目とのあいだで好きなように分けていいと言われる。だが今度は、二人目は何もできない。一人目の提案がどんなものであれ、否応なく受け入れる。二人目には何の力もないため、経済学者たちは一人目が全額とってしまうだろうと予測した。そうした被験者も多かった。だが、そうしなかった被験者はさらに多かった。一人目は二人目に、平均すると二ドルを与えたのだ。このきわめて単純な実験の結果は、人間の行動は私利私欲によってのみ決まると考えるかぎり、説明がつかなかった。被験者たちは文字通り自分自身のポケットから金を出し、名も知らぬ赤の他人に与えたのだ。

この実験からさらに明らかになったのは、人間は生来、一人ひとり異なり、その違いが行動に影響するらしいということだった。私たちの研究では、独裁者ゲームで相手に多くを与える人ほど、投票、選挙運動への寄付、公職選挙への立候補、抗議行動への参加、ハリケーン・カトリーナの被害者への援助をする傾向が強かった[11]。また、どれほど「人道的」か調べる心理テストで高得点をあげた。ハウアートの進化モデルによる予測通り、他人を助けるために代償を払う意思の程度は人によって異なることがわかった。世の中には自分のことしか考えない人もいる。だが、他人の幸せと利害を考慮する人のほうが多数派である。

こうした実験のような状況は、完全に空想的なものというわけではない。実のところ、最後通牒ゲームは現実にいつでも発生するし、ときにはかなり派手に繰り広げられている。たとえば二〇〇六年、ボブ・キッツという建築業者が、オハイオ州エリー湖近くで築八三年の住宅の壁を壊していたときのこと、壁の内側に注意深く針金でぶら下げられた緑色の金属の箱を二個見つけた。箱のなかにあった「P・ダン通信社」の名入りの白い封筒には、大恐慌時代の紙幣一八万二〇〇〇ドルが入っていた。真っ当に育った人間なら当然だが、キッツは家主のアマンダ・リースにそのことを知らせた。彼女はキッツの高校の同級生で、家の改装のため彼を雇っていたのだ。二人が撮影した写真を見ると、双方ともうれしそうに笑って、札をきちんと積み上げたコーヒーテーブルの横で床に座っている。

問題が起きたのは、お金の分け方について話し合いを始めてまもなくだった。リースはキッツに一〇%あげようと申し出た。キッツは四〇%を要求した。リースが最後通牒ゲームの実験で明らかにされた割合を知っていれば、最初からもう少し気前のいい提案をして、問題を大きくせずにすんだだろう。折り合いがつかないうちに情報が漏れ、地元紙の『クリーヴランド・プレイン・ディーラー』が二〇〇七年一二月に事件を記事にした。すると、ダンの子孫が介入してきた。二一人の子孫全員である。当然ながら、彼らもお金を要求した。そうこうするうちに、リースはハワイ旅行にお金の一部を使ってしまったうえ、クローゼットの靴箱から六万ドルが盗まれたと言い出した。こうなると、リース、キッツ、ダンの子孫で分け合うお金はもうあまり残っていなかった。ダン側の弁護士の言葉が、状況を的確にまとめている。「あの二人がじっくり話し合って問題を解決し、お金を分けていれば、相続者たちはそれを知る由もなかった。じっくり話し合って理にかなった分け方ができなかったために、二人とも損をしたのだ[12]」

世界のホモ・エコノミクスを探して

これまで論じてきた経済学の実験は、ほとんどがアメリカの大学のキャンパスで行われている。こうした実験はたいがい、現金が欲しいハングリーな学部生を引き寄せるため、一部の研究者からは「私たちはいまやどんな動物より、アメリカの大学二年生についてよく知っている」という声も上がったほどだ。だが、ほかの国々の研究者が自国の大学生を対象に最後通牒ゲームと独裁者ゲームをさせても、結果はたいてい同じだった。例外として目についたのは、主に経済学部の学生たちだった。彼らは利己的な選択が最も合理的であると教わってきたため、協力する傾向がかなり低かったのだ[13]。

人類学者のジョゼフ・ヘンリックは、非工業化社会の人びとにも同じ結果が広く当てはまるか疑問に思い、研究していたペルーのアマゾン川流域の原住民マチゲンガ族を相手にこのゲームをやってみた[14]。意外なことに、この種族の人びとは先進国の被験者よりもずっと「合理的」に行動した。最後通牒ゲームで、一人目となった人たちは低い額を提示し、二人目もそれを受け入れる傾向が強かったのだ。伝統的経済学者たちが当初予測していたのに近い結果である。

「マチゲンガの外れ値《アウトライアー》［訳注　統計用語で通常の分布から大きくはずれた値］」はたちまち広範な研究者の興味を引きつけ、一九九七年にこの問題をテーマにUCLAで開かれた三日間の会議で、数人の研究者がヘンリックに協力することを決めた。彼らは、世界の隅々に散らばり、さまざまな小規模社会で最後通牒ゲームと独裁者ゲームを行うという研究計画を立てた。研究対象には以下のような国と部族が含まれていた。ボリビア（チマネ族）、チリ（マプーチェ族）、エクアドル（アチュア族、ケチュア族）、ケニア（オルマ族）、タンザニア（ハザ族、サング族）、インドネシア（ラマレラ族）、モンゴル（トルグード族、カザク族）、パプアニューギニア（アウ族、グナウ族）、パラグアイ（アチェ族）、ペルー（マチゲンガ族）、ジンバブエ（ショナ族）。研究者グループは、まったく異質な対照群として、ミシガン州アナーバーとカリフォルニア州ブレントウッドでも実験を行った。ほとんどの場合、被験者に提示された額はかなり高かった。決断が真剣に下されるよう、一日の賃金に相当する額、あるいはそれ以上の金額が駆け引きの対象とされた。

実験の結果、マチゲンガ族が例外ではないことがわかった。社会によって、最初に提案される額にも、不公平な提案を拒む傾向にも、大きな差異が生じた。ミシガン州アナーバーでは、以前に大学生に見られたのと同じような実験結果が出た。最後通牒ゲームで一人目が提案した金額の平均は、与えられた金額の四四％だった。タンザニアのハザ族とエクアドルのケチュア族が提案した額は大学生よりかなり少なく、平均で二七％だった。一方、インドネシアのラマレラ族とパラグアイのアチェ族が提案した額は大学生より多かった（それぞれ五八％と五一％）。

研究に参加した人類学者たちは、なぜ部族によって提案する金額が多かったり少なかったりするのか興味をそそられ、それぞれの社会のいくつかの特徴を調べてみた。たとえば、現地語の性質と起源、それぞれの部族と物理的環境との関係などである。居住場所は森林、平原、砂漠など、さまざまだった。狩猟採集民もいれば、牧羊民もいたし、小規模な農業を営む部族もいた。一ヵ所に定住する集団もあれば、幅広い地域にわたって移動する遊牧民の集団もあった。社会の複雑さもまちまちで、家族を基盤とする社会もあれば、家族のグループ、部族、村を基盤とする社会もあった。

だが、集団行動の違いに最も密接に関係しそうなのは、明らかに社会的な要素だった。そうした要素の一つが匿名性、つまり、それぞれのグループが部外者と交流する頻度を測る尺度である。たとえば、エクアドルのアチュア族が部外者を目にすることはまずないが、ジンバブエのショナ族は絶えず部外者と接していた。市場取引をする頻度もグループによってさまざまだった。タンザニアの狩猟採集民のハザ族は、ほぼ完全な自給自足生活をしていたため、市場とのかかわりはほとんどなかった。一方、ケニアのオルマ族は頻繁に家畜の売買をし、ときには賃仕事もしていた。

研究者たちは、部外者との接触が多い集団ほど、いわゆる向社会的行動をとることを発見した。つまり、最後通牒ゲームでより高い金額を提示して他人と協力する反面、低い額の提案は拒否しがちだということだ。言い換えれば、集団が家族という単位を越えてネットワークを広げるにつれ、ホモ・エコノミクス的な特徴は減り、ホモ・ディクティアス的な特徴が増えるようだ。経済学者たちによって単純化された、相手にわずかしか与えないか何も与えない人間は、たとえ存在するにしても、社会的な交流を持たない孤立した人間なのだ。そんな状況は地球上の最も辺鄙《へんぴ》な場所でもそうあるものではなく、人間らしい状態とはとても言えないのである。

双子に学ぶ

歴史が始まって以来、人間は徐々に集団をつくって集落や村で暮らし、やがて町や都市に住むようになった。人と人のつながりは拡大し、部外者にまで広がった。そして、第8章で見るように、そうした拡大は現実の世界からサイバースペースにまで及んでいる。だが、私たちは交換可能な機械の歯車ではない。他人を思いやる傾向にも、つながり合う能力にも、人によって明らかに大きな違いが見られる。部外者を助けるかどうか、友人をつくるかどうかは人生経験に左右されるとしても、そうした違いは私たちの奥深くにあり、大昔、先祖が小さな集団で暮らすことを覚えたときから受け継がれているのだ。

人類学では、人間はおよそ五〇万年前に大型動物の狩りを始めたとされる。それはきわめて画期的なことだった。当時は大型動物が豊富で、一頭をしとめれば、集団全体が何日ものあいだ食べられたからだ。とはいえ、狩りを成功させるために、人類の祖先は協力し合う必要があった。そして、これまで見てきたように、集団行動に参加するようになると、共存のために多様な戦略が生まれる。独立独歩の人もいれば、集団に貢献する人もいる。他人の努力にただ乗りするフリーライダーもいれば、フリーライダーに罰を加えようとする人もいる。人類がこうした状態を何十万年もつづけてきたとすれば、私たちのネットワーク行動は、単に市場や上昇する人口密度の産物ではない。集団で協力し合うことのリスクとチャンスに適応するよう、人間が遺伝子を進化させてきた可能性もある。そうだとすれば、協力的な行動や相互につながり合う傾向が人間のＤＮＡに刻み込まれている証拠が見つかるはずだ。

この仮説の検証は意外な場所から始められた。二〇〇六年夏、私たちは共同研究者のクリス・ドーズとともに、オハイオ州の田園地帯の真ん中にあるひなびた町ツインズバーグを訪れた。ここで毎年開かれるフェスティバルには、お決まりのゲーム、干し草用荷馬車での遠乗り、ファネルケーキなどが揃っている。どちらを向いても、よくあるカントリー・フェア（村祭り）のように見える。だが、このフェスティバルは一味違う。一九七六年、何人かの住民が、建国二〇〇年祭のうち一日を双子を祝う日にして、町の名を讃えようではないかと言い出したのが始まりだった。その最初の年、三七組の双子が町に集まり、催しはたちまち有名になった。一九八五年には一〇〇〇組以上の双子が「双子の日」フェスティバルを訪れた。その後も参加者は増えつづけ、この行事は毎年恒例の世界最大の双子の集会となっている。

祭りは毎年、双子とその家族のための野外ソーセージ・パーティーで幕を開ける。そのあとに一般の人たちも自由に参加できる行事がつづく。双子たちがペアになって町の中心からフェスティバル会場まで行進する「ダブル・テイク・パレード」［訳注　ダブル・テイクは「驚いて見直す」の意］や、「最も似ている双子」賞、「最も似ていない双子」賞などを競う一連のコンテストが繰り広げられる。そんな会場の片隅で、目立たないながら、もう一つの年中行事が行われている。毎年、何十人もの研究者が世界中からツインズバーグにやってきて、双子の健康状態や行動について調査するのだ。研究者たちはいくつものテントの下で、双子たちに子供時代のことをたずね、唾液や血液のサンプルを採取し、視力と聴力の検査をし、歯科検診までする。どの調査にも薄謝が支払われるので、双子たちはそれをお祭りの小遣いにできる。実際、昼どきになると、お腹をすかせた双子の協力者たちがわれ先にテントにつめかけ、ファネルケーキの代金を稼ごうとする。

研究者がこの行事に集まるのは、双子が遺伝子研究のまたとない素材だからだ。双子には一卵性双生児と二卵生双生児がある。一卵性双生児の場合、DNA中の遺伝子の型は一つひとつまったく同じであり、二卵生双生児の場合、平均して遺伝子の約半分だけが同じである。遺伝子の類似性の差異は自然によるきわめて有効な実験であり、ある特性に遺伝子がどれだけ影響を及ぼしているかを判断するのに役立つ。たとえば、一卵性双生児はほぼ例外なく目の色が同じだが、二卵生双生児は異なることが多い。このことから、目の色を決めるのに遺伝子が働いていると推測できるし、実際に遺伝学者は、関連するいくつかの遺伝子をすでに特定している。同様に、科学者たちは一卵性双生児同士の類似性と二卵生双生児同士の類似性をくらべることにより、ほかの特性に遺伝子が果たす役割も予測できる。違いがなければ、遺伝子は何の役割も果たしていないということだ。違いがあれば、その大きさが、遺伝子のかかわる度合いを知る手がかりとなる。

双子研究法に批判がないわけではない。以下のような意見もある。双子が一卵性であることを意識すれば、もっとそっくりになろうと努力するだろう、両親も双子を一心同体として扱うはずだ、友人もそうするのではないか、などなど。だとすれば、二人は遺伝的理由からではなく、社会的理由から似ていることになる。一卵性双生児が同じ服装をして、同じ食べ物を食べ、同じ映画を楽しむのは、社会的環境が同じことをするよう促したせいかもしれない。だが、こうした見解は見事な方法で検証された。ときどき、双子が誤って自分たちは一卵性双生児だと思い込み、友人や家族もそう思っていたが、簡単な遺伝子検査で一卵性ではないと判明することがある。本当に社会的環境によって一卵性双生児が似てくるのだとすれば、このように一卵性だと勘違いした双子は、本当の一卵性双生児と同じくらい似るはずだ。ところが、科学者たちがさまざまな特徴（知能、性格、考え方など）を調べたところ、一卵性と思い込んでいた双子は二卵生双生児と同じ程度しか似ていないことがわかった。つまり、類似性を高めるのは一卵性という遺伝子のあり方であって、一卵性であるという意識ではないのである。[15]

ツインズバーグで、私たちは双子研究法を利用して「信頼ゲーム」という協力に関する単純なテストを行い、遺伝子の果たす役割の大きさを調べた。この実験では、双子の一人ひとりを見ず知らずの人と組ませ、それぞれを参加者1、2とした。参加者1に一〇ドルを渡して、参加者2にいくら分けるか決めるように言う。また、分けられた金額は三倍になることを双方に告げた。たとえば、参加者1が一〇ドル全額を参加者2に渡すと、参加者2は三〇ドルを手にする。次に、参加者1に返す金額を参加者2にたずねる（ただし、その金額は三倍にはならない）。つまり、参加者2が三〇ドルを受け取り、それを半々に分けようと決めれば、参加者1に一五ドルを返し、自分も一五ドルを手に入れることになる。その結果、参加者1が得る金額は五ドル増える。

このゲームが信頼ゲームと呼ばれるのは、参加者1の決定を見れば、1が2から返してもらえると信じる金額がわかるからだ。1の決定した金額が大きいほど、相手に対する信頼度も高い。同様に、参加者2の決定を見れば、2がどれだけ「信頼に足る」かがわかる。2が返す金額が大きいほど、1が最初に示した寛大さに、より多く返礼していることになる。信頼度と、信頼に足る度合いがともに大きければ、より協力的で向社会的な行動と言える。

ツインズバーグでの二夏を通じ、私たちは約八〇〇人の双子に、それぞれ見知らぬ相手と組んでこのゲームをやってもらった。そして、一卵性双生児と二卵生双生児を比較した。結果は、信頼度を示す行動も信頼に足る度合いを示す行動も、ともに遺伝子に大きく影響を受けることを示唆するものだった。そうこうするうちに、科学界によくある幸運な偶然のおかげで、デイヴィッド・セザリーニとeメールをやりとりする機会に恵まれた。セザリーニはMIT（マサチューセッツ工科大学）の経済学者で、スウェーデンで数百組の双子を対象にまったく同じ実験をしていた。驚いたことに、彼の調査でもほとんど同じ結果が得られていた。そこで私たちは協力し合い、研究を共同で発表した。[16]

その後、デイヴィッド・セザリーニとクリス・ドーズは、前述の最後通牒ゲームと独裁者ゲームにおいても遺伝子が行動に影響することを発見した。つまり、協力、利他的行為、処罰、ただ乗りは、人間のDNAに書き込まれているということだ。そうした特徴のすべてに人生経験が大きく影響することには疑う余地がない。だが、そうした社会的傾向の多様性の少なくとも一部は人間の遺伝子の進化の結果であるという証拠が、初めて発見されたのだ。

ネットワークの土台も遺伝子にあり

人間の社交性と社会的ネットワークには、太古にさかのぼる遺伝的ルーツがある。類人猿は社会的絆を結び、集団で狩りをし、長期にわたって社会的な結びつきを維持し、これらの絆を利用して寿命を延ばしたり生殖を成功させたりする。だが、人間はこうした特性をまったく新たなレベルまで引き上げている。生殖のための結びつきを超えて社会的な結びつきを形成する傾向は、生物学的に人類の遺伝子に組み込まれている。つまり、人間は配偶者だけでなく友人も見つけ出すのだ。私たちの研究から、遺伝子は社会的ネットワーク構造のさらに複雑な側面にも働くことが判明した。実際、遺伝子は、私たちがどの程度社交的かということだけでなく、周囲を取り巻く広大な社会的ネットワークのどこに位置するかも大きく左右するのだ。

社会的ネットワークに遺伝子が果たす役割を探るため、私たちは全米一四二の学校に在籍する少年少女九万一一五人のなかから一一一〇人の双子を選び出し、分析してみた（第3章で論じた青少年の性行動調査に用いたAdd健康調査のデータを使用）[17]。双子の生徒たちに友人のネットワークについて質問し、学校全体の交友ネットワークを知るとともに、その生徒がネットワーク中のどこに位置するかも正確に把握することにした。私たちはまず、人間の社会的ネットワークの最も基本的な構成単位から調査を始めた。一人ひとりについて、友人として名前を挙げられた回数を数えたのである。すると、遺伝的要因が非常に重要であることがわかった。生徒の人気の高さのおよそ四六％が遺伝的要因によって決まるのだ。一般に、たとえば友人が五人いる人は、友人が一人の人とは遺伝子構造が異なっている。

この結果自体は、驚くほどのものではなかった。たとえば、顔の対称性が遺伝して美しさを左右し、一部の人たちが生まれながらに多数の友人を引きつける一因となることは、すでにわかっていた。だが、驚いたのは、ネットワーク中の位置の高次構造さえ、遺伝子の影響下にあるらしいことだった。遺伝子は友人の数だけでなく、ネットワーク中の位置が中心か周縁かまで左右するらしい。一般に、ネットワークの中心に位置する人は周縁に位置する人とは異なる遺伝子構造を持っているのだ。

私たちはまた、遺伝子が友人同士のつながり方に及ぼす影響についても調査した。推移性は、ある人の友人のうち任意の二人が友人同士である可能性を示すことを思い出してほしい。推移性の高い人は、全員がおたがいを知っている高密度の集団のなかで生きている。対照的に、推移性の低い人は、いくつかの異なるグループに友人を持つ傾向がある。そういう人はしばしば、まったく異なるグループ同士を結ぶ架け橋の役割を果たす。私たちの研究では、推移性は非常に遺伝性が高く、差異のうち四七%は遺伝子の違いによって説明できることがわかった。したがって、一般的に言って、たがいに知り合いである友人が五人いる人と、たがいに知り合いでない友人が五人いる人は、遺伝子構造が違うことになる。

この発見を少しひねった形で解釈すると、どの遺伝子が推移性にかかわるかわかっていれば、ある人から得た遺伝子情報を利用して、別の二人が友人になりそうかどうかを予測できることになる。あるグループにトムとディックとハリーがいるとすれば、トムの遺伝子しだいで、ディックとハリーが友達かどうかが決まるのだ!

なぜそうなるのだろうか。第3章で、人がどうやって他人を通じてパートナーと出会うかを論じたことを思い出してほしい。紹介は人間の生活にとってカギとなる特質だ。しかし、誰もが友人同士を引き合わせようと奔走するわけではない。実際、どうにかしてつながりを持たせまいとする人もいる。テレビの人気コメディー・ドラマ『となりのサインフェルド』に忘れがたい一話があった。登場人物のジョージ・コスタンザは、自分の二つの友人グループが交わるのを非常に恐れ、そんなことになったら「個人としてのジョージが死んでしまう」と言い張る。この一話は時代の風潮を見事に表し、「世界衝突論」なる理論も生み出した。ウェブ上の俗語辞典「アーバン・ディクショナリー」によれば、それは「男性は私的人間関係（友人）を恋愛関係（恋人）から切り離すべきである。［恋人が自分の友人と友達になることによって］二つの世界が接触すると、どちらの世界も粉々に砕けてしまう」という理論である。[18]

社会的ネットワークの特性は遺伝するという発見をもとに、私たちは社会的ネットワークの形成プロセスを表す数学的モデルを考案した。この「魅了と紹介」モデルは、二つの単純な前提のうえに組み立てられている。まず、ある人びとは遺伝によって肉体やその他の面でほかの人より魅力的なため、友人として名前が挙げられる回数が多い。次に、ある人びとは遺伝によって、既存の友人に新しい友人を紹介したり、友人同士を結婚させようとしたりする傾向が強い（それによって間接的に自分の推移性を高める）。

これら二つの行動の結果として、ネットワーク内の自分の位置が中心にどれだけ近いかも決まる。行動の選択肢は多様なので、（意識するしないにかかわらず）社会的ネットワークのなかに実にさまざまな存在位置が生まれ、今度はそれが人生に重要な意味を持つようになる。社会的ネットワークの中心にいるか周縁にいるかが遺伝子に左右されるとすれば、うわさ話がどのくらい早く耳に入るか（中心が有利）や、伝染病に感染する恐れがどれだけあるか（中心が不利）も、遺伝子に左右されることになる。

状況（情報の獲得や感染の回避）に応じてある位置が有利になったり不利になったりするのであれば、人間の社会的ネットワーク内の位置がすべて同じではない理由もわかりやすい。一定数の友人や、一定数のつながりを友人間に持つのが常に有利だとすれば、人間の社会は、退屈で変化のない格子状の世界、あるいは塩の結晶に閉じこめられた原子のように見えるだろう。みんなが同じ種類のネットワークを持っているはずだからだ。

常に適応性のある特性は、集団内で、遺伝子学者が固定と呼ぶ状態に至る傾向がある。つまり、長期的にはみんなが同じになるということだ。だが、対立する圧力がある——ある特性が、ある状況では有利な一方、別の状況では不利になる——場合は、自然選択に際して集団内の多様性が保たれる可能性がある。全員が同じ身長になるのが人間にとって有利だとすれば、そうなるはずだ。著しく背の高い人と著しく背の低い人は、進化によって大昔に淘汰されてしまったはずだからだ。同様に、ある一種類の社会的ネットワークと、そのなかの一つの位置だけが最も優れているとすれば、人はすべて、同種の社会的ネットワークを持ち、そのなかでまったく同じ位置にいるはずである。

他人を魅了する力や友人を紹介する意欲に遺伝的な差異があるのには、おそらく多くの理由が存在するはずだ。友人の多さが社会的支援の多さを意味する場合も、衝突の多さを意味する場合もあるだろう。より密な（推移性が高い）社会的つながりを持つことで、集団の連帯は強まるかもしれないが、反面、集団外の人からの有益な影響や情報から遮断される恐れもある。だが、最も重要なのは、社会的ネットワークが環境への適応に有利な機能を果たすかもしれないことだ。つまり、情緒的状態、物的資源、情報などを人から人へ伝える機能である。

社会的ネットワーク内を広まることが明らかになった特性には、遺伝性に見えるものもある（肥満、喫煙習慣、幸福、政治行動など）。だとすれば、こうした特性を完全に理解するには、社会的ネットワーク構造への遺伝子の影響を決定する要因について、また、こんにちのネットワークに見られるパターンが進化してきたプロセスについて、より深く理解する必要がありそうだ。

淋しき狩猟採集民

遺伝子は私たちの感情を支配することによって、人が社会的絆を形成する傾向を左右するのかもしれない。親密さ、愛、社会的つながりへの根源的な欲求が満たされないとき、人はたいてい孤独感を味わう。だが、孤独だと感じることと、独りでいることは違う。つながりがないという心理的な感覚と、その人が社会的ネットワークに占める客観的・社会的位置は無関係である場合が多い。孤独感は、社会的つながりへの欲求と現実の社会的つながりの食い違いから生じるのだ。

社会的関係を有益だとみなす人びとは、生存率が高い。そのため、そうした感じ方をする個体の遺伝子選択が進むはずだ。だが、前述した進化モデルで見たように、一匹狼（集団行動を選ばない人）が生き残る可能性もある。心理学者のジョン・カシオッポと共同研究者たちは、この数学的予測をさらに具体化し、次のように主張した。何万年も昔、栄養不足だった時代に生き延びようと必死だった狩猟採集民は、家族に食料を分けないことを考えたかもしれない――つまり、一匹狼の戦略をとったかもしれないと[19]。家族や友人がいなくても淋しさを感じない人間のほうが生き延びる可能性が高かったかもしれないが、食料の乏しさを考慮すれば、彼らの子孫が栄養不足の時代を生き延びた可能性は低かったはずである。

逆に、他人と食料を分ける傾向がある人は、自身が生き延びるチャンスを減らしても、子供が生き延びるチャンスを増やしたかもしれない。一つの戦略が常に最良とはかぎらないことが、ここに示されている。結果として、他人とのつながりや分かち合いに関する多様な感情の進化が促され、成年期の孤独感に遺伝に基づく差異が生じることになった。行動遺伝学によって解明されたのは、まさにこの点である。アムステルダム自由大学の双生児調査機関、ニーザーランズ・ツイン・レジスターが八三八七人の成人の双子を対象に行った最近の研究では、孤独の感じ方の差異のおよそ半分は遺伝子に左右されることが確認されている。[20]

孤独感を決めるのと同じ遺伝子がその人の社会的ネットワークを決めるのかどうかはわからないが、この結果は示唆に富んでいる。第2章で、感情は人から人へ広まる可能性があり、孤独を感じる人は感じない人とくらべ、ネットワークとのつながりが薄い傾向にあるのを見た。結果的に、私たちの気分を左右することによって、遺伝子が社会的ネットワークの構造を決めている可能性もある。集団に属すほかの全員が、協力か、ただ乗りか、処罰をしているときに、一匹狼でいるのが得だとすれば、自然選択は、孤独感の深化や拡大を促す遺伝子に有利に働くかもしれない。だが、つながり合うことの利益を考えれば、一匹狼で得をする人の数は限られていることになる。

ハタネズミ、マカク、ウシ、上院議員

社会的つながりは複雑な現象で、何百もの遺伝子がかかわっていると考えられるし、おそらく遺伝子と環境の数え切れない相互作用に影響されているはずだ。とはいえ、なかには顕著な影響力を持つ特定の遺伝子もあるようだ。科学者たちの最近の研究により、ハタネズミというネズミ目の小型哺乳動物は、たった一つの遺伝子変異によって、交尾と育児の行動が異なることが明らかにされた。[21] プレーリーハタネズミのオスは一夫一婦型の鑑《かがみ》のような動物で、最初の交尾の相手と一生連れ添い、ともに子育てをする。一方、アメリカハタネズミのオスは浮気性で、あまり子供の面倒を見ない。このような繁殖行動の明白な相違から、進化は必ずしも人間にとって道徳的な行動を生むわけではなく、情欲と無責任な父親を優遇する場合もあることがわかる。より重要なのは、たった一つの遺伝子が動物

同士のつながり方にこれほど大きな違いをもたらす可能性だ。この発見がきっかけとなって、人間についても同様の研究が行われた。そして、関連する遺伝子にある種の変異がある人は、独裁者ゲームで見ず知らずの相手にかなり多くの金額を与える――つまり、より向社会的であることがわかった。[22]

社会的ネットワークや協力行動において遺伝子が一定の役割を果たし、動物も同じように遺伝子の影響を受けているらしいという事実を考えれば、人間の社会的ネットワークは何ら特別なものではないと思えるかもしれない。たしかに、人間とほかの社会的動物のあいだには多くの共通点がある。たとえば、霊長類（チンパンジー、ゴリラ、オランウータンなど）の社会的ネットワークは、毛づくろい――自然を扱ったドキュメンタリー番組でたいていの人が見たことのある、類人猿が仲間の毛をかき分けて何かを探すような行動――を通じて築かれる。この近接行動によって、個体は別の個体について知り、行動、健康状態、暴力傾向、返礼の意思などを把握できる。霊長類は毛づくろいを同盟関係の構築にも利用するし、動物が進んで助け合おうとする度合いは、毛づくろいし合う時間の長さに比例することが観察されている。

霊長類学者のジェシカ・フラックと共同研究者たちは最近、ある「ノックアウト」実験［訳注　特定の個体を取り除く実験］を行い、ブタオザルの集団から影響力のある個体を排除すると、毛づくろいと遊びのネットワークにおける相互作用の構造が激変することを示した。[23] ネットワーク構造がそうした変化を遂げると、つづいて協力が減り、集団行動はより不安定になった。人間にも似たような例がある。中学校の教室から教師が出ていったり、サッカーの試合中、一一人の選手のうち一人が退場になったりするとどうなるかを考えてみるといい。いなくなった人とともに絆もすべて失われ、事が円滑に進まなくなるはずだ。

協調性とネットワークの結びつきは、人間に特有のものではなさそうだ。社会学者のキャサリン・ファウストとジョン・スクヴォレッツは、人間の特異性という問題に正面から取り組み、一五の異なる動物種からサンプルとして抽出した四二の社会的ネットワークを調査した。対象となった動物種には、チンパンジー、三種のマカク、パタスモンキー、サバンナモンキー、雌牛、ハイエナ、ハイランドポニー、アカシカ、メジロ、スズメ、シジュウカラ、ヒトが含まれていた。ヒトの調査で対象となったのは、管理職、修道士、そして上院議員のネットワークだった。このきわめて多彩なネットワークの構造には、重要な共通点がいくつかあった。ファウストらが気づいたのは、優れた予測をするには、動物種の別よりもネットワーク内の関係のタイプのほうがはるかに重要だということだった。たとえば、毛づくろいの関係は、どの種でもきわめて似通っているように思えた。実際、アメリカの上院議員のネットワーク構造を最もうまく予測するモデルは、雌牛の「社会的舐《な》め行動」のネットワークだったのだ。[24]

とはいえ、霊長類は社会的情報の解読にとりわけ適した認知能力を持っている。霊長類は個体を見分け、親族と他人を識別し、他人から与えられた資源やサービスを評価・比較し、集団内の特定のメンバーとの過去のかかわりを記憶し、協力者とフリーライダーを選別し、ライバル、配偶者、盟友になりそうな相手の相対的な好ましさを評価できる。また、集団内のほかのメンバー同士の関係について「第三者情報」を持ってもいる。たとえば、サバンナモンキーを使ったある実験では、実験者がサルの赤ん坊の叫び声を録音したテープをかけると、集団内のサルの成獣は、叫び声のするほうではなく、声の主である赤ん坊の母親と認識されているメスにまず目を向けた。これは、人間の大人が飛行機の機内で赤ん坊の泣き声を聞いたときと同じ反応だ。決定的に重要なのは、霊長類には、パートナーを失うといった出来事に対応して社会的ネットワークを操作する能力もあることだ。たとえば、ある種の霊長類のメスが近親者を亡くすと、ほかの知り合いの毛づくろいに割く時間を長くし、交流する個体の数を増やすという反応をする。人間も同様の行動をとる。家族を亡くしたばかりの女性は、新たな友人をつくったり再婚相手を探したりするため、さまざまなグループに加わることがあるし、友人たちも彼女を早く悲しみから立ち直らせるために結束するかもしれない。

霊長類のあいだに（より単純であるにせよ）似たような行動が見られることを考えれば、人間の社会的ネットワーク行動の多くが生来のものだという発見は、驚くにはあたらない。もちろん、社会的ネットワークに対する操作やかかわり方は人間のほうがほかの動物より複雑だし、人間の社会的ネットワークは途中で変化する可能性もある。逆説的だが、第9章で見るように、ネットワークはその構成員に左右されるものの、本質的には安定しており、新しい構成員の出入りは、ネットワークが進化したり生き延びたりする正常なプロセスの一環なのである。

社会的ネットワーク用の脳

私たちはこれまで、未開地の人間社会、霊長類の仲間、霊長類以外の社会的動物、そして人間の遺伝子からも証拠を引きだして、社会的ネットワークは人間が太古から継承してきた遺伝子の遺産の一部だという考えを裏づけようとしてきた。しかし、ほかの動物とは異なり、人間は巨大で複雑な社会のなかで、無関係な人間とも協力し合う。そして、そうした複雑な世の中を渡っていくには、人間だけが持つ特殊な能力が必要とされる。人間の脳はとりわけ社会的ネットワークに適した構造を持つように思える。

ほかの種にくらべて、人間は著しく大きな脳と、言語から数学理論にまで及ぶ特有の認知能力を持っている。進化生物学者や自然人類学者は、人間の脳の起源と機能についてさまざまな解釈を打ち出してきた。総合的知能説では、人間は大きな脳のおかげで、ありとあらゆる認識操作（記憶力の良さから飲み込みの速さまで）においてほかの種より優れているとされる。適応的知能説では、環境のなかの特定の困難を克服するため、特定の精神機能が進化したとされる。たとえば、いろいろな場所に餌を隠して「貯食」する鳥はすばらしい記憶力を持っているし、社会性昆虫は複雑な伝達スキルを持っている。

大きな脳に関してこのところ優勢になってきた別の仮説は社会的知能説だ。この説では特別な課題が強調されるのだが、それは、他人の近くで生活することや、協力や競争が常に必要となる複雑な社会環境に直面していることから生じるものだ。言い換えれば、これは本質的にネットワークについての仮説なのだ。この説では、人間は「超社会的」な存在であり、言語から抽象的な推論、共感、洞察に至るまで、高度に社会的な環境に適応したスキルを持つとされる。また、そのスキルの進化を通じて、社会集団が生み出され、社会が操作され、私たちが根を下ろす社会的ネットワークが構造化されてきたのだ。こうした集団は、大きくも分けられるし（独自の言語や文物を持つ文化によって人びとをひとくくりにする）、小さくも分けられる（たとえば血縁集団ごとにまとめる）。人が特定の社会的ネットワークの絆によって特定の社会集団をいったん形成すると、近い他人にも遠い他人にも知識を伝えられる。

霊長類は進化の過程のどこかの時点で、もともと交尾の相手を探し、生殖のための安定した結びつきを維持するために発達させたこのスキルを、生殖を目的としない関係に使いはじめた。霊長類学者のロビン・ダンバーとスーザン・シュルツが主張するように、多くの霊長類が日常的に結ぶ関係は、ほかの種であれば生殖のために結ばれたペアにしか見られない愛情を伴っている。霊長類は、同性間でも異性間でも、たがいに恩恵をもたらす長期的で安定した関係を築くことができる。こうした関係の一つひとつが、もっと多くの関係を生む可能性を秘めている。なぜなら、友人の一人ひとりが潜在的にほかの友人ともつながっているからだ。二人のあいだには一つの関係しかないが、三人のあいだには三つ、四人のあいだには六つ、五人のあいだには一〇、というように関係は増えていく。結ばれうる関係の数は集団の大きさとともに加速度的に増えるため、社会生活全体に起こるドラマをすべて追うには、認知能力の大きな転換が必要となる。

社会的知能説のもっと直接的な証拠を得るには、社会的な意思決定をする際の神経相関をｆＭＲＩ（機能的磁気共鳴画像法）を使って調べてみればいい。神経科学者たちの発見によれば、人間は脳の大半を構成するデフォルト・ステイト・ネットワークを使って社会的相互関係を観察しており、現代政治における連携や対立について考えるため、この領域の利用法をさらに広げているようにさえ思えるという。[25] 生物学者もまた、脳の能力のおよそ三分の二を占める色覚が最適に調整されるのは、肌の色の違いを見分けるときであることを発見した。これは、同じ種のほかのメンバーの感情の状態を識別するためかもしれない。そして、興味深いことに、この能力を持つ種は、顔に毛がほとんど生えていない（ときに「裸のサル」と呼ばれる人間のように）。集団内の他人の顔を見て相手の気持ちを察する必要性が高まるとともに、色覚が進化したことがうかがえる。[26] かくして何百万年にもわたり、人間の社会生活は、他人を観察して決断を下す能力に影響を及ぼしてきた。それればかりか、世界の見方そのものを変えてきたのかもしれないのだ。

人類学者のマイケル・トマセロと共同研究者たちは、社会的知能説を一歩進めた文化的知能説という異説を提唱している。この説が前提とするのは、より高い認知機能の土台は複雑な社会的スキル全体であるという考え方だ。トマセロはこう書いている。「子供が、書き言葉、記号数学、学校教育などの影響を受ける前……の年齢では、人間に最も近い霊長類と同程度の（空間、量、因果関係といったものに関する）物理的認知のスキルしかない。だが、その年齢でも、社会文化的認知のスキル（特に文化の創出や習得に直接かかわるもの、たとえば社会的学習、コミュニケーション、心の理論［訳注　他人の心を理解したり類推したりする機能の理論］）は、明らかに人間に特有のものだ[27]」

文化的知能説の裏づけとなるのが、チンパンジー、オランウータン、二歳半のヒトの子供を対象とした包括的な一種のIQテスト、「霊長類認知総合テスト」を用いた実験である。この実験では、おやつのもらえるさまざまな課題が出された。ご褒美がどこにあるかを探したり、こっそり別の場所に移されたご褒美を見つけたり、数量の違いを認識したり、物の外見が変化することを理解したり、道具の機能的・非機能的特性を理解したり、といった課題である。人間の幼児と霊長類の成獣を一対一で比較したこのIQテストのなかで、幼児がきわめて優れた結果を出したものが二種類あった。動作主の視線の方向を追って標的を見つけるテストと、他人の意図を読みとるテストだ。これらの課題からわかったのは、年齢が低く物理的認知能力が類人猿並みの子供でさえ、特に社会的領域では、人間は類人猿をはるかにしのぐ成績を上げるということだった。

要するに、人間の脳は社会的ネットワーク向けにできているようなのだ。長年にわたり、進化的淘汰を通じて、脳はより大きく、認知能力はより高くなってきたが、これは複雑さを増す社会環境に対応するためだった。社会的ネットワークのなかに生きる人間は、一連の認知上の困難に直面する。それは、孤立した人間や隔離された集団に属す人間には無縁のものだ。こうした困難が生じるのは、他人を理解し、他人と協力する必要があるからであり、ときには集団の利益のために利他的行動をとる必要があるからである。大きな脳が必要なのは、身の破滅を招く強引な自己主張を避けるためであり、マストドンを倒すためであり、投票によって島から追放されないためなのである。

至高の力とのつながり

宗教も、社会的ネットワークを形成する傾向も、ともに人間の生物学的遺産の一部であり、両者には関連があるかもしれない。それを示す証拠はますます増えている。宗教は人びとを共同体に統合する一つの手段である。神への信仰は、社会的ネットワークと直接かかわっている。つまり、神は社会的ネットワークの一部だと考えられるのだ。これは、神性が擬人化されているだけでなく、社会組織に組み込まれているということでもある。

社会的ネットワークを安定させる一つの方法は、決してなくならない節点に一人ひとりがつながるような構造にすることだ。そうすれば、その特別な節点を通じて、誰のところにでも行ける近道ができる。とはいえ、ある社会のなかで最も人望のある人でさえ、こうした役割を十分に果たすのは不可能である。現実には、一人の個人がもれなく全員とつながるのは無理だからだ。たとえそうしたつながりを持てたとしても、永遠にネットワークに力を及ぼしつづけるわけではない。人間はいつか死ぬからだ。

だが、神にはそんな心配もない。神をネットワーク上の節点に見立てれば、大集団をなす人びとが結びつくことになる。共通の信仰のみならず、信者全員との明確な社会関係のおかげである。人びとは他人とのあいだにある社会的絆を感じるうえに、一人ひとりのあいだには二次の隔たりしかない。神とのつながりを感じる人は、他人とのつながりを感じるものだ。誰もが神を通じて「友人の友人」だからである。

これは、頭のなかで考えただけの話ではない。人が自分の属すネットワークをそんなふうに理解していることは珍しくないのだ。たとえば、一九八〇年代の初め、心理学者のカタリン・ママリはこんな興味を抱いた。人びとは自分と他人との関係をどう見ているのか、人間関係のメンタルマップ（心象地図）をどのように形成しているのかと。彼女はこうしたメンタルマップを突き止めるある方法を開発した。被験者たちに、自分とかかわりのある他人を特定して、その関係を一種のネットワーク図に描いてもらうよう頼むのである。[28] ママリは、自分と「近い」人、「とても大切」な人を思い浮かべ、その人たちとの相互関係を図に描くよう指示した。そこに描かれたのは、親、兄弟姉妹、配偶者あるいは親密なパートナー、子供、親友、友人、隣人といった人たちだった。ところが、まったく意外なことに、被験者のうちかなりの人が神をネットワークの節点として描き入れ、はっきり全員につなげさえしたのである。305ページに挙げる図はそうした「社会の自筆図」の一つで、一八歳の大学生が描いたものである。

神が擬人化され、社会的ネットワークの一部とみなされることがあるという考え方は、次の事実によってさらに裏づけられる。愛する人を失うと、人びとはいっそう信心深くなる傾向があるのだ。あたかも、人とのつながりが失われると、神とのつながりが強まるかのようである。人は来世を信じる

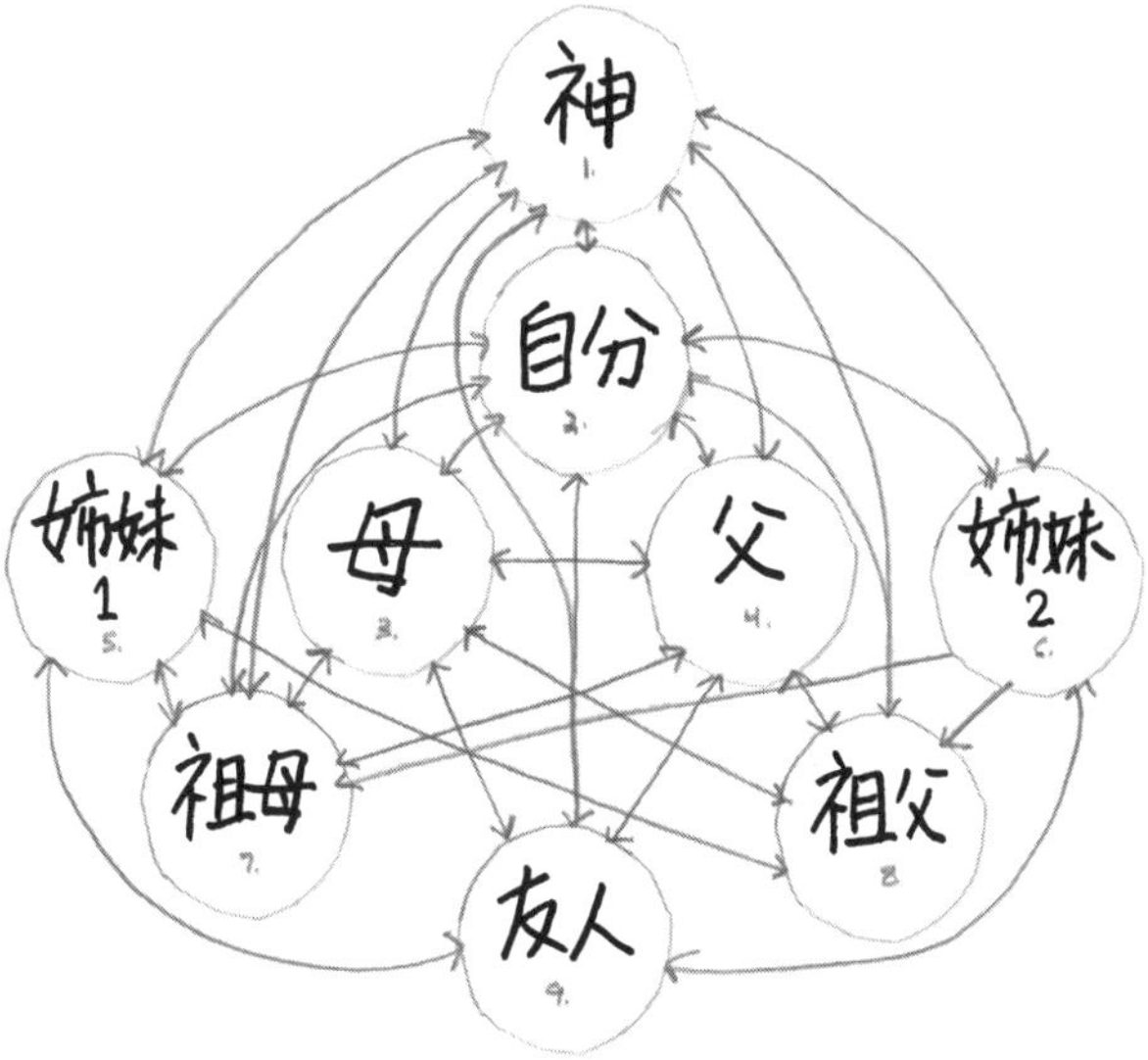

18歳の大学生（被験者番号 1987SA）が自分の人間関係を表した「社会の自筆図」。彼女が自分の人生において大切な人たちとどうつながっていると感じているかが示されている（C・ママリ提供）。

ために神に頼るのかもしれない。来世を信じることで、旅立った人と再びつながる望みを捨てずにすむからだ。ほとんどの神が擬人化されているという事実そのものが、神は社会的ネットワークの一部だとする考え方や、多くの人が抱き、信仰によって育まれる「神は私たちのあいだにいる」という感覚と調和するものである。

愛する人を亡くした人のみならず、社会的に孤立した人びとは、周囲の世界を擬人化する傾向がある。たとえば、人魚が海を泳いでいるとか、岩に顔が浮き出しているなどと考えるのだ。ジョン・カシオッポらの心理学者による研究で、実験によって孤独感を味わうよう仕向けられた人は、変性意識状態に陥り、「小道具《ガジェット》、グレーハウンド、神《ゴッド》」などを擬人化してそれらとのつながりを感じるようになることがわかった。宗教は民衆の阿片であるとは、カール・マルクスの有名な言葉だが、つながりを断たれた人にとっては特にそれが言えるわけだ。カシオッポらの研究チームは、九九人（神を信じる人五〇人、信じない人四九人）の被験者に性格テストを行った。それから、テストの結果にかかわらず、二つの判定のどちらかを無作為に知らせた。一つの判定は「あなたは生涯、報われる人間関係を保てるタイプです」（つながりを保てる）というもので、もう一つの判定は「あなたは老後、孤独になるタイプです」（つながりをなくす）というものだった。

それから被験者たちは、幽霊、天使、魂、神などをどこまで信じるかのランク付けをした。当然ながら、テスト開始前に神を信じると答えていた被験者は、そうした超自然的な存在を強く信じると回答した。だが、神への信仰の有無にかかわらず、老後につながりをなくすと判定された人は、超自然的な存在を信じる度合いが高まったのだ。

こうした結果は神にしか当てはまらないと思われないように、研究者たちはもう一つの実験を行った。自分は他人とのつながりが多い、あるいは少ないと被験者に思い込ませてから、ペットに対する気持ちをたずねたのだ。研究者たちはこう推測していた。つながりを断たれた人びとが、身の回りの物を探して擬人化し、つながりの感覚を取り戻そうとするなら、その気持ちはペットにも向かうはずだと。実験結果から、その通りであることが判明した。[29]

もちろん、つながりが断たれたと感じても、無神論者が敬虔な信者に変身するわけではない。だが、神を信じる方向へ向かったのはたしかである。「塹壕《ざんごう》のなかでは無神論者ではいられない」という言葉が正しいなら、もう一《ひと》ひねりしてもいいだろう。ことに塹壕に一人きりでいるときは、無神論者ではいられないのだ、と。

言うまでもなく、私たちは神が本当に社会的ネットワークの一部だと主張しているのではない。そうではなく、宗教を理解する一つの方法が、社会的ネットワーク機能における宗教の役割を探ることだと言いたいのだ。宗教的感性の一部は人間の脳に生まれつき組み込まれており、神との霊的なつながりへの欲求のみならず、他人との社会的つながりへの欲求にも関係している。言い換えれば、宗教の重要な機能は、社会的つながりを安定させることなのだ。

精神の根本的な働きを探究することによって、こうした考え方の裏づけはさらに強まる。たとえば、fMRIを使った研究から、宗教的感情に浸っているときや変性意識状態にあるときは、時空に関する自己意識をつかさどる大脳の部分が機能しないことがわかっている。そのせいで「万物は一体である」という感覚が生まれ、他人との位置関係を把握するための生来の厳格な枠組みが踏み越えられてしまうのかもしれない。[30]要するに、脳がだまされて、社会的境界は存在しないとか、誰もがほかの誰かとつながっているなどと信じ込んでしまうのだ。したがって、進んで友人の力になろうという人びとは、突如として友人を増やし、ますます彼らの役に立ちたいと思うようになるかもしれない。こうして、宗教活動は異質な人びとのグループを結束させ、共通の目標の実現に向かって駆り立てる。その目標は貧しい人びととの世話だったり、巨大建造物の建築だったり、あるいは嘆かわしいことに、対立する集団への宣戦布告だったりするのだ。

友人を何人持てるか?

第8章で見るように、オンラインの社会的ネットワークに何百人も友人がいると豪語する人がいる。人間の脳は巨大な社会的ネットワークに対応するようにできているとはいえ、友人の数にも許容限度がある。社会的知能説の主唱者であるロビン・ダンバーによれば、霊長類のあいだで大きな社会集団が発達するには、進化による大脳新皮質（大脳の外側の思考する部分）の大型化が必要にして有益だったし、社会の複雑さに対応するには、言語の進化が必要にして有益だったという。一九九三年に三〇人以上の科学者のコメントを付けて発表された有名な論文で、ダンバーはさまざまな霊長類の脳の大きさと集団の大きさの関係を検証し、人間の大きな脳に見合う社会集団の規模を一五〇人前後と推定した。この数字はダンバー数として知られるようになった。[31] 動物は、脳の情報処理能力を超える規模の社会集団では結束と統合を維持できない。そして人間は、最も大きな集団と最も大きな脳を持っている。

だが、集団とはどういう意味だろう? 街の通りで人びとが身を寄せ合い、たがいの毛づくろいをする姿が見られないのは明らかだ。霊長類の場合、集団の境界——誰が仲間で誰が部外者か——を決めるのは簡単である。ところが人間の場合、部族や国民国家という大きな集団もあれば、家族や村という小さな集団もある。ダンバーによれば、集団とはメンバーの一人ひとりがほかの全員を知っており、相手が好意を抱いているか敵意を抱いているかも、メンバー相互の関係も知っている最大限の人数の集まりだという。これは、相手が誰かを認識できて、安定した密な関係を維持できるだけの人数である。ダンバーの定義によれば、こうした関係は「不在だったあとで再会しても、自分の居場所をつくり直す必要なしに復旧できる関係」である。くだけた表現をすれば「バーで偶然会ったとき、誘われなくても合流できて、居心地が悪くない人数」だとダンバーは述べている。

だが、こうした予測を検証するため、人間にとって自然な状態とはどんなものかを判断するには、どうすればいいのだろうか？　ここでダンバーは知恵を絞り、さまざまな情報源から集めたデータを活用した。たとえば、民族学の文献で狩猟採集民の人口調査記録をすべて調べてみると、社会集団には三つの型があることがわかった。「一泊の野営集団」、「バンド〔訳注　共に移動生活を送る社会集団〕や村落」、「部族」である。それぞれの平均人数は、三八人、一四八人、一一五五人だった。つまり、注目すべきことに、バンドや村落の規模はダンバー数と一致したのである。ダンバーはまた、紀元前六五〇〇年から紀元前五五〇〇年にかけて、メソポタミアの新石器時代の村には一五〇人から二〇〇人の住民が暮らしていたとも指摘した。これらの調査のなかではあまり目立たないが、部族と一泊の野営集団は規模に大きな幅があるのに対し、バンドや村落の規模ははるかに一定していたこともポイントだ。このことから、バンドや村落がいっそう基本的な集団であることがうかがえる。

ダンバーはまた、シュミーデロイト・フッタライトの事例も研究してみた。シュミーデロイト・フッタライトはキリスト教原理主義の一派で、アメリカのサウスダコタ州、ノースダコタ州、ミネソタ州、カナダのマニトバ州で共同体をつくり、農業を営んでいる。共同体の規模の上限は一五〇人とはっきり定められており、メンバーの人数がそれに近づくと二つに分割される。彼らによれば、これがピア・プレッシャー(仲間からの圧力)の働きだけで維持できる集団の規模の上限であり、これより大きいと警察と階層構造が必要になるという。

何世紀にもわたり、軍隊における戦闘部隊の規模は一五〇人前後だった。古代ローマ軍の基本単位(歩兵中隊)は一二〇人だったし、現代の軍隊でも歩兵中隊の平均的規模は一八〇人だ。組織されたチームとしてメンバーが力を合わせ、同胞の強み、弱み、信頼性を把握できる集団の規模の上限が、そうした人数なのだ。戦争によって特定の淘汰圧が働くのだとか、古今の部隊がこの規模に達したのは生存に最適な規模を経験的に観察したからだ、などという想像さえできる。

現代の通信技術を利用すればより大規模な編成ができそうなものだが、興味深いことに、現代でも軍隊の大きさは変わっていない。ここからわかるのは、集団の規模を決める最大の要因はコミュニケーションではないということだ。もっと大切なのは人間の心の力である。つまり、社会的関係を追跡し、一人ひとりを特定できる心の名簿を作成し、ネットワークのメンタルマップを描いて、誰と誰がつながっているか、その関係は強いか弱いか、協力的か攻撃的かといったことを探ることのできる力なのだ。

友人の毛づくろいをする? それとも話しかけるだけ?

脳の大きさと集団の大きさの関係を評価するために、ダンバーはさらに斬新な主張をする必要があった。まず、大きな脳によって可能となった大きな集団の結束を保つには、霊長類がたがいの毛づくろいにどれだけの時間を費やすことになるかを予測してみた。試算によると、現代人に適した一五〇人規模の集団では、自分の時間の四二％をたがいの毛づくろいに費やさなければならないという。ダンバーによれば、人類が言語を誕生させたのは、一つには毛づくろいに代えるためだったという。要するに、言葉とは、仲間を知るためのより清潔で効果的な手段なのだ。同時に数人と話すことはできても、毛づくろいは一度に一人しかできないからだ。実際、小さなグループで会話をすれば、数人の人びとの行動、健康、攻撃性、利他精神などを同時に判断できる。加えて、たとえば冷蔵庫の食べ物を探すなど、ほかのことをしながらでも話しかけることはできる。

これは実に画期的な考え方である。比較的最近まで、言語の発達は、捕食者や獲物の居場所を知らせるといった情報交換のためだったとか、道具の発達に伴う副産物だなどと考えられてきた。だが、社会的観点から見れば、言語は集団の結束を保つ手段として発達してきたように思える。感情と同じように、言語は同じ種のほかのメンバーに関する社会的情報を知り、操るカギである。この事実を顕著に示すのが、ほとんどの会話には知的な内容があまりないという点だ。自分たちの住む環境や、文化や経済についてさえ、込み入った問題が語られるわけではない。いずれにせよ、一〇歳の男の子でもないかぎり、捕食者や航海の話はめったにしないし、ましてや、素粒子物理学やホメロスの話題が出ることはない。

人間に見られるような規模の集団を維持するのに、言語は毛づくろいより二・八倍効率的だと、ダンバーは試算している。したがって、会話を交わす人びとの集団は約四人になるはずだという。一人が話し、二・八人が聞くわけだ。だが、人が会話のためにつくる集団の規模を手早く確かめるには、どうすればいいだろうか？　一つの方法は、レストランの予約データを集めるというものだ。たとえば、一九六八年、マサチューセッツ州ブルックラインにあるノヴァクス・レストランでは、九八日間に三〇七〇組の予約があった。二人と四人のグループが最も多かったが、一組の平均人数は三・八人だった。ディナー・パーティーでの日常的な経験も、この調査結果を裏づけている。大きなディナー・パーティーでは、会話の輪をつくるのは四人という傾向があるのだ。ある向こう見ずな別の研究者は――不純な動機からではなさそうだが――海水浴場で水着姿のグループの規模を観察し、やはり同じような人数であることを発見した。

最後に、言語の出現はもう一つの予期せぬ結果を生んだと、ダンバーは指摘している。言語が発達し、狭い範囲での社会的交流を制御できるようになると、人間は言語を駆使して詩を書くなどといった活動をするようになった。これは、有史以前の爬虫類が体温を保つために羽毛を進化させたものの、のちにその革新的成果を利用して空を飛ぶようになったのと似ている。加えて、さらに重要なのは、言語のおかげできわめて広範な社会的交流が可能となり、部族や国家といった集団内でもやりとりできるようになったことである。

言語がこうした広範な相互交流への移行を可能にしたわけだが、その方法は少なくとも二つある。まず、言語のおかげで、人を分類し、個人ではなく類型としてかかわり合うことが容易になる。たとえば、すべての警察官を知らなくても（そして彼らの毛づくろいをしなくても）、型通りのやり方で彼らと交流できる（「お巡りさん、何か問題でも？」）。次に、ある類型の人びとにどう接すればいいかを、ほかの人に教えられるようになる（「生徒の諸君、教室に先生が入って来たら立って気をつけをしなさい」）。このように、初めての相手と接する際、その人個人について予備知識がなくても、どう接すればいいかがわかるのだ。

絆を結び、社会的ネットワークのなかで一生を送るという私たちの傾向は、種としての人間の発達に大きな影響を与えてきた。社会的ネットワークは脳の急速な巨大化を促し、そのおかげで人間は言葉を手に入れ、地球を支配する種となった。同時に、こうした生物学的変化を通じて、人間はある能力を獲得した。大きな集団のなかで見ず知らずの相手とさえ協力し、壮大で複雑な社会をつくりだす能力である。私たちのつながりは遺伝子により形成される部分もあるが、文化や環境からも深い影響を受けるものであり、日々つくられ、つくり直されている。私たちは友人を選び、社会秩序にまつわる文化的規範を生み出し、交際や結婚の相手に関する規則をつくってそれに従い、互恵主義的な考えを実践し、出来事に反応して周囲の人びとに影響を与える。それというのも、一つには、私たちに共感する力が備わっているからだ。次章で見るように、ネットワークを操り、そこに加わる能力は、おびただしいつながりに満ちた世界で私たちが出会う新たな機会や難題に深いかかわりがある。現実世界のネットワークをインターネット上に持ち込む際、私たちは自然選択により培われたツールを携え、自然がまだ見たことのない新世界をつくるのである。

第8章 おびただしいつながり

毎月、世界中で一一〇〇万人もの人びとがインターネット上のゲーム、「ワールド・オブ・ウォークラフト」をプレーしている。この「多人数同時参加型ゲーム」にはきわめて多くのプレーヤーが参加しているため、それが国だとすれば、ギリシア、ベルギー、スウェーデンなど、一五〇近い国々よりも大きいことになる。ゲームを始める際、プレーヤーはアバター（化身）と呼ばれるオンライン上のキャラクターを手に入れる。このアバターが仮想世界に住み、ゲームのなかでほかのプレーヤーとやりとりするのだ。アバターの容貌はくっきりした三次元映像で表され、カスタマイズもできる。プレーを通じて、財産、権力、さらにはペットまで手に入るようになっており、何ヵ月も保有できる。ゲームのなかで、プレーヤーは友情を育み、グループ単位でやりとりをつづけ、インスタント・メッセージで連絡をとり合い、共通の目標を達成するために協力し、経済活動に従事し、たがいに入り乱れて戦う。アバターは仮想世界のさまざまな領域《レルム》に住み、戦闘やその他の活動中に「死亡」すると自動的に自宅に戻され、そこでめでたく生き返って活動を再開する。

とはいえ、ときには大混乱が起こることもある。二〇〇五年九月一三日、ゲームの開発者たちは上級プレーヤー向けに新たなエリアを開設した。そこにはハカーという羽のはえた獰猛《どうもう》な大蛇が住んでいる。ハカーは多くの武器や能力を持っていたが、その一つが「腐血病」という伝染病で、ハカーはこれを敵に広めることができる。敵の一人が感染すれば、そばにいる仲間も感染した。団結してハカーと戦う強力なプレーヤーたちにとって、この伝染病は戦闘を面白くするちょっとしたハードルになるはずだというのが、開発側の意図だった。ハカーが死んでしまえば、プレーヤーはそのエリアを去り、感染は収まるはずだった。

ワールド・オブ・ウォークラフトのプログラマーたちは、プレーヤーを熱くさせる実に気の利いた仕掛けだと考えていた。ところが、伝染病に対するプレーヤーの反応は思いも寄らないものだった。ハカーと戦いつづけて腐血病で死ぬのを嫌い、テレポーテーションを使ってゲーム内のほかのエリアへ移動するプレーヤーが出てきたのだ。その結果、ハカーと対決するプレーヤーだけでなく、仮想世界全体に伝染病が広がってしまったのである。限られたエリア内の強力なプレーヤーに対するちょっとしたハードル——小さな町に住む健康な大人にとっての風邪のようなもの——のつもりだったものが、意図に反してゲーム世界全体に広まる疫病となり、何十万人もの弱いプレーヤーをあっというまに死に追いやった。

プレーヤーが仮想世界の自宅に戻ることで感染は拡大し、人口の密集する首都にまで及んだ。そのうえ、別のプログラムミスのせいで、仮想ペットにまで感染が広がった。ペットは免疫があるので死なないが、病原菌の宿主となり、飼い主が生き返るか、病気から回復したとたんに、再び感染させてしまった。

伝染病が世界的に猛威を振るうようになると、プログラマーたちはあわてて事態の把握に乗り出した。当初は、莫大な数のプレーヤーがバタバタと死んでいく理由がわからなかった。そこで隔離措置をとり、感染者を非感染エリアから締め出そうとした。だが、この試みは失敗に終わった。プレーヤーは隔離を拒否したし、どのみち彼らの動きを狭い範囲にとどめておくのは不可能だった。最終的にプログラマーたちがとった作戦は、現実の世界で世界的流行病と戦う医師や保健機関には望むべくもない方法だった。世界全体の電源を切ったのだ。一週間にわたって腐血病が猛威を振るったあと、プログラマーたちがサーバーを再起動すると、疫病の流行はぴたりと止まった。

仮想世界の現実的行動

この奇妙な事件は文字通り何百万人というプレーヤーに影響を与えた一方で、学者たちの心をわしづかみにした。微生物学者、数学者、心理学者、疫学者が、ハカーの解き放った伝染病の虜となったのだ。この事件では病原菌も犠牲者も仮想のものだったとはいえ、アバターの行動はきわめて現実的だった。そこで学者たちは、細菌テロ攻撃や、インフルエンザなどの世界的流行病の再来に人びとがどう反応するかについて、アバターの行動を指標として研究したのだ。

ゲームのキャラクターのなかには癒しの力を持つ者もおり、腐血病に苦しむ人びとを治療しようとした（たいがい失敗に終わったが）。彼らは利他精神を発揮し、流行の中心地に駆けつけて手を差し伸べようとしたのだが、結果としてみずから命を落とすことが多かった。残念なことに、こうした無私の行動が実際には二つの面で事態を悪化させた。癒し手がしばしば病原菌を媒介したし、「治療」された患者は依然として保菌者だったため、そのまま死んだ場合よりも大勢の人に病気を移してしまったのだ。利他精神も癒し手としての義務感もないキャラクターは恐怖に駆られ、命惜しさに感染の広がった都市から逃げ出したものの、結局はさらに感染を広げただけだった。好奇心の赴くまま、あるいはスリルを求めて、流行地に押し掛けて現場の状況や感染者の様子を見物する者もいた（犠牲者は血の海のなかに倒れていた）。さらには、反社会的行為に走る者もいた。わざと感染の危険に身をさらし、それから敵地へ急ぐか、ひどい場合はみずからの故郷に帰って疫病を広め、できるだけ死者を増やそうとしたのだ。

驚いたことに、腐血病の大流行の詳細な研究が『ランセット・インフェクシャス・ディジージズ』誌に発表された。これは、通常は現実世界の病原菌の生態と治療法を扱う医学雑誌である[1]。研究の主な動機は、仮想世界を利用して、伝染病が流行した際の現実世界の動きをモデル化できるかどうか確かめることだった。執筆者によると、将来、仮想の伝染病がオンラインゲーム内に無理なく組み込まれるよう設計され、登場すれば、伝染病に対する現実世界の反応にかなり近いものを研究し、さらには操作できるかもしれないという。

何千年ものあいだ、社会的な交流は、顔を合わせてのコミュニケーションだけを頼りとしてきた。しかし、テクノロジーがその状況を変えた。情報を広める手段（教会の鐘、狼煙《のろし》、本、拡声器、ラジオ、テレビ）や、離れた人同士を結ぶ通信手段（手紙、電報、電話）が発明されたからだ。私たちは現在、オンラインの仮想世界に住むという驚くべき展望を持っているだけでなく、別の形のコミュニケーションや相互交流にも携わっている。それらはすでにありふれたものとなっているが、それでも目を見張るほどすばらしい。携帯メール、ツイッター、eメール、ブログ、インスタント・メッセージ、グーグル、ユーチューブ、フェイスブック。ほんの数年前には存在しなかったこうしたテクノロジーを、私たちは使っているのだ。とはいえ、テクノロジーによっては変わらないものもある。新たなコミュニケーション手段が発明されるたびに、テクノロジーが共同体に与える影響をめぐり、過去数世紀にわたって議論が繰り返されてきた。悲観論者はこんな懸念を表明する。新たなコミュニケーション手段のせいで昔ながらの人間関係が薄まり、人びとは他人との直接の交流をあらゆる面で避けるようになるのではないだろうかと。だが、かつてはこうした人間関係は必要不可欠であり、日常生活の一部だったのである。一方、楽観論者によれば、こうしたテクノロジーは、つながりを形成する従来の方法を増強し、拡大し、補足するものにすぎないのだ。

ことにインターネットの場合、オンライン上に生じる関係は地理的制約を受けないし、遠慮や差別に起因するやっかいな制約からも自由になれるはずだという。インターネットの擁護者たちは、現実世界では実現困難な匿名の大規模な交流のメリットにも気づいている。少数の人びとと個人的な絆を結ぶ代わりに、私たちは何百人、何千人という人たちとゆるやかな絆を結ぶ。友人や、友人の友人の人柄を知る代わりに、社会的地平の先を見渡し、世界に広がる社会的ネットワークに自分が占める位置を図式的に理解することさえできる。

とはいえ、ワールド・オブ・ウォークラフトやセカンドライフのように膨大なプレーヤーが参加するオンラインゲームであれ、フェイスブックやマイスペースのようなソーシャル・ネットワーキング・サイト（SNS）であれ、ユーチューブ、ウィキペディア、eベイのような情報集積サイトであれ、マッチ・ドットコム、eハーモニーのような出会い系サイトであれ、新しいテクノロジーは、他人とつながりたいという人類の古くからの傾向を実現しているにすぎない。ただし、空気を通じて伝わる会話ではなく、サイバースペースを流れる電子によってなのだが。オンライン上に形成される社会的ネットワークは、抽象的で、巨大で、複雑で、超近代的かもしれないが、普遍的かつ根源的な人間の傾向を反映してもいる。こうした傾向が生じたのは、先史時代、人類がアフリカのサバンナでたき火を囲んで語り合ったときのことだった。印刷機、電話、インターネットといったコミュニケーション技術の目覚ましい進歩さえ、私たちをそうした過去から引き離すものではない。そうではなく、むしろ近づけているのである。

あまりにリアルでショッキング

オンラインでの行動は、実際どれだけ現実に近いのだろうか。どれだけ目新しく、また同時にありきたりなのだろうか。これらの点を理解するには、やや極端な人間の行動をめぐる五〇年前の画期的な実験を振り返ってみる必要がある。第1章で論じた六次の隔たりや歩道の研究で知られるスタンリー・ミルグラムは、さらによく知られた研究を行っている。イェール大学でこの研究が始まったのは、ナチスの戦犯、アドルフ・アイヒマンの裁判がエルサレムで始まった直後の一九六一年のことだった。第二次世界大戦後、人びとがいかにして「命令に従う」よう誘導され、他人に残忍な仕打ちをしてしまったのかについて、関心が高まっていた。この点に鑑み、ミルグラムは服従について調べる実験を考案した。彼が明らかにしたかったのは、普通の人びとがいかに権威に従順かということ、また、他人に痛みを、しかも死ぬほどの痛みを与えるよう説得するのがいかに簡単かということだった。

ミルグラムの実験では、紛らわしいことに被験者は「先生」と呼ばれ、すぐ近くに座る「実験者」から、「学習者」が単語の記憶問題に誤答するたびに電気ショックを与えるよう指示を受けた。電気ショックの電圧は徐々に高まっていくとされていた。先生と学習者はくじで選ばれたが、それは見せかけだった。学習者はじつはミルグラムの協力者で、四七歳のアイルランド系アメリカ人の会計士であり、あらかじめこの役を演じる練習をしていた。実験者も協力者で、白衣を着た厳《いか》めしい感じの生物教師だった。学習者は小部屋に連れていかれ、先生――真相を知らないただ一人の人物――はその外に座り、学習者の声を壁越しに聞いた。筋書き通り、学習者のテストの出来は悪かった。ミルグラムの関心は、その結果を受けて、実験者からの指示で先生が何をするかにあった。

驚くほど高い割合で（一度の実験時間の六五％）、先生は実験者に促されるまま、誤答のあとに最高の致死レベルに達するまで「電気ショック」を与えつづけた。なんと、学習者が抗議の叫び声を上げて壁を叩いても止めなかった。ほぼ全員の先生がみずからの行為に苦痛を感じている様子を見せたし、学習者を心配する先生も多かったものの、それでも実験者に促されて電気ショックを与えつづけた。実験者は先生の横に平然と座り、「この実験では、あなたがそのままつづけることが求められているのです」などと当たり障《さわ》りのないことを言った。[2]

ミルグラム（と彼のチーム）は、さまざまな変化をつけてこの実験を何度も再現した。たとえば、ミルグラムは同調性や権威が被験者の行動をどの程度動機づけるかを調べてみた。ある実験では、実験への参加者に二人の「先生」（ミルグラムの無数の協力者の一部）が加わった。この二人が実験者の指示に従うのを拒んだ場合、最大の電気ショックを与えた被験者はわずか一〇％だった。命令への服従を拒否する他人がいれば、被験者自身も拒否できるようになることは明らかだった。これは、ミルグラムがのちに行った歩道実験を予見させる結果である。だが結局、一九九九年にこの種の多くの実験を体系的に検証したところ、服従率はきわめて一貫していることがわかった。多様な状況のもと、致命的な電圧を進んで加えた被験者は六一％から六六％にのぼったのである。[3]

ミルグラムは、実験で観察した服従に関して二つの解釈を示した。一つは、人は同調性によって動機づけられるというもの。人は意思決定を集団やそのヒエラルキーに委ねる傾向があり、ことに抑圧されているときはその傾向が強まる。もう一つは、人は自分の行動から乖離《かいり》し、自分を他人の意思の道具として見ることができるというもの。そうすれば、自分の行いに責任を感じなくてすむからである。

ミルグラムの実験は、発表されるやいなや、倫理にもとるとして大きな批判を浴びた。重大な欺瞞《ぎまん》がある（被験者はだまされ、自分がその役割を担うのは偶然であり、学習者は本当に苦しんでいるのだと信じ込まされる）だけではなかった。被験者はひどい苦痛を受け、なかには人を殺してしまったと思った人までいた。ミルグラムの実験から数年後には、事実上、同じような実験を行うのは不可能になった。

ここで、オンラインの世界の出番となる。二〇〇六年にコンピュータ科学者、心理学者、神経科学者が再現したミルグラムの実験では、先生役は生身の人間が務めたものの、学習者は明らかに仮想の存在だった。研究者たちがつくった没入型環境［訳注　ユーザーを包み込むように三次元画像を配した環境］のなかで、三四人の被験者には、学習者がコンピュータのアニメーションであることが伝えられた――言われなくても一目瞭然だったのだが。先生たちは仮想現実用ヘッドセットを装着し、単語テストで学習者が間違えたら、電圧を上げつづけながら電気ショックを与えるよう命じられた。三四人の被験者は二つの実験グループに分けられた。二三人は、仮想の学習者に「苦痛」が「与えられる」様子を目と耳で確認できた。一一人はディスプレー上の文字列で学習者とやりとりできるだけだった。

すべての被験者が、学習者も電気ショックも現実ではないと知っていたにもかかわらず、学習者の姿を見たり聞いたりできる場合、相手が現実の人間であるかのように反応した。仮想の学習者から問題をもっと大きな声で読んでくださいと頼まれれば、被験者はそうすれば結果が良くなるかのように応じた。学習者が自分を襲う「苦痛」について不満を漏らせば、多くの被験者が横に座っている実験者のほうを向き、どうすればいいかとたずねた。すると実験者は「やめたいときにやめてかまいませんが、実験のためには続けていただくのがベストです」と答えた。仮想の学習者の姿を見たり聞いたりできる二三人の被験者のうち、一二人が実験の終了を待たずに作業を中止した。一方、文字列だけでやりとりしていた一一人の場合、中止したのは一人だけだった。[4]

この種の実験なら、現実世界の実験で生じる倫理的問題を回避できる（被験者をだますこともないし、現実の苦痛を与えることもないため）。あたかも仮想のカエルを解剖するように、社会科学者は仮想世界における社会行動を分析できる。だが、私たちの目的にとってさらに重要なのは次の点だ。これらの実験は、オンラインでの生活が現実の人間同士の交流を模倣し、拡張することを証明しているのだ。人びとはこうした異常な状況ですら、人間同士の交流の確固たるルールに従っている。仮想世界で仮想の相手と交流する際、多くの人が信じがたい現実感を経験するが、これは存在感として知られている。

まあ、すてきなアバターですね

仮想世界が現実世界と大きく異なる点の一つは、自分の外見を操作できることだ。現実世界では、衣服や化粧品によってであれ、入れ墨や整形手術によってであれ、人間が肉体を飾り立てる行為は、あらゆる文化に見られる。その理由の一つは、肉体的外見はその人が他人からどう扱われるかを左右するところにある。たとえば、より多くの友人を引きつけ、同じ仕事でもより高い賃金を受け取り、医療従事者からもっと治療してあげようと思われるのは、背が高い人や容姿が整っている人だ[5]。それだけでなく、外見は自分自身をどう見るかにも影響し、その結果、行動にも影響を与える。

残念ながら、この問題に興味を持つ科学者たちにとって、外見を一時的かつ大幅に変える簡単な方法がないことが壁となってきた。だが、ここでもまた、アバターが身代わりとなってくれる。原則としてアバターはどんな外見にもなれるし、オンラインゲームには膨大な選択肢がある。たとえば、セカンドライフの仮想世界では、プレーヤーは一五〇ものパラメーターを操作し、目の色から足のサイズまで変更できる。

こうしてオンライン上の外見を好きなように操作すると、オンライン上の人間関係にも影響が及ぶことがわかっている。ある研究では、ボランティアの参加者に、十人並みから美形までさまざまな容姿のアバターが（参加者の実際の容姿とは無関係に）割り当てられた。それから、参加者は仮想現実用ヘッドセットを装着し、アバターを操作して画面上の室内を歩かせ、もう一人のアバターと交流させる。こちらのアバターを操作しているのは研究助手だが、相手のアバターの顔を見ることはできない

（したがって、どのアバターとも同じ接し方をする）。こうすれば、研究者はアバターを実に巧妙に操れる。つまりボランティアの参加者は、自分のアバターに対して、他人（この場合は研究助手）の目に映るのとは違った見方をすることになるのだ。それがなぜ重要かといえば、自分のアバターが美形である場合に自信を持って行動するのは、オンラインの世界で他人からちやほやされるせいかもしれないからだ。

たまたま美形のアバターを割り当てられた参加者は、平凡な容姿のアバターよりも相手との距離をかなり短くとった。美形のアバターと相手との仮想世界での距離はおよそ〇・九メートル、美形でないアバターではおよそ一・八メートルだった。美形のアバターを割り当てられた人は、その他の点でも自信をのぞかせ、たとえば自分自身について進んで話したがる傾向が強かった。言い換えれば、参加者の自己主張に表れる自信の大きさは、現実世界での自分の容姿ではなく、アバターの容姿に比例していたのだ。研究者たちは、みずからの容姿に対する見方が行動に与える影響をプロテウス効果と呼んだ。プロテウスとは、思いのままに変身できるギリシア神話の神である。[6]

別の実験では、被験者にさまざまな身長のアバターが割り当てられた。つづいて、アバターたちは腰を下ろし、第7章に登場した最後通牒ゲームに取り組んだ。背の高いアバターを割り当てられたプレーヤーはより多額のお金を要求した。一〇〇ドルをほかのプレーヤーと分ける場合、平均すると、自分が六一ドルとって相手に三九ドル与えるという提案をした。背の低いアバターは、平均すると、自分が五二ドルをとって相手に四八ドル与えるという提案をした。一方、反対にお金を受け取る側に立ち、七五ドルと二五ドルという分け方（「不公平」な分け方）を提示された場合、長身のアバターを持つプレーヤーがその条件をのむ確率は三八％だったが、短身のアバターでは七二％だった。[7]

さらに注目すべきなのは、仮想世界での他人とのかかわり合い方が、現実世界にまで尾を引きかねないことだった。任意に割り当てられたアバターを使ったゲームを終えたあと、アバターが美形だった人は現実世界でもより大きな自信を示したのだ。ある実験では、参加者にオンラインの出会い系サイトに掲載された写真を見せたところ、美形のアバターを割り当てられた参加者は、美形の相手がきっと自分とデートしたがると思うことが多かった。[8] この種の効果は、病気の治療にも応用できそうだ。もしかしたら、アバターに仮想環境のなかでいろいろな役（たとえば障害のある役など）を演じさせれば、障害者への共感を増すことができるかもしれない。あるいは、自尊感情の弱い人や、肉体について屈折したイメージを抱く人に美形のアバターを割り当てれば、違った世界を経験してもらえるかもしれない。

また、こうした実験を利用して、より古典的な問題について調べることもできる。自分自身をどう見るかだけでなく、他人からの扱われ方に容姿がどう影響するかという問題である。たとえば、人はオンライン上でも、人種にまつわる先入観に従うようだ。ある研究では、「ゼア・ドットコム（There.com）」という仮想世界のアバターがほかの人種の人から簡単な頼みごとをされたとき、手を貸す意思がどの程度あるかが調査された。その結果、肌の色が濃いアバターからの頼みごとは、聞き入れられる確率がかなり低いことがわかった。[9] また、アバターは現実世界と同じジェンダーの規範にも従う。たとえば、男性のアバター同士では（アバターを操る人の実際の性別にかかわらず）女性アバター同士の場合より対人距離が広くとられるし、男性のアバターはほかのアバターと目を合わせる頻度が少ない。[10]

このように、人間はデジタル世界への境界線を越えたにもかかわらず、オンラインでの多種多様な交流において、いまだにきわめて人間らしく行動している。私たちはデジタル世界へと越境する際にも、私利私欲、貪欲さ、偏見、利他精神、親愛の情を携えていく。エルナン・コルテス［訳注　スペインの軍人。一五二一年にアステカ帝国を征服］が兵を率いて大西洋を渡ったときと同じように。

世界をめぐる

オンラインの世界は、長い道のりに最新の一歩を刻むものにすぎない。テクノロジーの進歩をはじめ、さまざまな社会経済上の変化はずっと続いており、人間同士の交流の仕方に影響を与えてきた。世界的な人口増加と都市化に加え、交通と通信の驚くべき進歩によって、私たちが出会い、商売し、通学し、恋に落ちる相手は大きく変わってきたのである。

過去二〇〇年で、一〇億人足らずだった地球の人口は七〇億人弱にまで増えた。この増加の半分以上が一九六〇年以降に起きている。それと同時に世界中で都市化が進んだことを考慮すれば、人口密度はさらに急激に上昇したことになる。まさにこうした人口密度の上昇によって、人間同士の交流は質的に変化した。人びとがかつてないほど狭い空間で押し合いへし合いするようになったからだ。しかし、もっと驚かされるのは、交通の発達による人間の移動パターンの変化だ。二〇〇〇年のあいだに人口は七倍になったが、同じ時期に移動性は一〇〇〇倍以上になったため、押し合いへし合いはますますひどくなった。

一九世紀後半、外洋の航海では帆船に代わって汽船が主流となった。特に一八六〇年以降、船体、プロペラ、エンジンの基本設計が進歩したおかげで、遠く離れた港から港への移動時間が劇的に短縮された。たとえば、一七八七年にイギリスを出発したオーストラリア行きの第一次四人移民船団は、八ヵ月を費やして一万二〇〇〇カイリを航海した。ところが、一世紀後には、同じ距離の航海に五〇日もかからなくなった。それからまもなく、一九二五年にこの二国は空路で結ばれ、一九二八年には命知らずの飛行家、バート・ヒンクラー〔訳注　一八九二～一九三三。オーストラリア出身の飛行家〕がわずか一六日間で単独飛行を成し遂げた。だが、驚いたことに、飛行時間もかつての航海時代とまったく同じように短くなっていった。イギリス～オーストラリア間の飛行時間は急速に短縮され、一九五五年には約二日となり、いまでは一日もかからない。[11]

輸送技術が人間の空間移動に及ぼした影響は、同じ二〇〇年間のフランスのデータによっても検証できる。その間、人間が一日に移動する平均距離は、交通手段のたゆみない進歩——馬とはいしけに始まり、鉄道と自動車、さらには超特急列車と飛行機まで——のおかげで、一〇〇〇倍以上に延びた。つまり、〇・一キロメートル弱だったものが、一〇〇キロメートル近くになったのである。[12]同じ時期にフランスの人口がおよそ三〇〇〇万人から五八〇〇万人に増えたこともあり、こうした変化のすべてを通じて、人びとはますます混ざり合うようになった。

人間の移動性の変化をおそらく最もわかりやすく示しているのが、疫学者のデイヴィッド・ブラッドリーがみずからの家系について行った調査だろう。ブラッドリーは曾祖父、祖父、父、自分自身の旅行のパターンを、一九九〇年代までの一世紀について記録した。[13]曾祖父はイギリス中部に位置するノーサンプトンシャーの村で、行動範囲のきわめて狭い生涯を送った。地球の表面の四〇キロメートル四方の地域から一歩も外へ出なかったのだ。祖父の行動範囲はもう少し広く、ロンドンまで旅行したが、それでもイングランド南部の四〇〇キロメートル四方から出ることはなかった。父はヨーロッパ全域を旅行し、行動範囲は一辺が四〇〇〇キロメートルの正方形となった。ブラッドリー自身は世界中を駆け巡り、四万キロメートルに及ぶ地球の外周を踏破した。おおまかに言って、ブラッドリー一族の旅行の範囲は一世代に一〇倍ずつ増えていった。このペースを守るためには、ブラッドリーの息子は宇宙飛行士になるしかない。

理想を言えば、人間の移動性を本当に知るには、人体にマイクロチップでも埋め込んで、連日追跡をつづければいい。そんなアイデアは夢物語にすぎないと科学者たちは思っていたが、ある日気づいてみると、人びとはみずからそうした装置を身に着けていた。電源が入った携帯電話は、格子状に配置された基地局と常につながっている。この基地局と複雑な幾何学を利用すれば、電話の持ち主の動きを追跡できるのだ。WheresGeorge.com《ジョージはどこに?》でドル紙幣のやりとりを追うよりも、ずっと詳しく人間の動きがわかるのである。

このことを念頭に、物理学者のラズロ・バラバシと共同研究者たちは、ある国の六〇〇〇万人以上の携帯電話ユーザーの通話記録を匿名サンプルとして入手した[14]。このデータから一〇万人を選び出して分析すると、六ヵ月間の移動記録が作成できた。発信と受信ごとに持ち主の位置を確認し、一六二六万四三〇八回の位置の変更を調べ上げたのだ。バラバシは、人間の移動性の全体的パターンには複合的な要因が反映していることを発見した。第一に、第5章で論じた通り、人間は(ある程度)レヴィ飛行のパターンに従って動いている。第二に、どのくらい移動するかは人によりさまざまで、ほかの人とくらべてはるか遠くまで行く人もいる。こうした複雑な事態が生じるのは、一つには、人間は同じ場所に帰っていく傾向があるからだ。たとえば、自宅、職場、行きつけのレストランや店に繰り返し足を運ぶ。そのうえ、人間の「飛行」は長い目で見ればさほど行き当たりばったりではない。結局、私たちはほとんどの夜を同じベッドで過ごすのである。

人間がこうして活発に動き回り、地理空間が徐々に狭まったせいで、細菌から商品、情報、アイデアに至るまで、あらゆるものの広がり方が根本的に変化している。こんにち、私たちは人類の祖先よりもはるかに広範囲にわたるつながりを結べるし、つながる相手もその目的もはるかに多様になっている。

離れて話す

進歩したのは運輸技術だけではない。同じ二〇〇〇年のあいだに、通信技術も長足の進歩を遂げた。ジャーナリストのトム・スタンデージは、自著『ヴィクトリア時代のインターネット（The Victorian Internet）』で、一九世紀の電信の発明と普及が社会生活に及ぼした影響について記している。[15] 電信が発明される以前、遠隔地との通信の速度は、メッセージを運ぶ人間の移動手段（徒歩、馬、船）の速度と同じだった。ところが、電信によって可能となったコミュニケーションのおかげで、時間と距離がともに縮まったのである。このテクノロジーはビジネスや恋愛ですぐに使われはじめ、ジャーナリズムから戦争に至るあらゆる分野で新しいタイプのやりとりを引き起こし、新たな習慣と語彙《ごい》を生み出した。

電話の発明は、こうしたプロセスのさらなる進歩を示すものだ。一九世紀末から二〇世紀初めにかけて全米に電話が普及していくと、大勢の人びとが心を躍らせた。電話によって階級間の壁が崩れ去り、社会が民主化されるものと予想した人もいた。[16] 特に農村において人びとの孤独が癒され、社会的交流が増すと考えた人もいた。[17]

一方、インターネットにまつわる現代の懸念を先取りしたかのように、もっと悲観的な見方をする人もいた。家庭生活に絶えず外から邪魔が入り、家庭の尊厳や平穏が損なわれるのではないかと、多くの人が心配した。詮索《せんさく》好きな交換手の盗み聞きによってプライバシーが侵害されるという懸念もあった。電話でのせわしない会話は社会にとって危険だと考える人もいた。「手紙と違い、話し手は話題について下調べもできないし、よく考えることもできない」からだという。[18]また、電話によって多くの伝統的な社会習慣（たとえば、前もって連絡せずに友人を訪問すること）が脅かされた。電話が求愛の儀式を変え、不適切な性的交遊を招きかねないと心配する識者もいた。

こうした懸念の大半が、インターネットに関するものと似ているのは言うまでもない。人間関係がせわしなくなる、プライバシーが侵害される、道徳が退廃する、などなど。だが、もっと説得力があるのは、人びとが共同体における親交よりも遠くの友人との希薄なつながりを大事にするようになりかねないというものだろう。社会学者のチャールズ・ホートン・クーリーは一九一二年に、電話をはじめとするテクノロジーのせいで「私たちの生活において親しい近所づきあいが失われたのは、もっと幅広い交際の網の目が複雑さを増しているせいだ。そのために同じ家に住んでいる人とも他人行儀になり……隣人同士の経済的・精神的共同体が縮小している」と述べている。[19]

実際には、電話によって地域の絆が弱まるどころか、逆に強まることのほうが多かった。地域の交流が容易になったし、通話の相手の大半は昔もいまも、自宅から八キロメートル以内に住む人なのだ。[20]ほとんどの人は、電話による関係は表面的だという点を否定している。相手が遠くに住んでいようと近くに住んでいようと、それは変わらない。実際、電話をいち早く肯定的に受け止めたある評者は、一九一一年に当時の様子を生き生きと描いている。彼は電話の普及を歓迎してこう述べている。「電話のおかげで、私たちはいっそう社交的、協力的になった。離ればなれに暮らす家族の孤独はすっかり解消された。電話はまさに社会という肉体の一器官となったのだ。おかげで、私たちはいまや電話で契約を結び、証言し、訴訟を起こし、演説し、求婚し、学位を授け、有権者に訴え、そのほか口頭でできることはほとんどすべてやっているのだ」[21]。電話は社会的交流に取って代わるものではなく、それを補うものなのである。

ああ、ネットヴィルよ

電話をめぐってなされた論争は、インターネットに関する議論でも蒸し返された。インターネットを通じて交流できる相手は、ほかの手段では接する機会がなく、遠い国に住んでおり、名前もわからない、などといったことが強調された。インターネットのおかげで、以前は不可能だった新しいつながりを持てるようになったのは疑いない。とはいえ、その同じテクノロジーが、地域のコミュニティーや近所づきあいを変えるきっかけともなるのだ。

非常にわかりやすい例が、社会学者キース・ハンプトンとバリー・ウェルマンによる注目すべき一連の観察記録である。一九九〇年代末、二人はトロント郊外のある住宅地を調査した。二人が「ネットヴィル」と呼んだこの地域では、新しいブロードバンド設備が整備され、住民に無料で提供されていた。一〇九棟ある一戸建て新築住宅を購入した人は誰でも、常時接続の高速インターネット、テレビ電話、さらに各種のオンラインサービス——ジュークボックスから公共医療サービス、地元住民によるディスカッション・フォーラムまで――が使えることになっていた。本人の意向とは無関係なさまざまな理由により、住民の六〇％がそうした一連のサービスを受け、四〇％が受けなかった。こうして一種の自然実験が実現し、比較できる二つのグループが生まれた。ハンプトンは、一九九七年から一九九九年までみずからネットヴィルに住み、インターネットがコミュニティー内の交流に与える影響を調査した。

これらのサービスを利用していた住民は、近隣住民との絆を増やし、より深く広いつながりを育んでいった。インターネットに接続していた住民と接続していなかった住民を比較すると、接続していた住民のほうが、名前を知っている相手の数がかなり多く（二五人対八人）、日ごろ言葉を交わす相手の数は二倍で（六人対三人）、六ヵ月間に近所の人の家を訪ねた回数が多く（五回対三回）、一ヵ月に電話をかける回数もかなり多かった（二二回対六回）。この電子によるコミュニケーション手段は、アメリカ人が近隣住民と直接結ぶ社会的絆に取って代わるのではなく、それを大いに強化していたのだ。

このテクノロジーはまた、ネットヴィルの住民が、引っ越しで離れてしまった友人との絆や交流を維持するのにも役立った。たとえば、インターネットに接続している住民は、接続していない住民とくらべ、自分の属す社会的ネットワークのメンバーで五〇キロメートル以上離れて暮らす人と連絡することがやや増えていた。つまり、引っ越しによって社会的な絆の維持が難しくなるのではないかという心配は、杞憂だったのだ。

さらに、こうした社会的な絆は集団行動にも利用され、住民による運動や行事を後押しした。皮肉なことに、住民運動の標的の一つとなったのが、ネットヴィルのインターネット環境を整備した開発業者だった。ネットヴィルの住民はインターネットの内外でつながりを活かして結束し、住宅の欠陥に抗議して業者に修繕を要求した。住民の行動のすばやさに面食らった業者は、彼らの不満に「予想を超える費用と迅速さをもって」対応せざるをえなかった[22]。住民たちはまた町の幹部に対し、この業者に第二次の宅地開発を許可しないよう働きかけた。ハンプトンは皮肉まじりにこう締めくくっている。「ネットヴィルでの経験を踏まえ、この業者はインターネットを完備した住宅地は二度と開発しないそうである[23]」

シックスディグリーズからフェイスブックへ

オンラインのソーシャル・ネットワーキング・サイト（SNS）は、ここ数年ですっかり一般的になった。この手のサイトでユーザーが受けられるサービスは、アクセス制限のある環境で公開あるいは半公開のプロフィールを作成できること、つながりを共有するほかのユーザーのリストを表示すること、自分やほかのユーザーのつながりをシステム内で閲覧・検索できることなどだ[24]。新たな友人やつながりをつくることも可能だが、それが一義的な目的ではない（この点がマッチ・ドットコムのような出会い系サイトとは異なる）。フレンドスター・ドットコムのように、既存の友人関係をサポートするサイトもあれば、特定の民族、政治、宗教、職業に会員を限定したサイトもある。科学者と教師のネットワークであるマイSDサイエンス・ドットコムは後者の一例だ。プライバシーに関する規定、入会資格、投稿の内容、非会員がネットワーク内のつながりを閲覧・検索する方法なども、サイトによって異なる。SNSの際立った特徴は、人間関係のネットワークをユーザー本人やほかの会員に見えるようにする点にある。また、ウィキやリストサーヴといったオンライン上のほかのグループやコミュニティーと異なり、SNSはテーマではなく人を中心に組織されている。

何億人もの人びとが、すでにSNSを日常生活の一部として利用している。毎日、オンラインで友人の近況を知り、新たなつながりを築き、ゲームに興じ、お気に入りのリンクを張っている。だが、SNSは本質的に、主にオフラインの人間関係を反映するものだ。インターネットがなければごく弱い絆しか結ばなかったであろう人たち（たとえば昔のルームメイト、高校の同級生、パーティーの席上で短時間会っただけの人など）との交流を保てる反面、知らない人を紹介し合うのには向いていない。

確認できるかぎり最初のオンラインのSNSはシックスディグリーズ・ドットコムで、一九九七年に創設された。[25] 多くの利用者を集めたものの、二〇〇〇年に経営破綻した。おそらく、マーケットがまだこうしたコンセプトを受け入れるまでに成熟していなかったためだろう。問題は次の点にもあった。電話やファックスと同様に、オンラインの社会的ネットワークは、自分のほかに大勢の人が利用するようにならなければ役に立たないのだ。

二〇〇二年、マッチ・ドットコムに対抗してフレンドスターが創設された。マッチ・ドットコムや同種の出会い系サイトが見知らぬ者同士の紹介を主眼とするのに対し、フレンドスターは、恋人探しの場には友人の友人からなるグループのほうがふさわしいという考えに立っていた。要するに、第3章で論じたような現実の社会的ネットワークでの配偶者探しを、コンピュータを利用してやろうというわけだ。フレンドスターは急成長し、二〇〇三年までに三〇万人の会員を獲得した。ところがメディアで注目を浴びるようになると、サイトへの関心が一気に高まり、技術的にも社会的にも壁にぶつかってしまった。技術的には、フレンドスターのサーバーとデータベースは、急速に複雑さを増すネットワークの要求に応じきれなかった。社会的には、あまりにたくさんの人びとが押し寄せたため、サイトの文化が変わってしまった。騒々しい酔っぱらいの大学生が、夏のギリシアののどかな島に殺到したようなものだ。おかげで、以前からの会員が守ってきた規範や結束が崩れてしまったのである。

たとえば、フレンドスターは設立当初、閲覧できるプロフィールを四次の隔たり（友人の友人の友人の友人）までに限っていた。興味深いことに、この制限は影響の及ぶ通常の範囲（「三次の影響のルール」を思い出してほしい）や、現実の世界にありうる紹介の連鎖（第3章を参照）より一段階多いだけだ。つまり、はっきり謳《うた》ってはいないものの、フレンドスターはコンピュータ技術をてこに人間の社会的地平を一段階広げることを目指していたようだ。ところが新たなユーザーは、近道をつくることでネットワークのさらに奥まで入り込もうとした。その手口は、四次の隔たりにある見知らぬ人と友人になり、社会的ネットワーク上の以前は見えなかった地点にまで手を伸ばそうというものだった。だが、自然な社会的地平の先まで見られるということは、サイト上の友人関係のうち、現実世界でのつながりを持たないものの割合が大きく増えることを意味する。そのせいもあって、フレンドスターはアメリカでの人気を失っていった。

マイスペースは二〇〇三年に開設され、フレンドスターに愛想を尽かした元ユーザーを取り込んだ。当初からインディーズ・ロックのファンを呼び込むことを重視しており、ユーザーはバンドやほかのファンとつながりを築けるようになっていた。また、きわめて個人的なプロフィールを作成できたし、ほかの場所から持ってきた素材をプロフィール欄に切り貼りすることもできた。だが、総合的なＳＮＳとしては、すぐにライバルの陰に隠れてしまった。

オンラインの社会的ネットワークであるフェイスブックは、二〇〇四年にハーヴァード大学で始まった。実は、その歴史は現実世界の出来事に端を発している。フェイスブックという名称は、インターネット以前から長くつづくハーヴァードのしきたりからとられた。大学は毎年、クラスごとに全学生とキャンパス内の彼らの住所が掲載された本を作成し、配布していた。ちょうど写真つきの電話帳のようなもので、学生たちはこの本を頼りに社会生活を送るようになっていた。ある年、フェイスブックの制作が出版元のミスで遅れたときは、ある寮で暮らす四人の学生がハンガーストライキを始めたほどだった[26]。

オンライン版を先取りするかのように、フェイスブックを使って文字通り交際相手を「物色」する学生がいる一方、掲載された学生の顔と名前を一人残らず覚えようとする強者も少数ながらいた。フェイスブックを最初に話題にしたのは、一九七九年に『ハーヴァード・クリムゾン』という学生新聞紙上に記事を書いた、若き日のスーザン・ファルディだった（彼女はのちにピューリツァー賞を解説報道部門で受賞する）。ファルディによると、当時は一年生の教育係《メンター》の人選にフェイスブックが使われていたという。「私たちはフェイスブックを使って、その学生がどんな人物かを調べた。……一枚の写真から何かがわかることもあるのだ[27]」

その二五年後、ハーヴァード大学の二年生だったマーク・ザッカーバーグがフェイスブックのオンライン版をつくると、これが大好評を博し、たちまちほかの大学にも広まった。当初、ユーザーは大学関係者に限られていたため、サイトでは親しみやすさとプライバシーが維持されていた。保護されたオフラインの世界をオンラインで再現したわけだ。会員は、コミュニティー内の誰のプロフィールでも自由に見ることができた。ちょうどキャンパスで偶然出くわしたような具合だが、オンラインならこちらの顔は見られない。そのうえ、ここが重要な点だが、オンラインで生じる結びつきはほかのメンバーにも見える。一年もしないうちに会員の資格は高校生にも開放され、その後、特定の地域のコミュニティーや企業ネットワークへと広げられた。

二〇〇八年六月、フェイスブックは全世界のユーザー数でマイスペースを超え、最大のオンライン・ソーシャル・ネットワークとなった。二〇〇九年初めの時点で、一億七五〇〇万人以上が登録し、このサイトを活用している。[28] フェイスブックの成功とフレンドスターの衰退に一役買ったと思われるのは、ユーザーがネットワーク内で閲覧できる相手の制限の問題だ。閲覧できる相手を四次の隔たりまでとしたフレンドスターに対し、フェイスブックで閲覧できるのは直接の友人（一次の隔たり）のみか、場合によっては友人の友人（「知り合いかもしれない人」という機能を通じた二次の隔たり）までである。おかげでまったく知らない者同士の結びつきは減り、利用者はオンラインの世界が現実世界の社会的ネットワークと連動しているように感じる。

SNSが存続するかどうか、どんな形になるかは、はっきりしない。しかし、一〇年にわたるイノベーションを経て、こうしたサイトは少なくとも何らかの形で社会に定着しているように思える。いまやSNSには、インスタント・メッセージやeメールなど、リアルタイムのコミュニケーション機能が加わりつつある。同時に、ユーザーがつくるコンテンツを集めた新たなサイト（写真のフリッカーや音楽のアイライクなど）も、ソーシャル・ネットワークの機能を増やすのに役立っている。年齢が高めの大人たちさえ、イーオンズ、リズーム、マルティプライといったSNSに参加するようになった。ゆっくりとではあるが確実に、私たちは実生活をオンライン上に持ち込みつつあるのだ。

大量に、そして受動的に

〈セカンドライフ〉〈ワールド・オブ・ウォークラフト〉〈フェイスブック〉〈マイスペース〉は、まったく別々のサイトである。四つすべてを利用するには、各サイトに個別にプロフィールとIDを持たなければならない。だが遠からず、一つのプロフィールで管理される一つのIDだけで、多くの仮想世界やSNSを渡り歩けるようになるだろう。eメールでも同じようなことが起こっている。草創期のeメールのプログラムでは、同じプログラムを使用する人同士でしかメールを交換できなかった。こうした制約はまもなくなくなり、互換性のあるプログラムが標準となった。一つの入り口からあらゆるeメールのネットワークに行けることを利用者が求めたのだ。私たちは、ソーシャル・ネットワーキングのみを目的とするサイトにも見切りをつけるかもしれない。花園の垣根は確実に低くなるだろう。そして、複数のSNSで交流したり、友人のリストを一つのサイトから別のサイトへ移したり、外部からの検索に対してコンテンツを公開したりする機能が強化されていくだろう。だが、それればかりではない。長いあいだ使われてきた別のデータソースが、オンラインの社会的ネットワークの土台になるかもしれないのだ。

eメールのリストは、そもそも社会的ネットワークの貴重な情報を豊富に蓄えている。しかも、その方法は実にダイナミックであり、透明性の高いSNSとくらべ、多くの点で効率がいい。アドレス帳や予定表も貴重な情報源である。eメールの受信トレイと送信トレイを見れば、その人が誰と、いつ、どのくらいの頻度で連絡をとっているかがわかる。これらのデータを利用すれば、ネットワークを描き出し、連絡の頻度や近さによって友人を序列づけることができる。eメールを使って絆の方向性を評価することさえ可能だ。たとえば、あなたはトムとハリーから多くのメールを受け取っているが、トムにしか返信していない、といったように。したがって、eメール・システムはソーシャル・ネットワーキングの土台を提供してくれる。たとえ、もともとはそうした明確な目的のためにつくられたわけではないとしても。

現在のオンラインの社会ネットワークでユーザーは、他人とのつながりや日々の活動に関する情報を明示するよう求められる。だが、遠からず、こうしたネットワークでも情報の明示は必要なくなるだろう。目下発展しつつあるシステムによって、オンラインで受動的に集められた大量のデータが自動で配列され、何もしなくても友人の動向を追跡できるようになるからだ。音楽サイトのアイライクを使えば、どんな音楽を聴いているかをパソコンやアイフォーン上で友人に知らせることができる。グーグルのサイトでは予定表を自動的に掲載できるし、トゥィンクルのようなアプリケーションを使えば携帯電話を通じてGPS上に自分の位置を常に公開しておける。こうしたアプリケーションのおかげで、やがて、友人に関するさらに詳しい情報が手に入るようになるだろう。その際に機能するのは、受動的データを利用して友人の生活を推測できるアルゴリズムだ。友人が見知らぬ人に立て続けにeメールを送っているなら、新しい友人ができたということかもしれない。新しいウェブサイトを繰り返し訪れているなら、新しい趣味を始めたのかもしれない。実際、企業はすでに、こうした新技術を利益につなげようと躍起になっている。広告の的を絞ったり、顧客が買いそうな製品やサービスを予測したりするのに役立つからだ。ある人の友人が何をしているかがわかれば、その人自身がまもなく何をしようとするかもだいたい推測できるものだ。

近年、携帯電話、インターネット、SNSなどの急速な普及によって、たがいに連絡を取りつづける人間の能力が過剰になり、「おびただしいつながり」が生じている。こうした新たなテクノロジーのせいで、私たちはリアルタイムでつながっているかいないかを感じ取るようになる。このテクノロジーは、人間が毛づくろいを進歩させて言葉を手に入れたのと同様に、言葉の効率性を高めてくれるのだろうか。テクノロジーは社会的ネットワークをどう変えるのだろうか。

インターネットによって、新たな社会形態が可能となる。それは次の四つの点で、既存の社会的ネットワークにおける人間の交流を根本から変えるものだ。

1　大きさ　ネットワークの規模が著しく大きくなり、その一員となりうる人の数も著しく増える。
2　連帯性　情報を共有したり力を合わせたりする範囲が拡大する。
3　特殊性　私たちが結ぶ絆の独自性が著しく増す。
4　仮想性　仮想世界でアイデンティティーを持てる。

友人が多すぎる?

SNSの利用者の多くは、友人のリストに何百人からときには何千人もの名を連ねているが、フェイスブックの一般的な利用者がサイト内に持つ友人の数はおよそ一一〇人である。[29]親しい友人がそのうちごく一部なのは言うまでもない。誰と親しく、誰と親しくないかを見きわめるため、私たちは、フェイスブックのページに掲示された写真をもとに「写真友達」という方法を考案した。たがいに写真を掲示したり、写真に「タグ」（付箋）をつけたりし合う二人は、そうでない二人より親しくつきあっているはずだと考えたのだ。ある大学（大学名は伏せる）のフェイスブックの全ページを調べ、学生たちの写真友達の数を数えたところ、親しい友人は平均するとわずか六・六人しかいないことがわかった。

意外にも、こうした調査によって明らかになるのは、オンラインの社会的ネットワークがオフラインのそれにいかに似ているかということだ。オンライン上の友人の総数は、平均すると一五〇人前後で、ダンバー数に相当する（第7章を参照）。親しい友人の数は、コア・ネットワークの規模に近い四人前後である（第1章を参照）。したがって、オンラインのネットワークは人が本当に親しいと感じる人の数を増やすわけではなさそうだし、核となる集団内での関係を強めるわけでもないようだ。私たちはいまだに霊長類としての傾向と能力に縛られているのである。

だが、ＳＮＳは新たな機会を提供してくれる。フェイスブックの「友人」グループは旧石器時代の村落の住人グループとは大きく異なる。人間の性質はそれほど変わらないものの、妥当な、あるいは正常な社会的関係とみなされるものが異なるのだ。ＳＮＳは友人という言葉の意味を広げ、再定義すると同時に、拡大したグループ内の絆の維持を容易にする。この手のサイトが、現実の友人や親戚の近況を知るのに使えることは言うまでもない。だが、ほとんどの人は、たとえば電話番号を知らない相手、道で会ってもわからない相手、ありていに言えばバーで話すのが楽しめないような相手ともオンラインでつながっているのだ。

オンラインの社会的ネットワークは、ほかの面でもオフラインのつながりとは異なる。オンラインの交友関係は累積する傾向があるし（人はオンラインのつながりを加えこそすれ、断ち切ることはあまりない）、交流の特質にも大きく影響する（たとえば、長々とした会話よりも一時的な盛り上がりに向いている）。そのうえ、オンラインのネットワークでは、つきあいのある全員と直接の関係が管理されるだけではない。オフラインの世界とくらべ、おたがいの交友関係がすべて人目に触れている場合がずっと多いのだ。友人同士が絶交するたびに、名前の横に壊れた小さな赤いハートのマークがついて知らせてくれる。高校生や大学生のオンライン・ネットワークでは、データ更新のたびに慰めを必要とする人がおそらく何十人もいる。私たちは突如として、現実の社会的ネットワークでは忘れていたり関係が途切れていたりする相手の日常生活を、前よりもよく知るようになるのだ。

オンライン上の絆の関連性は、図解で示すことができる。口絵8には、一四〇人の大学生をサンプルに、実生活とオンライン・ネットワークのつながりの違いが描かれている。これは私たちがフェイスブックを調査した結果である。まず、写真友達のアルゴリズムに基づき、親しい友人関係のネットワークが示してある。次に、同じクラブに所属する人（右上）やルームメイト（左下）との絆が加わっている。最後に、フェイスブックによる友人関係を加えてある（右下）。最初はクモの巣状だったものが、もつれた毛糸玉のようになってしまった！　だが、これでもネットワークのごく一部に過ぎない。この大学で同学年の一七〇〇人すべてを調べると、フェイスブック上に表される関係は、一分の隙もないほど密度が高くなるのだ。

リアリティーとウィキアリティー

オンラインによる大規模な交流のおかげで、かつては存在しなかった多種多様な知識のネットワークが構築できるようになった。その結果、情報が共有されることが飛躍的に増えている。休暇旅行を計画するためのサイトには、ほかの旅行者の便宜を図って旅先の写真が掲載され、オンラインの地理データベースの修正に多くの人が協力している（地図に載っていない行き止まりの道に出くわした人は、地図の提供者にただちにeメールで知らせる）。さらには、カウチサーフィン・ドットコムのようなサイトまである。そこにリストアップされている多くの都市を旅行中、泊まる場所が必要になれば、メンバー登録することで赤の他人の家の長椅子《カウチ》で寝かせてもらえるのだ。ソースフォージ・ネットなどのオープンソース・ソフトウェア・サイトでは、コンピュータ・プログラムを改良するコードの提供を受け付けている。こうした活動が、ファイアフォックスのようなウェブブラウザや、マイクロソフトやアップルの製品にも引けを取らないリナックスのようなオペレーティングシステムの開発に結びつくのだ。

とはいえ、そうした新しい形の社会的交流として最も拡大した例は、ウィキである。「速い」を意味するハワイ語から名づけられたウィキは、アクセス可能なあらゆる人が内容に変更を加えられる仕組みになっている。そのため、同じ情報に関心を寄せる人たちのグループが、資源を出し合って協力することができる。ほとんど無料でつながりを築けるため、ウィキは数え切れない小さな善意の行為を力に、新しく強力な何かを生み出している。なかでも最も知名度が高いのがウィキペディアだ。ウィキペディアはオンラインの百科事典で、最新の集計では一二〇〇万項目を超える記事が二〇〇の言語で記載されている。ウィキペディアには中央集権的な強い権力は存在しない。ほかのウィキ同様、協力し合いながら独自の活動ルールをつくるボランティアによって運営されているのだ。

コメディー・セントラル［訳注　アメリカのコメディー番組専門チャンネル］の『ザ・コルバート・リポート』という風刺番組で、コメディアンのスティーヴン・コルバートは、こうした新しい形のオンライン上の共同作業を揶揄《やゆ》している。ニュース番組の看板司会者であるビル・オライリーやラッシュ・リンボーのパロディーを演じ、影響力の大きい司会者の言葉なら視聴者は何でも信じてしまうと言わんばかりに振る舞うのだ。こうした視聴者がオンラインで交流するままにしておけば、現実世界に根拠を持たない彼ら独自の現実《リアリティー》を生み出してしまうだろう。コルバートはそれを「ウィキアリティー」と名づけ、「ある程度の人たちがある考え方に賛同すれば、それが真実になってしまうという現実《リアリティー》」と定義している。[30]彼は自分がウィキアリティーに及ぼす影響力を示そうと、番組内でこんなジョークを飛ばしたことがある。世界のゾウの生息数は過去一〇年間で三倍になったので、もはや保護の必要はないのだと。ものの数分で、ウィキペディアのゾウの項目が書き換えられ、この「事実」が特筆された。[31]ところが、ほどなく常連のボランティア執筆者によってその記述は訂正された。その後も攻防はつづいたが、結局いたずら者のほうが降参を余儀なくされた。正確な情報を守ろうと尽力した人びとが勝利し、ゾウの項目は元通りになった。

　一つのジョークから起こったこの騒動を悪あがきだと思うなら、サラ・ペイリンが共和党の副大統領候補だった時期に、彼女の記事がどうなったかを考えてみるといい。現代アメリカの政界で、ペイリンほど評価の分かれる候補者は少ない。そのため、ウィキペディアでは彼女の記事をめぐって「編集合戦」が勃発し、選挙期間中には一日に何百回も変更が加えられた。ペイリン支持派は、「どこにも行けない橋」とされる無駄な公共事業に彼女が当初賛成したという記述を削除し、反対派は、一六歳の娘の妊娠を隠すためにペイリン自身が妊娠を装ったという噂を書き込んだ。だが、双方の過激分子がこうした事実をゆがめる編集を加えていたにもかかわらず、ペイリンに関する記述は全体として、比較的偏向のない状態を維持していた。ウィキペディアの参加者はみずからつくりあげた観点ルール（記述は特定の人間の観点に偏ってはいけないというルール）に忠実に従い、監視を怠らず、あらゆる変更が出版物や報道に裏づけを持つ妥当なものとなるよう万全を期した。あまりに偏った内容の書き込みはすぐに削除された。事実と偏見のはざまのグレーゾーンにある無数の編集は、ペイリンの記事の「ノート」ページで議論の対象とされる一方、執筆者たちは事実に基づく情報とそうでない情報を見きわめようと奮闘した。

ウィキペディアのようなサイトの成功は、大方の予想に反するものだ。ウィキに詳しいアンニャ・エバースバックはこう書いている。「ウィキの構想を初めて知ると、たいていの人は、誰でも編集できるウェブサイトなんて、有害な書き込みのせいですぐに役立たずになるはずだと決めつける。灰色のコンクリートの壁のそばに無料のスプレーペンキを置いておくようなものだからだ。せいぜい見苦しい落書きや署名で汚されるのが落ちで、芸術的な作品をいくら描いてもそれが長く残ることはないはずだ。ところが、ウィキは実にうまくいっているようである」[32]。実際、科学雑誌『ネイチャー』に発表された研究によれば、ウィキペディアの標準的な記事は、ブリタニカ百科事典の記事とほぼ同じくらい正確だという[33]。

ウィキには、選挙、市場、暴動と似ている点がある。だが、ウィキがかかわるのは知識であり、投票でも、取引でも、感情でもない。雄牛の体重を当てるのと同じように、一人ひとりが別々に参加しながらも力を合わせ、個々人のなかには存在しない何か、一人では手の届かない何かを生み出すのだ。複数の発信源からの情報を平均し、蓄積して、ウィキは知識への道を切り開く。飛ぶべき方向を自然に選びとる鳥の群れのようなものだ。

ウィキペディアがこうして驚くほどうまく機能しているのは、各トピックをめぐって社会的ネットワークが出現するからだ。ネットワーク内には協力者（偏りのない新情報を寄せる人）とフリーライダー（他人が確立した情報の信頼性を利用しようとする人）がいる。この二つのタイプしかいなければ、ウィキペディアの失敗は目に見えていると言える。だが、第三のタイプである処罰者も存在する。無数の人びとからなる自警団がウィキペディアをパトロールしており、悪意ある編集を修復したり、犯人たちの「ノート」ページに個人的な注記を残したりするのだ。彼らは一致団結し、一部のユーザーがさらに書き込もうとするのを阻止することさえある。したがって、驚くべきことに、私たちがオンラインの世界で目にしているのは、人類文明の黎明期に起きていたらしいことと同じなのだ（この点については第7章で論じた）。私たちが協力し合うのは、国家や中央の権力に強いられるからではない。私たちがうまくやっていける能力は、運命と目的を共有する集団のメンバーの分権的な行動から、おのずと生まれてくるのである。

干し草の山から針を探し出す

第3章で見たように、こんにち、何百万という人びとがインターネットを利用して恋人とつながろうとしている。人が真実の恋を求めるのは、いまに始まったことではない。とはいえ、インターネットのおかげで、はるかに多くの恋人候補を見つけ、交流するのがずっと簡単になった。しかも、きわめて相性のいい相手を探せるのだ。だがいまや、生活の別の領域で別の目的のために相手を見つけるのも、ますます簡単になっている。

二〇〇五年秋のこと、アリソン・ポロックという一五歳の少女が、喉頭と食道がつながってしまう喉頭裂という珍しい病気に苦しんでいた。この病気のせいで、食べ物や飲み物が肺に入ってしょっちゅう肺炎を起こしていた。アリソンはさまざまな治療を経てボストン子供病院にかかり、専門的な手術を受けて全快した。病院のオンラインマガジンに彼女の記事が載ると、同じ症状だったサム・ケイスという青年の目にとまった。サムは彼女を探してみようと思い立った。「アリソンが二〇〇五年に手術を受けたときは僕とだいたい同じ歳で、一五歳だった。だから、いまは高校三年生か大学一年生だと見当をつけたんだ。それなら、フェイスブックにプロフィールを公開している可能性が高い。彼女が見つかれば、手術とその後の回復ぶりについて質問できるんじゃないかと思ったからね」。アリソンは当然のように利他精神を発揮し、連絡に快く応じると、サムの手術の前後には頻繁にメールをやりとりするまでになった。その後、二人は双方の両親を交えて顔を合わせた[34]。

こうしたつながりは良いものだと思えるかもしれない。やはり、探している相手を見つけたいのは誰しも同じだからだ。だが、つながりを持つことには代償が伴う。多くの人とつながれば多くの人を見つけられるが、一方で、多くの人に見つけられることにもなる。そのすべてが善意の人とは限らないし、すべてのつながりが有益だとも限らない。

たとえば、主にセックスの相手を増やすためにインターネットを利用する人もいる。すると、今度はそれによって性感染症のリスクが高まるし、インターネットの利用に伴って多くの流行病が発生している。サンフランシスコの公衆衛生医のグループは、「サイバースペースを通じた梅毒の流行の追跡」と題した論文で、パートナーをオンラインで見つけた場合、従来の方法で見つけた場合にくらべ、性感染症を移される可能性が三倍以上高くなると報告している。[35]

残念ながら、オンラインの社会的ネットワークの負の側面に最も影響されやすいのは若者たちであり、いまやインターネットがティーンエイジャーの新たなたまり場となっている。アメリカのティーンエイジャーの八〇%以上がインターネットを利用し、うち半数近くが毎日利用している。[36] eメール、インスタント・メッセージなどのオンライン通信技術の利用者は七五%を優に超える。五〇%以上が、複数のeメールアドレスやハンドルネームを持ち、それらを使ってチャット・ルームやオンライン・フォーラムなどで匿名で他人と交流している。[37] オンライン上の交流は孤立しがちな若者たちが有効な社会的支援を得る手段となる反面、拒食症、破壊行為、自殺といった危険な行動を日常化し、正当化してしまうこともある。

それだけではない。携帯メールからSNSに至るあらゆるツールに加え、オンラインの社会的ネットワーク文化の特殊性、幅広さ、即時性のせいで、そうした危険な行為がはるかに広まりやすくなっているのだ。オンラインでは、一時の気まぐれ、否定的思考、衝動に対して即座にフィードバックや強化が働く。この手の通信技術を持たなかったかつての世代なら、そうした考えや衝動は自然に消えていったものだ。もちろん、ティーンエイジャーがたがいに影響を与え合うのは昔もいまも同じだが、以前はそうした強化を働かせるにはもっと手間がかかった。それが、いまではボタン一つでできる。

たとえば、ある研究によれば、四〇〇を超えるインターネットの掲示板が「自傷行為」に関するものだったという。[38] 自傷行為は「次なるティーン病」とも呼ばれており、自分の体を傷つけるさまざまな行為を指す。ティーンエイジャーの四%強にそうした症状が見られるらしい。近年、この自傷行為が急増しており、多くの臨床医がその原因は社会的伝染にあるのではないかと疑っている。自傷行為は伝染病と同じような広がり方をし、施設などで流行するからだ。[39] 複雑な生理的・心理的理由から自傷行為に走るティーンエイジャーは、「不安を和らげる」ためにそうするのだと言う。

こうした行為を扱う掲示板への書き込みを幅広く調査した結果、全体の二八％を占める最も典型的なメッセージは、他人を支えるものであることがわかった。たとえば「君が来てくれてうれしいよ」とか「さあリラックスして、ゆっくり深呼吸してみよう」といったコメントが見られる。[40] 悲しいことに、書き込みの九％は自覚された自傷行為依存に関するもので（「やめようと思ったりもするけど、うまくやめられたとしても、カミソリの刃と血をいつも思い浮かべてしまいそう」）、六％は自傷の方法に関するものだった。

オンラインに集うもう一つのグループは、偏執症的な妄想を抱く人たちである。たとえば、「密かな嫌がらせと監視からの解放」と称するグループがあって、数百人の常連ユーザーが監視されている状況について意見を交換している。「このコミュニティーを見つけて、本当にほっとしました」とデリック・ロビンソン（五五歳）は語る。ロビンソンはシンシナティ在住の用務員で、この組織の代表を務めている。「同じような人がほかにもいるはずだと思っていましたが、このコミュニティーを見つけるまでは、確信が持てなかったのです」。また、「集団ストーカー」の被害に遭っているという人たちのグループもある。彼らは「『標的とされた個人』の生活を隅々まで破壊しようとする組織的な支配」のもとにあり、「標的は毎日二四時間『市民スパイ』や『密告者』に尾行され、監視されている」と信じているのだ。[41]

こうしたサイトを通じ、妄想癖のある人びとは、心に安らぎと落ち着きをもたらす貴重な経験をする。つまり、他人に理解してもらえるという誰もが望む経験である。こうしたサイトでなら、自分の頭がおかしいのではないと安心させてくれる大勢の人に出会えるのだ。したがって、オンラインで他人とつながる能力は、社会的に有用といえるかもしれない。ごく普通の日常生活を送りながら、オンラインならではのやり方で、ある程度までサポートを受けたり人と触れ合ったりできるからだ。ところが、こうしたサポートが心理的な面では事態を悪化させかねない。「この種の信念体系に基づくものの見方は、絶えず餌が必要なサメに似ています」とイェール大学の精神科医、ラルフ・ホフマン博士は言う。「餌を与えなければ、遅かれ早かれ妄想は消えるか、自然に小さくなっていきます。重要なのは、妄想には強化の反復が必要だということです」[42]。残念ながら、このケースではインターネットがまさにその機会を提供しているのである。

まったく新しい自分

オンライン上に妄想を持ち込む人がいる一方で、インターネットを利用するうちに現実の経験が二の次になってしまう人もいる。仮想世界では、「第二の人生《セカンドライフ》」を生き、現実世界の制約とは無縁の交流を楽しめるのだ。体の不自由な人が身体強健なアバターを持ってもいい。男が女のふりをして社会的役割を試してみることもできる。インターネットの登場以前には、そんなことはとてもできなかった。これはまったく新しい社会形態であり、既存の社会的ネットワーク上の関係を変更しただけのものではない。

この新たな形態のせいで、現実世界と仮想世界の境界線がぼやけてしまうことがある。あるオンラインゲームのなかで、四三歳の日本人女性が、実際には会ったことのない三三歳の会社員と結婚した。ゲームは問題なく進んでいたのだが、突然、彼が予告もなしに彼女と離婚した。二人の結婚は仮想上のことであり、まったく架空の話だった。それにもかかわらず、彼女は怒り心頭に発し、彼について知っている情報を利用してそのアバターを殺した。すると、現実世界ではいかなる復讐も企てなかったというのに、オンライン上の破壊行為により、現実の警察官に逮捕されてしまったのだ。一年以下の懲役または五〇万円以下の罰金を科される可能性があるという。[43]

さらに奇妙な展開を見せた事件もあった。二〇〇三年、エイミー・テイラー（当時二三歳）は、夫のデイヴィッド・ポラード（当時三五歳）とインターネットのチャット・ルームで出会った。二〇〇五年、二人は実生活で結婚したが、同時にセカンドライフでもきわめて盛大な結婚式を挙げた。式のあと、テイラーは夫のアバターが売春婦を演じる別の女性のアバターとバーチャルセックスをしている現場を押さえた。その少し前から夫を疑っていたテイラーは、現実離れした話だが、仮想の探偵事務所に依頼してオンライン上の夫の行状を調べさせていたのだ。「夫は実生活では何もしていませんでした」と彼女も認めている。「でも、私は彼がセカンドライフでしていることを疑ったのです」。（現実の）離婚訴訟の申し立てのなかで、テイラーは夫の行為を「不倫をしていた」と表現した。ポラードはオンラインで女性と関係を持ったことは認めたものの、（現実の）過ちは何も犯していないと述べた。テイラーのほうは、その後、ワールド・オブ・ウォークラフトのプレー中に知り合った男性と新たな関係を結んだと報じられた。[44]

ポラード氏の行為は、たとえば、ポルノ画像を見ているところを配偶者に見つかったのと、どこが違うだろうか？　おそらく、そこにはつながりがあるという点だろう。ただ裸の人物をコンピュータ画面で見ていたのではないし、ましてや裸のアバターを見ていただけでもない。彼はつながりを築いていたのだ。少なくとも、妻のテイラーにはそう見えたはずで、彼女にとってはそれこそが肝心な事実だったのだ。

とはいえ、オンライン上では人びとが自分について違った見方をするとすれば――魅力的なアバターの持ち主がより社交的になったり、より親切に振る舞ったりするとすれば――オンラインのコミュニティーは現実のコミュニティーにない特徴を持つことになるかもしれない。それは、私たちがいまだ経験も想像もしたことのない特徴である。仮想世界が現実世界よりも優れているように思えるなら、その理由はプログラマーの設計だけではなく、私たち人間がこの新たな環境で自然に従うようになる行動様式にもあるのだ。

同じ面と違う面

私たちはインターネットを利用して、オフラインの世界ですでに知っている人を見つけ、従来の関係をオンラインに持ち込むこともある。オンラインで見知らぬ人と知り合い、現実世界でつながりを築きたいと願うこともある。あるいは、オンラインやオフラインの世界で始まったつながりが、それぞれの世界に留まることもある。多くの点で、オンラインのつながりはオフラインのそれに似ているが、オンラインのつながりによって人間関係のまったく新たなあり方やパターンが生み出されることもある。オンラインの世界を通じて可能となるおびただしいつながりは、古い生物学的な仕組みを新しい仕方で利用していながらも、依然として古くからの目的に役立っている。

オンラインのネットワークは、影響や社会的伝染を広げる新たな手段となる。オンラインでの交流はネットヴィルのすばやい組織づくりに役立った。オンライン上には人種差別から利他精神に至る幅広い傾向が明白に存在する。オバマの選挙運動やコロンビアの活動家はインターネットを活用して支持者を動員した。こうしたことのすべてから、インターネットを通じた社会的影響の広がり方は、現実世界の社会的ネットワークの場合と同じであることがわかる。

だが、簡単に広がるものもあれば、そうでないものもある。第2章で見たように、感情が広がるには顔を合わせて交流する必要があるようだ。そのため、オンラインのつながりを通じて人と接する機会が増えても、人が目の前にいるのと同じ影響があるかどうかははっきりしない。対照的に、第4章でわかったのは、社会規範が広がるのに交流の頻度はさほど重要ではないということだった。何百キロメートルも離れて住む友人の飲食や喫煙の習慣は、隣に住む友人の習慣と変わらない影響力を持つらしい。つまり、行動にまつわる考え方は、直接顔を合わせる機会があまりなくても広がっていくのである。とはいえ、その種の考え方が広がるのは、深い社会的つながりがあってこそのようだ。オンライン上のつながりは後から加わった弱いつながりなので、規範の変化にはほとんど影響しない。結局のところ、現実世界のネットワークから得られる証拠が示すのは、次のことだ。オンラインのネットワークを利用すれば、現実世界の友人や家族のあいだを流れるものを拡大できる。だが、インターネットによって社会的伝染の速度や範囲が一般的に増すかどうかは、まだわからないのである。

人間同士の交流は、新たなテクノロジーに育まれ支えられてはいるが、テクノロジーがなくても存在するものだ。こうした交流を通じて個人の経験が拡大されることによって、個人の経験を超える新たな社会現象が生まれる。このことは、集団の利益にとってきわめて重要な意味がある。ネットワークは、人類全体を個々人の総和をはるかに超えたものとするのに役立つ。よって、新たなつながり方を発明すれば、自然の定めを実現する私たちの力が増すのは間違いない。

第9章 全体は偉大なり

創世記の伝えるところによれば、ノアの大洪水のあと最初に築かれた都市バビロンでは、人類は一つにまとまっていた。「主は言われた。『見るがよい。民は一つで、みなが一つの言葉を話している。……これでは、民が何を企てようと食い止めることはできまい[1]』」。そして、何をするのも自由なバビロンの民が最初に企てたのは、天にも届かんとする巨塔を建てることだった。創世記によれば、神はこの塔を破壊すると、民にさまざまな言語を与え、世界中に散り散りにすることによって罰を与えた。傲慢の愚を描くこの物語で注目されるのは、たいてい多くの言葉が使われるようになったという結末である。一方、見過ごされがちなのが、バビロン人への罰はさまざまな言葉を与えることというよりも、おたがいのつながりを断つことだったという事実である。

一致団結することによって、バビロンの民は、一人ではできないこと——塔の建設——を成し遂げる力を手にした。聖書のほかの物語でもつながりの力が暗示されているが、そこでは、つながりを持つ人間にできることのほうが肯定的に評価されている。ヨシュアとイスラエルの民がエリコの城門に着いたときのこと、城壁があまりにも切り立っていたため、誰一人として登ることも破壊することもできなかった。すると、神からこんなお告げがあった。ともに立ち上がって城壁の周りを行進するようにというのだ。雄羊の角笛の音とともに、人びとが――サッカー場で発生するウェーブのようにいっせいに――「声をそろえて言葉を発する」と、エリコの城壁は崩れ落ちたという。

人間同士のつながりとその意味をめぐる言説は、古くからある。その大きな理由の一つは、神学者や哲学者が、現代の生物学者や社会科学者と同じく次の点を常に知っていたことだ。つまり、社会的なつながりは人間性のカギであり、したがって希望や危険に満ちているのである。つながりはしばしば、人間を動物や野蛮人から隔てるものと見られてきた。

一六五一年、イギリスの哲学者トマス・ホッブズはある思考実験に取り組み、人間存在の原型を描き出した。有名な『リヴァイアサン』でホッブズは、「自然状態」には「万人の万人に対する闘い」が存在すると考えた。つまり、無法状態ということだ。実際、「人生は孤独で、貧しく、不快で、野蛮で、短い」と評したのはホッブズである。[2] 彼が「孤独」という言葉――どういうわけかこの一文から省略されてしまうことが多いのだが――を使っていることからも、つながりを欠く人生がいかに悲哀に満ちているかがしのばれる。

そうした厳しい状況にあるからこそ、人は「社会契約」を結び、安全と引き換えに自由の一部を犠牲にすることになるのだと、ホッブズは説く。人は文明社会の中心でたがいにつながりを築くというのが、彼の主張だった。こうしたつながりが暴力を抑制し、安らぎと平和と秩序を生む一因になるのだ。人びとは一匹狼であることをやめ、協力者になる。一世紀後、フランスの哲学者ジャン・ジャック・ルソーが同じような説を『社会契約論』のなかで唱え、自然状態は粗野で、道徳も法もなく、競争と攻撃に満ちていると主張した。人びとが寄り集まり、共同体をつくって暮らすようになったのは、他人の脅威にさらされない安全を求めてのことだったのだ。

人間の社会はこうして、一見して無秩序な状態から、より大規模で、より秩序の整った集団——バンド、村落、町、国家——へと進歩をつづけてきた。このような進歩は、社会的ネットワークの規模と複雑さの段階的な拡大とも解釈できる。そのプロセスは現在もなお進んでおり、人間はおびただしいつながりを持つようになっている。

人間のつくる超個体

人間がつくりだすネットワークは、それ自体、生命を持っている。成長し、変化し、再生し、生き延び、そして死ぬ。さまざまなものがそのなかを流れ、移動している。社会的ネットワークは、いわば人間のつくる超個体であり、独自の解剖学的形態と生理——構造と機能——を持っている。バケツリレーからブロゴスフィア（ブログ圏）に至るまで、人間のつくる超個体は一人では決してできないことをやってのける。私たちがそれぞれの居場所で社会的ネットワークに貢献すれば、その影響は世界に及び、日々、何千人もの生活にかかわり、塔の建設や城壁の破壊よりはるかに大きなことを成し遂げるのに役立つのだ。

アリの巣は超個体の原型だ。その特徴はアリそのものには見られず、アリたちの交流と協力から生まれる。[3] 力を合わせることで、アリは個々の力を超えたものをつくりだす。複雑な構造の蟻塚《ありづか》がバベルの塔の小型版のようにできあがると、腕白な子供たちなら手を出したくてたまらなくなる。巣から遠く離れた砂糖壺にたどり着く一匹のアリは、月面に一歩を踏み出す宇宙飛行士のようなものだ。どちらの偉業も、多くの個体や個人の協調的努力とコミュニケーションによって可能となるからだ。とはいえ、ある意味で、この孤立した個体――ともに超個体の一部であるアリと宇宙飛行士――は、隠れた亀裂を探るために伸ばされたタコの触手と同じだとも言える。

実際、多細胞生物の細胞の役割も同じようなものだと考えられる。多くの細胞が一体となって働き、単一の細胞の内部機構とはまるで異なる高等生物を生み出すのだ。たとえば、人間の消化機能は単一の細胞によるものではないし、一種類の細胞によるものですらない。同様に、人間の思考はある特定のニューロン（神経単位）に宿るものではなく、ニューロン同士のつながりのパターンから生じる。細胞でも、アリでも、人間でも、個体間の交流から集団の新たな特性が出てくるのだ。生命の誕生以降に起こった飛躍的進化の大半が、協調的な交流を特徴としている。ミトコンドリアが真核細胞に取り込まれ、単細胞生物が塊になって多細胞生物となり、個人が集まって超個体をつくることを考えてみるといい。[4]

社会的ネットワークには一種の知性が見られ、それが個々のメンバーの知性を高めたり補ったりする。たとえば、個々のアリには知性がなくてもアリの巣には「知性」があるし、鳥の群れは個々の欲求を結びつけて飛ぶ方向を決める。[5]社会的ネットワークは、時間や人びとを超えて伝わる情報（信頼の規範、互助の伝統、口述された歴史、オンラインのウィキなど）を捉えて内包することができるし、無数の決定を総合するための計算もやってのける（ある製品の市場価格の設定や、選挙における最善の候補者の選定など）。ネットワークは個々のメンバーの知性とは無関係に、こうした力を発揮できる。たとえば、人間が二〇世紀にイギリス全土に線路網を敷設したやり方は、真菌（超個体を形成するまた別の生物種）が管のネットワークをつくり、養分の摂取と伝送のために森の地面を探索するのとよく似ている。[6] 人間の実験者によって迷路のなかに置かれた真菌は、そこから抜け出す最適な経路を見つけるために「協力」さえするのだ。[7]

社会的ネットワークはまた、みずからの構造を記憶するし（人の出入りがあっても構造は変わらない）、機能も記憶する（人の出入りがあっても文化は守られる）。たとえば、信頼のネットワークに加わった人は、その信頼によって恩恵を受け、人格が形成される。多くの場合、そのネットワークに属する人たちが他人を信じやすかったり、その人たちの疑いを知らない行動のおかげで信頼感が芽生えたりするだけではない。むしろ、ネットワークがそうした信頼を促し、一人ひとりの振る舞い方を変えるのである。

生き物と同じように、ネットワークは自己を再生できる。空間と時間を超えて繁殖できる。だが、肉体を持つ生き物とは違い、たとえ分解しても離れた場所でみずからを組み立て直せる。すべてのメンバーが自分とつながっている相手を覚えているなら、そのつながりを断ち切って全員を別の場所へ移動させても、ネットワークは再生する。自分自身の社会的絆を知っていれば、ネットワークの全メンバーのつながり方を知っている人がいなくても、ネットワークは再生できるのだ。

ネットワークが自己を再生するというのは、そのメンバーより長生きするという意味でもある。ネットワークはそこに属す人が変わっても存続できるのである。ちょうど、皮膚の細胞が入れ替わり、サーバーファーム［訳注　コンピュータ・サーバーが大量に設置された施設］でコンピュータが交換され、同じ場所で何世紀もつづく市場《いちば》に新しい売り手と買い手がやってくるようなものだ。電話でつながった四〇〇〇万人のネットワークを対象としたある調査によると、逆説的だが、一六人以上がつながった最も入れ替わりの激しいグループが、最も長く存続することがわかった。[8] 大きな社会的ネットワークが生き残るには、実はそうした入れ替わりが必要なのかもしれない。ちょうど、私たちの肉体が生きていくには細胞の更新が必要なように。

こうした観察結果から、生き物に似たもう一つの驚くべき特徴が浮かび上がってくる。つまり、社会的ネットワークには自己治癒力があるということだ。傷口が自然にふさがるように、穴を埋めることができるのだ。バケツリレーで一人が抜けても、その人とつながっていた二人が近寄れば、新たなつながりができて穴は埋まる。結果として、水の流れは途切れない。実生活のさらに複雑なネットワークの場合、余分な絆や推移性が存在するのは、まさにこの種の欠落に耐えられるようにするためらしい。まるで、人間の社会的ネットワークは存続する設計になっているかのようだ。

私たちが手にしているネットワークは、いわば世界に広がる神経系のようなものだ。このネットワークのおかげで、私たちは地球上のほとんど誰とでもメッセージをやりとりできる。人びとのつながりが過剰なまでに増えるにつれ、情報の流通はいっそう効率的になり、人の交流はさらに容易になり、私たちが日々管理する各種の社会的絆はますます増えていく。こうしたあらゆる変化を通じ、私たちホモ・ディクティアス（ネットワーク人）は、共通の目的に向かって行動する超個体にいっそう似てくる。ネットワークが集団としての目標を生み出して維持する能力は、ますます大きくなっている。現時点で人から人へ広がっているあらゆるものは、やがて、より速く、より遠くへ広がるようになる。こうして人びとの交流の規模が拡大すると、新たな特徴が現れることになる。

あなたのものでもないし、私のものでもない

私たちが生み出す社会的ネットワークは、貴重な共有資源である。社会的ネットワークは恩恵を授けてくれる。残念ながら、あらゆる人がその恩恵を被るのに最適な立場にあるわけではない。こうした状況は、公正や公益をめぐる根本的な問題を提起するものだ。

社会科学者はこの種の共有資源を公共財と呼ぶ。これに対して、私的財とは、所有者が他人による消費を排除できるうえ、いったん消費されれば二度と消費できない財のことを言う。私がケーキを所有していたとすれば、他人がそれを食べるのを妨げられるし、自分で食べてしまえば、ほかの人の分は残らない。一方、公共財を消費しても、他人の利益を損なうこともなければ、他人が使う可能性を減らすこともない。灯台について考えてみよう。一隻の船が岩にぶつかるのを避けるために光を利用しても、ほかの船が同じことをする妨げにはならないはずだ。公営ラジオ、アメリカ独立記念日の打ち上げ花火、自治体による水道水へのフッ素添加なども、公共財の例である。もちろん、公共財がすべて人造物というわけではない。空気を考えてみてほしい。一人が呼吸したからといって、ほかの人が吸う空気が減るわけではないし、ほかの人の呼吸を妨げるわけでもない。

光や空気よりさらに見えにくい公共財もある。たとえば、市民としての義務だ。アレクシ・ド・トクヴィルが一九世紀初めに述べたように、市民社会を維持し、信頼に足る行動をし、有事に際して国軍に志願することを誰もが義務だと感じていれば、その伝統と規範からすべての市民が恩恵を被る。しかも、一人が恩恵を被ったからといって、ほかの人への恩恵が減るわけではない。

とはいえ、公共財はつくりだすのも維持するのも難しい。大気汚染のひどい都市で、さわやかとは言えない空気を吸ってみればわかるように、公共財を保護するインセンティブは誰にもないように思えることが多い。したがって公共財は、私利私欲で動く個人の行動の副産物として生じるのが普通だ。たとえば、海運会社や港湾当局がみずからの船舶の安全のために灯台を建設すると、結果的にすべての船舶の安全を守ることになる。

公共財には、たくさんつくられるほど価値を増すものがある。特定のネットワーク財を挙げれば、電話やファックスが典型例だ。ファックスを最初に手に入れた人は、それが無用の長物であることに気づかされる。そもそもファックスできる相手がいないからだ。だが、ファックスを手に入れる人が増えれば増えるほど、その価値は増す。やや抽象的かもしれないが、同じようなネットワーク公共財の例が信用である。第7章で論じたように、信用の価値が最も高くなるのは相手も信用してくれるときである。フリーライダーばかりの世界で信用しつづけるのは非常に苦しいことだ。だが、同じようにして価値を増す人間の行動や信念は、ほかにもたくさんある。たとえば、信心深さによって幸福度が増す度合いは、信心深さの平均値が高い国ほど大きい[9]。宗教もファックスと同じように、他人が同じ信仰を持っているときに有用性を増すのである。というのも、一つには、宗教は社会の絆を育むことによって幸福を増進するからである。

人間がつくりだす社会的ネットワークは、それ自体が公共財だ。誰もが友人をみずから選ぶが、その過程で果てしなく複雑な社会的ネットワークが出現する。このネットワークが一つの資源となるのだが、誰か一人がそれを支配するのではなく、誰もがその恩恵を被る。ネットワーク内の各人の観点から、自分がどんな世界にいるのかを正確に表現するのは不可能である——たとえ私たちがその世界の創造に一役買っているとしても。私たちは、友人、家族、隣人、同僚が見えるし、その人たちががいにどんな絆で結ばれているかも少しは知っている。だが、直接見える社会的地平の向こうでネットワークとどうつながっているかはわからない。繰り返し述べてきたように、私たちを取り巻くネットワークの正確な構造と、そのなかを流れるものの正確な特徴は、私たち全員に影響を及ぼす。私たちは混雑したダンスフロアにいるようなものだ。周りに一〇人の人がひしめいているのはわかるが、自分が部屋の真ん中にいるのか端にいるのかは定かでないし、自分に押し寄せてくるのが歓喜の波なのか恐怖の波なのかもわからないのだ。

もちろん、すべてのネットワークから有用で価値があり共有できるものが生み出されるわけではないし、ましてや望ましいものができるとはかぎらない。「財」という言葉で意味されるのは、実はこの世界のありとあらゆるものだ。ピストルも毒も財である。また、ネットワークは病原体やパニックの導管としても機能する。実際、社会的ネットワークは悪用されることもある。第1章で触れたように、暴力はネットワークを通じて広まるし、自殺、怒り、詐欺、ファシズム、そして魔女狩りさえ、ネットワーク経由で広まるのだ。

犯罪行為の人から人への広がりは、ネットワークがもたらす負の帰結の明白な例である。犯罪にまつわる消えない謎の一つは、時間と空間による変動である（犯罪の様態は年ごとに変化するし、隣接する警察管区や司法管区によっても異なる）。たとえば、ニュージャージー州リッジウッド村の人口一人当たりの重大犯罪件数は〇・〇〇八件だが、この村にほど近いアトランティックシティーでは〇・三八四件と、五〇倍近い開きがある。差がこれほど大きいと、犯罪のコストと利益の格差といった理由では説明できないだろうし、環境や住民にかかわる目に見える特徴——たとえば放課後の課外活動の有無や学業成績――の違いによってさえ、説明は難しい。では、この違いをいったいどう解釈すべきだろうか。多くの証拠から、社会的交流の影響が一因だとわかっている。犯罪者がある時ある場所で犯行に及ぶと、近くにいる別の人間が罪を犯す可能性が高まるのだ。結果として、犯罪者がいない場合にくらべて、多くの犯罪が起こることになる。[10] この種の影響を受ける集団の数は、数百にも達する場合がある。

経済学者のエド・グレーザーらのグループはこうした影響について詳細な調査を行い、ある種の犯罪はほかの犯罪より広がりやすいことを示している。社会的影響が地域の社会経済状況よりも大きな意味を持つとすれば、これは予想通りである。車を盗むという犯罪は、押し込みや強盗とくらべて、他人の影響で犯す可能性がはるかに高い。強姦や放火とくらべると、他人の影響はさらに大きい。犯罪の危険性と重大性が増すほど、他人を真似る傾向は小さくなるのだ（ただし、ルワンダの大虐殺のように狂気に駆られた殺人もありうる）。さらに、犯罪の社会性を浮き彫りにする事実として、犯罪者全体の三分の二近くに共犯者がいることが挙げられる。[11]

社会的伝染を利用して犯罪を助長するという実験は寡聞にして知らないが、ちょっとした不正行為を扱う実験ならすでに行われている。カーネギーメロン大学で、ある学生のグループが難しい数学の試験を受けるよう指示を受けた。実験者は教室の中央に協力者を座らせ、試験中にあからさまにカンニングをさせた。学生たちはカンニング行為を目撃すると、みずからもカンニングを始めた。[12] だが、特に重要なのは、カンニングする者に学生がつながりを感じている場合、カンニング行為はさらに増加するという発見である。カンニングする者が無地のTシャツを着ているほうが、ピッツバーグ大学（カーネギーメロン大学の地元のライバル校）のTシャツを着ているよりも、学生たちがカンニングする可能性が高かったのである。

善意の広がり

以上のようなマイナスの影響を被る恐れがあるにもかかわらず、私たちみんながつながっているのには、理由がある。社会的ネットワークの目的は、喜びであれ、捕食者に関する警告であれ、恋人の紹介であれ、望まれる結果を伝えることだ。悪行や有害な現象（病原菌など）が伝わってしまうとしても、ある程度までは、ネットワークの恩恵に浴するために我慢しなければならない副作用にすぎない。進化論的に言えば、それらはもっと有益な別の目的のためにつくられた器官に癒着しているのである。

誤解されては困るが、私たちは、歴史的あるいは進化的時間を通じて、無政府状態が国家へ、そしてユートピアへ一直線に進化するなどと言いたいのではない。そうではなく、ネットワークをつくりたいというユートピア的衝動が、常に私たちとともに存在してきたと考えているのだ。人間は社会的ネットワークのなかに生きることで、失うものより得るもののほうが多い。だから、どうしても他人の人生に深くかかわろうとする。つながり合う人生の持つ本来の利点を考えれば、社会的ネットワークが存続してきた理由も、私たちが人間の超個体をつくるに至った理由もわかる。

社会のつながりの根底にあり、つながりを育むのに不可欠な特性や行動は、遺伝子に組み込まれている。たとえば利他精神は、社会的ネットワークの形成と機能の中核をなす要素だ。もしも人がまったく利他的行動をとらず、親切な行いに返礼せず、あるいはもっと悪いことに常に粗暴であったなら、社会の絆は断たれ、私たちを取り囲むネットワークは分解するだろう。つまり、ある程度の利他と互恵の精神、さらに愛や幸福といったプラスの感情は、社会的ネットワークの誕生と維持に不可欠なのだ。加えて、いったんネットワークが構築されれば、利他的行動——ちょっとした親切から臓器提供のカスケードに至るまで——がネットワークを通じて広がるのである。

慈善事業はネットワークを通じて伝わる善意の一例である。アメリカの家庭の約八九％が毎年、慈善事業に寄付をしている（二〇〇一年の寄付額の平均は一六二〇ドルだった）。資金集めの活動には、社会的影響が伝わるプロセスと共同体への帰属意識がよく利用されるようだ。募金を呼びかける団体は通常、見ず知らずの人ではなく、つながりがあると感じてもらえる人が募金を促す電話をかけるようにする。たとえば、あなたの大学の同窓生や、癌にかかった友人の親族だ（もちろん、そうした人をボランティアとして使うほうが経費も少なくてすむ）。サイクリングやウォーキングの大会が開催されるのは、参加者に仲間意識を芽生えさせ、参加者と主催者側の友人や隣人が直接触れ合えるようにするためだ。病院、ボーイスカウト団、小さな町といった組織が、温度計のようなメーターを使って募金がどのくらい寄せられたかを示すのは、言外に「ほら、みなさんこんなに寄付してくれましたよ。さあ、今度はあなたの番です」と言いたいからだ。実際、さまざまな運動に募金した人を調査したところ、およそ八〇％の人が親しい知人から頼まれたという理由で募金していた。[13]

向社会的規範の広がりを明らかにするべく、経済学者のケイティ・カーマンは、二〇〇〇年と二〇〇一年に慈善事業への寄付（慈善団体「ユナイテッド・ウェイ」への、給料からの天引きによる寄付）に関する調査を行った。調査対象となったのは、全米二〇州に支店を構える大手銀行の行員七万五〇〇〇人だ。その結果、寛大で気前の良い同僚の隣で仕事をすると寄付額が増えることがわかったのだ。

カーマンは、職場での行員同士のつながりと彼らの持ち場について、詳細な情報を入手した。思いつくかぎり最もありふれた情報——銀行内で手紙や小荷物などを届けるためのメールコード——を巧みに利用して、一人から五三七人までの行員のグループを特定した。グループの人数の中央値は一九人だった。カーマンは、行員が持ち場を移ったときに、寄付額がどう変わったかを調べてみた。寄付をあまりしない行員が多い部署から、寄付をする行員の多い部署に移った場合、席の近い同僚の平均寄付額が一ドル増えるごとに、異動した行員の寄付額も〇・五三ドル増えることがわかった。[14] もちろん、こうした影響が及ぶメカニズムはいくつか考えられる。同僚が寄付の方法を教える場合もあれば、寄付するようプレッシャーをかける場合もあるし、あるいは単にみずからが手本になって寄付して見せる場合もある。

カーマンの調査では、利他的行為の規範が人から人へと広まることが示唆された。これに対し、私たちの実験によって、利他的行為は「恩を次の人に送る」という思いがけない精神で成り立っていることが明らかになった。ジェイがハーラに対して親切ならば、ハーラもジェイに親切にすることはわかっている。だが、ジェイがハーラに対して親切なら、ハーラはルーカスに親切にするだろうか？ 私たちは、利他精神が人から人へ広まるという考えを裏づけるための実験を考案した。一二〇人の学生を集めて、五回で一セットの協力ゲームを行ったのだ。一回ごとに、学生たちを四人一組のグループに分け、同じ学生とは二度同じグループに入ることのないようにした。学生の一人ひとりにいくらかの資金を渡し、自分の資金からグループに寄付する額を自由に決めさせた。一回終わるごとに、それぞれの出した額を全員に知らせた。

学生の行動を分析したところ、利他的行為が広まり、寄付額は大きくなる傾向が認められた。一回目で一人が一ドル多く出すと、そのグループのほかの学生は、二回目にまったく新たなメンバー構成のグループに入っても、およそ二〇セント多く出す傾向が見られたのだ！　人は誰かに親切にされると、その後、ほかの人に親切にするのである。さらに驚かされたのは、この二回目のグループの全員が影響を受け、三回目になると、一回目で学生が気前良く出した一ドルにつき、およそ五セントを余計に出したことだ。毎回、各グループに三人の新たな学生が入るので、最初に多く出された一ドルに触発されて、ほかの学生の出資額が二回目で合計六〇セント、三回目で四五セント増えたことになる。つまり、社会的ネットワークがマッチング・グラント〔訳注　受益者の出資に応じてもらえる補助金〕のような働きをして、最初の学生が出した一ドルにつき、その後、総計一・〇五ドルの寄付が促されたことになる。

人が利他的に行動するかどうかは、社会的ネットワークの構造によっても左右される。カリフォルニア州パサデナの女子校で行われたある巧妙な実験によって、「授与の法則」が立証された。[15]研究者は、小学校五年生と六年生の生徒七六人に、友人を五人まで挙げるよう求めた。そのデータをもとに生徒たちの社会的ネットワークをあぶり出し、一人ひとりの友人、友人の友人、友人の友人の友人を突き止めた。そして、第7章で紹介した独裁者ゲームをやらせた。生徒の一人ひとりにほかの生徒一〇人の名前を示し、六ドルあったらそれぞれの生徒にどう分けるかをたずねてみたのだ。生徒たちは友人に対してはきわめて気前が良かったが、社会的な距離が広がるとともに与える額は減っていった。平均すると、生徒たちは友人に六ドルの五二％を与え、友人の友人には三六％、友人の友人の友人には一六％を与えた。生徒の与える金額を予測する尺度として最適なのは、与える側と受けとる側の特質ではなかった。つまり、生徒の背が高いか低いか、きょうだいは多いか少ないか、眼鏡や歯列矯正具をつけているかなどは関係なかった。尺度となったのは与え手と受け手が何次の隔たりにあるかだった。

ここで、人気がものをいう。社会的ネットワークの中心にいる人は周縁にいる人より、一次、二次、三次の隔たりで多くの人とつながっている可能性が高い。その結果、もし良いもの（お金や尊敬）がネットワーク内を流れていれば、中心にいるがゆえの特典を手にできる。周縁にいる人より中心にいる人のために何かしたいと思う人のほうが多いからだ。生徒たちがゲームをすべて終えたとき、最も人気の高い生徒たちは、人気のない生徒の四倍の金額を手にしていた。社会的ネットワークは、蒔かれた種が何であれ、それを大きく育てる力を持つが、その力がより有利に働く人たちが存在するのだ。

大学の学部生を対象とする二つの実験によって、こうした結果にさらにいくつか新しい発見が加わった。[16] 二〇〇三年に行われたある実験では、二ヵ所の大規模な学生寮に住む五六九人の学部生の親友に関する情報が得られた。もう一つの実験は、フェイスブックを利用する二三六〇人の学生を対象に二〇〇四年に行われた。すると、学生たちのネットワーク内での距離が大きいほど、相手に親切にする度合いは低くなり、三次を越えた隔たりのある相手にはまったく知らない人と同程度の親切さで接することがわかった。また学生たちは、共通の友人がより多い知人に対して、より利他的な行動をとり、気前良くものを与えるようだった。カトリーナがデイヴに親切にする度合いは、共通の知人がローナンとマドックスの二人である場合のほうが、ローナンだけのときより大きくなる。

さらに、再びつきあう見込みがない友人に何かを与えたいという気持ちのほうが、つきあいがつづきそうな他人に何かを与えたいという気持ちより二倍も強かった。つまり人間は、お返しが期待できる他人よりも、お返しが見込めない友人に贈り物をしたいと思うものなのだ。なぜなら、私たちが人に何かを与えるのはネットワークを維持するためであり、大事なのはネットワークそのものだからだ。社会的な絆は、私たちが与えたものにお返しをしてくれる。親切さはネットワークを結束させるが、ネットワークもまた、親切さを育み、強化する機能を果たしているのだ。

大学生を対象としたこの調査によって、重要な論点が確証された。実生活における交流では、第7章で論じた理論モデルから予想される通り、協力者は協力者同士でつきあう場合が多く、利他的傾向にはホモフィリーが存在するのだ。利他的な学生も利己的な学生も、平均すれば友人の数は同じだった。しかし、利他的な人は、自分と同じ利他的な人びとのネットワークに深く組み込まれていたのである。

持てる者と持たざる者——社会的ネットワーク格差

人種、収入、性別、地理的条件から生じるように見える社会の格差に、こんにち、多くの注目が集まっている。学歴の高い人たちが一般に健康状態が良かったり、経済的機会に恵まれたりする事実、白人がマイノリティーにはない有利さを享受しているという事実、住んでいる場所が将来の展望を左右するという事実に、私たちは関心を寄せている。みんなが平等に社会財を利用できるわけではなさそうだし、利用できる方法に関しても明らかに不公平な場合が多いという認識が、政治家、活動家、慈善運動家、評論家を動かしている。要するに、私たちは階級社会に生きており、社会人口学的特徴によっていくつもの階層に分けられているのだ。

　だが、階層化と階級については、別の解釈もある。つながりをめぐる位置関係に基づく解釈だ。位置格差が起きる原因は、その人の人間性ではなく、どんな人間とつながっているかにある。そうしたつながりは人が社会的ネットワークのどこに位置するかを左右し、しばしば、人種、階級、性別、学歴よりもものをいう。つながりの多い人もいれば、少ない人もいる。中心近くに位置する人もいれば、周縁に位置する人もいる。社会的絆で密接に結ばれ、友人同士も全員が知り合いという人もいれば、友人たちのなかに、たがいにつきあいのある人たちが一組もいないという世界に住む人もいる。そうした違いはその人のせいとは限らない。ネットワーク内の位置は、周囲の人たちの選択にも左右されるからだ。

　社会的ネットワークがつくり育てた公共財を誰もが利用できるわけではない。心臓発作に見舞われて亡くなるかどうかは、黒人であるか白人であるかより、友人がいるかどうかにかかっているかもしれない。新しい職が見つかるかどうかは、身につけた専門技術と同じくらい、友人の友人がどんな人かに関係があるかもしれない。そして、親切な、あるいは利他的な扱いを受けられるかどうかは、周囲の人たちがどのくらいつながっているかによって左右される。

　社会科学者と政策立案者はこの種の格差に見て見ぬ振りをしてきた。格差の程度を測るのが非常に難しいのもその一因だ。個人のみならずグループまで調べても、位置の格差を知ることはできない。社会的ネットワークのどこに位置するかを人にたずねるのは、収入をたずねるように簡単ではない。人がそのなかで占める位置を知るには、社会的ネットワーク全体の観察が必要だ。これはささいな問題ではない。幸い、第８章で論じたように、デジタル・コミュニケーション（ｅメール、携帯電話、ソーシャル・ネットワーキング・サイト）の登場によって、多大な労力を費やして一人ひとりを調べなくても、大規模なネットワークの調査が容易にできるようになってきた。ネットワークの中心近くにいるかどうかとその人の死亡リスクとの関連性、ある人の推移性とローンを返せる見込みの関連性、ネットワーク内の位置と犯罪傾向や禁煙傾向の関連性を調べることで、政策介入の新たな道が開かれる。

だが、つながりが増える一方の世界では、多くの絆を持つ人がさらにつながりを増やし、絆を持たない人はさらに大きな後れをとることになりかねない。その結果、社会的ネットワークの特定の位置にいる人にますます恩恵が集中するかもしれない。それこそ、真の情報格差《デジタル・デバイド》だ。ネットワーク格差が機会の格差を生み、拡大する。実際、つながりの多い人が同様につながりの多い人とつながる傾向が社会的ネットワークの特徴であり、神経、代謝、機械、人間以外のネットワークなどと異なる点だ。逆もまた真である。つながりの乏しい人たちは、その友人や家族も大きなネットワークから切り離されていることが多い。

つまり、社会の不平等に立ち向かうには、肌の色や懐具合よりもつながりが重要であると認識しなければならない。教育、健康、収入の格差に立ち向かうには、援助しようとする人の個人的なつながりにも向き合わなければならない。犯罪を減らすには、犯罪予備軍のつながりを最大限に活用する必要がある——ときには犯罪者の拘留を要するため、難しい課題だが。禁煙や減量への治療介入の効率を上げるには、家族、友人、そして友人の友人まで巻き込む必要がある。貧困を減らすには、金銭の支給だけでは足りないし、職業訓練を加えてもなお不十分だ。困窮者が社会のほかの構成員と新たな関係を築くのを助けるべきなのだ。ネットワークの周縁に的を絞って人びとのつながりの再構築を促すのは、末端の恵まれない人たちだけでなく、社会の仕組み全体に手を差し伸べることになる。

一人はみんなのために、みんなは一人のために

人間の行動を理解するには、昔ながらの方法は用をなさない。人間の集団行動を理解する古典的手法は、個人の選択と行動の検証だ。たとえば、市場、選挙、暴動は、それぞれ個人の売買の決断、投票、怒りの表明の副産物にすぎないとみなされる。方法論的個人主義として知られるこのアプローチの典型的な例が、アダム・スミスの唱えた市場観で、市場は財を需要したり供給したりする個人の意思の総計にすぎないという考え方だ。

人間の集団行動を理解するのに使われるもう一つの古典的アプローチは、個人には目もくれず、階級や人種などにより分けられた集団のみに着目するものだ。そうした集団は、それぞれが集団としてのアイデンティティーを持つことにより、協調した行動をとる。この手法に従う学者のなかには、カール・マルクスのように、集団には固有の「意識」があると考える学者もいる。その意識によって集団は一つの性質に染まるが、その性質は、構成員の行動からは推測も理解もできない。一方、集団の文化の優位性に着目した学者たちもいた。たとえば、社会学者のエミール・デュルケムは、さまざまな宗派と時代を通じて自殺率がほぼ一定なのは、特定の個人の行動では説明できないと主張した。集団には、構成員の人生よりはるかに長続きする実体があるからだ。人びとは生まれては死んでいくのに、フランスのプロテスタントの自殺率が変わらないのはなぜだろうと、デュルケムは疑問に思った。方法論的全体主義として知られるこのアプローチは、社会現象には個人とは明確に異なる全体性があり、個人を調べるだけではそれを理解できないという考え方だ。

個人主義と全体主義は人間のあり方に光を当てたが、本質的なことを見過ごしている。この二つの伝統的な考え方とは対照的に、社会的ネットワークの科学は人間社会を理解するまったく新しい方法を提示する。なぜ新しいかといえば、この方法が個人と集団を対象とし、いかにして前者が後者になるかを解明しようとするからだ。人と人のつながりから生じる現象は、個人のなかには存在しないし、一人ひとりの欲求と行動に還元できないものだ。実際、文化そのものがそうした現象の一つである。人間はつながりを失えば、すべてを失う。

社会的ネットワークの研究は、実は、より幅広い現代科学の合同プロジェクトの一環である。過去四世紀にわたり、還元主義の隆盛と華々しい成功に押し流されるままに、科学者たちは自然界のより細かい部分を調べることで、全体を理解しようとしてきた。生物を器官から細胞へ、分子へ、そして遺伝子へと分解してきた。物質を原子から核へ、そして亜原子粒子へと分解してきた。顕微鏡からスーパーコライダー［訳注　超大型で強力な衝突型加速器］に至るまで、あらゆるものを発明してきた。ところが、いまや数多くの領域において、科学者はそうした部品を元通りに組み立てようとしている。高分子を細胞に、ニューロンを脳に、種を生態系に、栄養素を食物に、そして人びとをネットワークに組み立て直そうとしているのだ。また、科学者は、地震、森林火災、種の絶滅、気候変動、心臓の鼓動、革命、相場の暴落といった出来事をより大きなシステムのなかでの爆発的活動ととらえ、同じような多数の現象例と関連づけて研究しなければ理解できないと考えるようになってきた。そして、各部分がうまく嚙み合う方法とその理由、つながりと調和を支配する法則に目を向けている。つまり、社会的ネットワークの構造と機能の理解と、創発（各部分には見られない全体としての集団的特性の誕生）という現象の理解は、科学のこうした大きな流れの基礎なのだ。

社会的ネットワークのより良い理解は、私たちの世界の新たな脅威に立ち向かうために必要不可欠である。金融市場の混乱によって私たちは、経済活動がますますグローバル化し、つながりがますます増えていることを思い知らされている。薬に耐性を持つ病原菌や危険な行為による伝染病といった、公衆衛生面で起きている問題は、人から人へと広がることによって悪化する。政治キャンペーンではネットワーク関連の新たなテクノロジーが大いに活用されているし、ますます多くの政治的動きが、おびただしいつながりで結ばれた世界から生まれている。だが、同じテクノロジーが少数の過激派にも利用されている。彼らは人間がこうして密接に結びついている世界そのものの解体をもくろんでいる。

そうした山積する難題のおかげで私たちが認めざるをえないのは、人間は一人ひとり力を持っているが、一人ではできないことを達成するためにはともに行動する必要があるということだ。人間はこれまでにも力を合わせ、大河の治水、大都市の建設、知識の集積である図書館の発明、有人宇宙飛行などを成し遂げてきた。そのために協力し合った仲間すべてを知ることさえなく、やり遂げてきた。現代世界の社会的ネットワークの魔法は、私たちと他人をつなぎ、遠い昔に人類が経験したよりもはるかに巨大なスケールで協力する能力を私たちに与えてくれる。だが、より人間に近いレベルで、社会的ネットワークは生活のあらゆる面に影響を与えている。遠く離れた他人に起きた出来事によって、私たちの生き方、考え方、欲求、病気や死が決定される。私たちは社会的な連鎖反応によって遠隔地の出来事に反応するものの、そうしていると気づかないことも多い。

社会的ネットワークに根を下ろし、絆で結ばれた他人に影響されれば、個性の一部が失われるのは避けられない。ネットワークのつながりに的を絞ると、集団行動を理解するうえでの個人の重要性が軽視されがちになる。さらに、ネットワークは道徳的な意味合いを持つ多くの行動と結論に影響を与える。親切な行動や薬物使用が伝染するなら、善意と節度のある人を優先して社会的ネットワークを改造すべきなのだろうか。私たちが無意識のうちに、つながりのある他人の善行を真似ているとすれば、そうした行いをほめられる資格があるだろうか。そして、固い絆もしくはゆるい絆で結ばれた人の悪癖やよこしまな考えを真似たら、責められるべきなのだろうか。真似られた人たちは責められるべきだろうか。もしも社会的ネットワークが私たちの持つ情報や意見に制限を加えるとすれば、私たちにはどのくらい選択の自由があるのだろうか。

そのような自主性の欠如を認めるのは、心穏やかではないかもしれない。だが、社会的ネットワークの驚くべき力は、他人から受ける影響だけではない。私たちが他人に与える影響もあるのだ。スーパースターならずとも、そのような力は持てる。つながればいいだけだ。人間がいつでもどこでもつながっているということは、一人ひとりが、自分で気づいているよりも大きな影響を他人に与えているということだ。自分自身を大切にすれば、大勢の人たちが同じようにする。思いつくままに親切な行いをすれば、数十人はおろか、数百人もの人にその行いが広まるかもしれない。善行を一つ積むたびに、私たちを支えているネットワークそのものを支えるのに手を貸すことになる。

二一世紀の大事業――人類がまとまれば、全体で一人ひとりの総計よりも大きな力を持つと理解すること――は、緒に就いたばかりだ。目覚めたばかりの子供のように、人間の超個体は自己を認識しつつあり、それによって私たちは確実に目標達成に近づくだろう。だが、この自己認識がもたらす最大の恩恵は、自己を発見する純粋な喜びであり、真に自分を知るためには、人間はなぜ、どのようにつながるかをまず理解しなければならないという悟りである。

謝辞

この謝辞もまた、社会的ネットワークの驚異的な力の表れである。私たちとつながる無数の人びとがこの本の誕生に大きな役割を果たしてくれた。

まずゲイリー・キングが、長い紹介の連環の端緒を開いてくれた。それを通じて、かつては数次の隔たりのあった人びとがつながることになった。ジェイムズのハーヴァードでのアドバイザーであるゲイリーは、伝染が政治に及ぼす影響をめぐる彼の研究を知っていた。ニコラスの友人でもあるゲイリーは、伝染が健康に及ぼす影響についてのニコラスの研究を知って、分野を横断して双方に利のある研究をする絶好の機会だと思ったのだ。ニコラスの友人で同僚でもあるダン・ギルバートは、最終的に本書の草稿にきわめて創造的で価値あるコメントを寄せてくれた。だが、彼の最初の（そして最大の）功績は、私たちをカティンカ・マトソンとジョン・ブロックマンに紹介してくれたことで、二人はのちに私たちのエージェントになった。カティンカとジョンは私たちのアイデアを、そんなことができるとは夢にも思わなかった方法で伝える機会を与えてくれた。そして、今度は二人が、トレイシー・ビハーを紹介してくれた。トレイシーは出版社リトル・ブラウンの優秀な編集者で、思慮深い評者にしてチアリーダーとしての役割を果たしてくれた。

ネットワークをめぐる文献に多大な貢献をしているだけでなく、第一級の発問者でもあるラズロ・

バラバシ、ピーター・ベアマン、デイヴィッド・レイザー、ブライアン・ウッツィに感謝したい。彼らの業績については本文中で触れたが、本書で扱った問題に関してそれぞれが重要な助言をしてくれた。

以下に名前を挙げる方々を含め、多くの友人、同僚、親族が本書草稿のさまざまな部分を読み、貴重なコメントを寄せてくれた。マーカス・アレグザンダー、サム・アーブスマン、ヘザー・カルヴィン、フィリックス・エルワート、マイケル・ヒーニー、トム・キーガン、マーク・パチュッキ、キャスリン・シュルツ、ホリー・シャキャ、ジェフ・スターンリーブ、ショシャンナ・スターンリーブ、ジム・ズッカーマン。ニコラスの学位論文のアドバイザーだったルネ・C・フォックスは、その後も彼の人生に力を与え、彼女ならではの深い眼力で本書の論旨を整えてくれた。

以下の方々にも、知的な恩義を感じている。ポール・アリソン、ウェイホア・アン、ジョン・カシオッポ、クリス・ドーズ、ピート・ダワン、A・J・フレンド、レイ・ジン、シンディ・カム、エリザベス・ラモント、ピーター・マーズデン、ピーター・ムーカ、マーティン・ノワク、ジェイムズ・オマリー、メイソン・ポーター、ニールス・ローゼンクイスト、ロブ・サンプソン、ダレン・シュライバー、アマンダ・トラウド、アラン・ザスラフスキー。ヤン・ザンは、本書に記したさまざまな研究計画に協力し、あるいは、考えるための情報を提供してくれた。本書で使用した美しい図版を、発表ずみのものも未発表のものも含めて提供してくれたラダ・アダミック、マイケル・カーンズ、ジョン・ケリー、カタリン・ママリ、ジム・ムーディ、ジョン・ポタラットにも感謝している。たゆみなく研究を援助し、協力を惜しまなかった以下の方々にも謝意を表したい。ロバート・ボンド、セシ・クルーズ、クリス・ファリス、ブラッド・レヴェック、ピーター・ローウェン、ヨナタン・ルプ、スティーヴン・オリヴァー、アレックス・ルイズ、ジェイム・セトル、オリヴィア・トゥーズ、アンドルー・ウォー、とりわけ、アリソン・ウィーラー。原稿の整理と編集に卓越した力を発揮してくれたマリ・ソルターにも、お礼を言いたい。

ジェイムズは、より良い科学者となるよう導き、生涯で最高のメジャーリーグの野球の試合に連れていってくれたクリス・ドーズに特に感謝している。また、最初の協力者であり、利他的懲罰と進化心理学について考えさせてくれたオレグ・スミアノフにも恩義がある。分野を越えた研究を奨励してくれたサンタフェ研究所（ジェイムズとオレグはここで出会った）にも感謝している。

十分な財政支援と後方支援がなければ、私たちは何一つなしとげられない。アメリカ国立老化研究所のリチャード・スズマン、ジョン・ハーガ、および国立科学財団のブライアン・ヒュームズ、フィル・パオリーノは、社会的ネットワークと行動遺伝学の研究に賛同し、支援してくれた。ロバート・ウッド・ジョンソン基金のリサ・ラヴィゾ・ムーレイとロリ・メリカーは、同基金のパイオニア・プログラムを通じ、データ作成と方法論をめぐる初期段階の模索を支えてくれた。エミリア・ベンジャミン、ダン・レヴィ、ジョアン・ムラビト、カレン・ムタリク、グレタ・リー・スプランスキー、フィル・ウルフは、（国家的財産である）フレーミングハム心臓研究の調査を支援してくれた。マリアン・ベルウッドは「グリーン・シート」という論文を私たちに紹介してくれた。社会的ネットワークに関する価値ある新たな情報が豊富に含まれた論文である。ローリー・メニーデスとレベッカ・ジョイス（そして、それ以前にはモリー・コリンズ）が、フレーミングハムの社会的ネットワークのデータに関し、大いに力を貸してくれた。ケヴィン・ルイスはフェイスブックのデータ収集を先頭に立って進め、多大な成果を上げてくれた。そして、アルマ・パラゾーロ、キャロル・リング、ナンシー・スミスの事務面での精力的な支援にも感謝している。ナンシーの辛抱強さにも謝意を表したい。

最後に、ちょうどシェークスピア劇の終幕で舞台に登場する王たちのごとく、私たちの人生で最も大切な人たちの名をここに連ねたい。ニコラスは、貴重な助言をし、エレニ・サランティと太いつながりをつくってくれたアレコ・クリスタキスにお礼を言いたい。本書の原稿を精読し、大幅に改良してくれたエリカ・クリスタキスにもお礼を言いたい。感謝は本書にかかわるものにとどまらない。ニコラスの人生において良いことはすべて、エリカとつながっている。エレニ、ライサンダー、セバスチャンは、携帯メール、フェイスブック、ワールド・オブ・ウォークラフトや、そのほか、父がにわかに把握しきれない多くのことに関して、ありとあらゆる価値ある情報を提供してくれた。

ジェイムズは貴重な助言をしてくれたジム・ファウラーと、とめどない熱意を示してくれたゾラ・ファウラーに感謝の意を捧げる。二人とも多大な社会的支援を与えてくれたし、永続的なつながりをつくるのに何が必要かを完璧に示してくれた。ハーラ・エスナーには、何章か読んでくれたこと、食卓でも執拗につづけられた本書の話に耐えたこと、つねに申し分のない伴侶であったことに、感謝の意を表したい。ジェイ・ファウラーとルーカス・ファウラーが我慢してくれたおかげで、週末に〈Wii 大乱闘スマッシュブラザーズX〉で遊んでいたはずの時間を有効に使えた。

みんな、ありがとう。

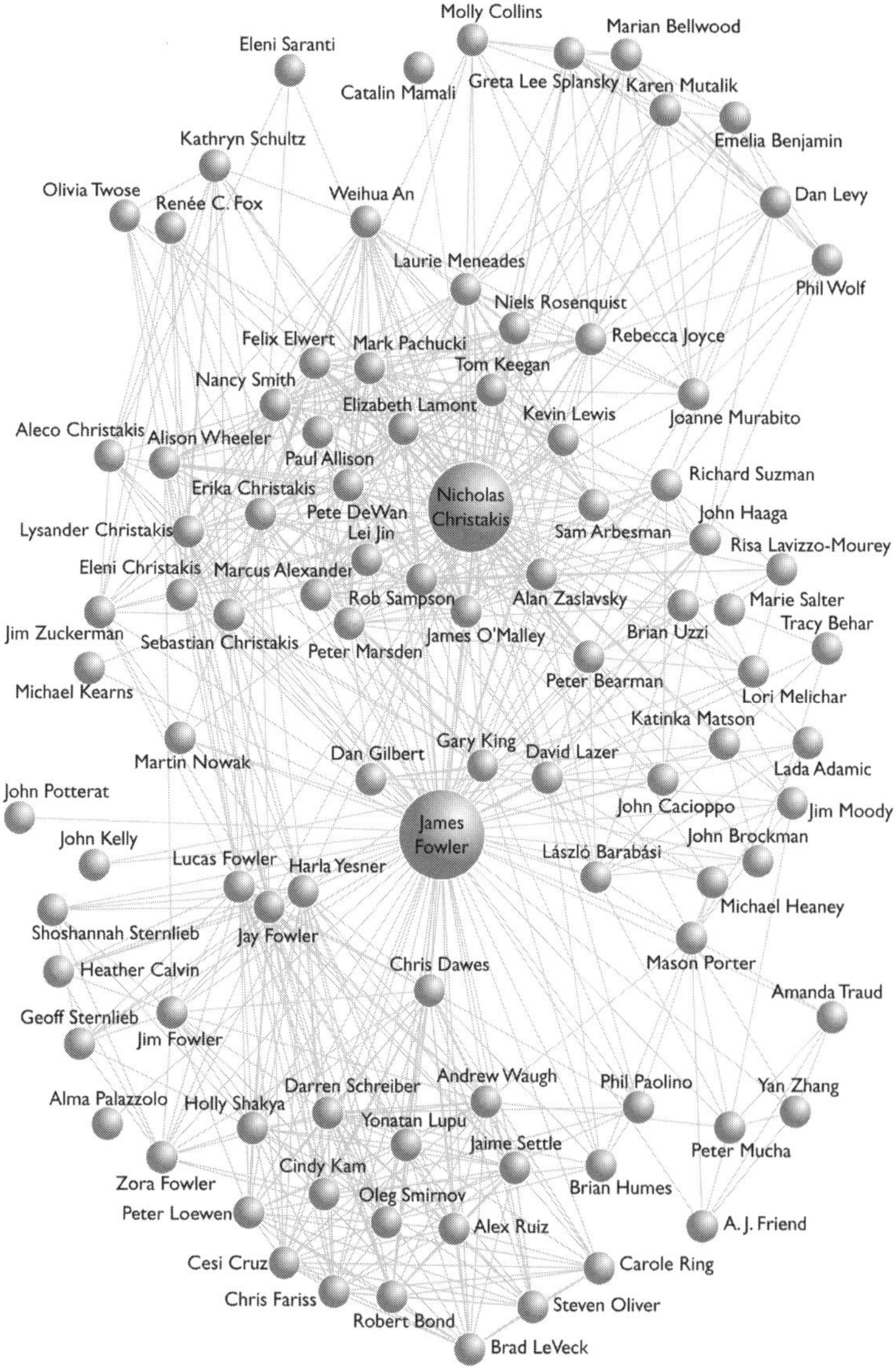

Molly Collins
Marian Bellwood
Eleni Saranti
Catalin Mamali
Greta Lee Splansky
Karen Mutalik
Emelia Benjamin
Kathryn Schultz
Olivia Twose
Renée C. Fox
Weihua An
Dan Levy
Phil Wolf
Laurie Meneades
Niels Rosenquist
Felix Elwert
Mark Pachucki
Rebecca Joyce
Tom Keegan
Nancy Smith
Elizabeth Lamont
Kevin Lewis
Joanne Murabito
Aleco Christakis
Alison Wheeler
Paul Allison
Richard Suzman
Erika Christakis
Nicholas Christakis
Pete DeWan
John Haaga
Lysander Christakis
Lei Jin
Sam Arbesman
Risa Lavizzo-Mourey
Eleni Christakis
Marcus Alexander
Rob Sampson
Alan Zaslavsky
Marie Salter
Tracy Behar
Jim Zuckerman
Sebastian Christakis
Peter Marsden
James O'Malley
Brian Uzzi
Peter Bearman
Lori Melichar
Michael Kearns
Katinka Matson
Gary King
Martin Nowak
Dan Gilbert
David Lazer
Lada Adamic
John Potterat
John Cacioppo
Jim Moody
James Fowler
John Brockman
John Kelly
Lucas Fowler
Harla Yesner
László Barabási
Michael Heaney
Shoshannah Sternlieb
Jay Fowler
Mason Porter
Chris Dawes
Heather Calvin
Amanda Traud
Geoff Sternlieb
Jim Fowler
Andrew Waugh
Darren Schreiber
Phil Paolino
Yan Zhang
Alma Palazzolo
Holly Shakya
Yonatan Lupu
Jaime Settle
Peter Mucha
Cindy Kam
Brian Humes
Zora Fowler
Oleg Smirnov
Peter Loewen
Alex Ruiz
A. J. Friend
Cesi Cruz
Carole Ring
Chris Fariss
Steven Oliver
Robert Bond
Brad LeVeck

訳者あとがき

恋愛、健康、お金、政治といった、私たちにとって大切な事柄について考える際、従来は主に二つの視点があった。一つは、個人の行動が積み重なった結果として社会的な現象が生じるのだと考え、個人の行動を研究すれば社会がわかるとするもの。もう一つは、社会現象は個人に還元できないと考え、集団の性質に注目するものである。

だが、これらの見方はともに肝心な点を見落としている。最も重要なのは人間同士のつながり、すなわち社会的ネットワークであり、それを通じていかにして個人から社会が形成されるかということなのだ。本書はこうした観点から、現代の社会的ネットワークの理論をさまざまな角度から一般向けに紹介したものである。

著者の一人であるニコラス・クリスタキスは、ハーヴァード大学教授の医師であり、社会的な要因や交流が健康や長寿に与える影響を研究してきた。二〇〇九年には『タイム』誌によって世界で最も影響力のある一〇〇人に選ばれている。著書に『死の予告　医療ケアにおける予言と予後』（ミネルヴァ書房）がある。

もう一人の著者であるジェイムズ・ファウラーは、カリフォルニア大学サンディエゴ校教授の政治学者であり、社会的ネットワーク、行動経済学、進化ゲーム理論などを研究している。二〇一〇年にはグッゲンハイム助成金を受けている。

では、社会的ネットワークとは具体的にどのようなものだろうか。二人は、単純な例としてバケツリレーを挙げている。火事を消し止めるため、燃えている家と川のあいだに一〇〇人が一列に並び、川から家へ向かって水の入ったバケツを受け渡し、反対方向に空のバケツを受け渡すというものだ。それによって、一人ずつばらばらに行動するよりも、はるかに効率的に消火活動を進められる。ここに社会的ネットワークの最も重要な特徴が表れている。つまり、一人ずつではできないことが、社会的ネットワークを通じてできるようになるということである。

こうした社会的ネットワークは、社会のあらゆるところに存在し、人間のかかわるさまざまな現象に大きな影響を与えている。クリスタキスとファウラーはきわめて多岐にわたるデータや実験を取り上げながら、社会的ネットワークはなぜ、いかにして発生するのか、どんな性質を持っているのか、われわれはそれにどう対処すればいいのかといったことを検討していく。人は直接の知人のみならず、知人の知人、さらにその知人からも知らず知らずのうちに影響を受けるが、その先につながっている人からは影響を受けない（三次の影響のルール）、社会的ネットワークは個人にはコントロールできない自律性がある（たとえばサッカー場で起こるウェーブ）、といった発見はとても興味深いものだ。

また、取り上げられる事例は身近なものが多いため、単に知的な関心が満たされるだけではなく、日常生活に応用してみようかという気にさせられる。たとえば、社会的ネットワークを通じて流れるものには、情報、幸福、性感染症など、さまざまなものがあるため、ネットワークの中心近くに位置する（つまり他人とのつながりが多い）人は、周縁に位置する人よりもそれらの恩恵や被害を被りやすい。ところが、就職先や結婚相手を探す場合は、強い絆よりも弱い絆を頼ったほうが有効だという。そのメカニズムにはなるほどと思わせられる。

また著者によれば、社会的ネットワークの研究は、現代の多くの学問分野に共通のある傾向に棹さすものだという。近代以降、科学者たちは現象を細かく分けることによって全体を理解しようとしてきた。だが、いまやそうした方法の限界が見えてきており、逆に細部のつながりから全体を組み立てようとするアプローチが大きな流れとなっているというのだ。金融危機や伝染病の流行といった現代的問題に対処するためには、社会的ネットワークを理解しなければならないのである。

そして何より、人間という存在の根本を知るには、社会的ネットワークを理解することが不可欠なのだと著者は言う。人間とはつながりを本質とする「ホモ・ディクティアス（ネットワーク人）」なのである。読者が本書を通じ、社会的ネットワークをめぐるこうした最新の研究の一端に触れてくだされば幸いである。

なお、本書は『ビジネスウィーク』誌によって、二〇〇九年のイノベーションとデザイン関連のベストブック二〇に選ばれていることを申し添えておきたい。

最後に、本書の翻訳の機会を与えてくださり、訳出に当たってはさまざまな助言を惜しまなかった講談社学芸局の柿島一暢氏に、この場を借りてお礼を申し上げたい。

注

第1章　真っ只中で

1. R. V. Gould, "Revenge as Sanction and Solidarity Display: An Analysis of Vendettas in Nineteenth-Century Corsica," *American Sociological Review* 65 (2000): 682–704.
2. B. A. Jacobs, "A Typology of Street Criminal Retaliation," *Journal of Research in Crime and Delinquency* 41 (2004): 295–323.
3. A. V. Papachristos, "Murder by Structure: Dominance Relations and the Social Structure of Gang Homicide in Chicago," December 2007, http://papers.ssrn.com/sol3/papers.cfm?abstract_id=855304
4. M. Planty, *Third-Party Involvement in Violent Crime, 1993–99* (Washington, DC: Bureau of Justice Statistics Special Report, 2002).
5. http://www.livingdonorsonline.com/ (2008年10月3日にアクセス)
6. J. Slack, "Walk Strikes Close to Home for Organ Donor's Family," *The Mississauga News* , April 28, 2008.
7. M. A. Rees and others, "A Nonsimultaneous, Extended, Altruistic-Donor Chain," *New England Journal of Medicine* 360 (2009): 1096–1101.
8. " 'Moon–Tracking' Station Readied at Canoga Park," *Los Angeles Times*, November 25, 1957.
9. P. V. Marsden, "Core Discussion Networks of Americans," *American Sociological Review* 52 (1987): 122–31; M. McPherson and others, "Social Isolation in America: Changes in Core Discussion Networks Over Two Decades," *American Sociological Review* 71 (2006): 353–75 も参照。
10. I. de Sola Pool and M. Kochen, "Contacts and Influence," *Social Networks* 1 (1978/1979): 5–51.
11. P. Kristensen and T. Bjerkedal, "Explaining the Relation Between Birth Order and Intelligence," *Science* 316 (2007): 1717.
12. S. Milgram, L. Bickman, and L. Berkowitz, "Note on the Drawing Power of Crowds of Different Size," *Journal of Personality and Social Psychology* 13 (1969): 79–82.
13. I. Farkas and others, "Social Behavior: Mexican Waves in an Excitable Medium," *Nature* 419 (2002): 131–32.
14. I. D. Couzin and others, "Effective Leadership and Decision-Making in Animal Groups on the Move," *Nature* 433 (2005): 513–16.
15. J. Travers and S. Milgram, "An Experimental Study in the Small World Problem," *Sociometry* 32, no. 4 (1969): 425–43.
16. P. S. Dodds and others, "An Experimental Study of Search in Global Social Networks," *Science* 301 (2003): 827–29.

第2章　あなたが笑えば世界も笑う

1. A. M. Rankin and P. J. Philip, "An Epidemic of Laughing in the Bukoba District of Tanganyika," *Central African Journal of Medicine* 9 (1963): 167–70.
2. E. Hatfield and others, "Emotional Contagion," *Current Directions in Psychological Science* 2 (1993): 96–99.
3. C. N. Scollon and others, "Experience Sampling: Promises and Pitfalls, Strengths and Weaknesses," *Journal of Happiness Studies* 4 (2003): 5–34; J. P. Laurenceau and N. Bolger, "Using Diary Methods to Study Marital and Family Processes," *Journal of Family Psychology* 19 (2005): 86–97; R. Larson and M. H. Richards, *Divergent Realities: The Emotional Lives of Mothers, Fathers, and Adolescents* (New York: Basic Books, 1994).
4. M. J. Howes and others, "Induction of Depressive Affect After Prolonged Exposure to a Mildly Depressed Individual," *Journal of Personality and Social Psychology* 49 (1985): 1110–13.
5. S. D. Pugh, "Service with a Smile: Emotional Contagion in the Service Encounter," *Academy of Management Journal* 44 (2001): 1018–27; W. C. Tsai and Y. M. Huang, "Mechanisms Linking Employee Affective Delivery and Customer Behavioral Intentions," *Journal of Applied Psychology* 87 (2002):1001–8.
6. J. B. Silk, "Social Components of Fitness in Primate Groups." *Science* 317 (2007): 1347–51.
7. J. M. Susskind and others, "Expressing Fear Enhances Sensory Acquisition," *Nature Neuroscience* 11 (2008): 843–50.
8. Cited in Hatfield, "Emotional Contagion," 97に引用。
9. M. Iacoboni, *Mirroring People: The New Science of How We Connect with Others* (New York: Farrar, Straus and Giroux, 2008).【マルコ・イアコボーニ『ミラーニューロンの発見――「物まね細胞」が明かす驚きの脳科学』塩原通緒訳、早川書房、2009年】
10. J. E. Warren and others, "Positive Emotions Preferentially Engage an Auditory-Motor 'Mirror' System," *Journal of Neuroscience* 26 (2006): 13067–75.
11. J. F. C. Hecker, *The Epidemics of the Middle Ages*, trans. by B. G. Babington (London: Sydenham Society, 1844), 87–88.
12. T. F. Jones and others, "Mass Psychogenic Illness Attributed to Toxic Exposure at a High School," *New England Journal of Medicine* 342 (2000): 96–100.
13. "Mass Hysteria Can Make Many Sick―Tennessee Case Shows How Anxiety Spreads," *Florida Times-Union*, May 7, 2000.
14. Jones, "Mass Psychogenic Illness," 100.

15. L. P. Boss, "Epidemic Hysteria: A Review of the Published Literature," *Epidemiologic Reviews* 19 (1997): 233-43.
16. D. M. Johnson, "The 'Phantom Anesthetist' of Mattoon: A Field Study of Mass Hysteria," in *Readings in Social Psychology* (New York: Henry Holt and Co., 1952), 210.
17. E. T. Rolls, "The Functions of the Orbitofrontal Cortex," *Brain and Cognition* 55 (2004): 11-29.
18. J. Willander and M. Larsson, "Olfaction and Emotion: The Case of Autobiographical Memory," *Memory and Cognition* 35 (2007): 1659-63.
19. R. S. Herz and others, "Neuroimaging Evidence for the Emotional Potency of Odor-Evoked Memory," *Neuropsychologia* 42 (2004): 371-78; D. H. Zald and J. V. Pardo, "Emotion, Olfaction, and the Human Amygdala: Amygdala Activation During Aversive Olfactory Stimulation," *Proceedings of the National Academy of Sciences* 94 (1997): 4119-24.
20. Boss, "Epidemic Hysteria," 238.
21. M. Talbot, "Hysteria Hysteria," *New York Times*, June 2, 2002.
22. N. A. Christakis, "This Allergies Hysteria Is Just Nuts," *British Medical Journal* 337 (2008): a2880.
23. M. Csikszentmihalyi and R. Larson, "Validity and Reliability of the Experience-Sampling Method," *Journal of Nervous and Mental Diseases* 175 (1987): 527; M. Csikszentmihalyi and others, "The Ecology of Adolescent Activity and Experience," *Journal of Youth and Adolescence* 6 (1977): 281-94.
24. R. W. Larson and M. H. Richards, "Family Emotions: Do Young Adolescents and Their Parents Experience the Same States?" *Journal of Research on Adolescence* 4 (1994): 567-83.
25. P. Totterdell, "Catching Moods and Hitting Runs: Mood Linkage and Subjective Performance in Professional Sports Teams," *Journal of Applied Psychology* 85 (2000): 848-59.
26. J. H. Fowler and N. A. Christakis, "Dynamic Spread of Happiness in a Large Social Network: Longitudinal Analysis Over 20 Years in the Framingham Heart Study," *British Medical Journal* 337 (2008): a2338.
27. R. A. Easterlin, "Explaining Happiness," *Proceedings of the National Academy of Sciences* 100 (2003): 11176-83.
28. J. Knight and R. Gunatilaka, "Is Happiness Infectious?" (Oxford University, 2009)
29. E. Diener, R. E. Lucas, and C. N. Scollon, "Beyond the Hedonic Treadmill: Revising the Adaptation Theory of Well-Being," *American Psychologist* 61 (2006): 305-14.
30. D. Gilbert, *Stumbling on Happiness* (New York: Vintage, 2005)【ダニエル・ギルバート『幸せはいつもちょっと先にある——期待と妄想の心理学』熊谷淳子訳、早川書房、2007年】

31. S. Lyubormirsky and others, "Pursuing Happiness: The Architecture of Sustainable Change," *Review of General Psychology* 9 (2005): 111-31.
32. J. M. Ernst and J. T. Cacioppo, "Lonely Hearts: Psychological Perspectives on Loneliness," *Applied and Preventive Psychology* 8, no. 1 (1999): 1-22.
33. J. T. Cacioppo, J. H. Fowler, and N. A. Christakis, "Alone in the Crowd: The Structure and Spread of Loneliness in a Large Social Network," *Journal of Personality and Social Psychology* 97 (2009): 977-91.
34. H. Fisher, *Why We Love: The Nature and Chemistry of Romantic Love* (New York: Henry Holt and Co., 2004)【ヘレン・フィッシャー『人はなぜ恋に落ちるのか？——恋と愛情と性欲の脳科学』大野晶子訳、ヴィレッジブックス、2007年】

第3章　ともにいる者を愛す

1. http://www.city-data.com/forum/relationships/331411-how-i-met-myspouse-3.html (2009年3月3日にアクセス) 著者の許諾により転載。
2. E. O. Laumann and others, *The Social Organization of Sexuality: Sexual Practices in the United States* (Chicago: University of Chicago Press, 1994).
3. M. Bozon and F. Héran, "Finding a Spouse: A Survey of How French Couples Meet," *Population* 44, no. 1 (1989): 91-121.
4. Laumann, *Social Organization of Sexuality*.
5. Bozon, "Finding a Spouse."
6. M. Madden and A. Lenhart, "Online Dating," Pew Internet & American Life Project, http://www.pewinternet.org /pdfs/PIP_Online_Dating.pdf, ii (2009年2月28日にアクセス)
7. 前掲書
8. 前掲書、iii.
9. X. Xiaohe and M. K. Whyte, "Love Matches and Arranged Marriage: A Chinese Replication," *Journal of Marriage and Family* 52 (1990): 709-22; 以下も参照。N. P. Medora, "Mate Selection in Contemporary India: Love Marriages Versus Arranged Marriages," in *Mate Selection Across Cultures*, ed. R. R. Hamon and B. B. Ingoldsby (Thousand Oaks, CA: Sage Publications, 2003): 209-30.
10. Laumann, *Social Organization of Sexuality*, 255.
11. J. K. Galbraith, *The Affluent Society* (Boston, MA: Houghton Mifflin, 1958)【ガルブレイス『ゆたかな社会』鈴木哲太郎訳、岩波書店、2006年［岩波現代文庫］ほか】
12. A. Tversky and D. Griffin, *Strategy and Choice* (Cambridge, MA: Harvard University Press, 1991).
13. S. J. Solnick and D. Hemenway, "Is More Always Better? :A Survey on Positional Concerns," *Journal of Economic Behavior & Organization* 37 (1998): 373-83.

14. L. Jin and others, "Reduction in Long-Term Survival in Men Given High Operational Sex Ratio at Sexual Maturity," *Demography*.
15. R. K. Merton, *Social Theory and Social Structure* (New York: Free Press of Glencoe, 1957)【ロバート・K・マートン『社会理論と社会構造』森東吾他訳、みすず書房、1961年】; R. K. Merton and A. S. Kitt, "Contributions to the Theory of Reference Group Behavior," in *Continuities in Social Research: Studies in the Scope and Method of "The American Soldier,"* ed. R. K. Merton and P. F. Lazarsfeld (Glencoe, IL: Free Press, 1950), 40–105; A. Bandura, *Social Learning Theory* (New York: General Learning Press, 1971)【A・バンデュラ『社会的学習理論——人間理解と教育の基礎』原野広太郎監訳、金子書房、1979年】; L. Festinger, "A Theory of Social Comparison Processes," *Human Relations* 7 (1954): 117–40.
16. B. C. Jones and others, "Social Transmission of Face Preferences Among Humans," *Proceedings of the Royal Society B* 274 (2007): 899–903.
17. K. W. Eva and T. J. Wood, "Are All The Taken Men Good? An Indirect Examination of Mate-Choice Copying in Humans," *Canadian Medical Association Journal* 175 (2006): 1573–74.
18. D. Waynforth, "Mate Choice Copying in Humans," *Human Nature* 18 (2007): 264–71.
19. P. Bressan and D. Stranieri, "The Best Men Are (Not Always) Already Taken: Female Preference for Single Versus Attached Males Depends on Conception Risk," *Pyschological Science* 19 (2008): 145–51.
20. D. T. Gilbert and others, "The Surprising Power of Neighborly Advice," *Science* 323 (2009): 1617–19.
21. S. E. Hill and D. M. Buss, "The Mere Presence of Opposite-Sex Others on Judgments of Sexual and Romantic Desirability: Opposite Effects for Men and Women," *Personality and Social Psychology Bulletin* 34 (2008): 635–47.
22. M. D. Regnerus and L. B. Luchies, "The Parent-Child Relationship and Opportunities for Adolescents' First Sex," *Journal of Family Issues* 27 (2006): 159–83.
23. S. E. Cavanagh, "The Sexual Debut of Girls in Early Adolescence: The Intersection of Race, Pubertal Timing, and Friendship Group Characteristics," *Journal of Research on Adolescence* 14 (2004): 285–312.
24. A. Adamczyk and J. Felson, "Friends' Religiosity and First Sex," *Social Science Research* 35 (2006): 924–47.
25. P. S. Bearman and H. Brückner, "Promising the Future: Abstinence Pledges and the Transition to First Intercourse," *American Journal of Sociology* 106 (2001): 859–912.
26. W. Manning, M. A. Longmore, and P. C. Giordano, "Adolescents' Involvement in Non-Romantic Sexual Activity," *Social Science Research* 34 (2005): 384–407.
27. M. J. Prinstein, C. S. Meade, and G. L. Cohen, "Adolescent Oral Sex, Peer

Popularity, and Perceptions of Best Friend's Sexual Behavior," *Journal of Pediatric Psychology* 28 (2003): 243–49.
28. Laumann, *Social Organization of Sexuality*.
29. I. Kuziemko, "Is Having Babies Contagious? Estimating Fertility Peer Effects Between Siblings," http://www.princeton.edu/~kuziemko/fertility_11_29_06.pdf (2009年3月1日にアクセス)
30. D. E. Bloom and others, "Social Interactions and Fertility in Developing Countries," PGDA *Working Paper* 34 (2008).
31. W. Farr, "The Influence of Marriage on the Mortality of the French People," in *Transactions of the National Association for the Promotion of Social Science*, ed. G. W. Hastings (London: John W. Parker and Son, 1858), 504–13.
32. D. Lubach, 以下に引用。F. Van Poppel and I. Joung, "Long-Term Trends in Marital Status Mortality Differences in the Netherlands 1850–1970," *Journal of Biosocial Science* 33 (2001): 279–303.
33. B. Turksma, 以下に引用。F. Van Poppel and I. Joung, "Long-Term Trends in Marital Status Mortality Differences in the Netherlands 1850–1970," *Journal of Biosocial Science* 33 (2001): 279–303.
34. M. Young, B. Benjamin, and C. Wallis, "The Mortality of Widowers," *Lancet* 2, no. 7305 (1963): 454–56.
35. F. Elwert and N. A. Christakis, "Variation in the Effect of Widowhood on Mortality by the Causes of Death of Both Spouses," *American Journal of Public Health* 98 (2008): 2092–98.
36. L. J. Waite, "Does Marriage Matter?" *Demography* 32 (1995): 483–507.
37. L. A. Lillard and L. J. Waite, " 'Til Death Do Us Part: Marital Disruption and Mortality," *American Journal of Sociology* 100 (1995): 1131–56; L. A. Lillard and C. W. A. Panis, "Marital Status and Mortality: The Role of Health," *Demography* 33 (1996): 313–27.
38. 例として、以下を参照。K. Allen, J. Blascovich, W. B. Mendes, "Cardiovascular Reactivity and the Presence of Pets, Friends, and Spouses: The Truth about Cats and Dogs," *Psychosomatic Medicine* 64 (2002): 727–39; J. K. Kiecolt-Glaser and others, "Marital Quality, Marital Disruption, and Immune Function," *Psychosomatic Medicine* 49 (1987): 13–34.
39. T. J. Iwashyna and N. A. Christakis, "Marriage, Widowhood, and Health-Care Use," *Social Science & Medicine* 57 (2003): 2137–47; L. Jin and N. A. Christakis, "Investigating the Mechanism of Marital Mortality Reduction: The Transition to Widowhood and Quality of Health Care," *Demography* 46 (2009): 605–25.
40. D. Umberson, "Family Status and Health Behaviors: Social Control as a Dimension of Social Integration," *Journal of Health and Social Behavior* 28 (1987): 306–19; D. Umberson, "Gender, Marital Status and the Social Control of Health Behavior," *Social Science & Medicine* 34 (1992): 907–17.

41. F. Elwert and N. A. Christakis, "Widowhood and Race," *American Sociological Review* 71 (2006): 16–41.
42. 一例として上記を参照。
43. Y. Hu and N. Goldman, "Mortality Differentials by Marital Status: An International Comparison," *Demography* 27 (1990): 233–50.
44. Elwert, "Widowhood and Race."
45. D. Umberson and others, "You Make Me Sick: Marital Quality and Health Over the Life Course," *Journal of Health and Social Behavior* 47 (2006): 1–16; 以下も参照。D. Carr, "Gender, Pre-loss Marital Dependence, and Older Adults' Adjustment to Widowhood," *Journal of Marriage and Family* 66 (2004): 220–35.
46. Ed. G. Clark, *Too Brief a Treat: The Letters of Truman Capote* (New York: Random House, 2004).

第4章　あなたも痛いが私も痛い

1. http://www.rockdalecounty.org /main.cfm?id=2130（2009年3月1日にアクセス）
2. M. A. J. McKenna, "Teen Sex Tales Turn National Focus to Rockdale," *Atlanta Journal-Constitution*, October 19, 1999; 以下も参照。R. B. Rothenberg and others, "Using Social Network and Ethnographic Tools to Evaluate Syphilis Transmission," *Sexually Transmitted Diseases* 25 (1998): 154–60.
3. McKenna, "Teen Sex Tales."
4. C. Russell, "Venereal Diseases Rampant Among America's Teenagers; Health Officials Call for Prevention and Study," *Washington Post*, November 26, 1996.
5. McKenna, "Teen Sex Tales."
6. Rothenberg, "Using Social Network and Ethnographic Tools."
7. P. S. Bearman, J. Moody, and K. Stovel, "Chains of Affection," *American Journal of Sociology* 110 (2004): 44–91.
8. J. J. Potterat and others, "Sexual Network Structure as an Indicator of Epidemic Phase," *Sexually Transmitted Infections* 78 (2002): 152–58.
9. E. O. Laumann and Y. Youm, "Racial/Ethnic Group Differences in the Prevalence of Sexually Transmitted Diseases in the United States: A Network Explanation," *Sexually Transmitted Diseases* 26 (1999): 250–61.
10. F. Liljeros and others, "The Web of Human Sexual Contacts," *Nature* 411 (2001): 907–8.
11. S. Helleringer and H. P. Kohler, "Sexual Network Structure and the Spread of HIV in Africa: Evidence from Likoma Island, Malawi," *AIDS* 21 (2007): 2323–32.
12. H Epstein, *The Invisible Cure: Africa, the West, and the Fight Against AIDS* (New York: Farrar, Straus and Giroux, 2007).

13. B. Wansink, *Mindless Eating: Why We Eat More Than We Think* (New York: Bantam, 2006)【ブライアン・ワンシンク『そのひとクチがブタのもと』中井京子訳、集英社、2007年】; V. I. Clendenen, C. P. Herman, and J. Polivy, "Social Facilitation of Eating among Friends and Strangers," *Appetite* 23 (1994): 1-13.
14. N. A. Christakis and J. H. Fowler, "The Spread of Obesity in a Large Social Network Over 32 Years," *New England Journal of Medicine* 357 (2007): 370–79.
15. J. H. Fowler and N. A. Christakis, "Estimating Peer Effects on Health in Social Networks," *Journal of Health Economics* 27 (2008): 1386–91.
16. R. R. Provine, "Contagious Yawning and Laughing: Everyday Imitation and Mirror-Like Behavior," *Behavioral and Brain Sciences* 28 (2005): 142.
17. D. G. Blanchflower, A. J. Oswald, and B. Van Landeghem, "Imitative Obesity and Relative Utility," NBER Working Paper 14377 (2008).
18. E. Goodman, "Obesity 'Contagion,' " *Boston Globe*, August 3, 2007.
19. N. A. Christakis and J. H. Fowler, "The Collective Dynamics of Smoking in a Large Social Network," *New England Journal of Medicine* 358 (2008): 2249–58.
20. A. M. Brandt, *The Cigarette Century* (New York: Basic Books, 2007).
21. P. Ormerod and G. Wiltshire, " 'Binge' Drinking in the UK: A Social Network Phenomenon," http://arxiv.org/abs/0806.3176 (2009年3月1日にアクセス)
22. N. Rao, M. M. Möbius, and T. Rosenblat, "Social Networks and Vaccination Decisions," Federal Reserve Bank of Boston Working Paper #07-12 (2007).
23. H. Raspe, A. Hueppe, and H. Neuhauser, "Back Pain, A Communicable Disease?" *International Journal of Epidemiology* 37 (2008): 69–74.
24. B. F. Walker, "The Prevalence of Low Back Pain: A Systematic Review of the Literature from 1966 to 1998," *Journal of Spinal Disorders* 13 (2000): 205–17.
25. A. R. Lucas and others, "50-Year Trends in the Incidence of Anorexia Nervosa in Rochester, Minn.: A Population-Based Study," *American Journal of Psychiatry* 148 (1991): 917–22; American Psychiatric Association Work Group on Eating Disorders, "Practice Guideline for the Treatment of Patients with Eating Disorders," *American Journal of Psychiatry* 157 (2000): 1–39.
26. C. S. Crandall, "Social Contagion of Binge Eating," *Journal of Personality and Social Psychology* 55 (1988): 588–98.
27. M. S. Gould, S. Wallenstein, and M. Kleinman, "Time-Space Clustering of Teenage Suicide," *American Journal of Epidemiology* 131 (1990): 71–78.
28. D. P. Phillips, "The Influence of Suggestion on Suicide: Substantive and Theoretical Implications of the Werther Effect," *American Sociological Review* 39 (1974): 340–54.
29. Centers for Disease Control and Prevention, "Suicide Contagion and the Reporting of Suicide: Recommendations from a National Workshop,"

Morbidity and Mortality Weekly Review 43, no. RR-6 (1994): 9–18.
30. E. Etzersdorfer and G. Sonneck, "Preventing Suicide by Influencing Mass-Media Reporting: The Viennese Experience 1980–1996," *Archives of Suicide Research* 4 (1998): 67–74.
31. M. S. Gould and others, "Suicide Clusters: An Examination of Age-Specific Effects," *American Journal of Public Health* 80 (1990): 211–12.
32. C. Wilkie, S. Macdonald, and K. Hildahl, "Community Case Study: Suicide Cluster in a Small Manitoba Community," *Canadian Journal of Psychiatry* 43 (1998): 823–28. 許諾により転載。
33. D. A. Brent and others, "An Outbreak of Suicide and Suicidal Behavior in a High School," *Journal of the American Academy of Child and Adolescent Psychiatry* 28 (1989): 918–24.
34. See, for example: UPI , "Japanese Internet Suicide Clubs Targeted by Police," October 7, 2005; BBC News, "Nine Die in Japan 'Suicide Pacts,'" October 12, 2004; and S. Rajagopal, "Suicide Pacts and the Internet," *British Medical Journal* 329 (2004): 1298–99.
35. P. S. Bearman and J. Moody, "Suicide and Friendships Among American Adolescents," *American Journal of Public Health* 94 (2004): 89–95.
36. P. Hedström, K. Y. Liu, and M. K. Nordvik, "Interaction Domains and Suicide: A Population-Based Panel Study of Suicides in Stockholm, 1991–1999," *Social Forces* 87 (2008): 713–40.
37. M. D. Resnick and others, "Protecting Adolescents from Harm: Findings from the National Longitudinal Study of Adolescent Health," *Journal of the American Medical Association* 278 (1997): 823–32.
38. Centers for Disease Control and Prevention, "Suicide Contagion."
39. M. Gould, P. Jamieson, and D. Romer, "Media Contagion and Suicide Among the Young," *American Behavioral Scientist* 46 (2003): 1269–84.
40. R. R. Wing and R. W. Jeffery, "Benefits of Recruiting Participants with Friends and Increasing Social Support for Weight Loss and Maintenance," *Journal of Consulting and Clinical Psychology* 67 (1999): 132–38.
41. A. A. Gorin and others, "Weight Loss Treatment Influences Untreated Spouses and the Home Environment: Evidence of a Ripple Effect," *International Journal of Obesity* 32 (2008): 1678–84; 以下も参照。A. L. Shattuck, E. White, A. R. Kristal, "How Women's Adopted Low-Fat Diets Affect Their Husbands," *American Journal of Public Health* 82 (1992): 1244–50; R. S. Zimmerman and others, "The Effects of a Worksite Health Promotion Program on the Wives of Fire Fighters," *Social Science & Medicine* 26 (1988): 537–43.
42. T. W. Valente and P. Pumpuang, "Identifying Opinion Leaders to Promote Behavior Change," *Health Education & Behavior* 34 (2007): 881–96.
43. D. B. Buller and others, "Randomized Trial Testing the Effect of Peer

Education in Increasing Fruit and Vegetable Intake," *Journal of the National Cancer Institute* 91 (1999):1491-1500; K. J. Sikkema and others, "Outcomes of a Randomized Community-Level HIV Prevention Intervention for Women Living in 18 Low-Income Housing Developments," *American Journal of Public Health* 90 (2000): 57-63.

44. D. J. Watts and P. S. Dodds, "Influentials, Networks, and Public Opinion Formation," *Journal of Consumer Research* 34 (2007): 441-58.
45. D. Bahr and others, "Exploiting Social Networks to Mitigate the Obesity Epidemic," *Obesity* 17 (2009): 723-28.
46. R. Cohen, S. Havlin, and D. Ben-Avraham, "Efficient Immunization Strategies for Computer Networks and Populations," *Physical Review Letters* 91 (2003): 247901.
47. J. Leskovec and others, "Cost-Effective Outbreak Detection in Networks," in *Proceedings of the 13th* ACM SIGKDD *International Conference on Knowledge Discovery and Data Mining* (New York: Association for Computing Machinery, 2007), 420-29.

第5章　お金の行方

1. P. Trowbridge and S. Thompson, "Northern Rock Experiences Second Day of Withdrawals," *Bloomberg*, September 15, 2007.
2. 前掲
3. "Panic Grips Northern Rock Savers for Second Straight Day," *AFP*, September 13, 2007.
4. B. Livesey and J. Menon, "Northern Rock Stock Tumbles Further Amid Run on Bank," *Bloomberg*, September 17, 2007.
5. "The Great Northern Run," *Economist*, September 20, 2007.
6. M. Oliver, "Customers Rush to Withdraw Money," *Guardian*, September 14, 2007.
7. J. Werdigier, "A Rush to Cash out of Northern Rock," *International Herald Tribune*, September 17, 2007.
8. D. Segal, "In Letter, Buffet Accepts Blame and Faults Others," *New York Times*, March 1, 2009.
9. M. Kelly and C. Ó Gráda, "Market Contagion: Evidence from the Panics of 1854 and 1857," *American Economic Review* 90 (2000): 1110-24.
10. M. Grabell, "Dallas: Venue Closing for 5 Months After Prostitution Arrests," *Dallas Morning News*, February 6, 2007.
11. S. Scott and C. Duncan, *Biology of Plagues: Evidence from Historical Populations* (Cambridge: Cambridge University Press, 2001).
12. "Web Game Provides Breakthrough in Predicting Spread of Epidemics," http://www.scienceblog.com/cms/web_game_provides_breakthrough_in_

predicting_spread_of_epidemics_9874（2009年3月1日にアクセス）
13. D. Brockmann, L. Hufnagel, and T. Geisel, "The Scaling Laws of Human Travel," *Nature* 439 (2006): 462-65.
14. R. J. Shiller, *Irrational Exuberance* (Princeton, NJ: Princeton University Press, 2005)【ロバート・J・シラー『投機バブル　根拠なき熱狂――アメリカ株式市場、暴落の必然』植草一秀監訳、沢崎冬日訳、ダイヤモンド社、2001年】
15. F. Galton, "Vox Populi," *Nature* 75 (1907): 450-51.
16. J. H. Fowler, "Elections and Markets: The Effect of Partisanship, Policy Risk, and Electoral Margins on the Economy," *Journal of Politics* 68 (2006): 89-103; J. H. Fowler and O. Smirnov, *Mandates, Parties, and Voters: How Elections Shape the Future* (Philadelphia: Temple University Press, 2007).
17. K. J. Arrow and others, "The Promise of Prediction Markets," *Science* 320 (2008): 877-78.
18. M. J. Salganik, P. S. Dodds, and D. J. Watts, "Experimental Study of Inequality and Unpredictability in an Artificial Cultural Market," *Science* 311 (2006): 854-56.
19. E. M. Rogers, *Diffusion of Innovations*, 5th ed. (New York: Free Press, 2003)【エベレット・ロジャーズ『イノベーションの普及』三藤利雄訳、翔泳社、2007年［抄訳］】
20. J. J. Brown and P. H. Reingen, "Social Ties and Word-of-Mouth Referral Behavior," *Journal of Consumer Research* 14 (1987): 350-62.
21. A. B. Jaffe and M. Trajtenberg, *Patents, Citations and Innovations: A Window on the Knowledge Economy* (Cambridge, MA: MIT Press, 2002); E. Duguet and M. MacGarvie, "How Well Do Patent Citations Measure Knowledge Spillovers? Evidence from French Innovative Surveys," *Economics of Innovation and New Technology* 14 (2005): 375-93.
22. J. Singh, "Collaborative Networks as Determinants of Knowledge Diffusion Patterns," *Management Science* 51 (2005): 756-70.
23. M. S. Granovetter, "The Strength of Weak Ties," *American Journal of Sociology* 78 (1973): 1360-80.
24. J. F. Padgett and C. K. Ansell, "Robust Action and the Rise of the Medici, 1400-1434," *American Journal of Sociology* 98 (1993): 1259-1319.
25. A. J. Hillman, "Politicians on the Board of Directors: Do Connections Affect the Bottom Line?" *Journal of Management* 31 (2005): 464-81.
26. P. Mariolis, "Interlocking Directorates and the Control of Corporations," *Social Science Quarterly* 56 (1975): 425-39.
27. V. Burris, "Interlocking Directorates and Political Cohesion among Corporate Elites," *American Journal of Sociology* 111 (2005): 249-83.
28. B. Uzzi, "The Sources and Consequences of Embeddedness for the Economic Performance of Organizations: The Network Effect," *American Sociological Review* 61 (1996): 674-98.

29. B. Uzzi and J. Spiro, "Collaboration and Creativity: The Small World Problem," *American Journal of Sociology* 111 (2005): 447-504.
30. D. J. Watts, S. H. Strogatz, "Collective Dynamics of 'Small-World' Networks," *Nature* 393 (1998): 440-42.
31. M. Kearns, S. Suri, and N. Montfort, "An Experimental Study of the Coloring Problem on Human Subject Networks," *Science* 313 (2006): 824-27.
32. M. Kearns and others, "Behavioral Experiments on Biased Voting in Networks," *Proceedings of the National Academy of Sciences of the United States of America* 106 (2009): 1347-52.
33. M. Yunus, *Banker to the Poor: Micro-Lending and the Battle Against World Poverty* (New York: Public Affairs, 2003), 62.
34. C. Geertz, "The Rotating Credit Association: A 'Middle Rung' in Development," *Economic Development and Cultural Change* 10 (1962): 241-63.
35. T. Besley, S. Coate, and G. Loury, "The Economics of Rotating Savings and Credit Associations," *American Economic Review* 83 (1993): 792-810; S. Ardner, "The Comparative Study of Rotating Credit Associations," *Journal of the Royal Anthropological Institute* 94 (1964): 202-29.

第6章　政治的につながって

1. A. Smith and L. Rainie, "The Internet and the 2008 Election," June 15, 2008, http://www.pewinternet.org/~/media//Files/Reports/2008/PIP_2008_election.pdf.pdf (2009年4月4日にアクセス).
2. A. Downs, *An Economic Theory of Democracy* (New York: Harper, 1957)【アンソニー・ダウンズ『民主主義の経済理論』古田精司監訳、成文堂、1980年】
3. W. H. Riker and P. C. Ordeshook, "A Theory of the Calculus of Voting," *American Political Science Review* 62 (1968): 25-42.
4. A. J. Fischer, "The Probability of Being Decisive," *Public Choice* 101 (1999): 267-83; I. J. Good and L. S. Mayer, "Estimating the Efficacy of a Vote," *Behavioral Science* 20 (1975): 25-33; G. Tullock, *Towards a Mathematics of Politics* (Ann Arbor, MI: University of Michigan Press, 1967).
5. C. B. Mulligan and C. G. Hunter, "The Empirical Frequency of a Pivotal Vote," *Public Choice* 116 (2003): 31-54.
6. A. Gelman, G. King, and J. Boscardin, "Estimating the Probability of Events That Have Never Occurred: When Is Your Vote Decisive?" *Journal of the American Statistical Association* 93 (1998): 1-9.
7. A. Blais and R. Young, "Why Do People Vote? An Experiment in Rationality," *Public Choice* 99 (1999): 39-55.
8. T. Carpenter, "Professor Registers to Vote," *Lawrence Journal-World*, November 12, 1996.

9. M. Fiorina, "Information and Rationality in Elections," in *Information and Democratic Processes*, ed. J. Ferejohn and J. Kuklinski (Urbana, IL: University of Illinois Press, 1990): 329–42.
10. A. Campbell, G. Gurin, and W. E. Miller, *The Voter Decides* (Evanston, IL: Row, Peterson and Company, 1954); W. A. Glaser, "The Family and Voting Turnout," *Public Opinion Quarterly* 23 (1959): 563–70; B. C. Straits, "The Social Context of Voter Turnout," *Public Opinion Quarterly* 54 (1990): 64–73; S. Knack, "Civic Norms, Social Sanctions, and Voter Turnout," *Rationality and Society* 4 (1992): 133–56; C. B. Kenny, "Political Participation and Effects from the Social Environment," *American Journal of Political Science* 36 (1992): 259–67; C. B. Kenny, "The Microenvironment of Political Participation," *American Politics Research* 21 (1993): 223–38; P. A. Beck and others, "The Social Calculus of Voting: Interpersonal, Media, and Organizational Influences on Presidential Choices," *American Political Science Review* 96 (2002): 57–73.
11. P. F. Lazarsfeld, B. Berelson, and H. Gaudet, *The People's Choice* (New York: Columbia University Press, 1944); B. R. Berelson, P. F. Lazarsfeld, and W. N. McPhee, *Voting* (Chicago: University of Chicago Press, 1954).
12. R. Huckfeldt and J. Sprague, *Citizens, Parties, and Social Communication* (New York: Cambridge University Press, 1995).
13. R. Huckfeldt, "Political Loyalties and Social Class Ties: The Mechanisms of Contextual Influence," *American Journal of Political Science* 28 (1984): 414.
14. R. Huckfeldt, P. E. Johnson, and J. D. Sprague, *Political Disagreement: The Survival of Diverse Opinions within Communication Networks* (New York: Cambridge University Press, 2004).
15. J. H. Fowler, "Turnout in a Small World," in *The Social Logic of Politics: Personal Networks as Contexts for Political Behavior*, ed. A. Zuckerman (Philadelphia: Temple University Press, 2005): 269–87.
16. R. D. Putnam, *Bowling Alone* (New York: Simon and Schuster, 2001)【ロバート・D・パットナム『孤独なボウリング——米国コミュニティの崩壊と再生』柴内康文訳、柏書房、2006年】
17. D. W. Nickerson, "Is Voting Contagious? Evidence from Two Field Experiemtns," *American Political Science Review* 102 (2008): 49–57.
18. A. de Tocqueville, *Democracy in America*, trans. and ed. H. C. Mansfield and D. Winthrop (Chicago: University of Chicago Press, 2000)【アレクシ・ド・トクヴィル『アメリカの民主々義』杉木謙三訳、朋文社、1957年】
19. B. C. Burden, "Voter Turnout and the National Election Studies," *Political Analysis* 8 (2000): 389–98.
20. K. T. Poole and H. Rosenthal, *Congress: A Political-Economic History of Roll Call Voting* (New York: Oxford University Press, 1997).
21. *Congressional Record* [連邦議会議事録] (Senate [上院]), September 11, 2006, S9297.

22. J. H. Fowler, "Legislative Cosponsorship Networks in the US House and Senate," *Social Networks* 28 (2006): 454–65; J. H. Fowler, "Connecting the Congress: A Study of Cosponsorship Networks," *Political Analysis* 14 (2006): 456–87.
23. "Brazen Conspiracy," *Washington Post*, November 29, 2005.
24. Y. Zhang and others, "Community Structure in Congressional Networks," *Physica A* 387 (2008): 1705–12.
25. M. McGrory, "McCain, Gramm a Strange Pairing," *Omaha World Herald*, November 18, 1995.
26. J. Zengerle, "Clubbed," *New Republic*, May 7, 2001.
27. R. L. Hall, "Measuring Legislative Influence," *Legislative Studies Quarterly* 17 (1992): 205–31; B. Sinclair, *The Transformation of the U.S. Senate* (Baltimore, MD: Johns Hopkins University Press, 1989); S. S. Smith, *Call to Order* (Washington, DC: Brookings Institution Press, 1989); B. Weingast, "Fighting Fire with Fire: Amending Activity and Institutional Change in the Postreform Congress," in *The Post-Reform Congress*, ed. R. Davidson (New York: St. Martin's Press, 1991).
28. D. P. Carpenter, K. M. Esterling, and D. M. J. Lazer, "Friends, Brokers, and Transitivity: Who Informs Whom in Washington Politics?" *Journal of Politics* 66 (2004): 224–46; D. P. Carpenter, K. M. Esterling, and D. M. J. Lazer, "The Strength of Weak Ties in Lobbying Networks: Evidence from Health-Care Politics in the United States," *Journal of Theoretical Politics* 10 (1998): 417–44.
29. A. Hoffman, *Steal This Book* (New York: Grove Press, 1971)【アビー・ホフマン『この本を盗め』小中陽太郎共編、都市出版社、1972年】
30. M. T. Heaney and F. Rojas, "Partisans, Nonpartisans, and the Antiwar Movement in the United States," *American Politics Research* 35 (2007): 431–64.
31. Smith and Rainie, "The Internet and the 2008 Election."
32. 一例として、以下を参照。L. A. Henao, "Colombians Tell FARC: 'Enough's enough'—In a March Organized on Facebook, Hundreds of Thousands Protested Against the Leftist Rebel Group Monday," *Christian Science Monitor*, February 6, 2008.
33. L. Adamic and N. Glance, "The Political Blogosphere and the 2004 U.S. Election: Divided They Blog," *Proceedings of the 3rd International Workshop on Link Discovery* (New York: Association for Computing Machinery, 2005), 36–43.
34. J. Kelly and B. Etling, "Mapping Iran's Online Public: Politics and Culture in the Persian Blogosphere," *Berkman Center Research Publication* 2008-01 (2008): 1–36.
35. Kelly and Etling, "Mapping," 6.

第7章　人間が持って生まれたもの

1．“Survivor Recaps,” http://www.cbs.com/primetime/survivor/recaps/?season=2（2009年3月5日にアクセス）
2．B. Hölldobler and E. O. Wilson, *The Superorganism: The Beauty, Elegance, and Strangeness of Insect Societies*（New York: W. W. Norton, 2009）.
3．I. McEwan, *Enduring Love*（New York: Anchor Books, 1998）【イアン・マキューアン『愛の続き』小山太一訳、新潮社、2000年】
4．R. Axelrod, *The Evolution of Cooperation*（New York: Basic Books, 1984）【R・アクセルロッド『つきあい方の科学――バクテリアから国際関係まで』松田裕之訳、ミネルヴァ書房、1998年】
5．C. Hauert and others, “Volunteering as Red Queen Mechanism for Cooperation in Public Goods Games,” *Science* 296（2002）: 1129–32.
6．R. Boyd and P. J. Richardson, “Punishment Allows the Evolution of Cooperation（or Anything Else）in Sizable Groups,” *Ethology and Sociobiology* 13（1992）: 171–95.
7．J. H. Fowler, “Altruistic Punishment and the Origin of Cooperation,” *Proceedings of the National Academy of Sciences* 102（2005）: 7047–49.
8．C. Hauert and others, “Via Freedom to Coercion: The Emergence of Costly Punishment,” *Science* 316（2007）: 1905–7.
9．J. S. Mill, *Essays on Some Unsettled Questions of Political Economy*（London: Longmans, Green, Reader, and Dyer, 1874）: V.46.【J・S・ミル『經濟學試論集』末永茂喜訳、岩波書店、1936年［岩波文庫］】
10. W. Guth, R. Schmittberger, and B. Schwarze, “An Experimental Analysis of Ultimatum Bargaining,” *Journal of Economic Behavior & Organization* 3（1982）: 367–88.
11. J. H. Fowler, “Altruism and Turnout,” *Journal of Politics* 68（2006）: 674–83; J. H. Fowler and C. D. Kam, “Beyond the Self: Social Identity, Altruism, and Political Participation,” *Journal of Politics* 69（2007）: 813–27; C. D. Kam, S. J. Cranmer, and J. H. Fowler, “When It's Not All About Me: Altruism, Participation, and Political Context”（未発表論文）; C. T. Dawes, P. J. Loewen, and J. H. Fowler, “Social Preferences and Political Participation”（未発表論文）
12. “Cash Found in House's Walls Becomes Nightmare,” Associated Press, November 8, 2008.
13. R. H. Frank, T. Gilovich, and D. T. Regan, “Does Studying Economics Inhibit Cooperation?” *Journal of Economic Perspectives* 7（1993）: 159–71.
14. J. Henrich, “Does Culture Matter in Economic Behavior? Ultimatum Game Bargaining Among the Machiguenga of the Peruvian Amazon,” *American Economic Review* 90（2000）: 973–79.
15. H. Xian and others, “Self-Reported Zygosity and the Equal-Environments

Assumption for Psychiatric Disorders in the Vietnam Era Twin Registry," *Behavior Genetics* 30 (2000): 303-10; K. S. Kendler and others, "A Test of the Equal-Environment Assumption in Twin Studies of Psychiatric Illness," *Behavior Genetics* 23 (1993): 21-27; S. Scarr and L. Carter-Saltzman, "Twin Method: Defense of a Critical Assumption," *Behavior Genetics* 9 (1979): 527-42.

16. D. Cesarini and others, "Heritability of Cooperative Behavior in the Trust Game," *Proceedings of the National Academy of Sciences* 105 (2008): 3721-26.
17. J. H. Fowler, C. T. Dawes, and N. A. Christakis, "Model of Genetic Variation in Human Social Networks," *PNAS: Proceedings of the National Academy of Sciences* 106 (2009): 1720-24.
18. Worlds Collide Theory, http://www.urbandictionary.com/define.php?term=Worlds+Collide+Theory (2009年3月4日にアクセス)
19. D. I. Boomsma and others, "Genetic and Environmental Contributions to Loneliness in Adults: The Netherlands Twin Register Study," *Behavior Genetics* 35 (2005): 745-52.
20. 前掲書
21. M. M. Lim and others, "Enhanced Partner Preference in a Promiscuous Species by Manipulating the Expression of a Single Gene," *Nature* 429 (2004): 754-57.
22. A. Knafo and others, "Individual Differences in Allocation of Funds in the Dictator Game Associated with Length of the Arginine Vasopressin 1a Receptor RS3 Promoter Region and Correlation Between RS3 Length and Hippocampal mRNA ," *Genes, Brain and Behavior* 7 (2008): 266-75.
23. J. C. Flack and others, "Policing Stabilizes Construction of Social Niches in Primates," *Nature* 439 (2006): 426-29.
24. K. Faust and J. Skvoretz, "Comparing Networks Across Space and Time, Size, and Species," *Sociological Methodology* 32 (2002): 267-99.
25. J. H. Fowler and D. Schreiber, "Biology, Politics, and the Emerging Science of Human Nature," *Science* 322 (2008): 912-14.
26. M. A. Changizi, Q. Zhang, and S. Shimojo, "Bare Skin, Blood and the Evolution of Primate Colour Vision," *Biology Letters* 2 (2006): 217-21.
27. E. Herrmann and others, "Humans Have Evolved Specialized Skills of Social Cognition: The Cultural Intelligence Hypothesis," *Science* 317 (2007): 1360-66.
28. C. Mamali, "Participative Pictorial Representations of Self-Others Relationships: Social-Autograph Method," (2008年6月10～14日にクロアチアで開催されたヨーロッパ実験社会心理学会総会［General Meeting of the European Association of Experimental Social Psychology］で発表された論文)
29. N. Epley and others, "Creating Social Connection Through Inferential Reproduction: Loneliness and Perceived Agency in Gadgets, Gods, and Greyhounds," *Psychological Science* 19 (2008): 114-20.

30. A. B. Newberg and others, "The Measurement of Regional Cerebral Blood Flow During the Complex Cognitive Task of Meditation: A Preliminary SPECT Study," *Psychiatry Research: Neuroimaging* 106 (2001): 113–22; A. B. Newberg and others, "Cerebral Blood Flow During Meditative Prayer: Preliminary Findings and Methodological Issues," *Perceptual and Motor Skills* 97 (2003): 625–30.
31. R. Dunbar, "Coevolution of Neocortex Size, Group Size, and Language in Humans," *Behavioral and Brain Sciences* 16 (1993): 681–735.

第8章　おびただしいつながり

1. E. T. Lofgren and N. H. Fefferman, "The Untapped Potential of Virtual Game Worlds to Shed Light on Real World Epidemics," *Lancet Infectious Diseases* 7 (2007): 625–29.
2. S. Milgram, "Behavioral Study of Obedience," *Journal of Abnormal and Social Psychology* 67 (1963): 371–78; S. Milgram, *Obedience to Authority: An Experimental View* (New York: HarperCollins, 1974)【スタンレー・ミルグラム『服従の心理』山形浩生訳、河出書房新社、2008年】
3. T. Blass, "The Milgram Paradigm After 35 years: Some Things We Now Know about Obedience to Authority," *Journal of Applied Social Psychology* 29 (1999): 955–78.
4. M. Slater and others, "A Virtual Reprise of the Stanley Milgram Obedience Experiments," *PLoS ONE* 1, no. 1 (2006): e39. doi:10.1371/journal.pone.0000039.
5. 例として、以下を参照。A. Case, C. Paxson, and M. Islam, "Making Sense of the Labor Market Height Premium: Evidence from the British Household Panel Survey," NBER Working Paper 14007, May 2008; D. S. Hamermesh and J. E. Biddle, "Beauty and the Labor Market," *American Economic Review* 84 (1994): 1174–94; B. Harper, "Beauty, Stature and the Labour Market: A British Cohort Study," *Oxford Bulletin of Economics and Statistics* 62 (2000): 771–800; E. S. Loh, "The Economic Effects of Physical Appearance," *Social Science Quarterly* 74 (1993): 420–37.
6. N. Yee and J. Bailenson, "The Proteus Effect: The Effect of Transformed Self-Representation on Behavior," *Human Communication Research* 33 (2007): 271–90.
7. 前掲書
8. N. Yee, J. N. Bailenson, and N. Ducheneaut, "The Proteus Effect: Implications of Transformed Digital Self-Representation on Online and Offline Behavior," *Communication Research* 36 (2009): 285–312.
9. P. W. Eastwick and W. L. Gardner, "Is It a Game? Evidence for Social Influence in the Virtual World," *Social Influence* 4 (2009): 18–32.

10. N. Yee and others, "The Unbearable Likeness of Being Digital: The Persistence of Nonverbal Social Norms in Online Virtual Environments," *CyberPsychology & Behavior* 10 (2007): 115-21.
11. A. Cliff and P. Haggett, "Time, Travel, and Infection," *British Medical Bulletin* 69 (2004): 87-99.
12. 前掲書
13. D. J. Bradley, "The Scope of Travel Medicine" in *Travel Medicine: Proceedings of the First Conference on International Travel Medicine*, ed. R. Steffen (Berlin: Springer-Verlag, 1989): 1-9.
14. M. C. González, C. A. Hidalgo, and A. L. Barabási, "Understanding Individual Human Mobility Patterns," *Nature* 453 (2008): 779-82.
15. T. Standage, *The Victorian Internet* (New York: Walker & Company, 1998).
16. I. de Sola Pool, *Forecasting the Telephone: A Retrospective Technology Assessment of the Telephone* (Norwood, NJ: Ablex Publishing, 1983): 86.
17. 前掲書、49.
18. C. S. Fischer, *America Calling: A Social History of the Telephone to 1940* (Berkeley, CA: University of California Press, 1992): 26.【クロード・S・フィッシャー『電話するアメリカ——テレフォンネットワークの社会史』吉見俊哉他訳、NTT出版、2000年】
19. C. H. Cooley, 以下に引用。R. D. McKenzie, "The Neighborhood," reprinted in *Roderick D. McKenzie on Human Ecology*, ed. A. H. Hawley (Chicago: University of Chicago Press, 1921 [1968]): 51-93.
20. Fischer, *America Calling*【『電話するアメリカ』前掲書】; M. Mayer, "The Telephone and the Uses of Time," in *The Social Impact of the Telephone*, ed. I. de Sola Pool (Cambridge, MA: MIT Press, 1977), 225-45; N. S. Baron, *Always On: Language in an Online and Mobile World* (New York: Oxford University Press, 2008).
21. H. N. Casson, "The Social Value of the Telephone," *The Independent* 71 (1911): 899.
22. K. Hampton, "Netville: Community On and Offline in a Wired Suburb," in *The Cybercities Reader*, ed. S. Graham (London: Routledge, 2004): 260.
23. Hampton, "Netville," 260.
24. D. M. Boyd and N. B. Ellison, "Social Network Sites: Definition, History, and Scholarship," *Journal of Computer-Mediated Communication* 13 (2007): 210-30.
25. 前掲書
26. "Eliot Students Petition for Tape; Kirklanders Fast for Facebook," *Harvard Crimson*, December 1, 1984.
27. S. C. Faludi, "Help Wanted: Brass Tacks," *Harvard Crimson*, September 28, 1979.
28. "Facebook Statistics," http://www.facebook.com/press/info.php?statistics

（2009年3月7日にアクセス）
29. K. Lewis and others, "Tastes, Ties, and Time: A New Social Network Dataset Using Facebook.com," *Social Networks* 30 (2008): 330–42.
30. *The Colbert Report*, July 31, 2006.
31. J. H. Fowler, "The Colbert Bump in Campaign Donations: More Truthful than Truthy," *PS: Political Science & Politics* 41 (2008): 533–39.
32. A. Ebersbach and others, *Wiki: Web Collaboration* (Berlin Heidelberg: Springer-Verlag, 2008).
33. J. Giles, "Internet Encyclopaedias Go Head to Head," *Nature* 438 (2005): 900–1.
34. "When Sam Met Allison," *Children's News*, September 2008.
35. J. D. Klausner and others, "Tracing a Syphilis Outbreak Through Cyberspace," *Journal of the American Medical Association* 284 (2000): 447–49.
36. A. Lenhart, L. Rainie, and O. Lewis, *Teenage Life Online: The Rise of the Instant-Message Generation and the Internet's Impact on Friendships and Family Relationships* (Washington, DC: Pew Internet & American Life Project, 2001).
37. A. Lenhart, M. Madden, and P. Hitlin, *Teens and Technology* (Washington, DC: Pew Internet & American Life Project, 2005).
38. J. L. Whitlock, J. L. Powers, and J. Eckenrode, "The Virtual Cutting Edge: The Internet and Adolescent Self-Injury," *Developmental Psychology* 42, no. 3 (2006): 1–11.
39. 前掲書
40. 前掲書、7.
41. http://gangstalkingworld.com/（2008年11月6日にアクセス）
42. S. Kershaw, "Sharing Their Demons on the Web," *New York Times*, November 12, 2008; 以下も参照。V. Bell, A. Muñoz-Solomando, and V. Reddy, "'Mind Control' Experiences on the Internet: Implications for the Psychiatric Diagnosis of Delusions," *Psychopathology* 39 (2006): 87–91.
43. "Woman Arrested for Killing Virtual Reality Husband," *CNN*, October 23, 2008.
44. "Virtual World 'Affair' Ends with Real-Life Divorce," *Western Morning News*, November 14, 2008.

第9章　全体は偉大なり

1. 創世記 11: 6（欽定訳聖書）
2. T. Hobbes, *Leviathan*, ed. M. Oakshott (Oxford: Oxford University Press, 1962): 100.【ホッブズ『リヴァイアサン［全4冊］』水田洋訳、岩波書店、1992年［岩波文庫］ほか】
3. B. Hölldobler and E. O. Wilson, *The Superorganism: The Beauty, Elegance,*

and Strangeness of Insect Societies (New York: W. W. Norton, 2009).

4. M. A. Nowak, "Five Rules for the Evolution of Cooperation," *Science* 314 (2006): 1560-63.
5. I. D. Couzin and others, "Effective Leadership and Decision-Making in Animal Groups on the Move," *Nature* 433 (2005): 513-16; I. D. Couzin and others, "Collective Memory and Spatial Sorting in Animal Groups," *Journal of Theoretical Biology* 218 (2002): 1-11.
6. D. P. Bebber and others, "Biological Solutions to Transport Network Design," *Proceedings of the Royal Society B* 274 (2007): 2307-15; "Transport Efficiency and Resilience in Mycelial Networks," remarks by Mark Fricker at the Meeting of the German Physical Society, Dresden, March 27, 2009.
7. T. Nakagaki, H. Yamada, and Á. Tóth, "Maze-solving by an Amoeboid Organism," *Nature* 407 (2000): 470.
8. G. Palla, A. L. Barabási, and T. Vicsek, "Quantifying Social Group Evolution," *Nature* 446 (2007): 664-67.
9. S. Crabtree and B. Pelham, "Religion Provides Emotional Boost to World's Poor," March 6, 2009, http://www.gallup.com /poll/116449/Religion-Provides-Emotional-Boost-World-Poor.aspx.
10. E. L. Glaeser, B. Sacerdote, J. A. Scheinkman, "Crime and Social Interactions," *Quarterly Journal of Economics* 111 (1996): 507-48.
11. A. J. Reiss, Jr. "Understanding Changes in Crime Rates," in *Indicators of Crime and Criminal Justice: Quantitative Studies*, ed. S. E. Feinberg and A. J. Reiss, Jr (Washington, DC: Bureau of Justice Statistics, 1980).
12. F. Gino, S. Ayal, and D. Ariely, "Contagion and Differentiation in Unethical Behavior: The Effect of One Bad Apple on the Barrel," *Psychological Science* 20 (2009): 393-98.
13. Independent Sector, "Giving and Volunteering in the United States (2001)," http://www.independentsector.org/
14. K. G. Carman, "Social Influences and the Private Provision of Public Goods: Evidence from Charitable Contributions in the Workplace," Stanford Institute for Economic Policy Research Discussion Paper 02-13, January 2003.
15. J. K. Goeree and others, "The 1/d Law of Giving," http://www.hss.caltech.edu/~lyariv/Papers/Westridge.pdf (2009年3月4日にアクセス)
16. S. Leider and others, "Directed Altruism and Enforced Reciprocity in Social Networks: How Much Is a Friend Worth?" (May 2007), NBER Working Paper No. W13135, http://ssrn.com/abstract=989946

プロフィール

【著者紹介】

ニコラス・A・クリスタキス（医学博士、学術博士）は内科医であり、社会科学者でもある。医学と社会科学はいわばはとこのようなものだ。ときたま顔を合わせ、多くの共通点があることに気づき、そして、口論をはじめる。クリスタキスは長年、そうした議論を仲裁しようと努め、すばらしい成功も収めてきた。ハーヴァード大学医学部医療政策学科の医療社会学教授、教養学部社会学科の社会学教授、医学部内科学科の内科学教授、同大学提携病院の内科医でもある。2006年には全米科学アカデミー医学研究所員に選出された。内科の臨床研修を終えたあと、研究と臨床実習の経験を活かしてホスピス内科医となり、終末医療の改善方法を模索した。1999年以降、社会的要因と社会的かかわり合いがどのように健康と長寿に影響するかを研究。業績として最も知られているのは、社会的ネットワークの形成と機能の研究である。ハーヴァード大学学部生の人気投票ではつねに「好きな教授」として高い得票率を誇る。2009年には『タイム』誌の“世界で最も影響力のある100人”に選ばれている。邦訳に、『死の予告　医療ケアにおける予言と予後』がある。

ジェイムズ・H・ファウラー（学術博士）は新しいタイプの政治科学者である。自然科学との連携を求めて研究分野の境界を広げ、人間に本来備わっている社会的・生物学的な力の解明に努めている。ファウラーは平和部隊（発展途上国援助を目的とするアメリカの長期ボランティア派遣プログラム）のボランティアとしてコレラの蔓延するエクアドルの村々で活動した経験から、集団で難問に立ち向かうとき、突出して活躍する人がいるのはなぜかという疑問を抱くようになった。ハーヴァード大学で政治学博士号を取得。現在、カリフォルニア大学サンディエゴ校政治学科およびハイテク保健システムセンター教授。社会的ネットワークの研究のみならず、協力の進化、行動経済学、政治参加、遺伝政治学（政治行動の遺伝的基盤の研究）の研究でも知られる。

【訳者紹介】

鬼澤 忍

翻訳家。1963年生まれ。成城大学経済学部経営学科卒業。埼玉大学大学院文化科学研究科修士課程修了。おもな訳書に、サンデル『これからの「正義」の話をしよう』、バーンスタイン『華麗なる交易』、ワイズマン『人類が消えた世界』、ローウェンスタイン『なぜGMは転落したのか』、マエダ『シンプリシティの法則』など多数。

つながり　社会的《しやかいてき》ネットワークの驚《おどろ》くべき力《ちから》

2010年7月21日　第1刷発行
2012年8月1日　第7刷発行

著者……………………ニコラス・A・クリスタキス
　　　　　　　　　　ジェイムズ・H・ファウラー
訳者……………………鬼澤《おにざわ》 忍《しのぶ》
装幀……………………重原 隆

発行者…………………鈴木 哲
発行所…………………株式会社講談社
東京都文京区音羽2丁目12−21［郵便番号］112−8001
電話［編集］03−5395−3808
　　［販売］03−5395−3622
　　［業務］03−5395−3615
印刷所…………………慶昌堂印刷株式会社
製本所…………………黒柳製本株式会社
本文データ制作………講談社デジタル製作部

ISBN978-4-06-214770-5　N.D.C.310　408p　20cm